Le Sang du Christ

Frédéric Mars

Le Sang du Christ

ÉDITIONS FRANCE LOISIRS

Édition du Club France Loisirs,
avec l'autorisation des Éditions Michel Lafon.

Éditions France Loisirs,
123, boulevard de Grenelle, Paris
www.franceloisirs.com

ISBN : 978-2-298-04090-6

« L'imaginaire,
c'est ce qui tend à devenir réel. »

André Breton

Jérusalem (Reuters) – 26 septembre 1980 – 15 heures

Le porte-parole de l'I.A.A. (*Israel Antiquities Authority*) a annoncé la découverte, ces derniers jours, d'un vestige archéologique de premier plan : une cave hermétiquement scellée, mise au jour lors des travaux occasionnés par la construction d'un nouveau complexe hôtelier de grand luxe au sud de la vieille ville de Jérusalem, l'*Olive Trees Garden Inn.*

À l'intérieur de cette sorte de coffre-fort souterrain, les archéologues de l'I.A.A. ont trouvé trois jarres, chacune contenant plusieurs dizaines de papyrus. Les textes de deux des jarres sont rédigés en grec ancien, l'une des langues les plus parlées dans la Palestine antique. Celui du troisième récipient est écrit en latin. La datation au carbone 14, doublée par une datation à la vanilline, plus précise pour les textiles et les supports écrits, a permis d'établir que les deux premiers documents remontent probablement à la fin du Ier siècle de notre ère. Ils constitueraient la source manuscrite la plus ancienne jamais identifiée en Terre sainte, antérieure même aux célèbres *Manuscrits de la mer Morte* retrouvés à Qumran.

Le contenu desdits documents, en cours d'étude et de traduction, n'a pas encore été communiqué. Mais une mention grecque en introduction du papyrus n° 1 déchaîne déjà la curiosité des historiens du monde entier : αἶμα Χριστός. Ce que l'on peut traduire approximativement par « le sang de l'Oint ». Ou, plus simplement, « le sang du Christ ».

PROLOGUE

Au commencement était le sang.

Et du sang, il y en a partout, maintenant.

Ils n'en ont jamais vu autant. Un sang épais, visqueux, qui jaillit de sa gorge et roule sur toutes les surfaces avec l'avidité lourde d'un métal précieux. Il brille sous la lueur des torches. Un sang rubis. Un sang de vigne rare. Le sol de l'étable, une terre battue sèche et sablonneuse, a beau le boire, le flot semble intarissable. Il en coule tant que, s'ils n'étaient si concentrés sur leur office, ils pourraient croire à un nouveau prodige.

Le sang appelle le sang.

Le sang en veut toujours plus. Et ils voient dans cette abondance le signe qu'ils ne se sont pas trompés. Il fallait bien en passer par là. En passer par lui. La source de tout, qu'ils vont tarir pour lui offrir, enfin, la seule abondance qu'il mérite.

C'est son sang versé, ils le savent, ils le comprennent de leurs yeux maintenant, qui va le faire *sortir au jour*, révéler son nom secret, le mettre pour tous et pour toujours dans la lumière.

Le moins costaud des deux assiste l'autre. Ils ont déposé dans la large mangeoire le corps inerte. Comme on retire la peau de l'agneau, ils l'ont déshabillé. Vêtement après vêtement. Son manteau. Puis sa tunique. Ce n'est plus qu'un amas blafard, recroquevillé. Lui qui est pourtant si beau. Ses traits si réguliers. Ses cheveux longs et soignés. Pas le moindre défaut sur sa peau, pas la moindre tache. Aussi pur qu'un nouveau-né.

Bientôt, il n'en restera plus rien.

— *Schlama*, au revoir mon frère, murmure l'une des deux ombres en posant sa main sur le front ensanglanté.

Il porte sur la face l'un de ces grands foulards bleus qu'affectionnent les hommes du désert, marchands nabatéens dont on ne devine que les yeux, piqués par les vents et le sable. L'autre, encapuchonné, le visage dissimulé sous sa cloche de tissu, tressaille un instant. Ce n'est pas un remords, non, c'est une émotion qui le submerge.

Si quelqu'un te prend ton manteau, donne-lui encore ta tunique.

Il entend résonner la voix grave et douce de sa victime. Chasser ces images, ces paroles, cette voix… Surtout ne pas perdre de vue le pourquoi de tout cela. À lui ils ont tout pris, mais pour le lui rendre au centuple, ils en sont convaincus.

Il reprend la lame qui a entaillé le cou, d'une main tremblante. Sa pointe rouge et or luit sous le flambeau que brandit son acolyte. Il connaît les gestes, bien sûr.

Mais jamais la bête à sacrifier n'a eu cette apparence-là. Ni cette importance.

Pourquoi faut-il que ce soit justement lui le premier ? Pourquoi l'ont-ils choisi ?

À pleines mains, ils saisissent tous deux l'extrémité de la mangeoire, creusée dans un tronc plein, et l'orientent ainsi que le dicte la coutume : au septentrion la tête, du côté du feu qui bientôt le consumera ; à l'opposé les pieds, vers la terre qui l'avait porté ; à l'orient le dos caressé par le souffle léger qui filtre par l'ouverture de l'étable ; à l'occident le visage tourné vers la mer, vers le couchant.

Alors, comme le prêtre sacrificateur de la Pâque, l'homme à la capuche impose ses mains sur la tête livrée à sa merci. Le visage déjà livide contraste avec le carmin du fluide vital. Une seconde suffira à ses paumes pour établir le contact, libérer l'âme du défunt. L'œil exalté, il considère avec fierté ce modeste et suprême véhicule, cet outil de leur liberté. La seule qui compte vraiment.

Le geste est sûr, désormais. Il plonge sa longue *sica* là où il pense trouver le cœur. Voilà, la résistance est faible, ce doit être là. Le couteau s'enfonce sans peine dans la poitrine. Il est temps d'abréger sa souffrance. Ils sont ici pour le tuer, pas pour le torturer.

Un bruit au-dehors fige sa main. Le pas sourd des soldats qui se pressent sur le chemin. Puis le cliquetis de leurs armes. C'est eux, déjà ! Ils seront là dans une minute à peine. Il n'aura pas le temps d'achever le rituel comme il le voudrait. Il n'élargira pas le sillon ébauché ;

il ne séparera pas le torse en deux immenses quartiers de viande. Car il n'est que ça sous sa lame, comme lui, comme nous tous : une vulgaire carne à découper.

Pourquoi reviennent-ils si tôt ? Que s'est-il passé ? L'ombre masquée saisit le poignet du sacrificateur.

— Viens ! Il faut partir ! S'ils te voient…

— S'ils me voient ? Ils finiront bien par le voir, ce visage… l'un après l'autre. Tout le monde le verra, tu m'entends ? Tout le monde !

— Viens ! rétorque l'autre dans un souffle.

Le porteur du couteau se défait un bref instant de son emprise. De sa main libre, il arrache à son cou un pendentif doré. Une forme géométrique, creuse. Il passe l'objet métallique dans la flamme de la torche, juste assez pour le chauffer sans le faire rougir puis, comme s'il s'agissait d'un sceau, ou d'un poinçon, il l'applique sur le front de l'agneau sacrifié.

Sur le visage en sang, le métal brûlant crépite d'une manière étrange, projetant mille flammèches. Un amadou céleste semble y avoir été jeté. Mais très vite il fait son œuvre, boursouflant les chairs, apposant à jamais sa marque. Jetée à terre, la torche fait un plus grand festin encore de la poussière et de la paille. Un souffle, et le sol s'embrase. Bientôt, c'est un temple de flammes qui devient le théâtre de leur sinistre pantomime.

— Un instant ! rugit l'homme à la capuche, dans le feu qui gronde déjà autour d'eux.

— Quoi encore ?

— Il faut bien orienter la mangeoire.

Il n'est plus temps d'argumenter. Une poutre entamée par le feu s'abat entre eux deux, dans un ronflement strident. Menaçant. La paille qui ne brûlait pas encore s'enflamme aussitôt. L'homme au foulard aide l'autre à faire pivoter la mangeoire de bois. Un peu moins d'un demi-tour. Ils considèrent leur œuvre et échangent un regard satisfait.

Bientôt, tout sera accompli...

Quand la troupe atteint le bâtiment embrasé, hurlant le feu comme la gueule de l'enfer, les deux ombres ont disparu. La grange ne peut plus être approchée, soleil de nuit qui repousse toute intrusion.

À l'intérieur, l'homme supplicié a ouvert les yeux, baignés des larmes de sa douleur. Il n'avait pas envisagé sa mort comme ça. Pas ici. Cette mort cachée, secrète, inutile. La lueur aveuglante autour de lui se confond avec ses souvenirs du désert. Des images d'enfance dansent dans les flammèches. Le sable à perte de vue. Des chameaux. Une chapelle à ciel ouvert, inondée de soleil. Des mots psalmodiés qui bourdonnent dans l'air, gros insectes qui apaisent plus qu'ils n'agacent, jusqu'à une transe où tout se fond.

Il lui reste un souffle à vivre.

Et lui seul connaît l'identité de ceux qui l'ont tué.

I

6 JOURS AVANT LA PÂQUE

1

Béthanie

La croix domine la colline et la ville au-delà.

Elle a été dressée avec méthode. Deux cales de bois sont glissées de part et d'autre du pied, dans le trou peu profond où se niche la base. Quelle que soit la durée de l'agonie, cette croix tiendra debout. Elle est là pour longtemps.

L'homme qu'on a cloué dessus n'a pas proféré un seul mot. Il n'a pas protesté, contrairement aux deux voleurs crucifiés à ses côtés. Il n'a pas hurlé sa douleur et sa honte. Il faut dire que les légionnaires l'ont bien amoché. Il dégouline de sang par mille plaies qui strient son corps épuisé. Son front porte les marques des épines qui s'y sont plantées. Son visage disparaît sous la couche écarlate, en partie coagulée. Masque effrayant. On devine à peine ses traits ; ce pourrait être n'importe qui. Chaque aspiration se fait dans un râle proche de l'asphyxie. Sa poitrine qui étouffe n'est qu'un amas de chairs lacérées. En vérité, c'est étonnant qu'il ait déjà tenu tout ce temps. Entre ses paupières mi-closes, on devine un regard éperdu.

Au sommet de la potence, une pancarte a été clouée. Un *titulum*. Il est question d'un « roi des Juifs ». Lui n'est pas en état de goûter l'ironie de cette distinction.

— Père ! Père !

Voilà qu'il crie, enfin. Il a l'air plus étonné que furieux. Plus déçu qu'éprouvé. Au-dessus de lui, un groupe de nuages noirs s'est arrêté et obscurcit la scène. Ils semblent au spectacle. Ils attendent le sinistre épilogue pour cracher l'eau et le feu. On est en plein jour, et on dirait la nuit.

— Père… pourquoi m'as-tu abandonné ?

Des flammes échappées d'on ne sait où lui répondent. Comme si elles jaillissaient de la terre. Elles lèchent sa peau dans un crépitement atroce. Elles occupent tout l'espace, elles épuisent le peu d'air à respirer. Tout brûle.

Tous brûlent…

Jacques avait ressenti la chaleur dans son rêve, bien avant d'apercevoir les lueurs du feu par l'unique fenêtre de sa chambre. Le sursaut de son réveil ressemblait à une fièvre. Il se rua au-dehors et découvrit l'ampleur du sinistre : ce n'était pas une croix qui était la proie du gigantesque brasier, mais la grange de leur ferme ! Béthanie la champêtre, à quelques lieues au sud-est de Jérusalem. Béthanie la discrète, à l'ombre du mont des Oliviers… Béthanie flambait !

Et s'il ne faisait rien, le refuge de sa famille ne serait bientôt plus qu'un tas de cendres.

Il restait là, pourtant, dans sa tunique de scribe encore fripée de son sommeil, fasciné par les langues de lumière qui léchaient le ciel d'encre. Pour un peu, hanté par ce cauchemar qui le poursuivait depuis des semaines, il aurait vu le T majuscule du crucifié émerger des flammes. Était-ce son père, Judas le rebelle, exécuté de la sorte vingt-quatre ans plus tôt par les Romains, qui revivait en lui son supplice, songe après songe ?

Pourquoi lui ? Pourquoi maintenant ?

Un groupe de femmes était sorti du vaste bâtiment par une autre issue, plus proche du foyer. L'une d'entre elles se précipita vers lui. Un pas décidé. Celui de Marie, sa sœur aînée.

— Jacques ? Qu'est-ce que tu attends ? Viens !

— J'arrive, répondit-il d'une voix blanche.

— Les hommes ne sont pas revenus, on a besoin de tous les bras !

Elle l'avait dit, et il était trop tard pour retenir ses mots. « Les hommes », ses frères et leurs compagnons, partis à Jérusalem pour un nouveau coup de force. « Les hommes », comme si lui, l'érudit fort de sa connaissance des Écritures, empreint de son éducation grecque, n'en faisait pas vraiment partie. Oh, il pouvait opposer plus d'un prétexte à sa défection : qu'il fallait bien, par exemple, que l'un des six frères restât avec les femmes et les enfants, pendant que les partisans zélotes partaient en expédition. Ou qu'un docteur de la Loi tel que lui, garant des pratiques et d'une juste observance, ne pouvait commettre le sacrilège d'une action militaire menée en plein shabbat. *Shabbat Hagadol* qui plus est, le grand shabbat d'avant la Pâque !

Personne n'était dupe.

Avec son corps malingre et sa mine prématurément vieillie, casquée de cheveux gris, la barbe courte et soignée, il était plus enclin à palabrer à la veillée qu'à guerroyer le glaive à la main.

Le feu grondait si fort que les quelques bêtes encore sur pied avaient fui hors des enclos. Quitte à se blesser et partir droit devant elles, en direction du désert, où les attendait une mort encore plus certaine.

Parmi les silhouettes affolées qui couraient en tous sens, Jacques reconnut sa nièce Sara, la fille unique de Marie et d'Eléazar. Une presque femme de quatorze ans, comme il était un presque homme d'une petite trentaine. Une femme encore fille et qui avait repoussé l'unique prétendant qui s'était jamais penché sur sa beauté d'animal farouche. C'était lui, le scribe, le veuf sans enfants, qui avait présenté le barbon éconduit. Elle avait loupé le coche d'un mariage respectable et, depuis, elle flottait entre l'enfance et l'âge adulte, étrangère à chacun des deux ordres, seule, amère, et un peu perdue.

Comme il lui en avait voulu, alors. Comme il la comprenait, malgré tout, de refuser le moule qu'on cherchait à lui imposer.

La jeune femme lui tendit un seau en silence et, se joignant aux autres, il balança le fond d'eau aussi loin qu'il le put. Mais ils manquaient de tout : bras, pelles, baquets, et le précieux liquide, plus rare que l'or dans ce coin de désert aux portes de la Ville sainte. Marie dirigeait la manœuvre, indiquant où intervenir pour juguler la progression du feu. Avec un peu de chance, l'incendie épargnerait le corps de ferme.

— Les voilà !

Marthe, leur cadette, l'autre sœur de la fratrie, aperçut la première la troupe réduite qui pointait à l'horizon d'un gros monticule caillouteux, rasé comme un crâne. À cette distance, porté par un vent qui ravivait le feu, on entendait déjà le fracas des épées qui battaient le flanc de leurs cuirasses.

— Judas revient ! soupira de soulagement une autre femme.

Judas. Le cinquième frère seulement, dans l'ordre de naissance. Et néanmoins le chef incontesté de leur clan. L'héritier naturel d'un autre Judas, leur père.

Jacques crispa une main dans sa poche. Prisonnier de ses doigts, un étrange tube d'une paume et un pouce de long, parfaitement lisse et creux, couronné à son sommet d'une paire de petites ailes et couvert sur la moitié de sa longueur de deux serpents entrelacés.

Le caducée d'Hermès. Son bien le plus précieux.

Un mois plus tôt, son neveu Amitaï, six ans, plus jeune fils de Judas et d'Amma, avait été pris de violentes quintes de toux. Puis de spasmes de plus en plus rapprochés. Il suffoquait. Les étoffes trempées d'eau fraîche et les cataplasmes de thym et de laurier, réputés efficaces contre les infections des poumons et des bronches, se révélèrent impuissants. Sa gorge gonflée ne laissait plus passer l'air indispensable à sa survie. Judas partit chercher Yizrah, le *rabbi* le plus apte aux soins dans leur petite communauté.

Faute d'air dans ses poumons, l'enfant se mourrait sous les yeux de sa mère et des quelques femmes venues à son chevet. Il fallait agir. Tout de suite. Pas dans une heure. Pas même dans cinq minutes. Plus tard, il serait trop tard.

Dans le doute et les cris, Jacques avait planté sa canule dans le cou de l'enfant. Stupéfaits, tous entendirent le passage subit de l'air dans le conduit, vent libérateur qui affaissa aussitôt la poitrine du gamin. Il respirait. Il était sauvé.

Tous… sauf Judas. Revenu au moment même où son frère retirait la pointe métallique, il s'était jeté sur lui. En dépit des explications et des suppliques, il refusa d'admettre le bien-fondé de l'intervention. Jamais il ne pardonnerait à Jacques ce qu'il considérait comme un crime.

Au son mat d'un récipient qui heurtait le sol, le scribe sortit de ses mauvais souvenirs.

Près de lui, Sara avait lâché brusquement son seau. Elle courait maintenant de l'autre côté de la bâtisse embrasée. Et ce n'était pas à la rencontre de son père, le vieil Eléazar, ni de ses oncles en armes qu'elle se hâtait ainsi.

Que diable a-t-elle vu ?

2

— Qui a fait ça ? rugit Judas, grand roux au front balafré.

Car il ne connaissait qu'une forme d'autorité, celle qu'on crie.

Jacques avait beau se tenir en retrait, derrière un rideau de femmes et d'enfants affairés, c'est bien à lui que s'adressait l'aboiement.

— On ne sait pas. Ça nous a tous surpris dans notre sommeil.

— Sommeil ? Parce que tu dormais, toi aussi ?

— Je me suis juste assoupi, je…

— C'est toi, mon frère, qui devait protéger nos femmes et nos enfants. Pas l'inverse !

Sur le chemin en pente douce, les compagnons de Judas arrivaient à leur tour. Essoufflés. Deux d'entre eux soutenaient un corps décharné et flasque, une large tache rouge sur son flanc.

Eléazar !

Ils avaient pourtant cherché à dissuader le vieil homme de participer à cette équipée pour le moins hasardeuse. Rien n'y avait fait, pas même les douces remontrances de sa femme, accourue auprès du blessé. Plus empressée et efficace qu'éplorée. Avec sa sœur Marthe, elle jeta un œil rapide à la plaie béante, puis désigna deux soldats pour le transporter à l'intérieur de la ferme. C'était le temps de l'action, pas celui des pleurs. Pas encore…

— Que lui est-il arrivé ? s'enquit Jacques.

— Une patrouille romaine nous a surpris, expliqua un jeune gaillard, aussi noueux et chevelu qu'une bête sauvage. Et Eléazar…

Judas évacua le sujet d'un revers de main agacé.

— Il a couru un peu moins vite que nous, voilà tout.

Ceux d'entre eux qui n'avaient pas eu le temps de quitter leur équipement de légionnaire se défirent sur-le-champ de leur pesant harnachement.

Quelle idée d'aller malmener la population dans cet accoutrement ! s'indigna intérieurement Jacques.

Tel était pourtant le plan de Judas : échauffer les esprits contre l'occupant romain, pour soulever les foules le moment venu. Car, dans moins d'une semaine, ce serait la Pâque, et Jérusalem grouillerait de milliers et de milliers de pèlerins juifs, impatients et oisifs, qui ne demanderaient qu'à prendre fait et cause pour qui saurait les enflammer. D'où cette razzia dans les rues commerçantes du Tyropéon où, déguisés en légionnaires, ils avaient tout saccagé sur leur passage, aux cris de « Tibère vous souhaite une joyeuse Pâque ! » Ultime provocation.

Le craquement sinistre d'une poutre rongée par le feu leur rappela la véritable urgence du moment.

— Qu'est-ce qu'on fait ? demanda Jacques à son frère.

— Vous avez puisé dans la citerne ?

Le guerrier roux désigna d'un regard les femmes qui jetaient des baquets emplis seulement à demi sur l'ogre insatiable.

— Elle est presque vide, admit l'autre, penaud.

— Maudits soit les Romains et leur aqueduc ! grinça Philippe.

— Alors, laissez tomber les seaux. Prenez des pelles. Il faut entourer la ferme de sable pour éviter que le feu ne vienne jusque-là. Allez !

Philippe était le plus sage. Thomas le plus gentil. Menahem le plus brave et Simon le plus malin. Lui-même, Jacques, était de toute évidence le plus savant d'entre tous. Mais c'est Judas, et lui seul, qui commandait. Et cela arrangeait tout le monde qu'il y en ait un tel que lui dans la famille pour porter ce fardeau-là.

— Thomas ! Theudas ! Enterrez-moi tout ça dans le gros talus !

Il tapa du pied dans un pan de *lorica,* la cuirasse articulée caractéristique des légionnaires, jetée à même le sol. La décurie qui les avait pris en chasse était susceptible de débarquer ici à tout instant. Il fallait effacer les traces de leur forfait. Vite.

— Tu ne peux pas te contenter de circonscrire le feu, Judas.

La voix légère de Sara perça à peine le grondement qui emplissait désormais tout l'espace. Le ton, lui, était assuré. Une nappe de fumée l'enveloppa puis, chassée par un coup de vent, révéla sa silhouette gracile et les longs cheveux noirs que, comme sa mère, elle ramenait toujours vers l'avant, sur l'une ou l'autre de ses épaules. Une tête de pioche sur un corps de déesse, cette gracieuse effrontée était bien la fille de Marie.

— Tu n'as rien à faire là, va plutôt aider ta mère. Ton père est blessé.

— Je sais, répondit la jeune fille en plissant un front rougi par la chaleur ambiante. Mais je ne ferai rien de plus qu'elle ne…

— Va avec les femmes, je te dis !

— Tu ne comprends pas, insista-t-elle. Il faut éteindre ce feu. Maintenant ! Il y a un homme à l'intérieur de la grange !

Un homme ?

Judas la gratifia d'un regard incrédule, qui glissa un instant vers le brasier. Il ne voyait là qu'une montagne de lumière aveuglante, d'où s'échappaient des brandons incandescents qui retombaient en pluie à l'entour.

— Maintenant ça suffit ! Fiche-moi la paix.

Jacques retint son frère par le bras.

— Attends !

L'autre n'en revenait pas de son audace, et se dégagea sans un mot, prêt à poursuivre son chemin.

— Elle dit vrai, Judas ! bluffa Jacques. Il y a une forme qui brûle dans ce feu !

Le balafré s'arrêta net.

— Une forme ? Tu veux dire une bête ?

— Je ne sais pas…

— Et pourquoi tu ne m'en parles que maintenant ?

— C'est plus allongé qu'une brebis, décrivit Sara qui vint à la rescousse du scribe. C'est aussi plus gros qu'un agneau, et moins massif qu'une vache…

— Et donc… ? s'énerva Judas.

— Ça pourrait bien être un homme… ou un enfant, conclut-elle, essayant d'éveiller chez son influent parent, non sans malice, un semblant d'empathie.

— L'un des nôtres ?

— Je ne pense pas. Apparemment, on est au complet.

— Montre-moi ça, ordonna-t-il en emboîtant le pas de Sara, dont le corps frêle disparut dans l'ombre de son oncle. Mais gare à toi si…

Jacques demeura un moment sur place, pantelant, stupéfait que son frère puisse accorder plus de crédit à la parole de cette morveuse qu'à celle d'un homme de son rang, de son âge et plus encore de son érudition. Qui avait étudié les mathématiques, la géométrie, l'anatomie, la médecine et bien d'autres sciences et disciplines encore, à Thèbes, pendant près de cinq années, avec les plus réputés des précepteurs grecs. Qui avait été le disciple d'Anaxilaos de Larissa, le plus brillant des néopythagoriciens. Qui savait reconnaître dans le ciel le nom et la trajectoire des étoiles. Qui parlait et écrivait plusieurs langues aussi bien que la sienne, hébreu, latin, chaldéen et, bien évidemment, avec une fluidité qui pouvait tromper de Pathmos à Sparte, la langue sublime de Socrate et de Platon…

Il tira sur ses cheveux poivre et sel, comme il le faisait chaque fois qu'il lui fallait remettre ses idées en place, ou chasser les nuages de la colère, ces nuages qui embuaient l'esprit et tuaient tout discernement. Puis, contenant une grimace, il suivit Judas et Sara aux abords du feu, jusqu'à la limite du supportable.

— Là !

Sara désignait ce qui avait dû être une mangeoire, masse sombre aux contours incertains, ondulant sous l'effet de la chaleur.

— Tu es sûre ? Je ne vois rien…

— Vu la taille de la grange, il faudra encore deux bonnes heures avant que le feu ne cesse de lui-même, intervint Jacques.

L'effondrement d'un pan entier de la charpente transperça la nuit. Bientôt, tout l'édifice serait affalé.

— Les docteurs de la Loi sont spécialistes en incendie, maintenant ? persifla Judas. Voilà qui pourrait servir nos plans !

Jacques ne sut que répondre à cette pique gratuite. Ne jouait-il pas pleinement le rôle qu'exigeait Judas ? N'avait-il pas livré toutes les informations qu'on lui demandait sur le Temple, son plan et sa sécurité ? Ne prenait-il pas toute la part voulue dans les projets séditieux de ses frères ?

— Chut ! Écoutez ! souffla Sara avec autorité.

— Qu'est-ce qu'il y a encore ? s'impatienta Judas. Tu me fais perdre mon temps. Il n'y a pas plus à entendre qu'à voir dans cette fournaise.

Elle leur fit signe de tendre l'oreille.

— Une plainte… risqua Jacques.

— Un râle, corrigea Judas. Simon ! Simon, viens ici !

Un homme élancé, les traits aussi fins que ceux du rouquin étaient grossiers, approcha d'un pas vif. À sa tunique brodée et sa barbe taillée avec soin, on voyait tout de suite qu'il cherchait à se démarquer des mœurs frustes qui prévalaient à la ferme. Ses manières raffinées étaient pour une grande part dans son succès en tant que mage et guérisseur. Même s'il ne fréquentait pas le Temple avec la même assiduité que Jacques, Simon était doté d'un sens politique hors du commun et d'un esprit astucieux.

— On doit éteindre ce feu… Tout de suite ! exposa Judas.

— L'éteindre complètement, c'est impossible, décréta Simon. Il y a encore trop de flammes importantes, et trop de combustible.

— Peux-tu l'étouffer sur une zone précise ?

— Hum… Tout dépend où. À la périphérie, ce sera plus facile.

— C'est en plein centre, précisa Jacques.

— J'ai combien de temps ?

— Tu n'en as pas. Si ce n'est pas fait tout de suite, ça ne servira plus à rien.

Sans en demander plus, Simon fila chercher une bâche en peau tannée, quatre cordes, deux pelles et un partenaire en la personne de Menahem, pour ce qui apparut, aux yeux des enfants agglutinés, comme un drôle de jeu pour adultes. Ils remplirent de sable la peau, nouèrent une corde à chaque coin, puis charrièrent le tout à la limite extrême du sinistre. Aussi robustes fussent-ils, ils peinaient à déplacer la poche de cuir ainsi chargée.

Il n'était pas humainement possible de s'approcher à moins d'une vingtaine de coudées de la gueule hurlante et brûlante qui dévorait le bois et la paille.

— Avec moi ! intima Simon à son frère. Une…

Ils balancèrent alors leur assemblage d'avant en arrière, comme s'il s'agissait d'une gigantesque fronde, emportés dans un premier temps par son poids, puis maîtrisant peu à peu le mouvement pour imprimer juste assez de bascule, sans pour autant se précipiter eux aussi dans les flammes par accident.

— Deux…

La bâche s'élevait dans l'air saturé et atteignait presque son zénith.

— Trois !

La manœuvre imaginée par Simon fut un succès. Chaque grain brillait dans la lumière comme une étoile éphémère, aussitôt née, aussitôt morte, captivant les enfants épuisés. Le sable retomba en pluie dense sur les flammes qui, sous l'effet de souffle, se couchèrent, certaines jusqu'à rendre l'âme. Comme il l'avait prévu. Mais ce premier essai était trop modeste par la quantité de sable vaporisé, et mal orienté.

— Encore ! cria Simon.

La deuxième tentative fut plus précise et, au milieu du tumulte, une parcelle de paix brumeuse apparut. Une nouvelle salve paracheva le travail et une dernière dessina sur le tapis de braises et de flammèches une sorte de chemin, un corridor qui semblait praticable.

Tous purent alors constater que ni Jacques ni Sara n'étaient en proie à des visions. C'était bien un homme allongé dans cette mangeoire. Et, à en juger par le halo vaporeux qu'exhalait faiblement sa bouche…

— Il est vivant ! s'écria Sara.

Le regard délavé de Jacques se propulsa jusqu'à l'inconnu calciné. Cette satanée gamine avait vu ce qui leur avait à tous échappé.

À lui le premier…

3

— Jacob, coupe des bûchettes et apporte-nous de la corde ! lança Judas à son fils aîné.

Il n'était pas mécontent de reprendre l'initiative, de prouver que lui aussi fourmillait d'idées ingénieuses. Il claqua sèchement la main sur son front estampillée ; à l'approche du feu, sa vieille cicatrice, dilatée par la chaleur, ravivait la douleur. Pourtant, avec les années, il s'était mis à aimer ce stigmate, pour lui le meilleur rappel – le plus cuisant, aussi – de l'urgence qui n'en finissait pas de justifier leur lutte. Tant qu'Israël serait souillé par la présence impie, sa blessure ne lui laisserait pas de répit.

À peine le temps de tremper sa tunique de bas en haut dans un baquet d'eau fraîchement puisée, et sa commande lui fut délivrée. Après avoir choisi les plus plates des coupes de bois, il en arrima sous la plante de ses pieds, tranchant la corde à ras du nœud avec sa *sica*. Ainsi chaussé, il fit quelques pas pour trouver son équilibre et renversa le contenu d'un seau sur cet appareillage.

— Toi aussi, mon frère ! aboya-t-il à Jacques.

Sous le regard des siens, et l'œil impatient de Judas, Jacques chaussa à son tour ces drôles de sandales. Puis, d'un geste qu'il crut discret, il sortit de sous sa tunique, prisonnier d'une ceinture de corde, un étrange objet métallique. Sa canule.

— Tu veux achever ce malheureux ? tonna son frère.

— Je pensais juste…

— Tu pensais quoi ? Lui planter ta pointe dans le cœur ?

Pourquoi s'acharnait-il encore sur lui ? Comment se faisait-il, comme il l'avait déjà tant de fois constaté, que le débiteur s'en prît ainsi à son créancier ? Pourquoi certains ne supportaient-ils pas d'être redevables à leurs semblables et mordaient la main qui les avait secourus, avec d'autant plus de force que le service rendu était grand ?

Qu'ai-je fait, après tout, si ce n'est sauver Amitaï, son fils ?

Jacques rangea sa canule à regret. Pourtant, il en était sûr, plantée dans une gourde d'eau, elle aurait constitué le meilleur des filtres contre les vapeurs toxiques qui émanaient des braises encore fumantes. Un procédé simple qu'il avait maintes fois utilisé, en Grèce et ailleurs, pour traverser des marais pestilentiels ou des régions qu'on supposait contaminées par la présence de lépreux, impurs parmi les impurs.

Tous deux harnachés, un linge humecté plaqué sur le visage, dégoulinants des dernières gouttes encore disponibles dont ils s'étaient aspergés, ils entrèrent dans le foyer brûlant. Bientôt, ils disparurent complètement, enveloppés par les nappes blanches, comme dans un linceul.

À chaque pas, une vapeur suspecte s'échappait des bûchettes qui protégeaient leurs pieds. Balayée par des tourbillons de suie, leur peau se noircissait aussi vite que si on l'avait plongée dans un bain de tanin coloré. Malgré leur masque de fortune, ils toussaient et crachaient sans cesse. Difficile de respirer ; presque impossible de parler.

Judas désigna silencieusement la mangeoire, à quelques pieds d'eux maintenant. Malgré le rideau brumeux, il était clair que la cavité en bois contenait un corps. Cette masse calcinée, où chairs, peau et vaisseaux semblaient avoir été fondus en une seule matière abjecte, où affleurait ici ou là ce qui ressemblait à un os ; cette masse, il fallait maintenant s'y résoudre, avait toutes les caractéristiques anatomiques d'un homme.

Un homme, ou ce qu'il en restait.

Selon les zones, cependant, les ravages du feu étaient plus ou moins nets sur la dépouille. Cela allait de simples lambeaux de peau noircis, prêts à s'envoler au premier souffle, à d'horribles boursouflures de chair tuméfiée, d'un rouge plus vif que le sang, d'où suintait une humeur que la chaleur extrême dispersait en de petites bulles jaunâtres à la surface. Seul le bas du corps, manifestement en contact avec une poutre enflammée, était parvenu à un point de carbonisation avancé.

Car l'homme n'était déjà plus de ce monde. Jacques posa deux doigts sur la carotide, afin de confirmer son impression première. Dodelinant du chef au rythme du pouls, il attendit d'être tout à fait sûr de son verdict.

Je n'ai jamais vu ça : il est mort, et il respire !

Sous l'action du feu, ses poumons perforés s'emplissaient de fumée et, en s'expulsant par la bouche grande ouverte, l'air vicié produisait un râle aussi puissant que s'il était vivant.

— Attention !

Jacques poussa un cri contenu par le linge.

Un coup de vent avait suffi à ranimer quelques flammes assoupies, embrasant Judas comme une torche, au bas de sa tunique. D'un geste réflexe, le scribe dégaina son caducée et, en quelques pointes bien placées, arracha la partie d'étoffe consumée. Était-ce de la reconnaissance dans l'œil de son frère… ou de la haine ?

Ils sortirent aussitôt, toussant, crachant ce qui restait d'air et de suie dans leurs bronches, agrippés l'un à l'autre, s'entraidant presque malgré eux. Hors de question qu'ils y retournent dans cet état. Jaïrus, l'ami d'enfance de Judas, le plus dévoué de ses lieutenants, et Menahem, le dernier des sept frères, se portèrent volontaires.

À leur tour, ils pénétrèrent dans le temple de fumée, aussi haut que les plus hautes bâtisses de Césarée, tendu vers la voûte céleste dans un élan presque blasphématoire. Équipés comme leurs prédécesseurs, les mains bandées de linges détrempés, ils progressèrent sans difficulté jusqu'au cœur du brasier. Avalés eux aussi par la gueule du monstre. De l'extérieur, on ne les voyait plus. Longues minutes de silence et d'ombres qui se déplaçaient à pas lents.

— Les voilà ! Ils l'ont !

Enfin, ils parvinrent à s'extraire prudemment, lestés de leur fardeau qu'ils déposèrent sur une peau étendue à même le sol. Pouvait-on encore parler d'un homme ?

Personne n'osa approcher de la masse sombre, inerte et pourtant menaçante.

Fasciné, Simon s'avança le premier, un mouchoir humide à la main. À genoux, il tamponna délicatement la face couverte d'une épaisse couche de suie.

Un rôdeur qui s'était laissé surprendre par la violence de l'incendie ? Ou l'un des ouvriers saisonniers qu'on emploie à la ferme dès les premiers beaux jours ? Chacun y allait de son hypothèse muette.

Peut-être même est-il l'incendiaire ? spéculait Jacques.

Le visage proche à toucher celui du supplicié, Simon poursuivait son travail minutieux, révélant peu à peu des traits sous la poisse de feu et de sang.

L'arrondi d'une pommette. L'ombre d'une paupière. L'arrête d'un nez. Bientôt des lèvres… Il arrêta net son geste. Et demeura immobile un temps qui leur sembla infini, agglutinés qu'ils étaient quelques pas en arrière.

— Judas !

Simon mugit de nouveau son appel.

— Judas !

Celui-ci se pressa à ses côtés. Il s'accroupit, une main sur l'épaule soyeuse de son frère. Pétrifié lui aussi.

Dans leur dos, les premières lueurs du levant s'invitaient déjà, révélant la beauté simple du lieu, dernier îlot de fertilité offert aux hommes avant le désert de Judée.

— Qu'est-ce qui leur prend ? s'enquit Sara, agrippée à la manche noircie de Jacques.

Celui-ci s'avança à son tour vers le corps, opposant devant la jeune femme un bras protecteur. Mais elle était bien décidée à ne pas le quitter d'une sandale. À ne rien manquer du tableau.

— Pourquoi ne disent-ils rien ?

— Parce que cet homme…

— Eh bien quoi ?

— Ils le connaissent, murmura-t-il en rejoignant ses deux frères d'un pas preste.

Sa voix s'évanouissait déjà, étranglée par l'émotion, ternie par les effets irritants de la fumée.

— On le connaît tous.

4

Jérusalem

L'Antonia, l'imposante citadelle édifiée à l'angle nord-ouest du Temple de Jérusalem, au cœur de la ville, était peut-être la preuve la plus flagrante de l'allégeance du peuple juif à l'empereur. Construite près de deux siècles auparavant par les princes Maccabées, cette Baris avait été rebaptisée en l'honneur du général romain Marc-Antoine.

Depuis, elle était surtout, pour les Jérusalémites, la principale prison de la ville et la résidence ordinaire de Pilate, le procurateur de Judée, lorsqu'il séjournait dans la capitale religieuse de sa province.

Une silhouette massive. Une présence bien plus que symbolique. Car, du sommet des quatre tours carrées de soixante-quinze coudées, les plus hautes du pays disait-on, rien n'échappait aux légionnaires, jouissant d'une vue plongeante sur l'ensemble des parvis du Temple.

À portée de flèche.

— Qui va là ?

— Saül, répondit l'homme d'une voix d'outre-tombe. Saül de Tarse. Pilate m'attend.

Le garde, qui avait glissé un œil prudent à travers le guichet entrebâillé, recula d'un bond.

— Qui es-tu ? reprit-il d'une voix soudain aigrelette.

D'un geste réflexe, il glissa la pointe de son *pilum* dans l'étroite ouverture. À l'autre extrémité de la lame, imperturbable, surgit une face comme il n'en avait jamais vue. Laide, presque difforme. L'homme n'avait quasiment plus de bouche, comme si une bête l'avait arrachée tout entière. Presque plus de dents, non plus, pour habiller cette sinistre grimace. Son nez, plus large que long, se fondait à ses joues grêlées. Un lépreux ?

La tête enfoncée dans ses épaules tombantes n'était couverte que de quelques cheveux épars, d'une couleur indéfinie. Son œil gauche, tuméfié, offrait une ouverture à peine plus large que l'interstice entre les pierres d'un mur.

— Je viens de te le dire, s'impatienta le monstre.

— Pilate n'est pas arrivé… Tu devrais le savoir, si tu es attendu.

Il claqua la petite porte au nez du visiteur, sans autre forme de procès. Saül frappa avec plus de force sur l'épais panneau de bois. Il était coutumier de tels accueils. Son apparence, sa voix, et plus encore sa réputation : il ne suscitait guère la sympathie. Peu lui importait. Il ne venait chercher ni amitié ni sourires. Il apportait des informations, recevait des ordres en retour. Et de l'argent, surtout. Son monde se résumait à ce seul contrat, et ça lui convenait très bien. L'engagement, la famille, la foi, les affrontements d'idées plus grandes que les hommes eux-mêmes, il laissait ça aux autres. À ses clients.

L'huis gigantesque s'ouvrit brusquement. Une dizaine de légionnaires en armes jaillirent dans la nuit finissante et l'encerclèrent sans qu'il ait pu esquisser le moindre mouvement de fuite.

Bornés, mais si bien organisés ! admira-t-il en silence, point de mire de leurs lances.

— Tu dis avoir rendez-vous avec Pilate ? le nargua un décurion ventripotent.

— Oui…

— Eh bien tu vas l'attendre avec nous. Il y a bien longtemps que nous ne sommes pas allés au cirque ! rit-il à l'unisson de sa décurie.

L'espion jugea plus prudent de ne pas répondre et se laissa guider à l'intérieur. Après tout, c'est bien là qu'il voulait entrer.

Derrière le mur d'une exceptionnelle épaisseur, peut-être deux coudées, la fraîcheur contrastait avec la chaleur étouffante qui ne quittait jamais tout à fait les ruelles de la ville, dès les premiers soleils de Nissan. Hormis ce confort, cela ressemblait plus à une prison qu'à un palais. L'Antonia, on savait quand on y entrait… et seul Tibère savait quand et comment on pouvait en sortir. Si on en sortait.

— Tu dis que tu t'appelles comment, tête d'ours ? plaisanta le gradé.

D'après son accent, il avait dû passer par d'autres garnisons aux confins de l'empire, avant d'échouer en Palestine.

— Saül…

— Tu es juif ?

— Oui, répondit-il sans conviction.

— On ne t'a jamais vu ici… Comment le préfet peut-il attendre un invité qu'il ne connaît pas ?

— Je suis recommandé.

— « Recommandé », voyez-vous ça ! gloussa le Romain dans sa tunique d'un rouge éclatant.

Il s'autorisa une claque qui n'avait rien de très amical sur le dos bossu de l'intrus. Saül ne broncha pas.

— Et recommandé par qui donc, s'il te plaît ? Pluton, le dieu des Enfers ?

— Par Hérode… Hérode Antipas, pensa-t-il utile de préciser.

Au milieu d'un désert de pierre, les deux hommes retrouvèrent leurs montures là où ils les avaient laissées. Ils ne risquaient plus rien, désormais. Béthanie était loin et, apparemment, personne ne les avait suivis. À l'horizon, le soleil pointait tout juste.

Avec la chaleur du brasier, le sang avait cuit sur leurs mains. La pâte d'un rouge sombre collait plus que la suie. Faute d'eau, le grand encapuchonné ramassa une pleine poignée de sable épais, grumeaux de roche suffisamment abrasifs pour arracher la pellicule sèche, et frotta ses paumes l'une contre l'autre.

— Tu devrais te nettoyer, toi aussi, lança-t-il à l'ombre qui l'observait dans son dos.

Son complice retira le foulard bleu qui couvrait encore son visage. Des traces rouges et noires marbraient le tissu par endroits.

— Tu disais que ce sang nous purifierait…

— C'est vrai. Ce sera vrai, quand il aura coulé le nombre de fois nécessaire. En attendant, nos « amis » à Jéricho ne doivent pas te voir dans cet état-là. Lave-toi !

Puis, au lieu d'enfourcher sa mule, il fit quelques pas en direction du levant. Là, il s'allongea dans la poussière et il ferma les yeux. D'une main, il fouilla sa poche et en sortit un sachet dont il versa le contenu, une poudre brune, dans sa bouche entrouverte.

— Qu'est-ce que tu fais ?

— Laisse-moi juste une minute.

D'une voix crépusculaire, à peine assez forte pour qu'il l'entende lui-même, l'homme à la capuche commença à psalmodier sous les premiers rayons du soleil.

— *Je suis le premier et le dernier, et le vivant. J'étais mort ; et voici, je suis vivant aux siècles des siècles.*

Son comparse le regardait. Interdit. Peut-être admiratif.

— *Je suis l'alpha et l'oméga, le commencement et la fin. À celui qui a soif je donnerai l'eau de la vie. Je suis l'alpha et l'oméga, le premier et le dernier, le commencement et la fin.*

Le corps allongé fut pris soudain de spasmes et de tremblements.

— *Je suis... Je suis l'étoile brillante du matin.*

Sa prière se muait peu à peu en une plainte unique, comme celle d'une bête à l'abattoir.

Il se sentit partir loin sous l'action de la poudre. Son esprit flottait bien au-dessus de son corps. Il vit alors des choses impensables. Des choses d'un monde lointain et qui l'effrayaient.

Des villes poussant à vue d'œil et dont les tours, plus hautes que les ziggourats de Babylone, tutoyaient le ciel et défiaient la nuée ; des empires qui naissaient en un jour et mouraient aussitôt, dans le sang inutile de millions d'hommes qui avaient eu la bêtise de croire en eux ; la nature saccagée, des arbres qu'on arrachait, la terre qu'on éventrait, l'eau qu'on salissait et dilapidait comme si elle ne valait plus rien ; l'homme qui pullulait, grouillait, s'entassait, et qui ne supportait plus les autres hommes faute de place ; l'homme devenant son propre prédateur, sa propre plaie, son unique maladie ; et enfin, une boule gigantesque qui explosait, qui crachait un feu sans fin ni limites, qui brûlait tout et tous sur son passage, des flammes qui soulageaient ce monde vain, un monde qui n'avait plus rien à sentir, connaître ou espérer.

Des abominations qu'il ne laisserait pas se produire sans combattre…

5

Béthanie

Sara n'en finissait plus de bourdonner autour de Jacques, depuis qu'il avait achevé sa contemplation muette du cadavre. Pas plus que les autres, il ne commentait ce qu'il avait vu. Qui il avait vu.

— C'est un Romain ? C'est ça, c'est un Romain ?

— Je ne sais pas…

Elle n'en crut pas un mot.

— Tu l'as reconnu, toi aussi, hein ?

— Non.

Il mentit mal, tortillant dans ses mains la coiffe caractéristique des scribes, qu'il ne portait que dans l'enceinte du Temple.

— C'est qui ? L'un des nôtres ?

— Ton père va peut-être mourir, Sara, tenta Jacques afin de s'en défaire. Ça ne t'intéresse pas ? Tu ne crois pas que ta place est plutôt auprès de lui ?

Elle le regarda fixement. Comment lui dire ? Non, ce vieillard affaibli, ce fardeau pour sa mère, ce père qui avait les attributs d'un aïeul, ce père qui, selon une tradition absurde, avait voulu l'apparier contre son gré dès ses douze ans, non, elle ne le pleurerait pas.

— Je t'ai aidé à convaincre Judas… Tu me dois bien ça.

— Mais qu'est-ce que tu crois, *brata !* s'emporta Jacques, piqué au vif. Tu crois que j'ai besoin de vierges immariables dans ton genre pour parler à mon propre frère ?

— Je ne suis pas impossible à marier, se rebella-t-elle, c'est moi qui n'ai pas voulu de ce vieux *goumla* !

— La vérité… commença Jacques avant de se contenir, visiblement affligé de cet accès soudain de colère.

— Eh bien parle !

— La vérité, c'est que ton père est peut-être trop vieux pour certaines choses, mais pas celles que tu crois.

— Ah oui, et lesquelles ? demanda-t-elle d'un air pincé.

— Tout d'abord, pour te tenir comme il le faudrait, jeune fille !

— Pfff, commenta-t-elle en haussant les épaules.

— Si j'étais ton père…

— Toi ? explosa-t-elle d'un rire mauvais. Toi, Jacques ? Mais cela se saurait, si tu pouvais avoir des enfants !

Jacques tourna les talons. C'était plus qu'il n'en pouvait supporter. Passe encore de se faire écraser par son frère, le chef reconnu de leur famille. Mais là…

Maudite soit leur colère, car elle est violente ; et leur fureur, car elle est cruelle !

Ne voyait-elle pas à quel point ils étaient semblables, elle et lui ? La jeune femme trottina derrière lui.

— Jacques, Jacques, pardonne-moi ! Je ne voulais pas…

— Oublie ça, s'étrangla-t-il.

— Attends. Il y a une chose que tu ne sais pas… une chose importante.

— Ça ne m'intéresse pas !

Il poursuivit son chemin vers la bâtisse principale, bien décidé à ne plus se laisser approcher.

— Mais c'est à propos de cet homme ! jappa-t-elle comme un roquet à ses basques.

— Va raconter tes histoires à Judas, puisqu'il t'écoute.

— Ils étaient deux, se lança-t-elle, alors qu'ils entraient dans le bâtiment.

La pièce commune était la plus richement décorée de toute la maison. Une fresque en céramique sur le mur du fond représentait un paysage d'Antioche, signant par là même le nom du propriétaire légitime des lieux. Celui qui, toutes ces années, s'était acquitté pour eux de l'impôt de César : Joseph d'Arimathie. C'était à sa bienveillance pour la descendance de Judas de Gamala qu'ils devaient cette exploitation prospère, sans lui rendre le moindre compte ni lui verser aucune redevance.

— Deux quoi ? Deux *quoi* ?

Jacques saisit son poignet avec une brutalité qui ne lui ressemblait pas.

— Tu me fais mal… grimaça Sara.

— Deux quoi ? répéta-t-il.

— Tout à l'heure, quand on jetait de l'eau… Je me suis approchée de la grange.

J'en étais sûr ! Elle a vu autre chose !

— Et ?

— J'ai aperçu deux ombres qui en sortaient.

— Avant l'incendie ? s'étonna Jacques en libérant son bras.

— Non, non. Le feu brûlait déjà, souviens-toi. On essayait tous de l'éteindre.

— Comment étaient-ils ?

— Je ne sais pas, ils couraient dans la nuit... Ils sont partis par là.

Elle tendit le doigt vers le flanc nord du mont des Oliviers.

Quelques secondes de moins, et la troupe de Judas les aurait croisés...

— Pourquoi n'as-tu pas dit cela plus tôt ?

— À Judas ? s'exclama-t-elle.

— Tu ne l'aimes pas beaucoup, sourit Jacques.

— Toi non plus, rétorqua sa nièce. Bon, maintenant que je t'ai tout raconté... Tu peux me le dire.

— Te dire quoi ?

— Le nom du brûlé.

Jacques secoua la tête. Il prit cet air pensif que de longues séances de méditation quotidiennes accrochaient durablement à son visage. Ce détachement attentif qu'il appliquait à toute chose. « Pleinement là, mais jamais prisonnier d'ici », synthétisait Anaxilaos, dans une sentence qui le ravissait. Comme son maître, Jacques n'aimait rien tant que les formules concises, aussi brèves qu'une illumination, aussi pures que l'eau purificatrice.

— Demande donc à ta mère de te parler de Jean, lâcha-t-il enfin.

— Jean ? s'étonna Sara. C'est qui, ce Jean ?

— Notre frère aîné.

— Hein ? Mais l'aîné, c'est Philippe !

— Non, Sara. Le *békhor* de nous tous, le premier-né, c'est Jean. C'est lui, le brûlé.

6

Jérusalem

— Bienvenue chez toi, Pilate, nous sommes heureux de te revoir parmi nous.

— Épargne-moi les courbettes, Flavius…

Le préfet de Judée considéra son aide de camp d'un air bien las, eu égard à l'heure matinale.

— Quelle est la mauvaise nouvelle ? reprit-il.

La mauvaise nouvelle ? Elle lui avait sauté aux yeux pendant tout le parcours depuis Césarée. Et l'avait pris à la gorge dès les faubourgs de Jérusalem. Partout, déjà, des milliers et des milliers de fidèles. En grappes, en meutes, en troupeaux. Certains encore endormis à même le sol. Sales, pouilleux, colporteurs d'on ne sait quelles maladies sous leur tunique dévote.

Pilate connaissait les chiffres : Jérusalem comptait à peine quarante à cinquante mille âmes en temps normal. Jusqu'à dix fois plus pendant la Pâque ! C'était une chose de les consigner sur ses rapports. C'en était une autre de les voir grouiller dans les rues, graines de révolte et de sédition. Agités, bruyants du soir au matin, aussi excités que s'ils étaient sous l'emprise d'un mauvais vin. Son cortège, quoique réduit à une garde rapprochée d'une vingtaine de légionnaires, avait mis près d'une demi-heure depuis la porte de Sion pour parvenir jusqu'à la citadelle de l'Antonia, au cœur de la ville. Et ce n'était encore que l'aube !

La mauvaise nouvelle, comme chaque année, c'est qu'il lui incombait à lui, administrateur de cette colonie reculée, si loin de Rome et de ses mœurs civilisées, de contenir cette foule en transe. Quel était donc ce dieu qui les plongeait dans un tel état ? Qu'avait-il de si bon à leur offrir pour qu'ils le vénèrent avec une telle ferveur ? N'était-ce pas cette même divinité qui les avait placés depuis près d'un siècle sous la sandale de Rome ? Qui avait fait d'eux à peine plus que des esclaves ? S'ils étaient assez fous pour remercier et louer leur bourreau, ces hommes ne méritaient que son mépris. Et il ne les en privait pas.

— Ce n'est pas à proprement parler une mauvaise nouvelle… commença son aide de camp.

— C'est pour ça que tu te tortilles comme une vestale pour me l'annoncer ?

Trop jeune, ce Flavius. Trop tendre pour le suppléer à l'année dans ce foyer de résistance. D'ailleurs, il ne l'avait pas choisi. Encore une chose que Publius Flaccus, le puissant gouverneur de Syrie, lui avait imposée. Comme ce poste. Ou l'obligation d'occuper le palais d'Hérode lors de ses séjours dans la cité, quand le confort fruste de l'Antonia, simple garnison, lui aurait mieux convenu.

Un symbole, Pilate, tu te dois de montrer aux Juifs que le roi de Jérusalem, le roi de Judée… c'est toi !

« Roi de Jérusalem »… Et dire qu'ils étaient des dizaines à prétendre à ce titre, à se déchirer pour une couronne qui lui était échue contre son gré.

Les pharisiens et leur allégeance de façade. Les sadducéens et leur empressement veule, calculé, avide des quelques piécettes à glaner dans l'affaire. Les zélotes, bien sûr, ou le peu qu'il en restait, ces fanatiques si pressés de mourir à la pointe des dagues romaines. Même les esséniens, pourtant tout dévolus à l'étude et à la prière, reclus sur les berges si inhospitalières de la mer Morte, ne lui inspiraient aucune confiance. Tant d'agitation pour un pouvoir qui n'existait plus. Et n'existerait pas tant que Rome régnerait sur le monde connu.

C'est-à-dire pour toujours.

— Il s'est passé une chose étrange, cette nuit, expliqua son subordonné.

— Encore un tour de passe-passe d'Agabus le mage ?

Pilate sourit de sa réplique.

— Non. Moins magique et plus… costumé.

— Costumé ? Tu crois que j'ai la tête à entendre le récit de tes bacchanales ?

Le militaire, dont les caliges étaient encore blanches de la poussière des routes qu'il venait d'arpenter, se crispa.

— Je préférerais te rapporter mes bacchanales, admit-il.

De surprise, le procurateur en lâcha la coupe de fruits frais qu'un serveur zélé, magnifique Nubien qui devait approcher les sept pieds de haut, venait de lui livrer.

— Un groupe d'hommes en armes a semé la panique dans le quartier du marché haut, reprit l'aide de camp, les yeux baissés et l'échine courbée.

— Des hommes en armes ?

— Je devrais plutôt dire « nos » hommes en armes. Les témoins interrogés ont décrit des légionnaires qui renversaient et cassaient tout sur leur passage.

— Hum, je ne peux pas vraiment blâmer nos soldats… Ce pays rendrait fou n'importe qui. Même Minerve !

Flavius approuva d'un hochement de tête.

— Mais si nous pouvions éviter un nouveau pataquès, poursuivit Pilate, Tibère n'en dormira que mieux.

— Puisses-tu être entendu. Je crois pourtant que l'affaire est différente.

— Différente en quoi ? Ces gens-là n'aiment pas qu'on les bouscule, qu'on touche à leurs satanées lois de Moïse, je l'ai compris. Tes hommes devraient le comprendre, eux aussi.

— Justement, le décurion qui commandait la deuxième troupe…

Il hésita, laissant son regard glisser par les meurtrières de la forteresse, loin sur les toits de la ville sacrée.

— Eh bien quoi ? s'agaça Pilate.

— Il a retrouvé plusieurs uniformes abandonnés. Des *lorica* complètes.

— Des déserteurs auraient fait le coup ?

— Non, il croit que les pillards n'étaient pas des nôtres.

— Je vois… On cherche à semer la zizanie. Et combien en a-t-on capturés ?

— Aucun, admit Flavius dans un souffle.

D'un coup de pied vengeur, le préfet envoya promener la coupe en argent et son assortiment de dattes, de raisins et de figues. Quand le métal heurta l'épais mur d'enceinte, le bruit résonna dans toute la pièce.

— Double la garde de nuit autour du Temple ! fulmina Pilate.

— Elle est déjà doublée depuis huit lunes.

— Alors triple-la ! hurla-t-il, signifiant d'un geste à son esclave de lui rapporter la copie des douceurs sur lesquelles il venait de passer sa colère.

Un légionnaire en uniforme entra alors dans la pièce.

— Décurion Sextilius, seigneur.

— Parle ! Quoi que tu aies à dire, n'hésite pas… de toute façon les augures m'en veulent, aujourd'hui.

— J'ai un message de Publius Flaccus.

À l'évocation de son supérieur hiérarchique direct, intermédiaire, hélas ! incontournable entre Tibère et lui, Pilate tressaillit. C'était loin, la Syrie ; mais il suffisait qu'on évoquât le nom de Flaccus, ou que le gouverneur se manifestât par l'une de ses missives assassines, et il se sentait retenu par un fil invisible – étranglé même à en croire la rougeur qui avait gagné sa large face lunaire, jusqu'à son crâne à demi dégarni, mèches rares coupées court. Il tendit la main vers le soldat.

— Donne-moi ça.

— Il n'y a rien à lire, seigneur. Publius Flaccus te fait juste savoir qu'il te visitera le jour de la Pâque.

Ce n'était pas une mauvaise nouvelle, c'était la pire des nouvelles possibles. La dernière fois que Flaccus s'était invité, il l'avait vertement réprimandé. Pilate, qui pensait flatter César en affichant son effigie aux principaux carrefours de la Ville sainte, s'était fourvoyé à un point inimaginable. Il n'avait pas compris que son initiative, contrevenant à la plus élémentaire des lois mosaïques, soulèverait l'indignation des juifs de toutes obédiences. À son corps défendant, il avait réussi à unir contre lui des sectes qui se détestaient copieusement depuis des décennies.

Une foule en colère s'était massée devant sa retraite de Césarée et, comme il refusait de céder à leurs injonctions de retrait, les manifestants s'étaient couchés autour de sa résidence durant cinq jours et cinq nuits. Certains prétendirent que Pilate, excédé, avait menacé de faire égorger les insurgés. En réalité, il avait tout bonnement cédé à la pression populaire et décroché les fameuses enseignes. Chapitre clos, mais grosse frayeur. Il avait failli perdre ce poste maudit et se retrouver à la tête d'une simple garnison, au fin fond de la Gaule ou de la Germanie.

Suant comme en plein soleil à ce mauvais souvenir, corseté dans son armure d'or gris, Pilate tira de sous son plastron un linge soyeux et parfumé dont il se tamponna à plusieurs reprises le front et le cou. Une fragrance subtile parvint à son nez, essence de rose, rare et onéreuse. Une spécialité de Jérusalem, vite adoptée par son épouse.

Claudia...

Elle serait sans doute la seule à se réjouir de ce changement impromptu. Elle qui le fuyait comme ces lépreux qu'il avait aperçus le matin même, sur les bords du Jourdain, trempant leur douleur et leur honte dans les eaux rares du fleuve. Elle dont il ne savait plus comment raviver la flamme. Claudia Procula, la petite-fille d'Auguste, la patricienne aux yeux si doux, que son physique d'impératrice destinait au plus brillant destin, pourrait-elle supporter encore longtemps ce placard puant qu'était son affectation judéenne ? Son attitude des derniers mois – ô combien distante –, ses absences, cette lueur de haine qu'il lisait parfois dans ses yeux, tout cela ne signait-il pas la fin de leur amour ?

Flavius le tira de cette rêverie bien maussade.

— Un homme effrayant s'est présenté pour toi ici, très tôt ce matin.

— Effrayant ?

— À vrai dire, les hommes qui l'ont reçu disent qu'ils n'ont jamais rien vu d'aussi monstrueux. Pas même dans une arène.

7

Pilate en aurait presque salivé. Il en avait vu, des horreurs, sur tous les champs de bataille de l'empire. Mais rien ne l'excitait autant, hormis certaines femmes à la peau épicée, que les traces du combat dans la chair des rescapés. Les stigmates. Il se serait damné pour de belles cicatrices bien voyantes.

Enfin une distraction !

— Il s'appelle Saül et prétend qu'Antipas l'a envoyé, poursuivit Flavius.

— Hum, exact ! Il paraît qu'il est laid comme une hyène. Mais Hérode prétend aussi qu'il est le meilleur espion juif de Jérusalem. Envoie-le-moi, je sens qu'il va me plaire !

— C'est que…

— Quoi encore ?

— J'ai peur que nos hommes l'aient un peu bousculé, en attendant.

— Bousculé ? Il est vivant, au moins ?

— Oui, oui, bien sûr.

— Fais-le venir.

Escorté par deux des soudards qui l'avaient intercepté à la porte principale, Saül fit son entrée sous l'œil fasciné de Pilate. Quelle âme pouvait produire une apparence aussi abominable ? Quels tourments avait-elle fait subir à ses semblables pour écoper d'une telle enveloppe ? Autant de disgrâce en un seul individu, c'était prodigieux. Le procurateur l'observa sous toutes les coutures, comme une bête en cage.

Un raclement de gorge de son lieutenant le ramena à la réalité.

— N'en veux pas à mes hommes, ils sont parfois un peu… spontanés, s'excusa alors le préfet, pour la forme.

— J'ai l'habitude, seigneur, minimisa son interlocuteur.

Plusieurs plaies apparentes prouvaient le contraire.

— Hérode m'a vanté tes mérites, tu sais. À l'en croire, c'est en partie grâce à toi qu'il peut s'empiffrer le plus clair de l'année à Jéricho plutôt que de croupir ici pour démêler les intrigues de sa cour.

— Hérode est bien indulgent. Disons que j'ai des yeux, et des oreilles.

— C'est une bonne maladie, plaisanta Pilate en fixant lesdits organes de Saül, aussi peu humains qu'il était possible. Et qu'entendent donc tes oreilles, ces temps-ci ?

Ce disant, il s'approcha pour effleurer les monstrueux appendices d'un bout de fruit séché. Qu'il jeta sur le sol l'instant d'après.

— Que dit-on de ce mage galiléen ? reprit Pilate. Les badauds ne parlaient que de lui, sur la route.

— Jésus le Nazaréen ? Un illuminé, seigneur… Si tu me permets de donner mon avis, ce n'est pas un danger.

— Il fait des miracles, pourtant, non ? Le Sanhédrin a l'air très remonté.

— Crois-moi, c'est un rêveur. Si les songes exaltés étaient des armes, alors oui, il y aurait motif à s'inquiéter, mais ce Jésus…

— Oui ?

— Il n'en veut qu'aux âmes.

— Je vois…

Comme un oiseau de proie, à pas lents, Pilate décrivait des cercles autour de son interlocuteur, qu'il contraignait ainsi à se tordre le cou.

— De toute façon, tu pourras bientôt juger sur pièces, seigneur. Mes informateurs disent qu'il sera là pour la Pâque, ajouta Saül.

Le Romain frissonna, sans bien s'expliquer pourquoi.

— Tiens, tiens… Pourtant, si je te suis bien, il n'y a aucune raison de s'alarmer. Cette Pâque sera un modèle de paix et de sérénité, c'est bien cela ? appuya-t-il, comme pour conjurer un sentiment mauvais.

— Je ne peux que le souhaiter. Toutefois…

— Oui ?

— Oh ! c'est sans doute trois fois rien.

— Parle !

— Si j'osais…

— Parle, espèce de… !

Pilate saisit l'espion au col, à bout de nerfs, incapable de qualifier la monstruosité de son visiteur.

— Je pense que tous tes hommes ne devraient pas être concentrés à l'intérieur des murailles de Jérusalem.

— Et où voudrais-tu les envoyer, s'il te plaît ?

— Pas loin, seigneur… À Béthanie.

À l'ovale immobile de sa bouche, Saül comprit que Pilate ignorait tout, ou presque, de ce qui se tramait dans le pays. Sa bourde monumentale lors de l'épisode des enseignes, encore frais dans les esprits, prouvait à quel point il méconnaissait la poudrière dont il avait hérité, quatre ans plus tôt.

Comment avait-il pu piétiner avec autant d'insouciance l'accord tacite passé avec les grands prêtres du Temple ? Aux Juifs la liberté de célébrer leur culte et d'appliquer leurs lois religieuses comme ils l'entendaient ; aux Romains, l'administration terrestre des biens et des personnes. *Religio licita*, culte admis et reconnu par l'empereur dans son infinie tolérance, eu égard à l'ancienneté de sa pratique et au nombre de ses fidèles, le judaïsme devait être respecté comme tel par ses représentants. Et non bafoué, comme Pilate se l'était permis en ces funestes circonstances.

Avec ce nouveau maître à informer, à guider, un avenir sonnant et trébuchant s'ouvrait devant Saül.

8

Béthanie

— Comment va Eléazar ?

Sara était entrée en matière avec prudence. Sans se rendre compte, probablement, qu'elle avait désigné son père par son prénom. Comme si son sang à lui ne coulait pas dans ses veines à elle ; comme si ce lien entre eux se dénouait déjà.

Agenouillée sur sa paillasse, Marie leva sur elle un visage défait. Une lampe à huile de petite taille, en terre cuite ocre, toute simple, achevait d'éclairer la pièce à l'étage. Une chambre modeste. Un sol de dalles brutes, aucune frise ni aucune fresque pour décorer les murs. Le plafond bas interdisait presque à un adulte de se tenir debout. La seule richesse du lieu était un coffret en bois teint, qui recélait quelques bijoux. Une palette d'olivier, creusée de deux petites vasques circulaires, prouvait aussi que son occupante se fardait ou se parfumait parfois, dans les grandes occasions.

— Philippe est à ses côtés.

— C'est bien, il connaît les mots qui soulagent.

— Et Jacques lui a administré quelques plantes.

— Tant mieux.

— Mais il n'est pas très optimiste quant à son état, précisa Marie.

— Jacques n'est jamais très optimiste, plaisanta Sara, sautant sur l'occasion d'alléger l'ambiance.

Elles n'étaient pas faciles, les discussions entre la mère et la fille. Devenues si rares, depuis l'incident du mariage avorté… Marie se força à sourire.

— Il a ses raisons, tu sais…

— Les enfants ? risqua Sara, évoquant l'accrochage dont sa mère avait été témoin.

— Sa femme, Chila, que tu n'as pas connue, est morte en couches à la naissance de leur fils.

— Ah… quand ça ?

— Bien avant ta naissance.

— Il n'a pas repris de femme ?

— Oh non… Pas Jacques, non, souffla Marie avec un sourire attendri.

— Et le bébé ?

— Il a rejoint sa maman, quelques mois plus tard.

Marie s'assit à côté de sa fille, sur la natte lustrée par les années. Il y avait beau temps qu'Eléazar ne partageait plus la couche de son épouse ; il était si vieux. Mais, aux yeux de tous, il fallait continuer à faire semblant. Et cette paillasse hors d'âge attestait l'harmonie et la solidité du couple. Toute demande de renouvellement, la moindre plainte quant à son état d'usure avancé, aurait été interprétée comme un désaveu de son époux. Alors elle continuait à dormir sur ce lit aussi décati que son mari, sans mot dire.

— Maman… Pourquoi tu ne m'as jamais parlé de lui ?

— De qui ? De Jacques ?

— De votre frère aîné… de Jean.

Sans répondre, Marie se plaça d'autorité dans le dos de son enfant et entreprit de tresser ses cheveux, comme avant. Les gestes étaient faciles, alors. Sara avait grandi si vite. Aujourd'hui encore, sa mère s'émerveillait des reflets cuivrés dans ses cheveux de jais. Elle les lissa du plat de la main.

— Tes oncles racontent n'importe quoi, ma fille. Jean est mort, lâcha-t-elle enfin.

— Eh oui !

— Il est mort il y a longtemps, rectifia-t-elle.

— Mais alors, qui est cet homme, en bas ? insista Sara.

— Je ne sais pas, quelqu'un qui lui ressemble.

Elle lissait les cheveux longs et soyeux, ses doigts écartés comme les dents d'un peigne.

— Ah, approuva Sara sans conviction. De quoi est mort Jean ?

— Jean… Jean était notre aîné.

— Oui, ça je sais.

— Notre aîné, et donc l'héritier légitime.

— Enfin, maman, l'héritier de quoi ? Trois chèvres et une fermette ?

— Plus. Beaucoup plus.

Marie ferma les yeux, s'abîmant dans le mouvement mécanique de ses mains sur la chevelure si douce de sa fille.

Simon était entré sans s'annoncer. Un masque de contrariété tomba sur son visage en apercevant la gamine. Sur celui de Sara aussi. Elle n'avait jamais apprécié les manières affectées et le voile de mystère dont cet oncle charmeur nimbait chacune de ses paroles, ou de ses actions. Elle aimait par-dessus tout comprendre, et Simon était insaisissable par essence.

— Marie ! Judas nous attend tous dans la salle commune. Maintenant.

Marie se leva aussitôt. On ne faisait pas attendre Judas. Sara se redressa à son tour pour les suivre mais Simon l'arrêta d'une main ferme sur l'épaule.

— Non ! Pas toi.

— Mais…

— Il ne veut voir que ses frères et sœurs.

Avant qu'elle ne puisse réagir, les deux adultes étaient sortis de la pièce, la laissant seule dans cette antichambre où elle se sentait éternellement confinée : l'enfance.

9

— Mes frères ! Mes frères !

Judas essayait tant bien que mal de couvrir le brouhaha qui emplissait la pièce commune. La salle à la fresque, lieu des conseils et des grands repas familiaux. Ils n'étaient que huit, lui compris, mais tous très agités. Seul Jacques, qui le dévisageait en silence, semblait conserver une certaine pondération.

— Mes frères… mes sœurs… Écoutez-moi !

— Parle, Judas ! l'exhorta Menahem.

— Vous avez tous vu le visage de cet homme, dans la grange…

— Le Messie est mort ! cria Thomas, exalté.

— Thomas, s'il te plaît, réprimanda Judas. Tout ce que l'on sait pour l'instant, c'est qu'un homme est mort dans notre grange et que cet homme, nous l'avons tous reconnu.

— C'est Jean ! intervint Marthe, qui peinait à sécher ses larmes.

— Oui, Jean ! poursuivit-il. Comment est-il mort ? Comment est-il arrivé là ? Pourquoi maintenant ? Qu'a-t-il fait toutes ces années ? Vous vous doutez bien que son retour tragique parmi nous soulève plus de questions qu'il n'apporte de réponses.

— Tu en oublies une, Judas, intervint Simon. Je dirais même deux.

— Que veux-tu dire ?

— Qui l'a tué ?… Et surtout, pourquoi ?

— Nous n'avons qu'un corps calciné. Un accident, c'est tout… Rien ne permet de dire que Jean a été tué.

— Si, contredit Simon qui se leva de son tabouret. Ça !

Et il brandit à bout de bras une petite outre de cuir ratatinée.

Dehors, les autres compagnons, les femmes et les plus âgés des enfants déblayaient les décombres à mesure que les cendres cessaient de fumer. On avait bridé un âne qui tirait tant bien que mal les plus grosses pièces de bois hors de l'amas couleur charbon. Il faudrait plusieurs jours pour évacuer les débris du bâtiment réduit à l'état de poussière. Et des semaines pour effacer la gigantesque trace noire sur le sol de la cour.

Non loin de là, sur une table que les hommes avaient sortie, gisait le corps du défunt. Une esclave nabatéenne, Mirah, presque invisible sous la longue tunique qui la couvrait intégralement, s'était vu confier la tâche ingrate de laver le corps enveloppé d'une gangue de suie et de sang, cuite par le feu.

— Qu'est-ce que c'est ? s'étonna Philippe à la vue de l'outre.

— Le bitume que nous avions acheté pour enflammer le Temple, répondit Simon.

— Où as-tu trouvé ça ?

— À ton avis ? Dans l'incendie. Juste à côté de la mangeoire !

— Ça ne prouve rien, rétorqua timidement Jacques, lui-même peu convaincu.

— Ah bon ? Et qu'est-ce qu'il te faut de plus ? s'enflamma Simon.

— Des éléments de preuve sur son corps, des marques, des blessures…

— Ses brûlures ne te suffisent pas ?

— Non. S'il s'était caché dans la grange et qu'il s'était laissé surprendre par le feu dans son sommeil, il en aurait tout autant.

— Tu ne trouves pas que c'est une drôle de manière de dormir que de s'allonger dans une mangeoire ? À moins d'y être contraint, évidemment…

Le murmure approbateur marqua un point pour Simon. Jacques se dandina sur son coussin mais, sans bien savoir pourquoi, il se garda de révéler les confidences de Sara sur les deux hommes qui avaient fui hors de la grange.

La chaleur du matin qui filtrait par les deux petites ouvertures gagnait déjà la pièce, accusant la fatigue d'une nuit sans sommeil. Un climat lourd de suspicion pesait désormais sur eux.

Philippe se leva à son tour, le verbe posé.

— Simon ? Comment peux-tu être sûr que ce bitume est celui que Judas conservait ?

— Pose plutôt la question à Judas, dit-il en se tournant vers leur chef. Ton outre d'huile de roche est-elle toujours dans ta maison, mon frère ?

— Je… bredouilla le balafré, perdant un instant de sa superbe. Ce n'est pas le problème.

— Vraiment ? s'insurgea Simon.

— Le problème, c'est comment propager le feu de l'*Altar* à tout le Temple, le jour de la Pâque, répliqua Judas, tentant de maîtriser son auditoire.

Mirah l'esclave avait du mal à cacher son dégoût. Son office lui répugnait. Le sang et la suie mêlés formaient sur le corps une sorte de croûte dure et collante, qu'un linge mouillé ne suffisait pas à dissoudre. À l'aide d'un bâton plat, elle tentait bien de gratter la surface mais la matière gluante adhérait si bien aux chairs cuites qu'elle emportait des lambeaux entiers de peau à chaque passage.

— Et moi je dis que la bonne question est : qui a pris cette outre dans la réserve de Judas pour incendier notre grange ? tonna Simon. Notre grange… et notre roi !

Il avait enfin prononcé le mot. Celui que chacun retenait depuis la découverte du corps, et de son improbable identité.

— Vas-y, Simon ! le défia Judas, prêt à fondre sur lui. Dis-nous le fond de ta pensée ! Tu as sans doute un coupable en tête, dis-le-nous ! Nous t'écoutons !

Un cri venu de l'extérieur les stoppa net. Un cri de femme. Un cri d'effroi qui les fit tous blêmir.

Mirah était au sol, rampant à reculons, fuyant la table de son calvaire, un masque de terreur pour toute explication.

Alors ils s'approchèrent du cadavre. Elle n'avait pourtant nettoyé que le haut de son visage. Tout le reste demeurait prisonnier de l'odieux mélange. Ses pommettes saillantes, son nez droit et noble, ses yeux fermés, enfoncés profond dans leurs orbites.

Son front enfin dégagé. Son front qui portait une marque rouge, nette, suintante, encore brûlante du fer qui l'avait apposée. Une marque creuse, d'une forme évidente, géométrique, presque ordinaire, et qui pourtant repoussa leur regard et ferma leurs yeux plus efficacement qu'un démon.

10

Philippe attrapa une serviette immaculée, juste assez grande pour couvrir le visage de Jean, et l'appliqua de ses deux paumes posées à plat. Il était de coutume de couvrir la face du défunt d'un suaire de taille réduite, avant son inhumation.

Puis, en prenant soin de ne jamais le déplacer, il tapota le tissu jusqu'à ce que ce dernier boive toute substance qui pouvait être captée par les fibres. Ça, en revanche, ce n'était prescrit par aucune loi.

— Qu'est-ce que tu fais ? s'offusqua Marthe.

— Si tu le permets, je garde une trace.

— Philippe a raison, s'interposa Simon. Qui peut encore prétendre qu'il s'agit d'un accident ? Judas, tu penses qu'il aurait pu se faire ça tout seul ?

Évidemment, non. Comment soutenir encore cette thèse bien commode ? Pour Judas, il était grand temps de reprendre les choses en main. De faire preuve de discernement, et d'un pouvoir juste.

— Simon, puisque c'est toi qui as trouvé cette outre, tu vas te charger d'en acheter une autre. Demande ce qu'il te faudra à Amma. Il ne devrait pas t'en coûter plus de deux deniers.

— Bien, approuva son frère d'un mouvement de tête énergique.

— Jacques ? Jacques, je t'avais confié la surveillance de la ferme en notre absence. Je te tiens donc pour personnellement responsable de ce… (Il chercha un terme qui ne choquât personne, balayant de la main le corps étendu sur la table.)… de ce drame.

— J'en accepte le poids, répondit son frère.

Le scribe affichait un air docile et solennel, retenant d'une main Sara qui piaffait d'indignation dans son dos.

— Dans ce cas, j'aimerais que tu examines sa dépouille.

— Je le ferai.

— Et que tu détermines qui est responsable de cela. Qu'au moins une fois ton intelligence nous serve à quelque chose !

Le plus docte d'entre eux ne broncha pas sous l'insulte. Après tout, son frère voyait peut-être juste, sous son mépris. Elle était enfin là, l'occasion de leur prouver sa vraie valeur, de sortir du cycle infernal des brimades et de l'humiliation. De découvrir sa vraie place parmi ses frères.

Trouver le meurtrier de Jean.

— Et fais vite ! ajouta Judas comme un crachat. Je vous rappelle que nous devons agir avant la Pâque, dans moins de six jours. Ne laissons pas les Romains mettre le nez dans nos affaires ! C'est compris ?

Ainsi renvoya-t-il chacun à ses occupations, d'un « Allez ! » aimable comme une claque.

— Pourquoi ils ont peur de ce triangle ?

Jacques sursauta en découvrant la jeune fille revenue à ses côtés. Décidément, Sara était plus tenace que ces sangsues des rivières de Cappadoce.

— Viens avec moi, souffla son oncle.

Il la tira vers la table d'examen. L'étoffe avait bu l'essentiel des humeurs suintant des plaies multiples. Et l'image déformée, grimaçante, du visage supplicié apparaissait peu à peu, spectre de lymphe et de sang.

Il souleva un angle du linge installé par Philippe. Un rapide coup d'œil glissé en biais suffit à confirmer ce qu'il avait aperçu la première fois.

— Un triangle parfait comme celui-ci est la signature de l'Éternel.

— Une signature ?

— Selon la coutume, telle est la représentation visuelle de son nom. Comme tu le sais, notre culte interdit d'écrire le nom sacré en toutes lettres, dit-il en replaçant la serviette.

— D'accord, ce triangle est un blasphème. Mais ça n'est pas effrayant pour autant, s'étonna Sara.

— Si ! Comprends-moi : en gravant ce signe sur la chair de cet homme, celui qui a fait ça ne dit pas juste « Yahvé ».

— Quoi d'autre, alors ?

— « Yahvé a voulu ça ! » Comme si l'Éternel avait souhaité la mort de cet homme. En personne. Ce triangle, c'est son doigt pointé sur Jean. Sur nous.

— Comment un bête triangle peut-il signifier autant de choses ? C'est absurde !

— Peut-être, Mais tous ont compris, commenta Jacques, avec un regard oblique vers ses frères et sœurs qui s'activaient sur les décombres.

Un triangle parfait !

Oui, un simple triangle pouvait signifier tant... Lors de ses études, il avait eu la chance de croiser la route d'Eudore d'Alexandrie, sur la fin de sa vie. L'un des plus brillants néopythagoriciens. La philosophie mathématique du vieux maître égyptien l'avait d'autant plus impressionné que celui-ci rompait avec le dualisme platonicien, lequel irriguait depuis cinq siècles les recherches de tous les disciples de Pythagore. Le premier il avait proposé un monisme, principe supérieur de l'Un, par-dessus toute autre forme de divinité. En cela, il était le plus juif des penseurs grecs de son temps, et Jacques se sentait transporté par cette apaisante réconciliation entre sa foi et sa raison. Lui qui ne rêvait que d'universalité, d'union des contraires et de réconciliation, il était servi.

Eudore avait passé plusieurs jours, partageant avec jubilation son érudition abyssale, à évoquer la symbolique de chacune des principales figures géométriques. Récréation entre deux concepts ou calculs autrement plus salés.

— Enfin ça ne m'explique pas comment un triangle peut-être synonyme de D...

— De tant de choses ! De tant de choses, Sara ! coupa Jacques, l'empêchant de prononcer le nom sacré.

Sais-tu par exemple qu'il représente les rayons du soleil pour les Égyptiens ?

— Et les pyramides ! rebondit-elle.

— Oui, pourquoi sont-elles triangulaires, à ton avis ?

— Hum… parce qu'elles s'approchent du soleil ? tenta Sara.

— En quelque sorte. Les pyramides sont à la fois des lieux de passage vers le monde des dieux et des lieux d'initiation. Dans les deux cas, il s'agit d'atteindre la lumière !

— Je vois… et quoi d'autre ? s'enquit Sara.

— Pour Platon, toute matière est une structure composée de triangles. Le triangle est à l'origine de tout.

— Comment ça ?

— Chacun des quatre éléments, la terre, le feu, l'eau ou l'air, est un triangle de proportions différentes. C'est en assemblant les quatre qu'on obtient selon lui cette réalité qui nous entoure. Et même l'homme !

— L'homme ?

— L'homme est un triangle équilatéral coupé en deux, affirma-t-il à haute voix. Toujours selon Platon, bien sûr, se reprit-il *mezzo vocce*, de peur qu'une oreille ne traîne.

— Et celui-là, alors, quel élément est-ce ?

Sara pointa le linge où affleurait peu à peu une étrange représentation du visage qu'il recouvrait.

— Évidemment, le triangle isocèle, c'est le feu !

— L'homme qui a fait ça serait donc un disciple de Platon ?

— Non, non je ne pense pas. Jamais la philosophie n'a incité ses élèves à pratiquer de telles horreurs. Celui qui a fait ça est avant tout un fou !

— Tu ne crois pas si bien dire, commenta la voix grave de Philippe.

Il avait commencé à examiner la dépouille. Avec toute la dextérité que son âge et sa pondération naturelle lui permettaient.

— Regarde ça ! Voilà qui va apporter de l'eau au moulin de Simon.

Sur le buste nettoyé, une tranchée de plus d'une coudée de long était visible. Elle avait été pratiquée de haut en bas, à l'aide d'un instrument très tranchant, si l'on en jugeait par la précision de l'incision. Mais le rituel avait dû être interrompu. Car le sillon demeurait superficiel. Jacques déglutit avec difficulté.

— On dirait…

— Un agneau prêt pour l'holocauste, prolongea Philippe. Je me suis fait la même réflexion.

— Pourquoi ? s'étonna Sara.

— Une fois que le prêtre sacrificateur a égorgé l'animal, c'est la tradition de le découper en deux parts égales, par le milieu.

— Le sacrificateur ?

— Ou une personne qui aurait détourné le rituel, ajouta Jacques pour dissiper le malaise qui le gagnait. Il a pris quelques libertés, d'ailleurs. Ce coup dans le cœur, ce n'est pas très orthodoxe.

— Mais il y a encore plus bizarre, ajouta Philippe.

— Qu'est-ce qu'il y a ?

— Je ne crois pas qu'il soit convenable de lui montrer ça, dit-il en désignant Sara du menton.

Un voile écarlate maquilla de fureur le visage de sa nièce. Elle n'arrivait pas à croire qu'on lui donnât encore du « ce n'est pas de ton âge ». Jacques saisit son épaule :

— Sara. S'il te plaît… Quoi que ce soit, je te raconterai. Je te le promets.

— D'accord, d'accord, je ferme les yeux, concéda la jeune femme.

Elle s'éloigna même de quelques pas et s'abîma dans la contemplation des incessantes allées et venues de ceux et celles qui faisaient place nette. Pelles, truelles et seaux, tous outils de la ferme, habituellement dévolus aux travaux des champs, avaient été réquisitionnés afin de ramasser les cendres et les débris. Pour se prémunir de toute brûlure, chacun bandait ses mains de longues langues de tissu usagé, trempées dans un mélange d'eau et d'huile de lavande, reconnue pour ses vertus apaisantes.

Les hommes, qui déblayaient les plus lourdes pièces, morceaux de poutres et de solives, lui semblaient finalement accomplir, en volume, un travail moins important que celui des femmes. Et elle avait beau reconnaître à ses oncles une force physique qui lui faisait défaut, elle ne pouvait s'empêcher d'en tirer des conclusions peu amènes sur la gent masculine. Elle avait déjà observé le phénomène : les hommes faisaient grand bruit de leurs actions spectaculaires, mais peu productives, quand les femmes œuvraient dans la discrétion, colonie infatigable de fourmis qui abattaient le plus gros de l'ouvrage.

Quant aux enfants, ils voletaient autour des adultes affairés, rendant çà et là les menus services qu'on leur demandait. Le manège d'Amitaï, vite remis de ses difficultés respiratoires, mais encore marqué au cou, l'intrigua plus particulièrement. Lui aussi entrait et sortait du tas de cendres, mais sans transporter de débris.

Puis soudain il courut, une petite forme ronde sous le bras.

Qu'est-ce qu'il chaparde, celui-là ?

Sans réfléchir, elle poursuivit le voleur qui disparut bientôt derrière le corps principal de la ferme.

— Alors, qu'y a-t-il de si étrange ?

Jacques se pencha sur la victime, dont Philippe gratifiait le bas-ventre d'un dernier coup de chiffon humide.

— Son nombril… Regarde !

Un ombilic tel que celui-là, il n'y en avait jamais eu, à sa connaissance, qu'un seul autre au monde.

Et son propriétaire était mort, lui aussi.

11

— Ils arrivent ! Ils arrivent ! brama Theudas déboulant du haut de la colline.

La lumière parfaite d'un levant radieux ondoyait sur le désert de Judée. La Ville sainte n'était qu'un mirage lointain, caché par la pente douce du mont des Oliviers. Parfois, les habitants de Béthanie percevaient les échos de la cité, en particulier quand les pèlerins se massaient au pied des murailles pour y bivouaquer. Mais jamais ils ne la voyaient. Irréelle. C'est pourtant bien de là que leur venait l'alerte.

— Où sont-ils ? coupa Judas avec rudesse, sans douter de l'identité de leurs futurs visiteurs.

— À la porte de Siloé.

— Comment sais-tu qu'ils viennent ici ?

— Atar, le marchand d'animaux pour la Pâque, s'est étonné qu'ils empruntent cette porte, ce n'est pas dans leurs habitudes. C'est une porte de service du Temple… pas un passage commode pour des hommes en armes.

— Mais le plus court chemin pour venir ici depuis l'Antonia, conclut Thomas.

— Et Atar, comment l'as-tu vu ?

— Sa fille a pris son mulet pour me prévenir… on se voit un peu, elle et moi, ajouta-t-il, avec un sourire gêné.

— Alors il faut faire vite !

Pressant le pas vers la ferme, Judas jappa ses ordres sans même un regard pour ceux à qui il les adressait.

— Thomas ! Jaïrus ! Aidez Jacques et Philippe à charger le corps sur la charrette. Couvrez-le de toute la paille que vous trouverez. Maintenant !

Tous s'exécutèrent aussitôt, accélérant le rythme de la ruche qui s'affairait déjà sur le champ de ruines, à l'entrée de la propriété.

— Menahem, viens avec moi, lança-t-il à son cadet, l'embarquant vers la ferme.

— Tu penses qu'ils nous ont pistés jusqu'ici ?

— Les Romains ? Non, ils ne sont pas assez malins… Mais Jérusalem grouille d'informateurs et d'espions nettement plus affûtés. Dépêchez-vous ! cria Judas, se retournant vers le groupe agglutiné autour du corps. Thomas, tu l'attelles et tu pars tout de suite vers le sud, aussi loin que tu peux. C'est compris ? Fonce !

Thomas s'activa de plus belle, tirant et poussant la vieille mule récalcitrante entre les bras de la charrette.

— Arrête-toi ! Amitaï ! Arrête-toi, espèce de…

Sara avait pourchassé le gamin, d'une surprenante vivacité, jusqu'à l'intérieur de la maison. L'aile dans laquelle il s'était évanoui, un ensemble de cinq pièces sur deux niveaux, était celle de Judas et, par convention, interdite à tous, hormis sa femme et ses propres enfants.

Contrevenir à cette règle était la promesse d'une punition sévère, jusqu'à plusieurs coups de bâton, comme s'en souvenaient lointainement les fesses de la jeune femme.

— Reviens, Amitaï, tu sais que je n'ai pas le droit d'entrer ici… Sois gentil. Tu m'aimes bien, non ? roucoula Sara en glissant sa voix douce dans un couloir vide. Tu ne voudrais quand même pas que ton père me batte ?

Au-dessus de sa tête, elle entendit le rire contenu de l'enfant, et ses pas maladroits sur le plancher disjoint. Elle risqua des pas feutrés dans la maison interdite, à l'affût de la moindre présence.

— Allez, mon cousin, je t'ai vu voler cet objet dans la grange. Moi, tu sais, ça m'embêterait de devoir en parler à ton papa.

Un gloussement nerveux la mena, sur sa droite, au pied d'un escalier étroit, malaisé, à peine plus stable qu'une échelle de fortune. Un coup d'œil rapide sous la table en bois brut, lustrée par de trop nombreux repas, lui permit de conclure que l'enfant n'était plus à cet étage. Il avait grimpé au-dessus.

— Amitaï… Elle aventura sa tête à hauteur de lattes, disposée à jouer le jeu du garçonnet pour l'amadouer. Je sais que tu es là…

Parvenue dans la chambrette où cohabitaient trois paillasses, elle n'eut aucun à mal à deviner son cousin sous une couverture de laine grossière. Mais elle s'assit à ses côtés, comme si sa cachette demeurait inviolée.

— Tu as gagné ! concéda-t-elle.

La couverture ondulait d'une hilarité que le garçonnet ne parvenait plus à réprimer. Sara détailla l'aménagement du lieu, à ceci près qu'il y avait bien peu à détailler. La pièce était encore plus dépouillée que sa propre chambre. Sur le sol, on devinait des traces noires et blanches qu'une main malhabile avait tenté d'effacer, sans doute à la hâte. C'était le grand secret d'Amitaï, ce qui en faisait un enfant « impossible » pour ses parents, et si attachant pour ses amis. Il adorait dessiner, tout et n'importe quoi, tout ce qui lui tombait sous l'œil ou lui passait par la tête. Or ce plaisir, en apparence innocent, était un péché suprême. Rien de ce que le Très-Haut avait créé ne devait devenir une idole. Pas même Yahvé. Surtout pas Yahvé. Dessiner, ce n'était pas l'expression d'un don ou d'une sensibilité particulière. C'était rien de moins qu'un défi lancé à l'Éternel. Et, en cela, une activité coupable, à réprimer toutes affaires cessantes.

Pourtant, en dépit des menaces et des anathèmes, des coups et des punitions, Amitaï, fils de Judas, continuait à dessiner…

— Tu sais ce que Philippe a fait avec le visage du mort ?

La couverture s'immobilisa.

— Tu ne veux pas savoir ? Eh bien je vais te le dire quand même : il a posé un linge sur sa figure.

Le petit fugitif risqua un œil :

— Pourquoi un linge ?

— Parce qu'avec la suie et le sang que cet homme avait sur le visage, ça va faire une image.

— Comme si on l'avait dessiné ?

— Presque. Oh, pas aussi bien que si tu l'avais dessiné toi, bien sûr, renchérit Sara.

— Je veux la voir, répondit Amitaï, qui émergea tout à fait.

— Ah ça, cela ne tient qu'à toi. Montre-moi ce que tu as pris dans la grange, et je te dirai comment récupérer cette belle image.

L'enfant succomba enfin et, d'un geste prudent, exhuma son trésor de sous les épaisseurs de laine.

C'est si facile ! songea Sara. Ce n'était pas la première fois qu'elle constatait les effets de son charme. Et pas que sur des enfants. Il suffisait de comprendre ce qui motivait vraiment son interlocuteur, en profondeur, ce qu'il désirait sans l'avouer, parfois même sans se l'avouer, pour obtenir une information, une faveur ou simplement une attitude plus conciliante. Ça fonctionnait à tous les coups.

Et dire que ses parents la croyaient incapable de séduire ! Et dire que Rouma, son empotée de cousine, de deux ans sa cadette, aussi gracieuse qu'une chèvre et aussi fine qu'un âne, avait trouvé mari dès l'an passé ! Elle était déjà enceinte de son premier enfant… Sara, elle, demeurait un poids pour les siens. Fille immariable, qui ne tarderait pas à être trop vieille pour attirer un quelconque prétendant. Depuis l'épisode du « vieux *goumla* », ils avaient été plus rares, d'ailleurs. En dépit de sa grâce, les hommes qui cherchaient femme ne voulaient pas d'une telle effrontée. Leur épouse, ils la souhaitaient docile. Et tant pis si elle devait être un peu moins jolie que Sara.

— Tiens !

Amitaï lui tendit une petite poterie en terre cuite, ronde comme une gourde, rouge comme les braises, percée d'une ouverture en son sommet, maculée d'une couche de suie noirâtre.

— C'est ça ? s'étonna-t-elle.

— Ben oui, se vexa son cousin.

— Tu es sûr que tu l'as trouvé dans l'incendie ?

— Oui ! Tu m'énerves à la fin !

— Attends… murmura-t-elle en observant la poterie sous toutes les coutures, circonspecte.

— Maintenant dis-moi comment prendre cette image !

— Attends, je te dis !

Sara leva l'objet plus haut, hors de portée des petites mains impatientes.

— Rends-la-moi ! Amitaï frappa le récipient du bout de ses doigts tendus.

Amortie par la paillasse, la chute ne brisa pas le pot, qui roula à l'autre bout de la pièce. Sara plongea aussitôt pour arrêter l'objet dans sa course. À plat ventre, les deux mains plaquées sur son trophée, elle entendit une porte qu'on claquait en dessous.

— Chut ! souffla-t-elle à l'enfant.

D'un doigt impérieux, elle désigna le plancher. Voilà sans doute comment Amitaï évitait de se faire prendre en flagrant délit ! À travers les lattes, on voyait et entendait tout ce qui se passait dans la grande cuisine. Elle reconnut la voix des deux hommes.

— Yizrah va être furieux. On ne peut pas soustraire un corps au rituel, s'indignait Menahem.

— On s'arrangera avec Yizrah, soupira Judas avec mépris à l'évocation du vieux rabbin. Tu préfères que les Romains trouvent le corps ?

— Non. Mais s'ils le trouvent quand même ? S'ils rattrapent Thomas ?

— Alors on n'aura pas le choix… Il faudra détourner leurs soupçons.

Ce disant, Judas déposa les quelques parchemins qu'il portait dans un plat très large et, à l'aide de deux bâtons, emprunta au foyer une braise qui enflamma aussitôt les feuilles aussi sèches qu'un buisson sous le soleil.

— On leur donnera un nom, précisa-t-il.

— Un nom ?

— Si ta main droite te fait tomber, coupe-la et jette-la loin de toi. C'est Simon qui m'a dit ça et ça me semble sage.

— Tu veux livrer l'un d'entre nous ? comprit alors Menahem, appuyé à la table.

— Si je n'ai pas le choix, je le ferai. Chacun sait ici qui est utile à notre communauté, et qui ne l'est pas. Qui a charge d'âmes, et qui n'a rien d'autre à perdre que lui-même…

Menahem asséna au plateau de bois un coup de poing sauvage.

— Tu ne penses quand même pas…

— Si, Menahem ! Tu le sais bien, toi aussi : Jacques a fait son travail. Il nous a dit tout ce qu'il savait sur la garde du Temple. Mais à quoi nous servira-t-il quand il s'agira de planter sa *sica* dans le ventre d'un Romain ? Tu peux me le dire ?

Jaïrus entra en coup de vent. Pièce rapportée à la famille, réfugié comme eux à Béthanie après la révolte du recensement et la répression qui s'était ensuivie, Jaïrus était comme un frère pour Judas. Plus jeune que lui, la crinière brune et fougueuse, il portait au moins autant de cicatrices que son ami et mentor.

— Ils approchent ! Ils seront là dans quelques instants !

Judas se rua vers la cour.

Juste au-dessus de leurs têtes, Sara avait appliqué une main ferme sur la bouche de son cousin. De son index, elle lui imposa le silence encore un instant.

— Est-ce que tu as de quoi dessiner, Amitaï ? chuchota-t-elle.

Sans se faire prier, le garçonnet lui tendit un morceau de charbon finement poli. Comme tout artiste clandestin, il fabriquait lui-même ses outils, aussi inventif pour façonner ces derniers que créatif quand il s'agissait de les appliquer sur les divers supports qu'il profanait en cachette.

— C'est parfait. Est-ce que tu sais crier très fort ?

— Oui… leva-t-il le ton.

— Non ! Pas maintenant ! Suis-moi !

À pas de chat, Sara l'entraîna au niveau inférieur. Judas et ses compagnons étaient retournés auprès du mort. Tout se jouerait en une poignée de secondes.

— Donne-moi ton stylet, ordonna la jeune fille.

— Non, non, c'est le mien ! se rebiffa Amitaï.

— D'accord. Alors c'est toi qui vas dessiner, tu veux bien ? Tu te souviens de la forme sur le front de l'homme brûlé ?

— Le triangle ?

— Exactement. Tu vas refaire le même sur ce mur, juste là.

— C'est tout ?

— C'est tout, confirma-t-elle avec un sourire enjôleur.

— Et après ? s'étonna-t-il, un peu déçu.

— Après, tu attends une minute, et tu cries aussi fort que tu peux.

— Ah bon ? Mais comment je saurai que ça fait une minute ?

Sara n'avait pas le temps pour de longues explications. Elle soupira d'exaspération :

— Retiens ta respiration le plus longtemps possible. Fais-le trois fois, ça devrait aller. Après, appelle ta mère le plus fort que tu peux.

— Et l'image que tu m'as promise ?

— Tu la trouveras dehors, au pied de la table d'examen ! lança-t-elle en s'évaporant dans la lumière vive du soleil.

Dans la cour, hommes, femmes et enfants hésitaient entre une activité fébrile et l'attente inquiète, voyant le nuage de poussière qui enflait dans la descente. Il y avait bien longtemps que les légionnaires ne s'étaient pas aventurés à Béthanie. Il faut dire que Judas s'était employé à donner des siens l'image d'une famille de pharisiens au-dessus de tout soupçon, parfaitement respectables. Des repentis, assagis, et qu'on ne reprendrait plus au petit jeu de la résistance et des complots. La ferme affichait un rendement confortable, payait dûment ses impôts et ne pratiquait, en apparence, aucune autre activité que celle des champs et des bêtes. Le soir, et la nuit, il en allait parfois autrement… Même si le grand jour, celui du Messie attendu, celui de la Fin des temps, tardait un peu trop à venir au goût de Judas.

À côté de la table, Philippe attrapa Jacques par le bras.

— Une dernière chose, murmura-t-il en lui frottant son pouce et son index sous le nez.

— Qu'est-ce que c'est ?

Jacques eut un mouvement de recul instinctif. Derrière eux, le corps de Jean avait été chargé sur la plus grosse des charrettes disponibles, enseveli sous une épaisse couche d'herbes sèches et de paille selon les exigences de Judas. Attelée, la mule n'attendait plus que le signal du départ.

— Un mélange de drogues ! expliqua Philippe. Il en avait dans le nez... et aussi plein la langue.

— Haschisch, non ? supposa l'érudit qui huma les doigts de son aîné.

— Sans aucun doute, mais aussi de l'amanite.

— Tu es sûr ? De l'amanite ? C'est un poison très puissant !

— En effet, en grande quantité, cette plante est mortelle. Mais si l'on en consomme très peu, ou mélangée avec une autre drogue comme ici, elle se contente d'amplifier la folie qui s'empare du sujet. Ou de soulager une douleur.

— Elle est rare, non ?

— Et très chère. Regarde, fit-il en ouvrant la bouche du défunt sur une langue jaunâtre.

— C'est l'un de ses effets ?

— L'amanite détruit en premier lieu le foie. Et comme tu le sais, un foie malade jaunit la langue.

— Ce que je ne comprends pas, c'est pourquoi un meurtrier prendrait la peine de droguer sa victime avant de la poignarder ?

— Tu es folle ! s'écria Philippe pour toute réponse.

Il venait d'apercevoir Sara qui tentait de mettre le cadavre à bas du véhicule, tirant l'un des bras inertes de toutes ses forces.

— Aidez-moi ! supplia-t-elle, au comble de l'impatience.

— T'aider ? Tu as complètement perdu la...

— Maudit Grec ! Arrête de raisonner une minute et viens donc ici si tu ne veux pas finir sur une croix !

— Mais enfin, qu'est-ce qui te prend ? tempêta Philippe.

— Il me prend que si Jacques ne part pas tout de suite sur cette charrette, c'est sur un autre bois qu'il va finir couché ce soir !

— Sara !

— Judas a l'intention de te livrer aux Romains ! murmura-t-elle à destination de l'intéressé. Tu m'entends ?

— Quoi ? s'étouffèrent de concert les deux hommes.

— Judas ne m'aime pas beaucoup, je te l'accorde, mais de là à… s'étonna Jacques.

Ces hommes de science ! se désespéra l'adolescente. Aussi perspicaces quand il s'agissait d'observer le vaste monde que démunis et crédules quand il était question de leurs propres affaires !

— Tu ne me crois pas ? C'est ça ? s'énerva-t-elle.

— Sara, ce n'est pas le problème.

— Très bien. Dans exactement dix secondes, Amitaï va hurler à la mort et appeler sa mère. Si je dis vrai… c'est que je dis vrai aussi pour Judas, ton frère bien-aimé, persifla-t-elle.

— Comment peux-tu ?

— Et nous aurons une poignée d'autres secondes pour te faire déguerpir.

Le tumulte des armures et des sandales gagnait maintenant les abords de la ferme. Deux ou trois décuries, à vue de nez. Plus que quelques dizaines de coudées, et ils seraient là. Les deux gradés qui les accompagnaient à cheval semblaient piaffer autant que leurs montures. Perquisitionner la demeure des fils de Judas le rebelle, il y avait plus paisible pour bien commencer une journée.

— Jacques ! Jacques, viens ici ! appela Judas à la cantonade. Amenez-moi Jacques !

L'intéressé eut le réflexe de s'agenouiller derrière la carriole pour se rendre invisible. Il leva vers Sara un regard vide, apeuré. La jeune femme arracha le suaire posé sur le visage sanglant et le jeta au pied de la table, comme elle l'avait promis à Amitaï.

Soudain retentit, à l'intérieur de la maison, le cri strident d'un enfant qui appelle sa mère.

Tu vois ! pensa Sara aussi fort qu'elle le put, à l'adresse de l'homme grisonnant. Plus vif qu'elle ne l'aurait imaginé, Jacques sauta à côté d'elle et poussa à terre le corps qui palpitait il y a peu encore. Le corps de Jean.

Les premiers légionnaires foulaient le sol de la ferme, pulvérisé telle une farine sous leurs pas lourds.

Droit et solide comme un pilier du Temple, Judas fils de Judas les attendait au pied des décombres fumant. Les bras croisés. Le regard haut. Prêt à s'expliquer. Prêt à protéger les siens.

Presque tous les siens.

Jetant un œil rapide en direction de la charrette, le balafré constata avec soulagement qu'elle était enfin partie. Il la vit qui s'éloignait sur un étroit chemin serpentant entre les cailloux, gainée d'un nuage de poussière, aspirée par le lointain.

Mais pourquoi à l'ouest, et non au sud, comme je l'ai demandé ?

Et si c'était bien Thomas, à quelques enjambées de lui, effaré, tétanisé par l'irruption de la légion…

Qui conduit donc le convoi ?

12

Désert de Judée

La chaleur écrasait tout, vivants et morts. Les humains comme le reste.

Simon n'avait pas attendu l'arrivée des Romains pour exécuter les ordres de Judas. Son pécule destiné à l'achat du bitume noué à la ceinture, un modèle en cuir de Damas richement brodé, il était parti en direction de Jéricho. De là, après les reliefs pelés et accidentés qui coulaient au sud jusqu'à la mer Morte, la route bifurquait vers le nord, longeant le Jourdain, et menait les voyageurs les plus courageux jusqu'en Galilée.

Il n'irait pas jusque-là.

Il faisait déjà si chaud qu'il compta bien peu d'oiseaux dans le ciel, à part peut-être un faucon ou un aigle égaré, de temps à autre. Le piaillement se cognait aux aléas du relief puis, quand le prédateur volait plus loin, faute de proies dans cette fournaise, il se dissipait dans un silence angoissant. Sans une once de vent pour l'animer. Cette partie de la Judée était à n'en pas douter l'une des moins fertiles. Les grosses collines qui s'amoncelaient à l'infini, mer de dos courbés pour la prière, aussi recueillies que les fidèles, ne portaient pas la moindre trace de végétation. Les seuls éléments qui venaient rompre l'alignement des courbes étaient ces grosses pierres accrochées au paysage comme par magie, qui semblaient tombées de nulle part. Des larmes du Très-Haut, pétrifiées aussitôt qu'elles étaient entrées en contact avec le sol.

Ce que Simon appréciait par-dessus tout, c'était la finesse des teintes et des coloris que le peintre céleste employait dans ces immensités inhabitées.

En quelques dizaines de stades, on passait d'une poussière aussi blanche que le lait à une terre couleur de galette tout juste saisie, subtilement ambrée, jusqu'à des ocres chaudes ou des rouges qui donnait à penser que la terre était cuite dans un gigantesque four à ciel ouvert.

Le chemin serpentait d'une vallée à l'autre, et son ondulation, percluse de soleil, griffée sans cesse par les rayons, semblait ne jamais devoir s'arrêter. En route, il n'avait pas aperçu plus d'un ou deux campements de fortune, tentes de toile ou cabanes improvisées, qui suggéraient plus la présence éphémère de nomades – très certainement des marchands – qu'une installation durable. Qui aurait été assez fou pour passer ici plus d'une nuit ? Qui, si ce n'est l'homme qu'il allait voir et dont on disait qu'il venait d'y passer quarante jours et quarante nuits ?

Ou ses adeptes, là-bas, qu'il devinait maintenant à proximité d'une citerne naturelle, en contrebas d'un énorme talus, plat comme la semelle d'un géant. L'évaporation du fond liquide projetait aux alentours un étrange écran de brume, déformant les silhouettes, brouillant les formes et les perspectives, diluant la taille et le nombre dans des proportions surprenantes. Si bien qu'il ne mesura l'ampleur de la foule qu'une fois arrivé en surplomb. Combien étaient-ils ? Plus d'une centaine, c'était certain. Peut-être bien le double, car une bonne partie d'entre eux disparaissait derrière de gros rochers ou dans diverses anfractuosités du terrain. La température était maintenant effroyable. Ce désert ne connaissait pas les aubes fraîches qu'on pouvait apprécier plus au nord, ou aux abords du Jourdain.

Une voix, claire, sonore, assez tranchante pour déchirer le voile de vapeur qui les nimbait, s'éleva alors. Les mots claquèrent comme un fouet et contrastaient avec l'ovale doux du visage de l'orateur.

— *Ne croyez pas que je sois venu apporter la paix sur la terre ; je ne suis pas venu apporter la paix, mais l'épée.*

Certains hochaient la tête en rythme, à chaque mot qu'il scandait, à chaque pause qu'il ménageait dans son discours, pour mieux capter son public.

— *Ne croyez pas que je sois venu apporter l'entente entre l'homme et son fils ; je suis venu apporter la division !*

D'autres semblaient bouillir d'envie de lui répondre, de lui apporter une contradiction qu'on devinait cinglante, peut-être même de s'en prendre à lui, tout au moins verbalement.

— *Je suis venu mettre la division entre l'homme et son père, entre la fille et sa mère, entre la belle-fille et sa belle-mère.*

Quelques-uns enfin manifestaient un désir évident de quitter les lieux. Et pourtant, tous demeuraient. Tous l'écoutaient. Aucun n'osait intervenir.

— Il parle depuis longtemps ? chuchota Simon à l'oreille d'une femme devant lui.

— Non, il vient juste de commencer.

— Tu le suis depuis où ?

— Depuis Jéricho. Je l'ai vu guérir deux aveugles. Tu m'entends ? De mes yeux… et tu peux me croire, les miens voient mieux que ceux d'un enfant.

Simon sourit à ce récit et recula sans répondre. Loin de s'adoucir, le propos de l'orateur ne faisait que se radicaliser.

— *Je suis venu jeter un feu sur la terre, et qu'ai-je à désirer, s'il est déjà allumé ? Il est un baptême dont je dois être baptisé, et combien il me tarde qu'il soit accompli !*

Un infirme, dont la jambe folle traînait lamentablement, s'approcha du rocher sur lequel l'homme était perché. Celui-ci, tout en parlant, lui fit signe de patienter quelques instants.

— Regardez ! Regardez, il va encore faire un prodige ! souffla l'auditrice fascinée.

Comment peut-on être aussi naïf ?

Simon laissa la femme à sa sidération béate et escalada le talus. De là, il pouvait apprécier toute la scène et il put constater qu'ils étaient décidément bien plus nombreux que ce qu'il avait pu estimer dans un premier temps.

Il pratiquait lui-même la magie depuis trop longtemps pour se laisser berner par de vulgaires petits tours de passe-passe. Mais l'orateur avait dans la voix des accents qui résonnaient d'une étrange manière, au-delà de la raison, au-delà du seul pouvoir de conviction. Enfin, l'homme à la patte folle rejoignit le prédicateur sur son perchoir.

— Pitié, rabbi, pitié… geignait le boiteux. Cela fait des années que je ne peux presque plus marcher. Je ne peux plus travailler mes champs. J'ai tout perdu, à cause de cette blessure !

— Viens ! se contenta de répondre l'autre, en le hissant d'une main ferme à ses côtés.

Simon était bien placé pour connaître l'impact déterminant de la mise et de l'accoutrement dans l'exercice de son art. Une grande part de son succès, en tant que mage et guérisseur, provenait du soin particulier qu'il accordait à sa tenue, à l'entretien de ses cheveux et de sa barbe, à la finesse de ses vêtements et à la précision de ses gestes. D'un marchand assyrien, il avait obtenu cette poudre noire dont il bordait parfois le contour de ses yeux, exaltant l'intensité de son regard.

Son confrère avait choisi le parti exactement contraire. Tout en lui, sur lui, évoquait le dépouillement, la pureté, le rejet des valeurs factices de ce monde. D'une taille et d'une corpulence moyennes, ses seuls signes distinctifs étaient ses cheveux longs, brillants et peignés, et sa barbe courte. Associés à une tunique longue d'une blancheur parfaite, ils parachevaient l'humilité – calculée, Simon en était sûr – de l'ensemble. D'ailleurs, la forme d'élégance qui se dégageait de ces atours si modestes n'était pas sans rappeler la secte des esséniens. Eux aussi plaidaient la pauvreté depuis leur repaire de Qumran. Eux aussi prêchaient que le corps était bien peu de chose ; et ils mettaient un point d'honneur à le purifier par d'abondantes et fréquentes toilettes.

Pourtant, même si les propos de Jésus pouvaient parfois le laisser accroire, à aucun moment il n'avait revendiqué son appartenance aux esséniens. Ni eux la sienne…

— Va… Va maintenant, et marche parmi les hommes, annonça le prêcheur en blanc, après avoir apposé ses mains quelques instants sur le genou du paysan.

Les autres mages séduisaient en se donnant des airs importants, en gonflant leur plastron comme des coqs, en multipliant les effets et entretenant entre leur public et eux une distance prudente. Celui-ci procédait tout à fait à l'inverse : proche, accessible, volontiers inférieur au plus démuni d'entre eux. N'avait-il pas, depuis le début de son ministère, baisé des lépreux, lavé les pieds d'une prostituée, offert le peu qu'il possédait à des pauvres, donné aux propos de jeunes enfants plus de crédit qu'à ceux de leurs parents ? Et le pire, c'est que cela marchait ! La ferveur autour de lui enflait et, à mesure qu'il approchait de Jérusalem, les rangs des curieux grossissaient autant que ceux de ses disciples se clairsemaient.

L'infirme hésita un moment. Il descendit prudemment du rocher, avança un pied – le bon – puis le mauvais, et ainsi de suite, sans presque marquer de pause, chancelant juste assez pour qu'on puisse croire qu'il venait bien de recouvrer ses facultés à l'instant.

Bravo, c'est magnifique ! Simon faillit applaudir, tant le spectacle était soigné et, à certains égards, convaincant.

— Il l'a guéri ! Jésus l'a guéri !

La rumeur enfla. Les commentaires et les exclamations de joie fusèrent. Une pagaille joyeuse s'ensuivit, qui agglutina le groupe autour du miraculé, puis se déporta dans la vallée en contrebas, à mesure que l'éclopé cavalait avec plus d'aisance, pressé d'aller porter l'extraordinaire nouvelle de sa guérison.

— Laissez-moi, lâcha le prophète aux trois hommes qui se tenaient derrière lui, sans doute ses disciples, non sans une certaine brusquerie. Juste quelques instants… J'ai besoin de me reposer.

Ceux-ci obtempérèrent avec une grimace de dépit. Le plus âgé d'entre eux, solide carcasse de gaillard étoffée par le labeur, raisonna les deux autres, une main posée sur leur nuque, comme un père. Simon ne pouvait entendre ses paroles mais il devinait que les mots étaient consolateurs. Jésus grimpa dans les rochers jusqu'à une ouverture sombre dans laquelle il disparut bientôt.

Simon s'engagea à sa suite. En quelques pas, il gagna la cavité aussi profonde et peu accueillante que la tanière d'un fauve. C'était une grotte sans aucun aménagement humain, brute, et il n'aurait pas été surpris d'en voir surgir un animal sauvage, toutes griffes dehors. Pour l'instant, il n'y avait qu'une obscurité impénétrable.

— Tu es là ? lança-t-il à l'entrée de la bouche sombre.

Un long temps sans réponse. Puis le fond de la grotte s'éclaira d'une tache blanche qui grossissait. L'homme qui s'approchait était d'une stature plus imposante que celui qu'il s'attendait à voir. Il disparaissait sous une large capuche qui retombait jusque sous ses yeux. Un pendentif doré battait sa poitrine à chacun de ses pas.

Un triangle, évidé en son centre.

— Ton protégé a fourni une belle prestation ! le félicita Simon.

— Jésus a son public, tu sais, rétorqua l'autre.

— En parlant de public… sourit Simon, sortant la bourse qu'Amma, femme de Judas, lui avait remise avant son départ de Béthanie, je dois aussi satisfaire le mien.

— Très bien. Je vais aller chercher ton bitume.

— Merci. Vu l'ambiance à la ferme, je me vois mal rentrer les mains vides.

L'homme à la capuche s'éloigna de quelques pas, et revint avec deux outres gonflées de liquide. Le fluide noir et visqueux avait souillé les enveloppes de cuir.

— Judas a toujours foi en ton plan ?

— Plus que jamais ! confirma Simon.

— Alors, c'est une bonne nouvelle. Nous serons bientôt tous réunis ! clama un homme qui émergeait à son tour des ténèbres.

Jésus.

13

Jérusalem

— Crucifier Jésus !

Caïphe, grand prêtre du Temple depuis près de douze ans et plus haut dignitaire juif de toute la Palestine, n'aimait pas qu'on le dérangeât avec des sujets aussi délicats, si tôt le matin. Non pas qu'il répugnât aux intrigues ni à la politique. Il n'était pas devenu grand prêtre par la vertu de sa seule piété, ou grâce à ses qualités de bon gestionnaire des intérêts de la communauté des prêtres. Tout cela n'était qu'un préalable, un minimum. Son chemin vers le pouvoir était bordé comme il se doit de fantômes et d'accidents malencontreux. Aucun prétendant au titre ne pouvait s'en exonérer, même si son cœur était pur et ses intentions louables.

— Crucifier Jésus. Vous n'avez donc tous que ce mot-là à la bouche ?

Il faisait les cent pas devant la terrasse baignée de lumière, jouant compulsivement avec les bijoux qui ornaient sa poitrine.

De son imposante résidence, l'une des plus cossues de la ville haute, la vue était imprenable. Après Pilate et

Hérode, il était sans conteste l'homme le mieux logé de Jérusalem. Et, aux yeux des juifs fervents, l'un des mieux habillés : la tunique bleue enfilée sur la robe blanche des prêtres ; l'éphod, gilet zébré d'or, de pourpre, de rouge et de bleu ; et, par-dessus tout, une sorte de plastron accroché à son cou, serti de douze pierres précieuses, une pour chacune des douze tribus d'Israël.

— Te rends-tu bien compte de ce que tu réclames ? La crucifixion ! Le châtiment des traîtres, des rebelles, des voleurs ! Tu ne trouves pas ça excessif pour un homme qui prêche aux lézards du désert ? Un peu trop romain ?

— Je n'exprime pas mon seul point de vue, Caïphe, glissa Saül, tapi dans l'unique zone d'ombre de la pièce. Je ne me fais que l'écho des voix qui s'élèvent autour de toi… au cœur même du Sanhédrin.

— Qui ? Parle ! Lequel des soixante et onze joue les va-t-en-guerre ?

— Joseph d'Arimathie, lâcha l'espion, recroquevillé sur son tabouret.

— Lui ? Mais il n'y a pas plus pacifique !

— En apparence, Joseph est un marchand prospère, et tout ce qu'il y a de plus paisible, reconnut Saül.

— Alors explique-moi quel bénéfice il tirerait de la mort de ce pouilleux de Jésus ? demanda Caïphe avant de recracher les pépins d'une grenade qu'il dévorait, un filet de jus sucré ruisselant sur sa barbe majestueuse.

— Disons qu'il est motivé par des intérêts plus personnels. Et plus anciens. Sais-tu de qui il est le parrain ?

Caïphe se remémora la tendresse que Joseph d'Arimathie professait publiquement, deux ans plus tôt, pour le fou furieux du Jourdain.

— Ne me dis pas que Joseph a un lien avec Jean le Baptiste ?

— Pas avec lui, non. Du moins, pas à ma connaissance.

Caïphe balaya l'air d'un geste furieux.

— Assez de devinettes. Je ne suis pas un enfant qu'on distrait ! Qui est son filleul ?

— Jean de Gamala, fils aîné de Judas de Gamala, le rebelle, souffla enfin Saül.

— Mais il est mort !

— Judas est mort, oui. Quant à Jean, il a juste disparu.

— Qu'entends-tu par là ?

— Tu te souviens de la révolte de Judas de Gamala ?

— À l'époque du recensement ? Bien sûr, une révolte vouée à l'échec depuis le départ, et complètement stupide, répondit Caïphe qui secoua la tête.

— Eh bien, c'est à cette époque qu'on perd la trace de Jean.

— Il a été crucifié, lui aussi ? C'était pourtant un enfant.

— Il avait déjà quinze ou seize ans. Et il n'a pas été crucifié par les Romains. Aucune trace de son corps, aucune sépulture à son nom, aucune mention sur les registres de l'Antonia. Il s'est juste volatilisé !

— Tu suggères qu'il aurait fui ?

— C'est ce que prétend la rumeur. Tu n'ignores pas la légende que Judas entretenait sur l'ascendance royale de sa famille. Lui-même se considérait comme le seul héritier légitime du trône de David. C'est pour ça qu'il avait pris les armes. Pour ça qu'il dénonçait le pouvoir d'Hérode. Pour ça, surtout, qu'il combattait les Romains avec tant de hargne.

— Tu ne suggères tout de même pas… que Joseph d'Arimathie voyait ce vieux fou comme le Messie ?

éructa le grand prêtre, crachant à terre ce qui restait de fruit dans sa bouche.

— Pas lui, pas lui. Son fils aîné. Jean.

Vraiment, cela faisait beaucoup d'informations pour un matin, un lendemain de shabbat. Caïphe n'avait même pas eu le temps de sacrifier à ses ablutions rituelles, avant de pénétrer dans le Sanctuaire pour réciter le kaddish complet.

Tournant le dos à son interlocuteur, il fit quelques pas sur la terrasse, embrassant du regard le Temple d'Hérode. Les travaux de reconstruction et d'embellissement ne finiraient donc jamais ? Des centaines d'ouvriers s'échinaient encore à consolider l'aqueduc et la grande arche, les deux principaux accès publics à l'édifice sacré. Malgré l'heure matinale, ils grouillaient déjà, prêtres volontaires d'un côté, esclaves de l'autre, minuscules insectes à cette distance.

Ce n'est pourtant pas ce qui préoccupait Caïphe à cet instant précis. Il songeait plutôt à sa mission. Il se rappelait la parole des anciens, le verbe des Sages, qui situait le centre du monde à Jérusalem. Et le centre de Jérusalem sur le mont Moriah, là où s'élevait le Temple. Le centre du Temple reposait dans le Saint des Saints, c'était une chose acquise. Et le centre de toute chose, enfoui dans l'enceinte interdite, c'était la pierre sacrée, le rocher de la fondation, là où Abraham, observant les ordres du Très-Haut, avait accepté de sacrifier Isaac, là où Salomon avait établi son trône, là où naissaient toutes les sources connues, avant d'aller porter la vie aux confins de la Terre. Et le gardien de tout cela, le gardien de la maison de Dieu et des portes du Paradis, c'était lui et lui seul, Caïphe. C'est à lui qu'incombait la défense de ces trésors sans prix face aux ambitieux, aux guerriers sans âme ni conscience, aux illuminés et autres faux prophètes. Faux messies. Face à toutes les avidités.

Du moins, en théorie…

— Si je te suis bien, reprit Caïphe en tournant la tête par-dessus son épaule, « on » aurait exilé ce soi-disant Sauveur pour le protéger ?

— Je n'ai pas de preuves formelles, Mais c'est mon sentiment, en effet.

— Et où aurait-il trouvé refuge ? À Antioche, chez ce bon Joseph ?

— Pour l'instant, je n'en sais rien, admit Saül. Mais je poursuis mon enquête.

Le grand prêtre revint dans la pièce, marquant le pas le temps que ses pupilles s'acclimatent à la lumière plus faible.

— Pourquoi ne me dis-tu tout ça qu'aujourd'hui ? Depuis le temps que j'achète ton bavardage, tu aurais eu cent occasions de le faire.

— Jésus est en route, Caïphe. Il vient à Jérusalem pour la Pâque. Partout, la populace le chante comme un libérateur, un nouveau roi pour les Juifs, celui qui débarrassera ce pays des fils d'Hérode. Et des Romains.

— Ce va-nu-pieds ? Pffff…

— Il prétend descendre de David, par sa mère.

— La belle affaire ! En quoi est-il dangereux, tu peux me le dire ? Où est son armée, hein ?

— Il n'en a pas, concéda Saül, dont l'agacement affleurait sous le ton docile.

— Voyons, qui marche avec lui ? Des femmes crédules enchantées par ses tours de passe-passe ; une poignée de disciples, des paysans, des pêcheurs…

— Peu importe ses troupes, seigneur. Car je ne crois pas, moi non plus, qu'il représente un grand péril.

— Ah, tu vois ! triompha le prêtre, lissant sa longue barbe.

— En revanche, ce Jésus constituerait un excellent appât.

Caïphe roula des yeux pour signifier son incompréhension.

— Fais de sa présence à Jérusalem un événement dont on parlera au-delà des frontières de Judée, expliqua Saül.

— Tu veux que je reconnaisse ce cinglé comme Messie ? Tu es encore plus fou que…

— Non, au contraire : convaincs Pilate de le crucifier. Fais-en un martyr. Et son concurrent se manifestera aussitôt : le Messie de Gamala sortira de sa tanière.

Et dire qu'il y a une heure encore, je soutenais exactement le contraire à Pilate ! songea Saül.

Mais entre-temps, au détour d'une ruelle encaissée, il y avait eu la lame parfaitement aiguisée d'une *sica* surgie sous sa gorge. La voix d'un homme qui susurre avec un calme inquiétant. Une ombre encapuchonnée qui ne lui laisse pas le choix. Qui lui dicte à l'oreille ce qu'il devra répéter à son influente clientèle, et à Caïphe.

Saül avait tenté de résister à la menace :

— Et qu'est-ce que j'ai à y gagner, moi ?

— Dans l'immédiat, ta vie, avait ricané l'inconnu en jetant une bourse à l'espion. Et si je suis content de tes résultats, sois sans crainte la descendance de ces deniers-ci sera nombreuse.

14

— Je peux sortir ?

La mule ne devait pas être si vieille, car elle avait mené bon train depuis leur départ en trombe. Déjà, on ne voyait plus Béthanie et son chapelet de fermes, effacés qu'ils étaient par plusieurs collines aux courbes entremêlées.

— Sara, tu m'entends ? Je peux sortir ? J'étouffe, moi, là-dessous !

— D'accord ! Tu ne risques plus rien.

Jacques glissa de sous le tapis d'herbes sèches une tête ébouriffée, piquée de paille, qui tira à sa nièce un sourire. Il découvrit enfin le paysage qu'ils traversaient – pour lui, en aveugle – depuis de longues minutes. Ils avaient obliqué vers le nord-ouest, une zone qui montait en pente douce vers le versant méridional de Jérusalem, dans la partie la plus basse de la vallée du Cédron. À une bonne dizaine de stades, on devinait déjà le hameau d'Ein Rogel, établi autour de la source du même nom. Une oasis où s'arrêtaient les caravanes montant vers le nord, la Samarie ou la Galilée, et qui ne souhaitaient pas s'enferrer dans la presse et les tentations de la ville. À Ein Rogel, on faisait le plein d'eau et de vivres nécessaire pour poursuivre la route. Rien de plus.

— Tu n'as rien à craindre, plaisanta sa nièce. Maintenant, tu n'es plus un scribe du Temple, tu es un criminel en fuite !

— C'est pour ça que je te le demande, Sara : retourne auprès de ta mère.

Elle ne répondit pas et fouetta les chevaux, une mèche dissidente biffant son front.

— Tu ne peux pas rester avec moi, insista Jacques. Si Judas a préféré me livrer plutôt que de renoncer à ses plans, il ne va pas faire bon voyager à mes côtés. D'autant que nous avons laissé un cadavre aux Romains.

Sur ce point, Sara ne pouvait plaider que coupable. Dans l'urgence, elle n'avait entrevu d'autre solution que de jeter le corps de Jean hors de la charrette.

Elle avait permis à Jacques de s'échapper, certes ; mais elle avait aussi fourni malgré elle des éléments pour mettre la légion sur sa piste. Désormais, son inculpation pour meurtre ne faisait guère de doute. On pouvait compter sur Judas…

Cette fois, il faudra un miracle pour qu'on ne moisisse pas tous ce soir à l'Antonia, bouillonnait intérieurement Judas.

À quelques jours du coup d'éclat qu'il projetait, la situation ne pouvait être pire. Une trentaine de légionnaires romains avait investi la propriété. Il était impossible de quitter la ferme. Et difficile de dissimuler quoi que ce soit. À commencer par le tas de gravats et de cendres qui occupait le cœur de la cour.

Bizarrement, le décurion n'eut pas même un regard pour la grange incendiée.

— Dis-moi, vous avez une drôle de manière d'embaumer les corps, par ici, commença-t-il.

— On t'a mal renseigné sur nos coutumes, décurion, répliqua Judas du tac au tac. Notre religion réprouve l'embaumement.

— Vraiment ? Dans ce cas, tu sauras m'expliquer pourquoi cette dépouille traîne dans la poussière de ta ferme ?

Judas balança un regard éperdu derrière lui.

Non ! On a jeté à terre le corps de Jean avant de voler la charrette ! Jacques ?

Un rapide coup d'œil circulaire confirma ses soupçons. Jacques le doux, Jacques l'érudit, avait fui comme un lâche. Comme un coupable !

Philippe, Thomas, Menahem, Marie, Marthe… tous ses frères et sœurs étaient suspendus aux lèvres de Judas, guettant une réponse qui ne venait pas.

— C'est un accident, décurion, lâcha-t-il après un trop long silence.

— Un accident, tiens donc ? Ça fait beaucoup d'accidents pour une seule ferme. Et en une seule nuit ! asséna-t-il, un index accusateur pointé sur la grange, amas indistinct de cendres et de charbon.

— Un de nos esclaves a été surpris par le feu, improvisa Judas. Quand il est parvenu à sortir du foyer, il s'est roulé par terre pour étouffer les flammes, mais c'était trop tard.

— Je vois ça… commenta le décurion qui fixait le corps, pas vraiment dupe. Et c'est une raison suffisante pour le laisser pourrir au soleil ? Je croyais que vous autres Juifs mettiez un point d'honneur à enterrer les défunts le plus vite possible…

— Nous attendons le rabbin Yizrah qui doit bénir le corps, répondit son hôte, de moins en moins à l'aise.

— Bénir un esclave ? Tu te moques de moi ? Ou ta religion est beaucoup plus tolérante que je ne l'imaginais !

Le Romain s'esclaffa, et la troupe gloussa bêtement à sa suite. Judas grimaça en retour un sourire crispé.

S'il n'avait pas eu ces grands projets pour la Pâque, il y a beau temps qu'il aurait mouché ce Romain bedonnant. Mais il fallait les préserver, lui et ses hommes, encore quelques jours… Alors il encaissa ce nouvel affront sans broncher.

— Débarrasse-toi au plus vite de ce pauvre garçon, reprit le décurion.

— Je le ferai.

— En attendant, fais-moi les honneurs de ta propriété.

— Je ne comprends pas…

— Si, tu m'as très bien compris ! J'ai pour ordre de fouiller ta ferme de fond en comble. Alors commençons la visite avant que ne se produise un autre… accident.

Sara comprenait la justesse des arguments de son oncle, mais défendit cependant sa cause avec ferveur.

— Je peux t'être utile, la preuve !

— Je n'en doute pas. Mais ton père est à l'agonie, Sara… Ta mère a besoin de toi. Et lui aussi.

Jacques pensa avec tristesse au mourant, cet homme simple et brave qui avait acquis depuis longtemps son affection. De rage, Sara arrêta brusquement la charrette.

— Si c'est pour me faire la morale…

— Je ne te fais pas la morale. J'essaie juste de sauver ta vie, à mon tour. Dans quelques minutes, au mieux dans quelques heures, toute la légion sera à mes trousses. Et s'ils m'attrapent, je doute qu'ils m'offrent le luxe d'un procès. Tu comprends ?

Sara baissa les yeux.

— Pour ce qu'elle vaut, ma vie ! Aucun homme ne veut de moi !

— Mais si, mais si. Je suis sûr qu'il y aura plein d'autres vieux *goumlas* pour te passer l'anneau ! chercha-t-il à plaisanter.

— Le chef de notre famille ne veut pas de moi…

— Oublie Judas.

— Tu ne veux pas de moi…

— Sara…

— Tu le vois bien ! Je n'intéresse personne !

— Ne dis pas ça. Tu es jolie, tu parles bien. Tu réfléchis bien, aussi.

— Et quoi encore ? réclama-t-elle, s'épanouissant sous les compliments.

— Tu remarques des détails que les autres ne voient pas. Comme ces deux hommes qui sortaient de la grange.

— Au fait, il y a aussi la mangeoire qui a bougé.

— La mangeoire ?

En moins de temps qu'il n'en fallait pour le dire, les légionnaires avaient envahi le bâtiment, sans aucun égard pour ceux qui l'occupaient. Ils retournaient tout ce qui pouvait l'être, éventraient de leur *pilum* toute surface molle, déchiraient les tentures ou les étoffes susceptibles de camoufler une arme ou un suspect. Rien ne leur échappait. Ils étaient le vent de la désolation ; une nouvelle plaie d'Égypte.

Dans toutes les parties de la maison, ce n'était que cris, plaintes et soupirs.

— Lâchez ça ! s'égosillait Amma, une main sur des langes qu'un soldat tranchait de son glaive.

— Recule-toi !

— Ce sont les habits de notre premier-né. Des vêtements consacrés !

D'un mouvement ferme, le légionnaire repoussa la femme, et elle s'effondra sur le sol. Menahem bondit :

— Sale porc !

Un Romain vint à la rescousse de son collègue et piqua son poignard juste sous la gorge du jeune homme.

— Si tu ne veux pas finir comme ton esclave, rôti dans la cour, je te conseille de te calmer !

À l'autre bout de la bâtisse, le ton était plus policé.

— Sympathique, cette petite décoration, remarqua le décurion en pointant son épée vers le gigantesque triangle noir griffonné à la hâte sur le mur du couloir.

Pour toute réponse, Judas déglutit douloureusement.

— Ne me dis pas que tu n'as rien remarqué ? s'étonna Sara. On a changé l'orientation de la mangeoire.

— C'est-à-dire ?

— Je ne sais pas si tu as fait attention, mais une mangeoire a une tête et des pieds. La « tête » est un peu plus large pour permettre à une mère et son petit de manger l'un à côté de l'autre, pour aider le bébé à se sevrer.

— Eh alors ?

— D'habitude, cette tête est orientée vers l'entrée, afin que les animaux n'aient pas à faire tout le tour en pénétrant dans l'étable.

— Et ça n'est plus le cas ?

— Non, plus depuis ce matin.

— La mangeoire s'est peut-être déplacée sous l'effet du feu, ou a été poussée par une poutre qui s'effondrait ?

— Tu as déjà essayé de la soulever, cette mangeoire ? Pour l'ébranler d'un seul pouce, il faut au moins deux hommes, et des forts.

— Décurion ! Décurion !

La ferme avait beau être étendue et le chahut généralisé, tous entendirent ce cri et frémirent.

La voix était celle d'un soldat romain parlant un latin à peine altéré par les années de colonie. On y entendait un mélange d'excitation et d'angoisse.

— Démétrius, par ici !

Malgré sa corpulence, le décurion qu'on hélait ainsi fut l'un des premiers à parvenir à la source de l'appel. Du bout des doigts, un air de triomphe affiché sur son visage mal dégrossi, un légionnaire tenait un poignard maculé de sang. De l'autre main, la sacoche de cuir souple dont il l'avait manifestement extrait.

Une arme. Du sang…

Un crime.

Jacques n'y comprenait plus rien.

— En temps normal la tête est orientée vers l'entrée, c'est bien ça ?

— Oui.

— Si mon souvenir est bon, l'ouverture de la grange regarde le nord-est. Est-ce que tu te souviens dans quel sens la mangeoire a été tournée par rapport à la porte ? Vers la gauche ou vers la droite ?

— Je dirais vers la droite… répondit Sara après une courte réflexion.

— Vers la droite ? répéta-t-il, déconcerté. Tu es sûre ?

— Tout à fait ! Je ne connais pas grand-chose, mais je sais distinguer ma droite de ma gauche. Pourquoi est-ce si important que ce soit vers la droite ?

— Parce que la tête de la mangeoire, et donc la tête du corps supplicié, s'orienterait vers le nord, à peu de chose près.

— Et alors ? Sara perdait le fil.

— C'est ainsi que les prêtres du Temple disposent les bêtes pour le sacrifice.

— À qui est cette chambre ? demanda sèchement le décurion à Judas.

— C'est celle de Jacques.

— Encore un esclave, je suppose ?

— L'un de mes frères, confessa-t-il du bout des lèvres.

— Et quel métier exerce-t-il ?

— Il est scribe ! répondit-il avec l'espoir que cette occupation prestigieuse disculperait celui qu'il pensait livrer quelques instants auparavant.

— Soit. C'est censé justifier la présence de cette arme chez lui ?

— Oui, c'est son couteau de sacrifice, il…

— Arrête-moi si je me trompe, coupa le décurion sans s'embarrasser de politesse, mais les sacrificateurs ne doivent-ils pas purifier leurs instruments au Temple ?

Judas sentait la situation lui échapper pour de bon.

— Un couteau ensanglanté n'a donc rien à faire ici ! poursuivit le Romain.

— Il a dû l'emporter par erreur.

— Ou en avoir fait un autre usage. Et ton frère Jacques, où est-il maintenant ?

— Au Temple, je crois.

— Au Temple, vraiment… Et il aurait laissé ici l'un de ses biens les plus précieux ? Qui plus est souillé ?

Ce décurion raisonnait trop. Mais, au vu des éléments dont il disposait, il raisonnait plutôt juste.

— Allez donc me chercher le corps de cet « esclave », beugla-t-il à ses légionnaires. Qu'on y regarde de plus près !

II

5 JOURS AVANT LA PÂQUE

15

Ein Rogel

L'oasis d'Ein Rogel, ou la « source des pieds », tenait son nom des lavandières qui affluaient de toute la région, y compris de Jérusalem, pour y fouler leur linge sur les larges dalles de pierre polie entourant la fontaine. Selon la légende, cette pratique remontait aussi loin que le roi David en personne et ce paisible hameau se targuait d'un passé riche en événements. C'est là que les espions de David, Jonathan et Ahimaaz, avaient trouvé refuge. Là aussi que trônait Zohelet, le rocher-serpent, la pierre sacrée où Adonaï avait consacré tous les grands rois d'Israël, exception faite de Salomon. Là, enfin, que se situait la frontière symbolique, invisible, entre les territoires de la tribu de Judas et ceux de Benjamin. Mais la plupart des lavandières et des caravaniers exténués qui y faisaient étape ignoraient tout de ces titres de gloire, ne voyant en Ein Rogel qu'un havre de fraîcheur aux portes du désert.

À cette heure de la journée, les femmes étaient déjà nombreuses à se presser autour du lavoir naturel, leurs lourds paniers calés sur le dos ou la hanche. L'ouvrage était particulièrement abondant en ce lendemain de shabbat, à quelques jours seulement de la Pâque. Les hommes qui se rendraient au Temple pour sacrifier, qui un agneau, qui une colombe, ne pouvaient l'envisager que parés de leurs plus beaux vêtements, blancs de préférence, lavés de frais. Les tuniques immaculées volaient dans l'air, battues à tour de bras, propulsant dans le soleil de gros postillons d'eau savonneuse et de mousse.

Jacques et Sara avaient abandonné leur charrette à l'entrée du petit village, pour plus de discrétion. Se cacher là, au milieu des chameaux et des marchands étrangers, leur semblait dans l'immédiat la moins mauvaise des solutions. Mais ça ne pourrait pas durer, ils en étaient tous deux bien conscients. Bientôt, toutes les patrouilles romaines seraient informées de leur fuite. Ils seraient considérés comme des fugitifs. Des suspects. Osons le mot : des criminels.

Non loin, les étals de fruits du jour offraient un arc-en-ciel de couleurs, toutes plus tentantes les unes que les autres. Grenades, raisins, figues, nèfles, dattes, olives, mais aussi toutes sortes de douceurs dégoulinantes de miel, beignets, crêpes, galettes, et des *ouggôths* de toutes tailles et de toutes formes, truffées de fruits confits.

— J'ai faim… lâcha Sara, l'œil rond, le visage blême, en longeant le petit marché de plein air.

— Moi aussi, reconnut Jacques. Mais je n'ai pas un seul denier sur moi, conclut-il après avoir retourné les poches de sa tunique.

Sans abri, sans un sou et sans aucune complicité pour passer entre les mailles du filet, ils n'iraient pas loin.

— Je crois que…

Autour de Sara, les fruits dansaient d'une manière étrange. Les couleurs se superposaient et irisaient le paysage alentour, comme dans les barbouillis d'Amitaï. Le sol tanguait. Les cris des vendeurs et des femmes s'estompaient peu à peu, étouffés sous un grondement sourd qui lui semblait partir de son crâne.

— Je crois que je ne me sens pas très bien, bredouilla-t-elle d'une voix qui s'affaiblissait.

— Sara !

Jacques la retint *in extremis*, et fut surpris par le poids de la jeune fille. Il y avait dans ce corps de femme à peine éclose une densité sans rapport avec sa silhouette.

Elle reprit connaissance avec un jus sucré, savoureux. Une saveur froide et métallique dans sa bouche.

— Bois… bois doucement, murmurait Jacques, une main sous sa tête.

Deux petites ailes, deux serpents qui se chamaillent… Sara reconnut la canule que son oncle avait plantée dans une grenade aussi rouge qu'une braise, aussi grosse qu'une poule. Le sirop épais et mielleux acheva de redonner des couleurs à ses joues. Ce qu'elle n'identifiait pas, en revanche, c'est le sourire d'encouragement de l'homme à la droite de Jacques. Il avait la peau mate et des yeux bruns d'une intensité pénétrante. Il ne portait pas une tunique de lin, mais un simple pagne croisé et noué à la taille par une ceinture de cuir tressé. Son torse glabre et la simplicité de sa mise étaient rehaussés par plusieurs bijoux, inhabituels chez les hommes juifs : deux bagues à chacun des annulaires et, aux poignets, plusieurs bracelets auxquels pendaient diverses amulettes.

— Hereb a eu la gentillesse de nous donner un fruit, glissa Jacques pour présenter l'inconnu.

— Merci…

— Ce n'est rien. protesta l'homme, secouant la main en signe d'humilité. Isis me le rendra au centuple !

Un Égyptien ?

Sara n'en avait jamais vu. Elle lui trouva immédiatement un air familier, quelque chose de chaud et de rassurant. La générosité de ce commerçant n'était pas feinte, ni contrainte. Il ne semblait pas pressé de recevoir cette récompense qu'il appelait de ses vœux. Elle se reprocha aussitôt cet élan pour un fils de Pharaon, le responsable de l'esclavage de son peuple. Cependant, l'homme s'absenta un instant et revint les bras chargés de plusieurs pains, gonflés et dorés à souhait. Il en tendit un à Sara.

— C'est très gentil, intervint Jacques avant que sa nièce n'avance la main. Mais nous ne pouvons accepter.

— Si, si, j'en ai trop, on en fait toujours trop. Je ne vais pas tout vendre, je t'assure ! insista Hereb, posant d'autorité la miche rebondie entre les mains de la jeune femme.

Hereb réapparut avec deux fruits ronds, brillants, dont l'écorce évoquait un soleil de fin de journée, parsemé de petits cratères.

— Des pommes d'or ! s'exclama Jacques en saisissant son cadeau.

— Des pommes d'or ? Ça a quel goût ? s'enquit la jeune fille.

— Un peu plus doux que le cédrat, mais ils sont de la même famille.

— Chez nous, les magiciens prétendent qu'un seul de ces fruits peut donner plus de force que plusieurs rations de viande, précisa Hereb.

— Et ils ont raison ! s'enthousiasma Jacques.

Oubliant sa politesse et ses scrupules, le scribe piqua un majeur acéré dans son orange, qu'il déshabilla de sa peau lustrée en un tournemain. Il détacha les différents quartiers, dont il proposa les deux premiers à la jeune affamée. Elle les engloutit en moins de temps qu'il ne lui en avait fallu pour les préparer, un sourire de délice accroché à ses lèvres, en plus d'un peu de pulpe.

Hereb tendit alors à Sara un petit sachet d'herbes.

— Tiens, tu prendras ça aussi.

— Qu'est-ce que c'est ? s'interposa Jacques.

— Oh, une préparation... pour son ventre.

— Mais ça va mieux !

Sara se passa la main sur l'abdomen, sans conviction.

— Pour le ventre des femmes en âge d'enfanter, osa alors Hereb en baissant les yeux. Je pense que ton évanouissement n'est pas dû qu'à la faim.

À ces mots, Sara s'empourpra et s'enfuit à toutes jambes, bousculant quelques clients courroucés, filant entre les échoppes improvisées.

— Qu'ai-je dit ? s'étonna l'Égyptien.

— Tu viens d'élucider un petit mystère, répondit Jacques.

— Parce que j'ai parlé de son ventre ?

— Parce que tu as évoqué le fait que son ventre pourrait enfanter.

Leur bienfaiteur ne comprenait plus rien.

— Et alors, ce n'est pas vrai ?

— Si j'en juge par sa réaction, et aussi par quelques choix récents, j'en conclus que son ventre n'a encore jamais saigné. Ma nièce Sara est encore une petite fille.

Jacques la rejoignit peu après, aux abords du lavoir. Elle regardait le travail énergique des femmes qui battaient et rebattaient le linge comme s'il s'agissait de l'assommer. Il s'accroupit à ses côtés et lui présenta les derniers morceaux d'orange.

— Il en reste un peu, si tu veux.

— Non merci, grommela-t-elle sans quitter les lavandières des yeux.

Jacques n'entendait pas grand-chose au fonctionnement des jeunes hommes et des jeunes femmes. Dans l'ensemble, il les trouvait indisciplinés, irrespectueux envers leurs aînés, prompts à s'emporter, foncièrement ingrats. Et jamais assez curieux ni cultivés à son goût. Même s'ils n'étaient pas tous stupides, loin s'en faut. Sa nièce en était une preuve vivante.

Sara fit irruption dans sa rêverie.

— Jacques ?

— Oui ?

— Je me demandais, à propos de Jean… Tu avais quel âge, quand il a disparu ?

— Cinq ou six ans, je crois.

— Alors, pourquoi l'avez-vous tous reconnu sans l'ombre d'une hésitation ? Comment pouvez-vous être sûrs que c'est bien lui ?

Il la considéra, partagé entre la gêne et l'admiration. Définitivement, cette petite savait se servir de sa si jolie tête !

— Judas, notre père… commença-t-il.

— Oui ?

— Il avait une petite malformation de naissance, un détail étrange.

— Une malformation ? De quoi ?

— Du nombril.

— Comment un nombril peut-il être déformé ? C'est toujours plus ou moins rond, non ?

— Plus ou moins. Celui de notre père formait une sorte d'étoile, comme si la section du cordon ombilical à sa racine n'avait pas été tout à fait circulaire.

— Comme Jean ! comprit la jeune fille.

— Comme Jean, approuva Jacques avec un mouvement de tête las. C'est un signe héréditaire. Tous les premiers-nés de la famille portent le même. Une étoile à cinq branches.

— Et tu es sûr que c'est de naissance ?

— Que veux-tu dire ?

— Ça n'aurait pas pu être ajouté après ? Ou provoqué par un accident ?

— Non, ce n'est pas comme une marque au fer, précisa-t-il en repensant au triangle qui poinçonnait le front de son aîné. Ce n'est pas en surface. À part le Très-Haut lui-même, personne ne peut façonner le corps de l'homme d'une telle manière.

L'arrivée d'une nouvelle et imposante colonne de chameaux, au moins une quinzaine de bêtes, offrit à toute l'oasis un divertissement bruyant et joyeux. Les chameliers hurlaient des ordres dans diverses langues que Jacques identifia, selon la rugosité des accents.

Croulant sous leur charge, paquets, balluchons et tonnelets, les animaux ne semblaient même pas impatients de se désaltérer. Ils attendaient qu'on les conduisît à la source, l'œil vide, rivé à l'horizon.

— C'est vieux, maintenant, tout ça... Mon père et mon frère, tu sais, je ne m'en souviens plus vraiment, reprit Jacques.

Sara se mordit les lèvres, songeuse.

— Tu crois que j'aurai plus de souvenirs d'Eléazar... de mon père ? soupira-t-elle.

Ça commençait comment, déjà ? Ah oui : feindre l'ignorance, se rappela Jacques.

— C'est une évidence, répondit-il alors. Tiens, si tu devais définir un père en trois mots, tu dirais quoi ?

Énoncer avec concision.

— Eh bien... Autorité.

— Bien, et ensuite ?

— Confiance.

— Hum, hum, approuva-t-il d'un mouvement de tête.

— Et le troisième, héritage, peut-être. Ou transmission.

Juger par soi-même.

— Autorité, confiance, héritage, on croirait des choses que tu as entendues dans la bouche de ta mère, ou à la synagogue !

— Où veux-tu en venir, à la fin ? s'énerva Sara.

Acculer dans une impasse.

— Dirais-tu qu'Eléazar a de l'autorité sur toi ? rétorqua Jacques.

— Oui. Enfin non, pas vraiment.

— Peux-tu lui faire confiance ?

— Bien sûr ! mentit-elle, prête à tout pour échapper à cet interrogatoire.

— Bon ! Alors saurais-tu dire ce qu'il t'a transmis ?

La jeune fille en resta médusée.

— Non, admit-elle, comme assommée par le poids de ses propres contradictions.

— Alors pourquoi as-tu choisi trois attributs qui font justement défaut à ton père ? poursuivit Jacques, mordant le fil de ses pensées comme un chien enragé.

— Je… J'imagine que je confonds un peu mes rêves et la réalité.

— Vraiment ? As-tu autour de toi un modèle de père tel que tu le définis ? Autorité, confiance, héritage… Cite-m'en ne serait-ce qu'un seul. Moi ? proposa-t-il avec malice.

Elle secoua la tête en signe de dénégation.

— Simon ? insista son oncle.

— Je n'ai aucune confiance en Simon.

— Alors Judas, peut-être ?

— Ah çà non, pas lui !

Admettre qu'on ne sait rien.

— Dans ce cas, pourquoi te demandes-tu maintenant si tu auras des souvenirs de ton père ?

— Car il va sans doute mourir.

— Et alors ?

Découvrir enfin ce que l'on a en soi.

— Et alors, je ne sais pas trop ce qu'il m'aura transmis.

— Et ? insista Jacques, sentant que le processus parvenait presque à son terme, que c'était le moment de l'aider à expulser sa vérité.

— Et je suppose… que je ne sais pas à qui je pourrai le transmettre, moi non plus, énonça-t-elle comme si une force inconnue lui soufflait ses mots.

— Nous y voilà, Sara ! Ce qui te préoccupe, ce ne sont pas les souvenirs que tu conserveras de ton père. C'est de savoir à qui tu pourras les raconter.

Jacques n'avait plus pratiqué le dialogue maïeutique enseigné par Platon depuis les gradins du lycée de Thèbes. Certains rouages étaient un peu grippés mais, dans l'ensemble, la magie opérait toujours. « Philosophie, mathématiques, physique… et même dans les arts, vous n'inventerez jamais rien ! Tout est en vous ! Vous ne ferez qu'exhumer ce qui se trouve déjà là ! – Anaxilaos se frappait le front –, et là ! », il battait sa poitrine.

Et lui, Jacques, fils de Judas, veuf sans enfants, à qui passerait-il le témoin de son savoir ? À qui communiquerait-il la soif d'explorer et d'embrasser le monde qui l'avait étreint toute sa vie ?

Ce n'était pas la moindre vertu de la maïeutique, il l'avait déjà constaté à maintes reprises : celui qui interrogeait découvrait au moins autant de choses en lui, sur lui, que celui qu'il criblait de questions. L'accouchement était double, réciproque. Il n'en était pas moins douloureux.

— C'est pour toi, murmura Sara qui sortit de sa poche un petit objet rond et noirci. Je te le transmets !

Jacques saisit ce qui ressemblait à une gourde, rendu muet par l'émotion.

16

Béthanie

— La guerre !

Debout devant les siens, sa cicatrice aussi rouge qu'au jour de sa blessure, Judas avait repris de sa superbe. L'épisode humiliant de la perquisition romaine, il voulait l'oublier. Revenir à son plan. Agir.

— Nous sommes les fils de Judas, les fils du tonnerre ! Ne l'oubliez pas ! Et ce que nous sommes venus apporter en Judée, ce n'est pas un quelconque message, ce n'est pas une énième et inutile réforme, c'est la guerre !

Ses frères, ses sœurs et ses compagnons accueillirent ses intentions belliqueuses avec circonspection. Philippe le prit à partie, sans se défaire de son calme coutumier.

— Tu nous parles de guerre, Judas, mais tu n'hésites pas à livrer l'un des nôtres à la première patrouille romaine venue. C'est cela, ta vision du combat ? C'est ainsi que tu veux convaincre Jérusalem ?

Jean mort, Philippe reprenait légitimement le droit d'aînesse. Un droit que sa tempérance naturelle, son âge mûr et son esprit éclairé mettraient à l'abri de tout excès, chacun le savait. Mais si l'un d'entre eux devait parler et dire son fait à Judas, c'était lui.

— J'ai cherché à brouiller les pistes, se défendit maladroitement Judas. Et qu'est-ce que j'y peux si ce *breyna* a caché son couteau ici ?

Theudas vint à la rescousse de son ami.

— Un couteau souillé de sang !

L'argument imposa à tous un silence gêné. Pas plus maintenant que face aux Romains, ils ne parvenaient à expliquer ce que l'arme rituelle de leur frère pouvait bien faire ici, si loin du Temple. Et dans un tel état.

Certes, chacun d'entre eux aurait eu ses raisons pour se débarrasser de Jean. À commencer par Judas, avide de pouvoir sur sa famille et son pays, que la mort de l'héritier du sang royal replaçait dans la course au trône.

Philippe, qui redevenait ainsi l'aîné.

Simon, dont les dons de magicien auraient sans doute été ternis par l'aura d'un frère éduqué en Égypte.

Menahem, plus costaud que tous les autres mais bien moins que cet aîné qu'on décrivait comme une force de la nature.

Thomas, dont on disait qu'il n'était, physiquement s'entend, qu'une pâle copie de ce frère qu'il ne connaissait pas.

— Comment peux-tu croire un seul instant que Jacques ait tué notre frère ? s'insurgea Philippe.

— Je n'ai jamais dit ça, éluda leur chef. Mais sa fuite ne nous aide pas à le disculper.

Car le décurion était reparti avec une conviction des plus fermes. Et des consignes on ne peut plus claires : retrouver Jacques le scribe, habitant à Béthanie. Et tueur en cavale.

La concordance entre les larges plaies du buste et la lame souillée était une évidence. Le départ précipité, un aveu.

La seule bonne nouvelle, c'est qu'il était tellement sûr de son fait, si fier d'avoir élucidé cette affaire en un éclair, qu'il avait gobé sans sourciller les éléments qu'on avait pu lui fournir sur l'identité de la victime. Un esclave, une querelle avec son maître, une dispute qui tourne mal… Soit. Tout cela lui semblait cohérent avec le peu d'égards que les habitants de la ferme manifestaient envers sa dépouille.

Le Romain avait tâté du pied le corps inerte :

— Je vous donne une heure pour inhumer ce pauvre bougre. Essayez de faire ça proprement, cette fois-ci, avait-il ajouté avec mépris.

Alors, ils s'étaient empressés d'exécuter ses ordres, de faire place nette. Comme le voulait la Loi, ils n'immolèrent pas le corps, mais le couvrirent d'un linceul immaculé, lui lièrent les pieds et les mains avec des bandages également blancs puis, abrégeant la procession rituelle, sans les habituelles flûtes qui accompagnaient d'ordinaire les cortèges funèbres, ils le portèrent sur leurs épaules comme le préconisaient les sages pharisiens, puis le déposèrent dans le caveau naturel qu'ils avaient investi à deux stades de là, dans une grotte fermée par une lourde pierre circulaire, haute au moins de quatre ou cinq coudées.

Faute de Jacques pour le leur fournir, ils n'avaient pas déposé de nard dans le caveau pour purifier le lieu. Après quelques prières rapides, trois hommes repoussèrent le lourd verrou naturel devant l'ouverture, scellant la sépulture, désormais abritée des animaux sauvages et des éventuels pillards. Le *daqbory* était clos.

La couche de chaux très estompée, tout autour de l'entrée, prouvait qu'on n'avait pas inhumé de corps ici depuis bien longtemps. Ils la recouvrirent d'un aplat frais, afin que chacun sache qu'en ce lieu, la mort accomplissait à nouveau son ouvrage impur.

Jusqu'à ce que, plusieurs mois plus tard, on retire les ossements pour les ranger dans un ossuaire ouvragé, nominatif, Jean reposerait dans le plus absolu des calmes. Jean, évanoui il y a plus de vingt ans. Un fantôme plus qu'un frère. Une ombre floue, dissipée comme un mirage en plein désert.

— Cette Pâque est notre Pâque ! clama Judas pour tenter de dissiper leurs doutes. Ouvrez vos yeux, regardez ! Vous ne voyez pas tous ces signes ? Le retour de Jean parmi nous n'est pas un message assez clair ? L'héritier de David est revenu !

— Le retour d'un mort… lâcha Thomas.

— Le retour d'un roi ! Évidemment nous aurions tous préféré revoir notre frère vivant. Mais en venant mourir ici, juste sous nos yeux, c'est son esprit qu'il nous a apporté. Vous ne comprenez donc pas son message ? Israël a disparu, Israël s'est égaré… et maintenant Israël est revenu ! Notre temps est venu !

— Je m'étonne que tu trouves motif à te réjouir dans la mort de Jean.

— Ce n'est pas de la joie, Thomas. C'est de l'espoir !

Hormis Menahem et Theudas, tout acquis à sa cause, personne ne semblait vraiment convaincu par la diatribe enflammée de leur chef. Une fois de plus, ce fut Philippe qui osa remarquer :

— Et l'espoir, selon toi, c'est de brûler ce que nous, Juifs, avons de plus cher ? De brûler le Temple ?

— Si c'est le seul moyen de mobiliser notre peuple… si c'est le seul moyen de le soulever contre Rome… si c'est la seule solution pour se débarrasser de ces grands prêtres vendus à notre ennemi, alors oui, je pense que c'est notre plus grande chance, asséna Judas avec gravité.

— C'est une pure folie ! intervint Marie, sous l'œil réprobateur de ses frères peu habitués à voir une femme, fût-elle leur sœur, prendre part à leurs débats. Avec la Pâque, il y a plus de légionnaires dans le Temple que dans tout le pays. Jamais vous n'arriverez à enflammer l'*Altar* !

— Heureux de te savoir experte en stratégie, ma sœur, railla Judas. Mais les informations que m'a données Simon me rendent nettement plus optimiste. Je sais maintenant quel chemin nous devons emprunter pour déjouer la surveillance des gardes. Je connais le bon canal…

— Tu te prends pour David ? cingla Thomas, hors de lui.

Tous comprirent l'allusion perfide. La légende voulait que, alors que Jérusalem vivait encore sous l'autorité des Jébuséens, fondateurs de la cité, le roi David eût réussi une incursion victorieuse via un puits. Celui-ci remontait à la surface juste derrière le premier mur d'enceinte de la ville. Là où le récit davidien coinçait aux entournures de l'histoire, c'était sur l'origine dudit conduit. Où était-il supposé prendre naissance ? Au tunnel d'Ezéchias, qui alimentait la célèbre piscine de Siloé. Et de quand datait le tunnel en question ? Du règne d'Ezéchias, treizième roi du royaume de Juda, monarque de la Ville sainte… près de trois siècles après David !

— Les plans de Simon sont formels, rétorqua Judas. Le réseau d'évacuation du Temple est relié au grand égout qui coule sous la chaussée du Tyropéon.

— Et qui part de Siloé, appuya Menahem.

— En effet, confirma Judas. Il suffit d'entrer dans la piscine de Siloé, de remonter le canal jusqu'à la jonction… et nous serons à une cinquantaine de coudées de la porte d'Hulda. Tout près du sanctuaire.

— Tu veux dire que ton passage secret ne nous conduit même pas dans l'enceinte sacrée ?

— Ce n'est pas un passage secret. Juste un moyen d'éviter les deux premiers postes de garde, concéda Judas. Sans compter les soldats romains.

— Et après ?

— Après, ça se complique un peu. Ce que nous croyons, c'est que cette citerne principale communique avec les autres bassins d'eaux usées du Temple. En particulier le *mikveh* du grand prêtre, son bain privé à proximité du Saint.

— Ce que vous « croyez » ? Tu n'en es pas sûr ?

— Le plan du réseau hydraulique date du Temple de Salomon. Il n'a pas été mis à jour depuis…

Thomas s'énerva de plus belle :

— Alors montrez-nous ces fameux plans !

— Je les ai brûlés à l'arrivée des Romains, par précaution.

Une brume de stupeur s'abattit sur le groupe. Au fond, ce que Judas attendait d'eux, c'était un engagement total et une confiance aveugle, pour un coup de force aussi hasardeux qu'une irruption de brigands.

— Ce n'est pas de nous dont tu as besoin, gronda Thomas. C'est de Barrabas !

Un murmure indigné parcourut la famille.

Barrabas, littéralement le « fils du père », pseudonyme énigmatique sous lequel se cachait le pire bandit de Judée, dépouillant les nombreuses caravanes qui sillonnaient le pays. Héros populaire des pauvres et des faibles – qu'il épargnait –, bête noire des riches marchands qui avaient en vain appointé divers espions et mercenaires pour le capturer, Barrabas demeurait pour tous un mystère. Nul n'avait jamais vu son visage, éternellement masqué ou couvert d'une large capuche.

— Ne me compare pas à ce porc ! Barrabas n'est qu'un voleur !

— Et quand bien même ! coupa Philippe avec autorité. Que crois-tu qu'il se passera, si tu parviens à embraser le Temple ? Crois-tu que les pèlerins vont t'acclamer ? Crois-tu qu'ils vont te désigner comme roi, toi qui auras réduit leur foi en cendres ?

— Ce Temple n'est pas le nôtre, Philippe. Ce que je veux, ce que nous voulons tous, c'est un Temple juif ! Il y a longtemps qu'Adonaï a déserté la baraque clinquante d'Hérode, crois-moi.

— Ce n'est pas avec des armes et du feu que tu rendras sa maison au Très-Haut, mon frère. Vois plutôt ce que fait ce Jésus ! Avec deux ou trois disciples et un bâton de marche pour tout bagage, il a convaincu plus de monde en trois mois que nous n'avons gagné d'hommes à notre cause en vingt ans !

Judas partit d'un rire aigre.

— Et c'est avec son bâton qu'il va chasser les Romains, peut-être ?

— Tu ne comprends pas ! Si on ne purifie pas notre foi, si on ne convainc pas nos frères juifs que le Temple est malade de ses grands prêtres, si on ne balaie pas devant notre porte avant de la claquer au nez de Tibère... jamais l'armée que tu appelles tant de tes vœux ne se lèvera contre ceux qui nous oppriment !

— Ma parole, tu prêches comme un essénien !

Philippe retomba pesamment sur son tabouret. Il était las de voir ses frères se déchirer. Il aurait tellement aimé assister à leur réconciliation. Voilà ce qui lui importait par-dessus tout, plus que tous les trônes ou toutes les révoltes, mêmes légitimes.

— Les esséniens vivent en reclus, sous prétexte de préserver leur pureté... Jésus, lui, s'adresse à tous.

Judas haussa les épaules :

— Que veux-tu que je te dise ? Rejoins-le ! Abandonne les tiens, toi aussi ! Prends la route ! Va faire des miracles !

Le patriarche ne répondit pas à cette ultime provocation. La seule chose qu'il ressentait, à cet instant, c'était l'impérieux besoin de se laver. De se purifier, lui aussi. Et de prendre avec les événements des dernières heures une sage distance.

Siloé... La piscine de Siloé que venaient d'évoquer ses frères. Son refuge. Philippe y trouverait la paix voulue.

L'homme qui observait les mouvements de la ferme et de ses occupants depuis les contreforts du mont des

Oliviers se releva. Sans prendre la peine de chasser la poussière qui marbrait sa tunique, il partit aussitôt, sa capuche déjà rabattue sur son visage. Il n'ignorait rien des habitudes de celui qu'il épiait depuis des jours et des jours.

Son œuvre l'attendait.

17

Ein Rogel

Jacques manipulait avec délicatesse la petite gourde de terre cuite, une terre rouge comme le sang qui pointait sous la couche de suie.

— Où as-tu trouvé ça ?

— Dans la grange. En fait, c'est Amitaï qui a déniché cette gourde.

Pour toute réponse, il lui adressa un sourire émerveillé. Ce sourire qu'il arborait sans même s'en rendre compte, quand il éprouvait ce plaisir inégalé de la découverte.

« *Chema Israël, Adonay Elohenou, Adonaï Ehad* »
« Écoute Israël, l'Éternel est notre dieu, l'Éternel est Un »

La prière s'était élevée près d'eux, sans qu'ils parviennent à en identifier la source avec précision. Ils échangèrent un regard de surprise. Ce n'était pas vraiment le lieu et encore moins l'heure pour entonner le *Chema Israël*, prière dévolue en principe aux célébrations matinales et vespérales. Mais la voix était haute et très douce, la mélopée les enveloppant comme un chant, offrant à ces mots qu'ils connaissaient par cœur une fraîcheur inédite.

« *Baroukh chem kevod malkhouto le'olam vaed* »
« Que le nom de Son règne glorieux soit béni à jamais »

Comme ils étaient encore à proximité du plan d'eau – sans doute était-ce une lavandière qui priait –, Jacques s'approcha du lavoir, trempa le bas de sa tunique dans l'eau et tamponna la surface noircie de la gourde avec des gestes précis et mesurés.

— Ce que tu vois là, Sara…

Ah, ce qu'il pouvait être exaspérant à suspendre ainsi ses phrases ! Déjà, à la synagogue, il mettait au supplice les enfants en étirant les textes bien au-delà de leur durée habituelle.

— Oui ? pressa-t-elle.

— C'est une amulette.

— Une sorte de talisman ?

— Non. Exactement l'inverse d'un talisman. Cette petite poterie sert à exprimer des intentions néfastes… pas à s'en protéger.

— Tu veux dire, à jeter des sorts ?

— On peut dire ça comme ça.

Il jouait avec l'objet dans la lumière du soleil, désormais haute dans le ciel.

— Les tueurs l'auraient oubliée dans la grange ?

— Je suis à peu près sûr qu'ils l'ont laissée là intentionnellement.

À l'aide de sa canule, il racla le dessous de la poterie, ponctionna quelques minuscules granules de terre cuite qu'il roula ensuite entre ses doigts, l'air absorbé.

— Mais qui se sert d'un truc pareil ? insista Sara.

— Hereb, répondit Jacques.

Il plongea son outil au fond du récipient, dont l'ouverture se révélait trop étroite pour y introduire les doigts.

— Comment ça Hereb ?

— Excuse-moi… J'étais concentré… sur ça !

Il réussit à extraire, planté sur la pointe de sa canule, un infime morceau calciné. Il l'observa sous tous les angles possibles.

— Je voulais dire les Égyptiens.

— Pourtant, s'étonna Sara, les hommes que j'ai vus sortir de la grange…

— Hum… ?

— Ils n'étaient pas du tout habillés comme Hereb !

— Attention, je n'ai pas dit « les tueurs sont égyptiens ». Je t'ai juste dit que ce talisman est caractéristique des rituels d'envoûtement et de malédiction pratiqués en Égypte. Nuance. Et je te rappelle que ces tueurs ont entaillé le corps selon un rituel typiquement juif.

Il brandit la fine pellicule noirâtre.

— Tu vois ce papyrus ? Enfin, ce qu'il en reste.

— À quoi sert-il ?

— En principe, il devrait nous éclairer sur les intentions des tueurs.

— Ils auraient signé leur forfait ?

— Pas exactement. Pour que le sort fonctionne, quel qu'il soit, le mage doit invoquer l'un de ses dieux. En revanche, il y a quelque chose qui ne colle pas.

— Quoi ?

Avec sa canule, sous l'œil médusé de Sara, Jacques tapota le bord du goulot qui céda rapidement, malgré la pondération de son geste.

— Tu vois comme c'est fragile ?

— Oui…

— La tradition magique exige que l'officiant brise sa poterie lorsqu'il jette un sort.

— Ils ont peut-être oublié cette partie du rituel ?

— Ça me semble peu probable.

— Pourquoi ?

— Cette gourde peut se fendre au moindre petit choc, tu l'as vu par toi-même… Alors comment un tel objet pourrait-il rester intact, dans l'urgence d'un meurtre, puis dans la panique d'un incendie ?

— En y prenant un soin tout particulier, lâcha Sara, concluant leur réflexion commune.

Ils considérèrent la sphère rouge un long moment, sans un mot. Près d'eux, la voix de femme attaquait la dernière section du Chema : « Mais gardez bien votre cœur contre la séduction ; ne vous écartez pas du bon chemin ; n'allez pas servir d'autres dieux, et ne vous prosternez pas devant eux. »

Autour du lavoir, les lessiveuses se succédaient, dans les rires et le chuchotis continu des confidences et des psalmodies.

Hereb leur fit un signe amical auquel ils répondirent d'un sourire emprunté.

Un Égyptien…

— Poussez-vous de là ! Faites place, bande de chiens !

La voix avait claqué comme un fouet, zébrant le glouglou paisible des fontaines, les rires des femmes et les palabres bonhommes des marchands. Jacques faillit en lâcher la gourde rouge sur la margelle de pierre où ils s'étaient assis.

À l'autre bout du petit village, un nuage de poussière enveloppait plusieurs cavaliers qui se frayaient un chemin en agitant leurs armes de part et d'autre de leur monture. Cette brutalité aveugle ne pouvait provenir que des Romains. Et, si près de Béthanie, ils ne pouvaient chercher qu'une chose. Ou plutôt, qu'un homme !

Jacques considéra un bref instant la canule avec laquelle il jouait, puis les draps dépliés qui flottaient à la surface du bassin. Sans qu'elle ait le temps de protester, il saisit Sara par le bras, et se jeta avec elle dans l'eau fangeuse.

Le premier réflexe de la jeune fille fut de se débattre. Luttant contre cet instinct de survie, son oncle la tira avec force vers le fond, là où elle se voyait déjà enlisée dans la vase, les yeux brûlés par l'eau savonneuse, la gorge envahie par un goût âcre. Elle comprit alors : le lavoir n'était pas très profond et, en se dressant de toute leur hauteur, ils avaient presque pied. Jacques tendit son visage vers la surface et plaça le tube métallique dans sa bouche. Il souffla un grand coup pour évacuer l'eau qui stagnait dans le conduit… Voilà ! Il respirait !

Démonstration faite, il plaça la canule entre les lèvres de Sara qui, après une rasade d'eau piquante et un hoquet, parvint elle aussi à aspirer l'air vicié des bulles drapées. À l'abri de ces écrans dérisoires, ils étaient invisibles. Il n'y avait plus qu'à l'espérer…

— Jacques de Béthanie ! C'est un scribe ! L'un des vôtres !

Le décurion Démétrius avait beau hurler, aucune des femmes ne répondait à ses injonctions. Certaines faisaient même semblant de ne pas comprendre son araméen altéré par les inflexions latines.

— Il a tué un homme, vous m'entendez ? cria-t-il à la cantonade, imposant le silence à une oasis désormais aussi gaie qu'un cimetière. Et si je découvre que l'un d'entre vous a aidé ce criminel, il y aura ce soir plus d'une croix sur le Golgotha !

N'obtenant aucune réponse, si ce n'est le rire agaçant d'un chameau désaltéré, il ordonna une fouille générale.

— Ne perdez pas de temps, précisa-t-il à ses hommes. Un coup de *pilum* et vous passez au paquet suivant !

Retentirent alors les cris de colère des caravaniers, qui voyaient les denrées, farines et céréales, ainsi que les divers liquides qu'ils transportaient, s'écouler sur le sol, aussitôt bus par la poussière.

Deux d'entre eux tentèrent bien de s'échapper pour préserver leur chargement. Mais les légionnaires les rattrapèrent en quelques foulées de cheval et leurs effets furent saccagés avec encore moins de ménagement.

Autour du lavoir, les femmes avaient arrêté leur ballet, statufiées par la peur. On entendait l'une d'elles pleurer d'effroi. À mesure que l'inspection avançait, infructueuse, la fureur couperosait la face burinée du décurion. De rage, alors que ses derniers hommes venaient au rapport, il arracha la lance de l'un d'entre eux et se mit à piquer les draps étendus sur l'eau, comme s'il s'agissait de percer une outre.

Les premiers coups les surprirent mais Jacques indiqua à Sara qu'ils étaient hors de portée. Après une pause brève, une pointe acérée frôla l'épaule du scribe. Puis son visage.

Avant qu'il n'ait eu le temps de se coller à elle pour la protéger de son corps, le *pilum* transperça le bras de la jeune fille et puis vint se planter entre deux côtes. Son cri fut étouffé par l'eau qui pénétra aussitôt ses poumons, dans une gerbe de bulles lancées vers la surface. Ils allaient forcément le remarquer, reprendre les coups de plus belle ; elle allait mourir là, empalée et noyée dans cette eau crasseuse, où l'algue écarlate de son sang remontait déjà à la surface, prête à signer sa reddition sur les linges immaculées.

— On fiche le camp de ce trou ! conclut Démétrius au même instant, jetant la lance de dépit à la figure de son propriétaire.

Quand la troupe romaine partit enfin, une petite fleur rouge apparut sur l'un des draps. Bientôt, alors que la poussière romaine se dissipait déjà sur la route de Jérusalem, une mare de sang avait éclos au milieu de l'eau.

18

Jérusalem

Une sensation : l'écrasement.

Une émotion : la frayeur.

Une couleur : le blanc immaculé qui emplit tout l'espace et coupe presque le souffle.

Car, lorsqu'il aborde le Temple de Jérusalem, le pèlerin ne doit rien voir ni sentir d'autre que le Temple lui-même. Il doit être saisi tout entier par sa grandeur.

Il doit devenir l'un de ces blocs de pierre.

Sara ne s'imaginait pas que le cœur vivant de son peuple, qu'elle apercevait enfin pour la toute première fois, lui inspirerait de si funestes pensées. Les garçons y étaient circoncis à la naissance ; puis présentés l'année de leurs douze ans. Le Temple appartenait aux hommes dès leur plus jeune âge. Les filles, elles, pouvaient ne jamais y entrer jusqu'à ce qu'elles soient mères.

Et puis l'idée de se jeter dans la gueule du loup, le lieu le plus surveillé de toute la Judée, ses blessures à peine pansées, n'était pas vraiment pour la réconforter. Mais, maintenant que son oncle avait accepté sa présence à ses côtés, elle se serait fait pilonner encore vingt fois plutôt que d'admettre sa douleur, sa peur et sa lassitude. Jacques et plus encore Hereb avaient été admirables. Après l'avoir transportée sous une tente de fortune, c'est avec la pharmacopée nomade de l'Égyptien et le savoir infini de son oncle qu'ils avaient tous deux soigné ses plaies. Elle ne s'en sentait pas moins choquée et faible, et chaque pas, même avec leur soutien, lui tirait une grimace qui partait de ses entrailles, comme déchirées. Ses maux de ventre lui semblaient bien loin…

Le marchand leur avait donné les plus « juifs » des vêtements qu'il possédât. Des habits d'homme pour tous deux, tuniques simples, couleur pierre, nouées à la taille par une corde épaisse. Ce qu'il fallait surtout, pour qu'ils passent aussi inaperçus que possible dans la foule, c'était leur composer des rôles sans rapport avec leurs statuts habituels.

À l'entrée de la cour des Gentils, première des enceintes concentriques qui composaient le Temple, un garde opposa un avant-bras massif devant Sara :

— Tu ne peux entrer avec ton esclave.

L'homme faisait du zèle, car la cour en était pleine : Nubiens, Égyptiens, Phéniciens ou Galates. Elle avait même été conçue dans ce but, afin que ceux qui accompagnaient les fidèles puissent les attendre dans de bonnes conditions.

Sara était habillée en homme, les cheveux noués sous un turban qui élargissait sa tête et vieillissait ses traits fins. Elle tenait dans la main une sorte de licol de chanvre, dont on pouvait imaginer qu'« il » s'en servait pour obtenir de son esclave le respect attendu.

Hereb avait recouvert le visage de Jacques d'une poudre cuivrée, mélange de galène et de cérusite chauffées, aux reflets irisés, que les élégantes employaient pour se maquiller dans le goût de la haute Égypte, là où un teint hâlé se portait fièrement.

Seul élément inhabituel, qui ne manqua pas de faire tiquer le garde de la double porte sud, celle par laquelle entrait ordinairement le flot des pèlerins, c'est que l'esclave portait son jeune maître dans ses bras. Comme un enfant.

— Je ne peux pas marcher, objecta Sara de sa voix la plus grave, qu'elle s'était entraînée à érailler en chemin.

— Tu sais bien que les *goïms* sont interdits dans l'enceinte sacrée.

Et le garde de désigner un panneau rédigé en grec, accroché au mur monumental et qui menaçait de mort tout étranger cherchant à s'infiltrer dans le Sanctuaire.

C'était la limite de leur stratagème : en faisant passer Jacques pour un esclave, ils s'interdisaient à tous deux un accès complet. La cour des Gentils, soit. Mais pas au-delà… Pas là où ils voulaient entrer. Sara tenta le tout pour le tout.

— Mon oncle m'attend à l'intérieur. Il est prévenu, il va prendre le relais.

L'homme en armes la considéra avec une moue dubitative.

— Ton oncle ? J'espère qu'il est plus solide que celui-là !

Il gratifia Sara d'une claque sur l'épaule qui voulait dire « allez-y avant que je ne change d'avis ».

Si le spectacle du Temple laissait sans voix, c'est qu'il était trop grand, trop imposant, trop majuscule, bouchant la vue où que l'œil se portât, pour provoquer dans la tête et le cœur des pèlerins une impression unique, ou susceptible d'être exprimée avec des mots. Le Temple était la maison du Très-Haut et, tout comme lui, elle ne pouvait être capturée par le verbe des hommes.

De même, le vaste passage souterrain qui s'engouffrait dans les entrailles du monument laissait aux nouveaux visiteurs un souvenir impérissable. Large d'une vingtaine de coudées au moins, cinq à six fois plus long, il impressionnait par sa succession de dômes, six au total, richement décorés, ornés de rosaces toutes différentes. Ces dômes semblaient suspendus dans le vide et ne tenir que par la grâce suprême du maître du monde. Un tel prodige – auquel les pilastres massifs, surplombés d'un décor de feuilles d'acanthe d'inspiration grecque, participaient largement – prenait une ampleur surréelle sous l'éclairage des grands candélabres plantés de part et d'autre du tunnel, dans les échos des pas et des chants qui se cognaient aux voûtes et retombaient comme une pluie magique sur les passants.

Au bout du tunnel, on apercevait, dans une cascade de lumière aveuglante, l'escalier menant au parvis.

Alors qu'ils gravissaient les marches gigantesques, Jacques se fit un plaisir d'énumérer pour sa nièce tous les noms qu'à travers les âges les croyants avaient accolés à celui du Temple : *Hazerot Adonaï* (cour du Seigneur), *Heichal* (palais), *Beth Zevul* (maison de son habitation), *Beth Avotenu* (maison de notre père), *Beth Tefila* (maison des prières), *Beth Menuha* (maison du repos), *Habayit Haelyon* (maison suprême), *Beth Habehira* (maison de l'élection), *Beth Hayenu* (maison de notre vie), *Beth Meorenu* (maison de notre lumière), *Hadom adonaiï* (piédestal de Dieu), ou bien d'autres encore, plus ou moins familiers, comme le cœur du monde…

Par tradition, et par habitude, la majorité de ceux qui y vaquaient chaque jour le nommait *Devir*, le Sanctuaire, en référence au Saint des Saints qu'il abritait.

Sur l'esplanade des Gentils, la foule était immense et la confusion indescriptible : esclaves attendant le retour de leur maître, pèlerins effondrés de fatigue à même le sol, marchands qui, en dépit des consignes, débordaient des zones autorisées, mais aussi simples curieux qui, à quelques jours de la Pâque, brûlaient de contempler le plus bel édifice du monde connu. Qu'ils partageassent ou non les convictions de ceux qui franchissaient le *Soreg*, cette barrière qui entourait la zone consacrée du Temple, autorisée aux seuls juifs circoncis.

Là, le contrôle se renouvela, identique, et sur les mêmes arguments, ils parvinrent aux abords du Temple proprement dit, sur la vaste terrasse où plusieurs *mikveh* demeuraient constamment alimentés en eau, à disposition de ceux – et en particulier les prêtres – qui souhaitaient s'y purifier avant d'aller plus loin. Nul ne s'y immergeait complètement, la plupart se contentant de verser l'eau sur leurs mains et leurs pieds à l'aide de vases à long col.

— Où est l'homme qui doit nous aider ? murmura Sara.

— Raziel ne se promène pas à l'extérieur, il est très âgé. Viens !

Au lieu d'emprunter la porte monumentale de la cour des femmes – surnommée la « belle porte » pour son ornementation spectaculaire en bronze de Corinthe –, ils contournèrent l'édifice par la droite. Ils longèrent ensuite le mur d'enceinte, dépassant les différentes chambres de service, accessibles aux seuls prêtres – chambre du bois, chambre des lépreux, chambre du sel... –, jusqu'à la chambre du foyer, une bonne centaine de coudées plus loin, où un feu perpétuel était entretenu.

— Et maintenant ?

— Maintenant tu vas demander Ezra, c'est l'assistant de Raziel.

— Et je lui dis quoi ?

— Simplement que le Grec souhaiterait voir son maître.

Sara sourit sous son déguisement.

— Le Grec ?

— Il comprendra...

En effet, le jeune Ezra, au visage fin et aux yeux clairs, écouta sa requête et disparut sans un mot. Quelques minutes plus tard, il réapparut aussi discrètement qu'il s'était effacé.

Le garde ne broncha même pas en les voyant tous trois pénétrer dans le bâtiment sacré. Ce Raziel semblait avoir ici quelque influence.

— Qui est Raziel ? ne put s'empêcher Sara de glisser à l'oreille de son oncle.

— Le doyen des prêtres du Temple. C'est la mémoire vivante de ce lieu.

Ezra se retourna vers eux, prouvant qu'il avait des yeux et des oreilles affûtés.

— Il est surtout son bibliothécaire. En principe, aucun texte ne devrait être consigné ici si ce n'est la Bible. Mais génération après génération, les grands prêtres ont pris l'habitude de déposer ici leur collection personnelle. Aujourd'hui, nous avons plusieurs milliers de rouleaux, précisa-t-il avec fierté.

Suivant leur guide, ils traversèrent la salle du foyer, véritable four malodorant, où des prêtres s'affairaient autour de plusieurs feux, alimentant, soufflant, exaspérant la moindre braise pour maintenir un embrasement constant. Puis ils gravirent un escalier étroit et débouchèrent sur une pièce au plafond très haut et dont les murs étaient couverts jusqu'à leur sommet de caisses en bois, emplies de papyrus et de rouleaux.

La jeune femme ne put réprimer un soupir admiratif, qu'Ezra capta avec un sourire. Pour un érudit comme lui ou comme Jacques, ce trésor ne rivalisait pas avec les sept cent mille rouleaux de la grande bibliothèque d'Alexandrie, ou les deux cent mille pièces de la réserve des rois attalides à Pergame. Mais pour un esprit novice, le spectacle n'en était pas moins fascinant.

— Dans quel guêpier s'est donc fourré mon ami thébain ? lança un très vieil homme au visage parcheminé, ratatiné sur une chaise au dossier matelassé.

— Je suis heureux de constater que tu ne perds rien de ta vivacité d'esprit, cher maître, répondit Jacques avec déférence, s'agenouillant devant lui.

— Même ici, les nouvelles parviennent vite. Enfin, c'est Ezra qui me les apporte. Tu sais bien que s'il ne tenait qu'à moi…

— Seul Aristote aurait le droit de te déranger ! plaisanta le faux esclave.

Sans tarder, Jacques lui narra rapidement les événements des dernières heures. En dépit de son dodelinement assoupi et de ses yeux mi-clos, l'ancêtre ne perdait pas une miette du récit, s'interdisant de l'interrompre.

Lorsque son élève en eut terminé, Raziel soupira avec un air entendu :

— Ah, l'Égypte… l'Égypte.

— L'Égypte, oui, abonda Jacques. Et surtout ses pratiques occultes.

— La magie existe dans toutes les religions, objecta le vieux sage.

— Pas dans la nôtre.

— La nôtre l'a, comment dire… circoncise, si tu me permets ce jeu de mots. Mais l'aspiration profonde demeure intacte.

— Par exemple chez les kabbalistes, intervint Ezra.

Raziel écarta l'hypothèse comme une mouche.

— Les kabbalistes ? Une poignée d'illuminés ! Réfléchis deux secondes, ajouta-t-il en posant sa main squelettique sur celle de Jacques. Un rituel de sacrifice juif ; un signe grec ; des pratiques de magie égyptienne… Tout ça ne t'évoque rien ?

Jacques mordait sa lèvre supérieure, constat d'impuissance. Non, tout ce fatras ne lui inspirait rien d'autre que de la tristesse et de l'indignation. Peut-être n'était-il pas le mieux placé pour enquêter sur le meurtre de son propre frère, après tout.

— Onias ! s'écria-t-il soudain, comme réveillé par le choc de sa propre voix sur les murs de pierre si épais.

Cette fois, c'est Ezra qui manifesta son ignorance, et Sara en fut soulagée.

— L'histoire est complexe, se lança Jacques.

— Et très longue, surenchérit son vieux maître.

— Elle commence lors du pillage de notre belle cité par les Séleucides, il y a plus de deux siècles. Le fils du grand prêtre Onias le troisième, baptisé lui aussi Onias, trouva refuge en Égypte. De nombreux juifs le suivirent et s'établirent près d'Héliopolis, dans le delta du Nil.

— Et le pharaon autorisa Onias à construire ni plus ni moins... qu'une réplique du Temple.

— Un second Temple ! hurla presque Sara, oubliant tous ses efforts pour dissimuler les inflexions caractéristiques de son sexe. Il existe toujours ?

— Oh oui ! Lorsque les Romains ont envahi notre pays, il y a un siècle environ, ils ont destitué la lignée sacerdotale en place, dont les grands prêtres étaient issus depuis Salomon, et se sont mis à désigner eux-mêmes des grands prêtres sans aucune légitimité. Pour certains, le Temple d'Onias est donc plus « pur » que celui de Jérusalem...

— ...qui s'est vendu à l'empereur ! tempêta Raziel.

Un second Temple en Égypte ! Sara en était stupéfaite. Jamais on ne lui avait parlé d'une telle chose. Il y avait donc, quelque part, un autre peuple juif, avec les mêmes traditions qu'eux. Comme un monde caché sur lequel on venait de lever le voile.

— Bien entendu, la simple évocation du Temple d'Onias, même dans un cadre privé, est passible d'une bastonnade. Officiellement, il n'y aura eu et il n'y aura jamais qu'un seul Temple, avertit Jacques.

— Ça ne m'explique pas pourquoi les descendants d'Onias auraient tué Jean, rétorqua sa nièce.

Raziel considéra la jeune impertinente, un éclair de malice dans les yeux. Il n'avait plus très longtemps à vivre, il le savait. Et les joutes de l'esprit que lui offrait son ami et disciple constituaient ses derniers plaisirs en ce monde. Bientôt, il en aurait d'autres, auprès du Père. Mais rien ne lui prouvait encore qu'il y puiserait autant de jubilation. D'un geste de la main, étonnamment vif au regard de sa condition, il congédia Ezra qui s'exécuta, une moue de dépit accroché aux lèvres. Puis il se tourna vers Jacques.

— Comment s'appelle ton jeune compagnon ?

— C'est Sara, ma nièce, la fille aînée de Marie.

Il la considéra avec un sourire bienveillant, et lâcha :

— Eh bien, il serait peut-être temps d'expliquer à cette demoiselle qui était réellement son oncle, tu ne crois pas ?

Jacques fixa Sara en silence. N'était-elle pas presque adulte, désormais ? Ne méritait-elle pas cette confiance, elle qui avait tout laissé derrière elle pour le sauver, qui venait d'être marquée dans sa chair pour aider son oncle fugitif ?

La jeune fille rompit la gêne qui s'installait.

— Ma mère a dit qu'il était « l'héritier ». L'héritier de quoi, au juste ?

— Ton grand-père, Judas de Gamala…

— Le nombril en étoile ?

— Oui, le nombril en étoile. Il n'était pas que le chef de notre famille… Jacques hésita, implorant le bibliothécaire du regard.

— Judas de Gamala était un rebelle qui combattait l'occupation romaine. Mais il était surtout le seul descendant légitime de la lignée de David, annonça Raziel.

— Je ne comprends pas…

— Si notre pays n'avait pas été occupé par Rome, poursuivit Jacques, pesant chacun de ses mots, ni gouverné par Hérode et ses rejetons, mon père aurait été roi.

— Le roi ? s'écria Sara, s'étouffant presque.

— Le roi de Galilée, de Judée, de Samarie… Le roi de toutes les provinces réunies. Le roi d'Israël, jeune fille. Le roi des Juifs ! précisa Raziel avant de s'écrouler contre son dossier, épuisé.

— En tant que fils premier-né, mon frère Jean était le seul à pouvoir prétendre à ce titre, reprit Jacques.

— Ceux qui ont assassiné Jean n'ont pas seulement tué un homme... martela Raziel. Ils ont tué aussi tout espoir qu'un roi légitime remonte jamais sur le trône de ce pays.

Cela faisait beaucoup d'informations à intégrer en si peu de temps. Les mots et les titres tournaient et retournaient dans la tête de Sara, et ses blessures encore fraîches la tiraillaient.

Jean, roi d'Israël !

Comme s'il lisait dans les pensées de Sara, Raziel remarqua avec douceur :

— Nous t'abreuvons de révélations, mais nous n'avons pas répondu à tes interrogations concernant le meurtre de Jean.

— Je dois dire que je suis moi-même perdu, avoua Jacques.

— Enfin, Jacques, pense aux Therapeutae !

— Les Therapeutae d'Alexandrie ?

— Évidemment, décrits par Philon dans sa *Vie contemplative*.

— Je n'ai pas lu cet ouvrage, hélas...

— Quel drôle de nom ! intervint Sara.

— Les Therapeutae se désignent ainsi car ils se veulent les médecins de l'âme. C'est un courant dissident des prêtres d'Onias. Ils vivent en reclus dans le désert, ils renoncent à tous les biens terrestres, ils refusent de manger de la viande… de vrais fous ! Comme les esséniens ! s'emporta le vieillard, l'écume au coin de la bouche.

Il s'était presque dressé hors de son fauteuil, déployant une énergie insoupçonnable. Chaque mot l'habitait, chacun d'entre eux transcendait son état.

— Les esséniens sont pacifiques, maintint crânement Jacques.

— Ah vraiment, pacifiques ? Le *Rouleau de la guerre*, la victoire annoncée des fils de lumière sur les fils des ténèbres, tu trouves ça pacifique, toi ?

Des esséniens ? Jacques se remémora comment Sara avaient décrit les deux hommes échappés de la grange. Des tuniques blanches, des capuches, des cheveux longs qui dépassaient de part et d'autre de la cloche de tissu. Un profil sommaire, qui pouvait correspondre aussi bien aux ascètes de Qumran qu'à d'autres sectateurs juifs ; les disciples de Jésus, par exemple.

Sara s'immisça dans sa réflexion.

— Therapeutae ou esséniens, pourquoi tuer Jean sous notre nez ?

Le bon sens de sa question les laissa cois de longues secondes.

— Je suis d'accord avec Sara, soutint son oncle. Pourquoi assassiner Jean sous nos yeux, alors que nous le croyions tous mort depuis des lustres ?

— Je ne sais pas, reconnut Raziel après un temps. Je ne sais pas…

Le tabouret avait chu comme une colombe s'envole, presque sans un bruit, juste un souffle. Ils n'avaient rien vu partir, et ne purent retenir le corps de la jeune femme qui s'affalait pourtant au ralenti.

Jacques passa derrière elle et la soutint tant bien que mal. Sur sa tunique, les deux plaies sommairement pansées avaient posé une empreinte de sang frais. Une troisième tache avait fleuri plus bas entre les jambes jointes de Sara. Maintenant, sa nièce n'était plus tout à fait une enfant.

Ezra fit irruption dans la bibliothèque et annonça d'une voix paniquée :

— Les légionnaires fouillent le Temple !

Aussitôt son annonce faite, il vit le corps flasque de Sara, et pâlit.

— Ils vont provoquer une émeute ! se scandalisa Raziel.

— Apparemment, Caïphe a donné son autorisation. Il faut que vous partiez. Maintenant !

— Mon frère Simon m'a parlé d'une sortie dérobée, par les égouts, suggéra Jacques.

— Je ne sais pas d'où il tient ses informations, mais ce conduit a été condamné par Pilate il y a plusieurs années, s'étonna Ezra.

Si Judas et les autres essaient d'entrer dans le Temple par là, ils vont y rester coincés comme des rats !

19

— Agabus ! s'extasia Claudia Procula de sa voix cristalline.

Le mage courba servilement l'échine devant l'épouse de Pilate.

— Votre seigneurie. Vous embellissez à chacune de vos visites ici. Jérusalem vous réussit.

— Jérusalem m'ennuie, démentit-elle. Mais heureusement, tu es là pour me distraire, non ?

— Pour votre plaisir, fit-il avec une courbette encore plus profonde.

Agabus ne mentait pas. Claudia restait l'une des plus belles femmes de l'empire, même si elle n'était plus une jeune fille et que les années de garnison en Palestine avaient quelque peu terni son éclat. Un joyau enfermé dans les citadelles et les palais sinistres où se claquemurait Pilate.

D'un geste gracieux, elle releva la masse éclatante de ses cheveux coiffés haut, qui menaçait de s'affaisser sur sa nuque aussi blanche et délicate qu'un marbre. Son autre main héla les deux esclaves noires guettant ses ordres, qui s'éclipsèrent pour réapparaître l'instant d'après, les mains chargées de divers fruits et boissons. Dattes de Jéricho, cédrats confits du Jourdain, grenades et figues de Samarie, raisins de Bethléem, et une aussi grande variété de vins doux, coupés du jus des mêmes fruits et relevés de laurier ou de cannelle.

— Que voulez-vous connaître, aujourd'hui ?

— Comment ça, tu ne l'as pas deviné avant de venir ici ? le taquina-t-elle.

— Je peux tout sonder, sauf l'âme des femmes, badina Agabus en retour.

Elle applaudit comme une enfant à cette réplique.

— Alors lis-moi le ciel ! Dis-moi ce que nous annoncent les étoiles !

S'exécutant incontinent, il sortit d'une grande besace sertie de petites pierres colorées plusieurs rouleaux qu'il étendit sur le sol. Agabus n'était ni très grand ni très beau, mais il inspirait néanmoins le respect. De sa tunique multicolore, de sa coiffe plus haute que celle des grands prêtres, de sa barbe fournie et de ses gestes amples, au-dessus de son ventre rond, émanait une autorité naturelle. Chaldéen ? Égyptien ? Grec ? À laquelle de ces cultures divinatoires appartenait-il ? Lui prétendait avoir toujours vécu en Judée et tenir sa science d'une tradition familiale qui, de père en fils, prédisposait à cet étrange office : lire l'avenir.

— Je vais commencer par ma question habituelle, votre seigneurie : y a-t-il des sujets que vous ne souhaitez pas voir aborder ?

Les yeux de la patricienne brillaient d'excitation.

— Non… aucun !

— Alors procédons, dit-il en se penchant sur ses cartes du ciel.

Vibrante d'impatience, suspendue à ces lèvres charnues qui allaient sceller bientôt son destin, elle observait le ballet des mains d'Agabus, équipées d'un compas et d'un stylet noir, qui planaient au-dessus des constellations et fondaient parfois sur telle ou telle étoile, comme deux oiseaux de proie.

— Eh bien… ? le pressa-t-elle.

— Pardonnez-moi, j'ai encore besoin de quelques instants.

La mage déroula alors un parchemin plus petit, couvert d'une infinité de petites cases et d'autant de mots et de nombres, inscrits dans des caractères que l'épouse de Pilate ne sut pas déchiffrer.

— C'est le calendrier de Thèbes, précisa-t-il à sa prestigieuse cliente. Chaque jour de l'année y est représenté. Et chacun d'entre eux est porteur de plusieurs messages, selon celui ou celle qui le consulte.

Pour la faire patienter, il s'autorisa alors cette petite familiarité :

— Je recherche celui qui n'est destiné qu'à vous, Claudia.

Elle frémit d'aise à l'idée que, là-haut, les étoiles aient pu ne parler qu'à elle, que d'elle, petite-fille d'empereur.

— Voilà, conclut-il enfin. Je suis prêt à vous délivrer le message qui m'a été transmis.

— Arrête de te faire prier ! s'agaça-t-elle, faisant mine de le flageller avec une grappe de raisin.

— Un homme occupe vos pensées.

Claudia s'étrangla de surprise.

— Un homme pour qui vous avez… un penchant, poursuivit Agabus avec prudence.

— Si c'est Pilate qui te paie pour m'éprouver, je…

— N'ayez aucune crainte, votre seigneurie. Pilate ne sait même pas que je suis ici.

Rassurée, Claudia releva la tête, dégageant ainsi son cou et sa gorge.

— Un homme, dis-tu ? Quel homme ?

— Vous savez que je ne peux révéler de nom. Je vois un homme dont vous êtes très proche. Un homme que vous aimez, risqua-t-il.

L'épouse de Pilate buvait maintenant ses paroles.

— Un homme qui touche votre âme. Un homme…

Il s'interrompit brusquement, fixant le ciel étalé sous leurs pieds, puis reprenant divers calculs.

— Quoi ? Qu'est-ce qu'il y a ?

— Je ne suis pas sûr.

— Tu veux plus d'argent, c'est ça ?

— Non, ça n'a rien à voir avec l'argent.

Au sortir du palais, Agabus était attendu au Temple, par Caïphe en personne. Et il songea qu'avant de souiller le lieu sacré de sa présence, il lui faudrait se purifier de cette céleste pluie de fautes et d'ignominie. Il enroba sa prédiction d'une ultime précaution oratoire.

— Je peux me tromper, mais je crois que cet homme va mourir.

La patricienne eut un mouvement de recul.

— Bientôt… très bientôt, même, précisa le mage.

— Comment ?

Elle le dévisagea avec un calme plus terrifiant que la colère. La dernière parole du mage la crucifia pour de bon.

— Pilate… C'est lui qui va le faire exécuter.

20

Ezra leur avait fait emprunter un véritable labyrinthe à travers le Temple. Impossible d'imaginer, quand on embrassait l'esplanade principale d'un seul regard, que les profondeurs de cette merveille architecturale recelaient tant de passages, coursives, escaliers, décrochements et portes, connus seulement de quelques prêtres. Si l'on était initié à ces mystères – mais combien l'étaient ? – cela ne se révélait pas très difficile d'échapper à la vigilance des gardes du Temple, qui le quadrillaient pourtant en permanence. Alors, que dire des Romains…

De part et d'autre de Sara, Jacques et Ezra la portaient, ayant recouvert à la hâte sa chevelure si abondante. Ballottée par les accidents du parcours tortueux, elle entrouvrit bientôt les yeux. À demi consciente. Mais ce n'est qu'à la lumière du jour, en débouchant à l'extérieur par une trappe minuscule entre deux échoppes, sous les voûtes creusées dans le mur d'enceinte occidental, qu'elle recouvra pour de bon ses esprits.

— Vous savez où aller ? s'inquiéta Ezra avant de regagner les entrailles du temple.

Jacques le rassura d'un hochement de tête mensonger, qui ne dupa personne. Puis, sans demander son reste, il soutint Sara d'un bras ferme et s'évanouit bien vite dans la cohue qui se bousculait sur la chaussée, plus dense encore devant les étals des changeurs et des marchands.

Toutes les forces de police étant concentrées dans le Temple, ils ne croisèrent pas une seule patrouille le long de l'élégante rue pavée du Tyropéon, sur laquelle les meilleurs commerces de la ville étaient installés, vitrine officielle d'une prospérité en trompe-l'œil.

En ce début d'après-midi, alors que chacun se souciait d'acheter une galette aux oignons ou un pain fourré aux fèves et à la moutarde en guise de déjeuner, la presse était leur plus sûre alliée. Des odeurs de fromage au lait de brebis, la spécialité du quartier, douces et aigres à la fois, s'infiltraient partout, et achevaient de creuser l'appétit.

Quand la pente de la voie s'accentua, là où la chaussée plane se muait en de larges marches, Jacques perçut un mouvement suspect dans la foule des pèlerins, en contrebas. Le tourbillon caractéristique d'une réjouissance, ou d'une rixe. Difficile de dire, à cette distance. Un coup d'œil dans son dos lui indiqua qu'il n'était pas le seul à avoir repéré le phénomène. Par-dessus la houle des têtes surnageait l'onde argentée de plusieurs casques, à quelques dizaines de pas derrière eux. Ils fendaient la masse compacte des passants et progressaient beaucoup plus vite qu'eux. Sous peu, ils leur mettraient la main dessus.

Les minces venelles qui partaient de chaque côté de l'axe principal le tentaient mais, vu l'état de Sara, fuir lui sembla une entreprise désespérée. Mieux valait encore se fondre aux badauds qui s'agglutinaient plus bas, autour du petit groupe agité.

— Que se passe-t-il ? demanda-t-il à un passant.

— C'est Jésus !

— Jésus ? Il est à Jérusalem ?

— Tout près d'ici, à Siloé ! Ces hommes prétendent l'avoir vu faire un miracle près des bains. Il a rendu la vue à un aveugle.

L'homme, un pèlerin manifestement épuisé par les jours de marche et le mauvais couchage, semblait à la fois sceptique et curieux. Il était assez âgé pour que ce ne soit pas sa première Pâque à Jérusalem, ni son premier prophète.

Jésus... La rumeur n'en fait-elle pas un essénien ? Leur chef secret, l'artisan de leur prochaine révolte, même, prétendaient certains. Un autre prétendant sérieux au trône d'Israël, n'en déplaise à Raziel.

La décurie romaine n'était plus qu'à quelques coudées. Le bruit des armures et des pas lourds couvrait déjà les boniments racoleurs des commerçants.

— Aide-moi ! lança Jacques au pèlerin fatigué, désignant Sara à son côté. Mon fils est infirme... Si Jésus peut guérir un aveugle, il doit pouvoir le sauver lui aussi.

Sans plus de questions, l'homme ainsi réquisitionné les aida à suivre la troupe joyeuse, emportée par les cris d'allégresse et les chants. La poitrine de Sara était ferme et menue et, malgré les craintes de Jacques, à aucun moment leur secourable compagnon de marche ne suspecta que l'infirme qu'il transportait était une jeune fille.

Le subterfuge fonctionna. Nul ne remarqua ce malade qu'on portait vers le guérisseur de Galilée. Les

Romains les dépassèrent et, quelques marches plus bas, s'abattirent sur un voleur qui brailla son innocence. Les grandes fêtes n'attiraient pas que des fidèles aux intentions pures, loin de là. Le brigand appréhendé, ils rebroussèrent chemin, en direction de leur casernement.

— Tu l'as déjà vu, toi, ce Jésus ? demanda Jacques pour dissiper son malaise.

— Non, jamais. Je me méfie des beaux parleurs, tu sais.

— Il ne fait pas que parler… il guérit, aussi, répliqua Jacques.

— C'est ce qu'on va voir. En chemin j'ai croisé plusieurs hommes qui l'ont côtoyé ces dernières semaines.

— Alors ?

— Drôle de bonhomme, si tu veux mon avis. Depuis son baptême par Jean le Baptiste, il a passé plus de temps à parler aux cailloux dans le désert qu'à prêcher aux hommes.

— Un solitaire, remarqua l'érudit.

— Un vrai courant d'air, oui ! Un jour ici, un jour là. Même ses disciples se plaignent de ne jamais savoir où il est. Et colérique avec ça. D'ailleurs, au début, ils étaient presque une vingtaine à le suivre. Maintenant s'ils sont trois ou quatre, c'est le bout du monde.

Ils avaient atteint l'extrémité du Tyropéon, là où se dressait, enchâssée dans la muraille, l'entrée majestueuse de la plus grande piscine publique de la ville : Siloé. Alimentée par la source du Gihon, c'était la seule réserve permanente d'eau potable de tout Jérusalem. Un bienfait du Très-Haut, mais un bienfait fragile. Sur les marches en arc de cercle, l'attroupement ondulait et bruissait d'incertitude. On s'échangeait des informations contradictoires.

Dans cette formidable confusion, un jeune homme observait fixement Jacques et son équipage. Il avait le teint très mat et la mèche en broussaille. Il ressemblait à ces enfants des rues, voleurs à la tire sans famille, qui grouillaient d'ordinaire dans les quartiers de la ville nouvelle, au nord du Temple.

Soudain, il marcha vers eux d'un pas décidé. Et s'adressa à Jacques, les yeux plantés droit dans ceux du scribe.

— Vous voulez voir Jésus ?

— Oui… oui pourquoi pas.

— Moi je l'ai vu ! Il a guéri un aveugle, au bord de la piscine de Siloé, insista-t-il en désignant l'entrée de l'établissement de bains.

— Tu l'as vu faire ?

— Je te dis, j'étais juste à côté de lui. J'ai tout vu.

Le garçon parlait vite, le souffle court, comme un mauvais acteur qui se débarrasse de son texte. Il dévisagea un instant Sara, l'air intrigué par sa mise, puis revint à Jacques.

— Il l'a touché ? s'enquit le scribe.

— Il a frotté ses mains l'une contre l'autre. Puis il les a posées sur les paupières du bigleux, comme ça.

— Il y avait quelque chose sur ses mains ? Une poudre ? Un onguent ?

— Je ne sais pas…

— Où est-il, maintenant ?

— Il est toujours à l'intérieur. Va voir toi-même, si tu ne me crois pas.

Jacques sentit son cœur battre plus vite, au diapason du gamin, décidément bien agité. Sa nièce lui adressa un regard interrogateur : *« On y va ? »* Ce à quoi il répondit à voix haute :

— Viens ! De toute façon, tu as besoin de te changer.

Le lascar le retint par le bras, l'air soudain mauvais.

— Eh ! Tu oublies ma pièce !

— Quelle pièce ?

— Eh bien, celle que tu me dois ! Sans moi tu n'aurais pas trouvé le prophète.

— Sans toi, je n'aurais même pas songé à le chercher, répliqua Jacques sans se démonter.

— Ça mérite une petite pièce quand même… plaida l'enfant sans réelle conviction, avant de se fondre dans la foule.

Sara et Jacques entraient déjà dans le bâtiment des bains de Siloé.

Ils ne virent pas leur informateur sortir de sa poche trois grosses pièces d'argent. Une véritable fortune pour un chapardeur de son envergure.

Pas plus qu'ils ne l'entendirent souffler à qui voulait l'entendre qu'on les avait tous abusés, que c'est aux bains de Bethesda, à l'autre bout de la ville, que Jésus avait réalisé son miracle. Tous le suivirent, quittant le lieu comme une volée d'oiseaux attirés par la promesse du grain.

21

Siloé

Le spacieux vestibule de la piscine était désert. Seuls le clapotis lointain des bassins publics et le glouglou des canalisations qui alimentaient le lieu emplissaient l'espace. Le petit comptoir où un esclave distribuait en principe sels de bain et serviettes était vide.

Jacques en fut surpris. Il connaissait bien l'endroit. Il y accompagnait souvent Philippe, lequel passait rarement plus d'une journée sans y venir tremper. C'est aussi là que, chaque automne, à l'occasion de Soukkot, la fête du Tabernacle, les prêtres du Temple et leurs proches venaient puiser rituellement l'eau qu'ils achemineraient jusqu'au Temple. Le retour des religieux à la porte dite « de l'eau », chargés de leurs énormes jarres, était le prétexte à de bruyantes réjouissances. Les lévites sonnaient trompettes à chaque passage d'un prêtre, criaient leur allégresse d'une seule voix, puis jouaient encore et ainsi de suite, jusqu'à ce que parvienne l'eau nécessaire aux libations prévues autour de l'*Altar*.

Aujourd'hui, tout était étrangement calme.

— Il n'y a personne ? chuchota Sara.

Comme s'il était chez lui, Jacques se pencha par-dessus le guichet en bois et attrapa deux serviettes ; il en tendit une à Sara. Ils poursuivirent leur chemin vers les bains, sans constater plus de présence humaine. La piscine semblait ouverte et pourtant abandonnée par ses usagers.

Un cri rauque figea leurs pas.

La surface de l'eau qu'on agite à grand bruit. Un hurlement qui finit en soupir. Le son mat d'un corps qui tombe sur les faïences. À quelques pas d'eux, on luttait dans les petits bassins annexes, disposés en étoile autour de la piscine principale.

Sans un regard pour les mosaïques délicates qui ornaient les murs, évidemment dépourvues de représentations humaines, Sara se rua à la suite de son oncle. Après un chemin tortueux dans les couloirs en arcades, tapissés eux aussi de carrelages colorés, ils débouchèrent sur une salle de taille moyenne. Des remous agitaient la surface du bassin.

— Non !

Le hurlement de Jacques disait autant son impuissance que sa douleur. Le corps était là, à même le dallage harmonieux alternant pavés bleus et blancs, qu'une petite mare de sang recouvrait en partie. Elle grossissait à vue d'œil, menaçante comme l'orage.

Jacques s'agenouilla à son niveau. Sara s'approcha à son tour et ne trouva rien d'autre à dire que le nom de la victime, pour mieux s'en convaincre.

Ce n'était pas Jésus, non.

— Philippe… gémit-elle.

Malgré elle, elle tendit la main vers la joue encore humide. Le front du mort était frappé du même sceau que celui de Jean.

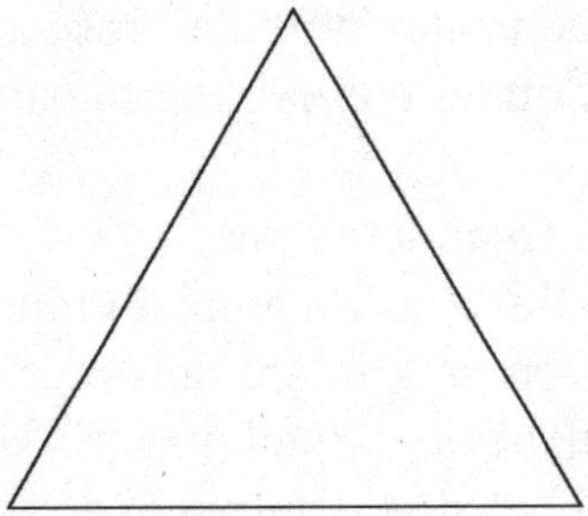

— Ne le touche pas ! rugit Jacques, en interposant son bras. Ne touche à rien…

Il se sentait déchiré entre sa stupeur et sa soif de savoir, étreint par cette souffrance nouvelle et pourtant sollicité sans relâche par son cerveau, chien affamé qui réclamait sa pitance. Comprendre, comprendre, comprendre encore.

Presque malgré lui, il remarqua l'orientation particulière du corps, pointé cette fois vers le sud.

Pourquoi lui ?

Philippe, le plus doux, le plus aimable, le plus calme de tous les frères. Après le frère-roi, c'était le frère-sage, son cadet immédiat, qu'on venait tout juste de tuer.

Un gargouillis léger, juste quelques bulles à la surface, captèrent son attention. Il s'accroupit au bord du bassin et, sous la couche d'eau saumâtre, aux vertus curatives réputées dans tout le pays, il crut entrevoir un objet. Qu'il connaissait déjà… Sans préavis, sans même retirer ce qu'il avait dans les poches intérieures de sa tunique, il sauta dans l'eau. Il disparut un instant dans la masse de liquide trouble, puis remonta vers la surface en tendant son trophée au-dessus de lui. C'était bien la petite sœur de la précédente. Poterie de terre cuite, ronde, rouge, tout aussi intacte. Pas même salie de suie ou de poussière.

Ezra... Ezra saurait quoi faire, songea alors Sara sans trop savoir pourquoi. Une seconde avant que Jacques ne s'enfonce à nouveau dans les profondeurs invisibles. Aspiré, soudain.

Alors seulement elle aperçut l'autre forme, plus massive, plus rapide, sorte de monstre marin qui happait le piètre nageur. Jacques se débattait vainement. Une fois, il parvint à sortir la bouche, aspirant autant d'air que possible, dans un râle effrayant. Aussitôt rappelé par la chose qui n'en avait manifestement pas fini avec lui. Quoi que ce fût, cela agissait comme un prédateur, absolument décidé à l'emporter avec lui dans l'abîme.

Sara plongea à son tour. Elle refusait de le voir mourir sous ses yeux ! En dessous, on y voyait encore moins que dans l'eau du lavoir à Ein Rogel. Et tout allait beaucoup plus vite. Quoique plus faible que son agresseur, son oncle réussissait à le contenir en empêtrant les gestes de l'autre dans sa serviette, d'autant plus gênante qu'elle était désormais imbibée. L'artifice ne tiendrait pas très longtemps. L'eau était brûlante et, sous l'action de la chaleur, la jeune fille sentit ses blessures se rouvrir, ses chairs dilatées se tuméfier. Elle parvint néanmoins à agripper ses deux mains à celle de l'individu qui tenait une arme. Elle n'était pas experte en la matière, mais l'éclat doré du poignard, un modèle assez court et effilé, la frappa.

Enfin dépêtré, l'homme décocha un coup violent, tout juste freiné par la densité de l'élément liquide. La lame la frôla. Il répéta son geste en direction de Jacques, sans plus de succès. L'eau affaiblissait ses coups, mais ils étaient assez précis, toutefois, pour les tenir l'un et l'autre à distance. Jacques, Sara, chacun reçut en plein visage un coup de talon. L'assassin ne se battait plus. Non, il fuyait ! Le temps qu'ils réagissent, il se laissa couler dans l'eau, vers les profondeurs de la piscine.

Jacques ne prit que le temps d'une bouffée, et piqua à sa suite. À bout de souffle, Sara le regarda disparaître dans l'élément à demi opaque.

Le meurtrier nageait vite. En quelques brassées il atteignit le fond. Ondulant comme il avait vu les têtards le faire, Jacques parvint à suivre l'ombre fuyante. Il manquait d'air, et l'homme creusait l'écart de manière sensible.

Respirer !

Il sortit la tête de l'eau un bref instant. Pas d'autre choix. Quand il s'immergea à nouveau, le tueur avait disparu dans l'immense volume trouble. Pourtant, Jacques en était certain, l'homme n'était pas sorti du bassin.

Il doit y avoir une canalisation au fond...

En effet, à environ cinq coudées de la surface, la bouche noire d'un tunnel s'ouvrait. Une obscurité de tombe y régnait, et Jacques s'y engagea non sans frayeur. Si bien que la brutale dénivellation du tuyau le surprit, et que son front heurta violemment la paroi de terre cuite. La fraîcheur de l'eau le maintint toutefois éveillé, et il descendit le long de la colonne les mains tendues en avant.

Tiens, ça remonte.

Poussant avec ses pieds, il se coula dans l'étroit passage incurvé, ses vertèbres comprimées par la courbe du conduit. Soudain, Jacques se sentit comme avalé. Partant de là, le tuyau filait en ligne droite vers un halo lumineux. Une forme s'agita dans la lumière faiblarde.

Il est là !

Jacques remonta aussi vite que possible, au bord de la suffocation. Quelques rayons filtraient depuis l'extérieur par un minuscule puits naturel.

Le tunnel d'Ezéchias !

Le célèbre système d'alimentation de la ville en eau de source, qui jamais ne s'était tari depuis son ouverture, plusieurs siècles auparavant.

La section de ce canal était rectangulaire, et non plus circulaire. Juste assez large pour s'y engouffrer. La bonne nouvelle, c'est que ce boyau plongé dans le noir n'était submergé qu'au tiers de sa hauteur. Il était donc possible d'y progresser à pied et d'y respirer presque librement. La mauvaise nouvelle, c'est qu'il fallait marcher à contre-courant, en opposition constante au flux bouillonnant.

Le tueur avait forcément pris ce chemin-là. Les murs étaient grossiers et, par moments, Jacques s'accrochait à un piton rocheux qui croisait sa course.

— Ahhh !

Celui qu'il poursuivait avait dû rencontrer une excroissance plus saillante. Jacques plongea la main dans l'eau et en retira un caillou de taille moyenne. Il le lança devant lui, au jugé. Pas de réaction. La seconde pierre toucha sans doute son objectif, car il entendit l'autre trébucher.

Plus que quelques pas entre lui et moi !

Jamais le scribe n'avait ressenti une pareille exaltation. Il pouvait entendre les « plouf plouf » de l'homme devant lui. Sa corpulence plus forte devait gêner celui-ci pour fendre le cours turbulent. Malgré le noir total, Jacques crut l'apercevoir, telle une onde mouvante dans les ténèbres. Il dégaina sa canule et, dans un plongeon désespéré, il se jeta en avant, la pointe dardée vers ce qui devait être la cuisse gauche de l'assassin de Philippe, flèche humaine tendue vers l'inconnu. Il retomba lourdement dans l'eau.

Je l'ai raté...

Un aboiement de douleur épouvantable lui prouva le contraire. L'homme se débattant comme une bête blessée, il n'eut que le temps d'agripper la canule du bout des doigts, qui jaillit de la chair et retomba dans l'eau. Il fouilla le fond avant qu'elle ne soit emportée par le flot.

Quand il se releva, le fugitif n'était plus là. Il entendit ses pas, loin devant. Puis plus aucun bruit. Jacques était hébété. Il avait manqué sa chance. Un couinement mécanique, comme un levier qu'on actionne, le tira de sa torpeur. Puis, juste après, un jaillissement d'eau si violent qu'il tomba à la renverse. Le grondement de l'eau emplissait toute la cavité.

Il a ouvert la vanne !

Le niveau était monté jusqu'à mi-poitrine. Bientôt, Jacques serait submergé. Et s'il ne cheminait pas plus vite, il se noierait ici, à quelques coudées à peine de l'air libre.

Se servant de sa canule comme d'un piolet, il la planta alors dans les parois crayeuses. Cela lui donnait juste assez de prise pour avancer contre le cours du ruisseau en furie, son corps ballotté par le flux comme un fétu de paille. Pouce après pouce, il reprenait espoir. Soudain la trombe se tarit d'un coup. Encore quelques secondes, puis il chuta brutalement sur le sol, où ne subsistait désormais qu'un fond d'eau. À croire que tout ce déluge n'avait jamais déferlé sur lui. Il se redressa enfin, chancelant, dans la lumière qui pointait au-delà d'un ultime virage.

— Ça va, là-dedans ?

La silhouette d'un petit homme se dessinait à contre-jour. Sans doute l'employé de la piscine chargé de réguler l'alimentation en eau. Il descendit les deux ou trois marches qui le séparaient de Jacques, et le soutint jusqu'à la margelle.

Le tueur s'était évaporé. Aussi insaisissable que la bruine légère qui restait suspendue dans l'air confiné du tunnel.

Sara... !

Ses quelques forces rassemblées, Jacques repartit en courant vers l'extérieur, vers la piscine où la jeune femme était restée seule. Auprès du cadavre de Philippe.

22

Agabus aussi avait été étonné de trouver la piscine de Siloé déserte, mais ça n'avait pas contrarié pour autant son impérieuse envie de se laver. Le corps, et l'âme qu'il sentait encore trop proche des yeux doux de Claudia, de sa gorge provocante. Une serviette ceignait sa taille grassouillette. Médusé, il restait là, à l'entrée du bassin, les yeux fixés sur le cadavre. S'il avait pu, il se serait dissipé dans les vapeurs grasses qui s'élevaient du *mikveh.*

Face à lui, un jeune homme trempé, à l'air efféminé, brandissait un couteau ensanglanté. Hébété, le mage ne savait où poser les yeux : le mort à terre, le couteau, l'inconnu aux formes graciles qui fixait le fond de la piscine…

Jacques ne remonte toujours pas ! Il s'est noyé… redoutait Sara. Soudain, elle reconnut la voix de son oncle.

— Il y a toujours un idiot pour tomber au mauvais endroit au mauvais moment et aujourd'hui, cet idiot… c'est toi !

Dans le dos d'Agabus, il pointait la canule sous le cou adipeux, bien décidé à l'y planter au moindre mouvement. Sara ne le reconnut pas dans cette attitude violente, et elle se demanda lequel des deux Jacques elle préférait. Le philosophe ou l'homme d'action ? Peut-être avaient-ils toujours cohabité dans ce même corps. L'un bâillonnant l'autre.

Jacques considéra la taille rebondie du bonhomme.

— Tes habits sont au vestiaire ?

— Oui, acquiesça le baigneur d'un filet de voix tout juste audible.

— Comment t'appelles-tu ?

— Agabus, couina-t-il.

— Agabus… le mage ?

Jacques le poussa brutalement vers la sortie. Il fallait s'échapper d'ici. Et l'intervention de ce devin était providentielle.

Malgré l'urgence, il hésita longtemps à laisser son frère derrière lui. Seul, et sans sépulture décente. Un dernier regard coupable et triste pour la dépouille de Philippe. Trouver des vêtements, vite. Et fuir encore.

Dans la petite pièce où chacun remisait ses effets, ils n'eurent pas de mal à dénicher des défroques plus ou moins à leur taille, oubliées là par des habitués. Sara choisit un accoutrement de jeune homme semblable à celui qu'elle portait déjà. Et Jacques opta, bien qu'elles fussent trop grandes pour lui, pour les luxueuses nippes d'Agabus.

Fixant toujours le couteau sanglant, une sica dorée dont le manche formait une boucle, le mage comprit qu'on ne l'éventrerait pas séance tenante.

— Tu veux te faire passer pour moi ? s'enquit-il. Ça ne marchera pas, je suis trop connu.

— On verra bien, rétorqua Jacques, occupé à fixer sur son chef la coiffe peu discrète.

— Moi, en tout cas, je t'ai reconnu. Tu es bien le frère de Judas de Gamala, celui qui a tué un esclave ?

— Je n'ai tué personne ! Tu m'entends, je n'ai tué personne !

Sara posa sur son bras une main apaisante. Son oncle la dévisagea brièvement, accablé.

— Ce n'est pas un esclave qui a été tué à Béthanie, lâcha-t-il.

— Ah, et qui donc alors ?

Jacques échangea un regard avec sa nièce. Après tout, pourquoi garder le secret ? Ébruiter la chose n'était-il pas le moyen le plus sûr de se disculper ? De brouiller les pistes par trop évidentes qui menaient jusqu'à lui ?

— Jean… mon frère Jean.

Agabus arrondit une bouche incrédule. Conseiller des puissants, fin connaisseur de la politique locale, il ne pouvait ignorer qui avait été Jean de Gamala. Ou, plus exactement, ce qu'il aurait pu représenter pour le peuple d'Israël s'il n'avait disparu, plus de vingt ans auparavant.

— Depuis tout ce temps… il était donc encore en vie. Et cet autre, là, ajouta-t-il avec un geste vers la piscine. Qui est-il ? Encore un de tes frères ?

— C'est Philippe, confirma Jacques avec un rictus de douleur.

— Tu n'es pas très « famille », dis-moi…

Jacques lui sauta à la gorge.

— Espèce de… !

— Calme-toi. Je ne te crois pas capable de tuer qui que ce soit ! Mais je connais quelqu'un, quelqu'un de puissant, qui a certainement des informations sur ton frère.

Cette contenance prétentieuse, ces airs de conspirateur, tout cela exaspérait celui qui, dorénavant, était l'aîné des fils de Judas.

— Je ne m'intéresse pas aux intrigues de cour.

— Tu as tort… Tes frères et toi avez beau préférer les chèvres aux courtisans, c'est pourtant dans les palais que vivent vos vrais ennemis. Tu penses bien que votre sicaire n'a pas ourdi cela tout seul. Il a un donneur d'ordres, un commanditaire.

— Non, non, je…

— Ne me dis pas que tu ignores qui a livré votre père à Quirinius ? insista le mage d'un ton fielleux.

— Partons ! lança Jacques à Sara, décidé à tourner les talons. À laisser là ce serpent.

— Ne me dis pas que tu ignores tout des forfaitures d'Hérode !

— Antipas ?

— Antipas, à ton sévice, s'amusa Agabus.

— Il était à peine monté sur le trône, à l'époque.

— Et il avait déjà très à cœur d'éliminer ses concurrents. Hérode Antipas n'est pas très partageur.

— Que veux-tu dire… ?

Insinuer, laisser entendre, glisser dans l'oreille ce qu'il fallait de demi-mots pour que des vérités entières germent dans les esprits, c'était là le talent d'Agabus.

— Je veux dire que si j'étais un souverain illégitime, mis en place par un occupant illégitime… je ne laisserais pas se promener dans la nature les héritiers légitimes.

Antipas était prêt à tout, et il l'avait prouvé à maintes reprises. Ne disait-on pas qu'il avait fait exécuter Jean le

Baptiste à la demande de sa belle-fille ? Que sur l'ordre exprès de Salomé, il avait fait trancher la tête du prophète devant un parterre de témoins, pour que l'effroi gagnât tous ceux qui auraient nourri à son égard de sombres projets ?

Le sacrifice ? Le triangle ? La magie venue du Nil ? Tout ça n'aurait été qu'une mise en scène ridicule, un simulacre surchargé de symboles, pour mieux les égarer, les esséniens, un leurre bien utile ? Les brillantes déductions de Raziel s'effaçaient devant la logique de ce sorcier ventripotent. Aussi rageant, aussi humiliant cela pût-il être.

— Hérode est un animal à sang froid. Il a patiemment attendu que ton frère revienne de son exil, et là…

Agabus se trancha la gorge d'un index outrancier.

— Tu veux conserver mon habit ? continua-t-il, menant désormais la partie. Je te le laisse volontiers.

— Pourquoi ça ?

— Devine ? se rengorgea le mage à demi nu. Devine avec qui j'ai rendez-vous ce soir, pour la première fois, afin de lui lire les astres… dans son palais ?

23

Une antique croyance, bien antérieure à David ou à sa descendance immédiate, prêtait aux premiers remparts de Jérusalem un pouvoir de protection. Il suffisait de monter à leur faîte, ou de poser une main sur leurs pierres gorgées de soleil, pour s'immuniser contre les dangers et les maladies qui pullulaient au-dehors. Une légende si tenace que les moins superstitieux des habitants ne manquaient pas, à chaque passage d'une porte de la ville, d'effleurer à la fois et dans le même mouvement la *mezouzah* du chambranle et les blocs colossaux auxquels celle-ci était fixée. À cet endroit spécifique, la roche était lissée par les milliers et milliers de mains qui, à longueur d'année, y puisaient l'assurance que la cité les sauvegarderait toujours. Le geste était devenu automatique, machinal.

Les plus fervents prétendaient que, scorpions ou serpents, aucun des animaux nuisibles pour l'homme n'y entrait, repoussé par cette barrière inviolable.

— Tu crois vraiment que ce tas de cailloux va nous protéger ? interrogea Sara.

— Je n'en sais rien, grommela Jacques, mais là tout de suite, je ne vois rien de mieux…

Il marchait sans lever sa main gauche qui caressait la roche dorée. Ce versant de la muraille, Jacques le savait, était le moins surveillé de Jérusalem, et mieux valait ne pas traîner dans les parages de Siloé. Ce n'était plus qu'une question de temps avant qu'on retrouve le corps de Philippe, et que l'alerte soit donnée.

Son pas taciturne en disait plus long que des mots sur sa tristesse. Philippe avait toujours été son frère préféré. Celui avec lequel il poursuivait les dialogues si stimulants qu'il avait ébauchés à Thèbes.

— Tu penses qu'il est mort ? reprit sa nièce.

Il mit quelques secondes à comprendre qu'elle parlait du mage. Pauvre Agabus ! Jacques, si peu enclin à la violence, avait préféré ne prendre aucun risque et l'avait neutralisé d'un coup de jarre sur le crâne. Ils gagneraient ainsi de précieuses minutes. Ils protégeraient aussi le mage qui, après tout, se retrouvait seul avec un cadavre, et cet étrange couteau qu'ils avaient préféré laisser sur place.

— On va cavaler longtemps comme ça ?

Sara peinait à suivre son oncle. Outre ses blessures, son ventre l'élançait. Et elle ignorait si le linge qu'elle avait réussi à glisser discrètement entre ses jambes tiendrait longtemps.

— Je ne cavale pas, s'agaça Jacques. Je veux trouver ce Jésus.

— Jésus ? Pourquoi Jésus ?

— Disons qu'il fait partie des suspects…

— Pour quel motif ?

— Ce gamin, tout à l'heure, prétendait que Jésus était dans la piscine juste avant nous.

— Agabus aussi était là, et tu ne l'as pas soupçonné pour autant.

— Agabus n'a pas fui dans les canalisations quand il t'a vue. Et si tu nous exclus, toi et moi…

— Reste Jésus. Tu le crois capable de guérir un aveugle, et de tuer Philippe l'instant d'après ?

Jacques haussa les épaules, faute d'argument convaincant.

— Tu ne veux pas interroger d'abord Antipas ? insista Sara qui s'accrochait à la version du mage.

— Si. Mais je ne veux exclure aucune piste. Continuons à marcher.

Elle soupira lourdement, trébucha sur les gros cailloux de ce chemin de ronde malaisé.

Jacques s'arrêta brusquement, la considéra avec gravité et jeta un regard panoramique sur la vallée du Jéhosaphat qui s'étalait sous leurs yeux. Coincée entre le mont des Oliviers et la Ville sainte, elle se présentait comme un passage modeste et désolé entre le mont Scopus et la cité de David. Un unique petit chemin, bordé de blocs rocheux et noyé de poussière, la traversait de part en part. Son seul aménagement notable, c'étaient ces trois tombeaux imposants, au pied du grand cimetière qui s'étalait sur le flanc occidental du mont. Le plus célèbre d'entre eux, le tombeau d'Absalon, fils de David, réputé pour ses frasques et son indiscipline, s'élevait sur une bonne vingtaine de coudées, coiffé d'une gigantesque main tendue. L'édifice était criblé d'impacts de pierres car, disait-on, quand un enfant manquait de respect à son père, celui-ci venait parfois corriger l'effronté devant la royale sépulture : « Regarde un peu ce qui t'arrivera si tu n'obéis pas ! » Sara, elle, ne méritait pas tout ce qu'il lui faisait subir.

— Tu as raison… Reposons-nous un instant, décréta-t-il.

Ils dévalèrent la pente sévère qui coulait jusqu'au fond de la vallée, évitant les rochers les plus massifs et les quelques arbres, de majestueux cyprès, qui poussaient là.

En quelques minutes, ils furent au pied des tombeaux. Saisis par le silence de mort qui y régnait. Il se faufilèrent derrière le monument dans un renfoncement ombragé et s'assirent sur de grosses pierres rondes, dont la relative fraîcheur les revigora quelque peu en cette chaude après-midi.

— Je refuse d'être un agneau qui attend son heure, énonça calmement Jacques.

— Pourquoi dis-tu ça ? s'étonna Sara qui fronça les sourcils.

— Jacques était notre aîné, Philippe le deuxième des fils de Judas…

— Et tu es le troisième, c'est ça ?

— Je suis le troisième, approuva-t-il d'un hochement de tête.

— Le prochain…

Elle avait dit tout haut ce qu'il pensait depuis la découverte de Philippe à Siloé. Le prochain sur la liste. Car il était clair désormais que le tueur – les tueurs ! – avait un plan, un grand dessein qui ne s'arrêtait pas à Jean ni à Béthanie. Et que la prochaine étape passait inévitablement par lui, Jacques.

— Ça ne tient pas debout, s'obstina-t-elle. Raziel nous a bien dit que seul l'aîné des fils de Judas pouvait être couronné.

— En théorie, il a raison.

— Tuer Philippe ou te tuer toi… c'est juste inutile !

— D'un point de vue purement dynastique, en effet, ça ne sert à rien. Et pourtant Philippe est mort.

Voilà qui ne les faisait pas avancer vers la vérité ni la sécurité. Jésus, Hérode Antipas, les esséniens… qui s'acharnait ainsi sur eux ? Qui les haïssait tant, eux, les fils de Gamala, qu'il voulût écraser une à une chacune des graines de leur lignée, y compris les moins fertiles ? Ça ne répondait à aucune logique. À aucun mobile, même le plus fou.

Sara était affamée. Depuis l'orange d'Hereb, elle n'avait rien mangé. Elle sortit de sa poche un petit sachet dont elle fit tomber plusieurs petites billes aussi vertes que des pastèques, grêlées comme elles de points plus sombres. Jacques claqua très sèchement la main de sa nièce, qui déposait toute juste une graine sur sa lèvre inférieure. Prête à la croquer.

— Jette ça tout de suite !

Était-ce le meurtre de son frère qui lui inspirait ce soudain accès de folie ? Était-ce la douleur ?

— Jette ça, tu m'entends ?

Elle obtempéra, rendue muette par son ton impérieux.

— Où as-tu trouvé ça ? s'enquit son oncle d'une voix à peine plus douce.

— À Siloé, au bord de la piscine.

Sans commenter, il roula la graine entre ses doigts.

— Qu'est-ce que c'est ? s'enquit la jeune fille.

— *Polygonatum*, selon les botanistes romains. Ici on l'appelle *le sceau de Salomon.*

— Comme le bouclier de David ?

— Oui... Vue de dessus, la plante y ressemble vaguement.

— C'est toxique ?

— Tout dépend de l'usage qu'on en fait. Si tu l'appliques sur une plaie, ça favorise la cicatrisation. On pourrait en frotter sur nos blessures, toi et moi.

— Alors pourquoi tu...

Il la coupa net.

— En revanche, si tu l'avales, c'est un poison foudroyant. Il arrête le cœur en quelques instants.

L'amanite dans la bouche de Jean... n'était pas de l'amanite, réfléchit Jacques. Mais cette même plante qu'ils venaient de trouver à côté de Philippe. Celui-ci s'était trompé, dans son analyse rapide. À chaque fois, l'assassin procédait comme s'il voulait « tuer » sa victime avant d'avoir donné le premier coup de couteau. Comme s'il cherchait à se simplifier la tâche, ou à adoucir leur sort, sans pour autant négliger son rituel.

Quel drôle d'endroit pour évoquer le sort de mes frères !

Car le Jéhosaphat n'était pas qu'une vallée désolée, livrée aux milans, aux fuyards et aux légendes. Pour tous les Juifs pieux, elle était la vallée du passage, celle que les morts emprunteraient, au jour du Jugement dernier, pour passer de leur tombe du mont des Oliviers jusqu'au Temple. Et s'asseoir sur le trône céleste, au côté de leur Père. Le Jéhosaphat, c'était la vallée de la fin des temps, celle que franchiraient sans encombre les âmes justes, sur un pont de lumière, et où sombreraient à jamais les impies, sans foi, qui lui préféreraient un pont de pierre et de métal.

Un pas, un seul pas craintif et mal assuré, suffirait à précipiter le ressuscité indécis dans l'abîme. Un pas vers la providence que Jacques se sentait disposé à franchir.

La sonnerie d'un cuivre strident les fit sursauter de concert. Les quelques notes avaient claqué dans leur dos, en surplomb, là où la route provenant du mont se divisait en deux : d'un côté vers la porte Dorée, de l'autre vers la porte des moutons.

Les trompettes venaient de lui servir ce qu'il espérait sur un plateau.

Là, à quelques coudées de leur refuge.

24

Béthanie

— Simon ! Simon est revenu !

Les enfants de la ferme couraient et chahutaient autour de leur oncle, dont l'élégance flétrie attestait qu'il n'avait pas ménagé sa peine. Sur ses épaules, il portait deux grosses outres de peau liées par une corde.

Malgré cette charge, il affichait un large sourire quand il fit son entrée à Béthanie.

Judas ne partageait pas leur joie. Depuis leur accrochage de la nuit précédente, et les insinuations sourdes de Simon à son égard, il se méfiait de lui comme des autres.

— J'espère au moins que ta pêche a été fructueuse…

— Presque trois *hins* du bitume le plus pur, s'exclama Simon qui déposa son fardeau aux pieds de son frère. C'est au moins un de plus que prévu pour ce prix.

— Au rythme où vont les choses, tu pourras bientôt te noircir les yeux avec ton satané bitume, ironisa Judas avec aigreur.

— Que veux-tu dire ?

— Jacques a fui, Philippe fait trempette à Siloé, Eléazar hésite toujours entre la vie et la mort… et les autres grognent.

— Et Theudas ? Et Jaïrus ?

— Avec Thomas, Menahem, toi et moi, ça ne fait que six.

Simon cogna du pied dans l'une des poches de cuir.

— Avec ça, c'est comme si nous étions cent !

Extrait d'anfractuosités rocheuses aux abords de la mer Morte, le « bitume de Judée » offrait une viscosité et un pouvoir inflammable supérieurs à tout ce qui était connu. Il suffisait d'en épandre sur une surface, même en petite quantité, pour entretenir un brasier pendant de très longues minutes, sans aucun autre combustible. Versé sur du bois ou du tissu, c'était la garantie d'un incendie à grande échelle. Exactement ce dont ils avaient besoin.

— J'espère surtout que tu es sûr de ton plan, grimaça Judas. Les Romains ne vont plus nous lâcher, maintenant.

— Complètement sûr, complètement sûr… Tu verras !

Simon s'engouffra dans le bâtiment sans attendre. Après avoir rangé son chargement dans la cuisine, il ressortit et contourna la ferme par la gauche, se retournant plusieurs fois pour s'assurer qu'il n'était ni vu ni suivi.

Il gravit les quelques marches qui menaient à la chambre de Jacques. Tout avait été mis à sac, retourné, éventré. Il fouilla un moment parmi les débris.

Le couteau n'y est plus !

Il sourit de satisfaction. Car, s'il n'y trouvait rien, c'est que d'autres avaient certainement mis la main sur ce qu'il y avait placé lui-même.

Tout se déroulait comme prévu.

Au Temple, des trompettes sonnaient à longueur de journée. Les occasions ne manquaient pas : annonce du shabbat, passage au mois suivant, début d'une festivité et, plus généralement, indication des services quotidiens. Au total, elles ne retentissaient jamais moins d'une quinzaine de fois chaque jour. Leur sonorité criarde faisait partie du décor, au même titre que la robe blanche des prêtres ou les motifs grecs des colonnades.

Mais la trompette qu'entendaient Jacques et Sara n'avait rien d'un instrument officiel. Beaucoup plus courte que le modèle en argent employé par les lévites préposés à la musique, dont le col dépassait les deux coudées de long, elle tintait moins fort et plus grave. L'homme qui en jouait n'avait pas la maîtrise des sonneurs patentés, mais il s'époumonait tant et si bien que ses trilles approximatifs résonnaient alentour, éveillant la curiosité des grappes de pèlerins.

— C'est lui le fils de David ! cria un gamin en lançant un caillou sur le tombeau d'Absalon. C'est lui le Sauveur… et pas un autre !

La pierre les avait frôlés. Sara retint son oncle par le bras.

— Attends… N'y va pas.

Des hommes et des femmes accouraient de partout. Les abords de la porte Dorée s'encombraient à vue d'œil. C'est comme s'ils s'étaient donné le mot pour affluer ici, véritable nuée d'oiseaux.

Il faut dire que, hormis les brèves périodes de rituel, les milliers de pèlerins montés à Jérusalem pour la Pâque ne débordaient pas de distractions durant leur séjour. La vérité, c'est qu'ils s'ennuyaient. Et, comme leurs économies de l'année passaient déjà dans le voyage et l'hébergement, le moindre attroupement, le moindre mouvement de foule dans la rue leur offrait un spectacle gratuit qu'ils accueillaient avec joie.

Sur le chemin qui descendait du mont des Oliviers, on devinait une bande plus compacte. Au milieu d'eux, un homme était juché sur un âne. À en juger par les cris sur son passage, c'est lui qu'on attendait. C'est lui qu'on fêtait ainsi.

— Je veux voir Jésus de mes yeux ! déclara Jacques.

— Quitte à te faire arrêter ?

— Les Romains ne sont pas complètement idiots. Tu as vu ce monde ? Tu as vu cette ferveur ? S'ils s'amusent à arrêter un seul d'entre nous en ce moment, ce sera l'émeute. Et puis, personne ne nous repérera dans cette foule.

— Possible…

— Ils sont vingt fois moins nombreux que nous, Sara. Alors, malgré ce que pense Judas, les Romains sont prêts à supporter beaucoup, vraiment beaucoup, pour éviter que cette ville n'explose ! Crois-moi !

Il l'avait presque implorée. Soudain lui l'enfant, elle l'adulte.

À bien y réfléchir, ils n'avaient pas entendu un mot ou un commentaire sur la petite expédition de Judas et de ses hommes, la nuit précédente. Leur coup d'éclat était passé totalement inaperçu. La seule chose qui mettait les esprits en ébullition, en l'espèce, c'était le Galiléen sur sa risible monture.

Jacques se mêlait déjà à celles et ceux qui, sur le bas-côté, agitaient des palmes desséchées ou des branchages plus verdoyants qu'ils venaient de couper dans les taillis ; ou, faute de mieux, leurs mains. Les plus exaltés jetaient leur foulard ou leur manteau sur la chaussée, en signe de vénération. Ils étaient tant à grouiller sur la route qu'ils devaient s'écarter sur son passage, à mesure qu'il approchait des remparts, fendant la multitude comme Moïse avait fendu les flots de la mer Rouge. Comment ne pas penser au dépositaire de la Loi juive, celui qui avait rendu la liberté à leur peuple, en cette semaine précédant la Pâque ?

Mais c'est un autre texte saint que se remémorait Jacques. Cette scène qui se déroulait là, devant ses yeux – cet homme perché sur son âne, acclamé à son entrée dans la ville – il l'avait déjà vue. Il en était sûr ! Ou tout comme : il l'avait déjà lue.

Zacharie le prophète !

« Sois transportée d'allégresse, fille de Sion ! Lance des clameurs, fille de Jérusalem ! Voici ton roi, il vient à toi ; il est juste et victorieux, il est humble et monté sur un âne, sur un ânon, le petit d'une ânesse. »

Ce Galiléen que l'on disait si instruit, capable mieux que les docteurs de la Loi ou les prêtres eux-mêmes de citer des chapitres entiers des Écritures, cet homme qui venait vers lui et dont il commençait tout juste à distinguer les traits, ce Jésus ne pouvait méconnaître une telle prophétie. Jacques constata alors que l'âne sur lequel on l'avait monté était jeune, et ployait sous son poids, malgré l'évidente maigreur de son cavalier.

« Il est humble et monté sur un âne, sur un ânon, le petit d'une ânesse. »

— Jacques, attention !

Quand il entendit le cri de Sara, c'était trop tard.

La cohue était telle, à cet endroit, qu'un groupe avait été emporté par l'effondrement d'un talus sablonneux. Les hommes étaient tombés comme des quilles et Jacques, à proximité, s'était vu plaquer par deux gabarits plus corpulents que lui. Sa nièce se précipita sur lui.

— Ça va ?

— Oui, je crois…

Le temps de reprendre ses esprits et de chasser la poussière épaisse sur sa tunique de mage, le convoi les avait dépassés. Jésus n'était déjà plus qu'un dos absorbé par l'ombre, à l'entrée de la porte Dorée.

À sa suite, trois autres marcheurs semblaient très sollicités par les badauds. Pour être aussi entourés, ce ne pouvait être que ses disciples. Le plus proche de son maître, un homme trapu, au visage carré, lui apparut peu engageant. Il préféra s'approcher de celui qui fermait la procession, à l'apparence et aux manières plus douces.

— Je suis Jacques. Et toi, qui es-tu ?

— Je suis André, répondit l'autre avec un sourire lumineux. Et là-bas, c'est mon frère Simon. Mais notre maître l'appelle Pierre.

Devant eux, la colonne s'était arrêtée au niveau du poste de garde. Apparemment, on parlementait. De part et d'autre de l'arche double, des gardes et des soldats romains mêlés interdisaient l'entrée dans l'enceinte.

Pas plus que l'âne, la porte Dorée n'était un choix anodin, songea-t-il en jetant un œil au tableau. Elle était l'unique accès direct au Temple depuis l'extérieur de la cité. La porte par laquelle, à la fin des temps, les morts ressuscités entreraient pour rejoindre le Très-Haut dans sa gloire. L'arche de gauche était celle du pardon, là où les dernières fautes seraient effacées. Celle de droite, celle de la repentance, là où les âmes contrites se présenteraient. C'est par ce passage que l'*Azazel*, le bouc émissaire chargé des péchés de la communauté, était envoyé dans le désert le jour de Yom Kippour.

Jacques désigna l'ânon à André.

— Vous n'avez pas trouvé d'autre monture que ce pauvre malheureux ?

— C'est le *rabbi* lui-même qui nous a demandé un âne de petite taille.

— Et pourquoi n'entre-t-il pas tout simplement à pied ? Il est malade ? Il est blessé ?

Le disciple ne sembla voir aucune malice dans les questions de Jacques, et répondit avec candeur.

— Non, je te remercie, il va très bien. Il dit juste que c'est son père qui lui a ordonné de faire ainsi.

— Son père ?

André se contenta d'un sourire entendu pour toute réponse.

— Tu le suis depuis longtemps ?

— Pierre et moi le suivons depuis Capharnaüm. Ça fait plus de trois mois maintenant.

— Comment l'avez-vous rencontré ?

— Nous sommes pêcheurs sur le lac de Tibériade, mon frère et moi. Il est arrivé un jour où nous n'avions rien pris. Il nous a dit qu'il venait de jeûner pendant quarante jours dans le désert, et qu'il avait très faim.

— Et alors ?

— Nous pratiquons volontiers l'aumône, tu sais, mais nous n'avions vraiment rien à lui offrir. C'était un jour sans poissons.

— Qu'a-t-il fait ? demanda Jacques, comme s'il s'attendait à la réponse.

— Il nous a indiqué une zone du lac plus au nord. On ne jette jamais nos filets là parce que ça ne donne rien… Et puis on dit que c'est dans ce coin que Barrabas a son repaire.

— Et vous avez trouvé du poisson ?

— Des tonnes ! Nos barques étaient trop petites pour contenir tout ce qu'on aurait pu pêcher ce jour-là. L'un de nos filets a même craqué sous le poids.

Tout devant, l'hypothèse de Jacques se vérifiait : par peur manifeste que les choses ne dégénèrent, les gardes et les légionnaires étaient en train de céder.

Dans quelques instants, Jésus entrerait sur l'esplanade du Temple, entouré par un peuple en liesse. Porté par une Jérusalem qui s'ouvrait grande à lui.

— Et ensuite, vous l'avez suivi ?

— Oui. Comment ne pas l'écouter après ça ?

— En effet, admit Jacques. Pour toi Jésus est un prophète, un magicien… ou plus que ça ?

— Plus que ça ?

— Le Messie ? risqua-t-il.

— Notre maître se fâche quand on l'appelle ainsi, répondit prudemment André.

— Hum… sa modestie l'honore. Il vous a dit où il voulait vous conduire ?

— Pas tout de suite. Moi j'étais un peu sceptique. C'est Pierre, surtout, qui était convaincu.

— Qu'est-ce qui t'a décidé ? Ses miracles ?

— Les miracles, oui, bien sûr. Mais pas seulement. Il y avait une telle force et une telle douceur en lui.

— « Il y avait » ? s'étonna Jacques. Ce n'est plus le cas ?

— En fait, depuis que nous sommes sur le chemin vers Jérusalem, il a changé.

— Comment ça ?

André cachait mal son embarras.

— Il est moins patient, il s'emporte plus facilement. Et ces deux hommes autour de lui, qui ne le quittent pas…

— Deux hommes ? Ils sont ici ?

— Non, je ne crois pas. De toute façon, depuis qu'on est arrivé à Jérusalem, on n'en voit plus qu'un, le plus costaud des deux.

Jacques sentit soudain son corps animé d'une tension nouvelle.

C'était le moment que le cortège avait choisi pour s'ébranler. Les cris et les chants reprenaient de plus belle. Le sonneur de trompette reprit son office tonitruant. Qui qu'il fût, Jésus n'allait plus tarder, lui non plus, à rencontrer son destin. Et l'entrain qu'il mettait à chevaucher sa monture, à répondre par des gestes affectueux à ceux qui l'acclamaient, indiquait sans équivoque à quel point il désirait cet épilogue. Sa silhouette disparut bientôt dans la gueule noire de la double porte.

Amor fati, lui avait enseigné Anaxilaos, reprenant à son compte divers auteurs latins. L'amour de son destin. Une fois de plus, cette fulgurance de l'esprit avait rejoint ses plus intimes convictions. Après tout, le *Gam Zu Letovah* juif – « Ceci aussi est pour le mieux » –, parole de sagesse ancestrale, n'en était pas très éloigné.

Faut-il pour autant tout accepter ? Le meurtre de mes frères ? Le visage de Philippe vint le hanter.

— Tu pourrais me décrire ces deux hommes ? demanda Jacques à André.

— Pas vraiment, ils ne se mêlent pas à nous. Et ils se couvrent le visage, comme des caravaniers. Ce que je peux te dire, en revanche, c'est que quand ils discutent avec Jésus, ils emploient une langue que je ne connais pas.

— Du grec ?

— Non, pas du grec, je sais le reconnaître ! se vexa le disciple. Une langue plus rare, je crois… Une sorte de dialecte. Pierre pense que ça pourrait être de l'égyptien.

Les yeux de Jacques s'éclairèrent d'une lueur victorieuse. Il pétrit l'épaule de Sarah, pour mieux se contenir.

— Enfin, ça n'a rien de surprenant, précisa André.

— Pourquoi ?

— Eh bien, répondit le disciple sur le ton de l'évidence, parce qu'il a grandi là-bas. En Égypte.

— Qui ça ?

Jacques n'osait y croire.

— Comment ça, qui ça ? Jésus !

25

Jérusalem

— Tu es certain que nous avons bien fait de le laisser entrer ?

Sur la terrasse couverte de la tour sud-est de l'Antonia, la plus haute de la citadelle, Pilate avait du mal à masquer son inquiétude. Il allait et venait en tous sens, en quête désespérée d'une vue d'ensemble sur les événements. À ses côtés, Flavius semblait beaucoup plus serein.

— Il faut bien les laisser fêter leur Pâque… Si tu veux une rébellion, prive-les de leurs réjouissances.

La réponse de son aide de camp ne le satisfaisait pas du tout. Cet encouragement à laisser Jésus circuler comme bon lui semblait, n'était-ce pas le faux pas de plus, le faux pas de trop, celui qu'attendait sa hiérarchie pour l'évincer ? Pilate scruta à nouveau l'esplanade, les yeux rivés sur le remous provoqué par l'arrivée du prophète et des pèlerins enthousiastes qui l'ovationnaient. D'ici, seule tranchait dans cette marée humaine la blancheur éclatante de sa robe, longue, qui le couvrait jusqu'aux chevilles.

« Un illuminé, seigneur… ce n'est pas un danger », avait cherché à le rassurer Saül, son monstrueux espion.

Un frisson désagréable lui parcourut l'échine. Pourquoi ne parvenait-il pas à le croire ?

Une fois franchi le goulet d'étranglement de la porte Dorée, la foule était si dense qu'elle se mouvait désormais comme un seul fluide, aux évolutions amples et imprévisibles.

Écrasée, pressée de toutes parts, y compris là où sa blessure la tiraillait, Sara ne protesta pas, ravalant des conseils de prudence que son oncle n'écoutait plus. De toute façon, elle aussi se consumait d'envie d'approcher celui qui avait peut-être tué son oncle Philippe.

Soudain, alors que les croyants s'attendaient à une entrée triomphale au cœur même du Temple, l'âne de Jésus bifurqua sur la gauche et longea les nombreuses échoppes qui occupaient les colonnades du péristyle.

André avait rejoint son maître et, avec Pierre et quelques autres, ils composèrent un cordon autour de Jésus, qui descendit enfin à bas de sa monture. Une onde murmurante gagna alors les rangs qui se resserraient sur eux, effrayante étreinte. Quelques voix s'élevèrent même haut et fort pour réclamer ce que chacun espérait.

— Parle-nous, Jésus ! Nous sommes ici pour t'écouter !

Pourtant, il ne bougeait ni ne parlait, comme s'il attendait lui aussi quelque chose. Ou plutôt quelqu'un, balayant tous les visages d'un regard appliqué. Jacques et Sara n'étaient plus qu'à une dizaine de pas derrière lui. Ils apercevaient déjà sa longue chevelure brune, aux reflets de feu, qui s'étalait sur ses épaules.

Les échos d'une nouvelle bousculade leur parvinrent. Un groupe fendait la multitude et, autant que la presse le permettait, remontait à grands pas vers le prophète et ses disciples.

— Gamaliel ! se chuchotait-on de bouche à oreille.

Figure majeure du courant pharisien, petit-fils d'Hillel l'Ancien, et ancien président du Sanhédrin, Gamaliel était très âgé. Ses sorties publiques étaient comptées, et qu'il daignât consacrer de son temps précieux au jeune Galiléen donnait à l'événement une soudaine solennité. Un silence tendu, presque oppressant, se posa sur le parvis comme un voile divin. Tous étaient suspendus aux mots que ces deux-là allaient échanger.

— C'est bien toi Jésus, le Galiléen ? proclama le vieux sage.

— C'est bien moi.

— On entend beaucoup parler de toi, ces temps-ci. Mais dis-moi, pourquoi une telle entrée en fanfare ? N'est-ce pas toi qui prêche l'humilité ?

— Ce n'est pas moi qui l'ai voulue, répondit Jésus en désignant le peuple massé autour de lui. Mais eux.

— Ta modestie ne souffre-t-elle pas qu'on t'appelle « fils de David » ?

— Je n'ai pas à rougir de ce qui est.

Un grondement, fol espoir teinté çà et là d'indignation, gonfla les poitrines.

— Pas plus que tu n'as à rougir de l'héritage d'Hillel, ajouta l'homme à la robe blanche.

La remarque était scélérate, car chacun savait ici que, sous l'autorité de Gamaliel, l'enseignement du sage Hillel, l'un des pères fondateurs de la *Mishna*, compilation des traditions orales de la Loi juive, avait largement été affadi – pour ne pas dire sali –, au point de trahir la pureté originelle de la tradition. En présidant le Sanhédrin, Gamaliel était devenu l'homme des compromis.

Le patriarche ne releva pas la pique. Avec son art consommé des images et des paraboles, sa volonté farouche d'interroger les Écritures jusqu'aux extrêmes limites de leur sens, son amour du verbe qui primait sur l'écrit, Jésus était plus pour les pharisiens qu'un lointain cousin. Il était un frère. Un peu trop radical à son goût, sans doute, mais il s'en sentait plus proche que de bien des prêtres du Temple. Un frère qui, pour des raisons qui échappaient à Gamaliel, leur battaient froid, à lui et à ses semblables.

— Si tu es bien qui tu prétends être, que comptes-tu faire vis-à-vis de Rome ?

La question de Gamaliel n'était pas moins perfide, car elle sommait Jésus d'éclaircir sa position politique. S'il se présentait face aux Juifs – tous les Juifs – comme leur nouveau roi, il devait délivrer un message clair sur l'occupant.

Jacques et Sara étaient quasiment sur Jésus maintenant, ses cheveux longs à portée de main. Jacques jeta un œil à la dérobée sur la cuisse gauche du prophète, qu'aucune tache de sang ne maculait. Ce n'était pas l'homme qu'il avait poursuivi et blessé à Siloé.

— Précise-moi ta pensée, défia le Galiléen.

— Eh bien, par exemple, penses-tu que nous devons payer le *tributum solis*, le *tributum capitis*, tous ces impôts dont nous accablent les Romains ?

Le sujet était plus qu'un piège, c'était un véritable traquenard. À moins de vouloir échouer le soir même dans les geôles de l'Antonia, lui qui était alors à portée de flèche des hommes postés par Flavius, que pouvait-il répondre ? Sans rien perdre de son calme, le prophète rétorqua, assez fort pour que tous entendent :

— Montre-moi donc un denier.

Aussitôt l'un des sages de la loi qui accompagnaient Gamaliel sortit une pièce de bronze qui, comme le prescrivait la Loi juive, ne portait de part et d'autre aucune représentation humaine ou animale.

— Pas l'un des nôtres. Donne-moi une pièce de Tibère, précisa Jésus.

L'autre lui tendit cette fois un denier d'argent, sur lequel figurait le profil de l'empereur, coiffé de la mention « Augustus ».

— Que vois-tu sur cette pièce ? lança alors Jésus à Gamaliel.

— L'empereur.

— Ma réponse est claire : si César figure sur cette pièce, c'est qu'elle appartient à César.

— Et les autres deniers ? répliqua le vieux pharisien qui ne se démonta pas.

— Les autres ? Tout le reste appartient à l'Éternel, notre père. Tu devrais le savoir !

Sans laisser à l'Ancien le loisir de riposter, Jésus tourna les talons.

Jacques et Sara en bouillaient d'énervement : ils allaient enfin le voir. Ébloui un instant par sa tunique immaculée et le soleil qui le frappait en pleine face, Jacques leva le regard sur le prophète. Jésus. Yeshoua en araméen. Littéralement « Dieu sauve ».

Mais ce n'était pas la face divine qu'il découvrait là. Non. En plus jeune, et à quelques menus détails près, emplie pourtant d'une fureur qu'il reconnaissait bien…

C'est impossible !

C'était celle du supplicié de la grange.

C'était celle de Jean.

26

L'odeur piquante, légèrement poivrée, de la menthe fraîche que l'on vient de couper. Le trait vif de l'oignon finement haché. Du jus de cédrat sauvage, trois fois rien, juste quelques gouttes qui suffirent à achever l'assaisonnement du plat.

Magda posa le saladier en terre cuite sur la table d'acacia, toute simple, que son père Isaac avait assemblée de ses mains, dans sa jeunesse. C'était un véritable repas de fête avant l'heure. Jacques en avait bien conscience, et il remercia chaleureusement son amie de longue date. Qu'elle acceptât de les recevoir, Sara et lui, n'était pas une surprise. Ça n'en était pas moins une bénédiction, au regard des circonstances.

Depuis quand se connaissaient-ils ? Il n'aurait su le dire. Il se souvenait juste de leurs premiers élans l'un pour l'autre. Des cailloux qu'ils lançaient ensemble dans la vallée du Jéhosaphat, là où David s'était fourni en munitions pour affronter le géant Goliath. Puis des soirs où il lui expliquait, l'œil enflammé, les plantes, les étoiles ou les lettres de l'alphabet hébreu. C'est à lui qu'elle devait son don de la lecture et de l'écriture, et sa bonne connaissance des textes sacrés. Mais le sort en avait décidé tout autrement. Jacques s'était marié avec Chila, issue d'une famille de l'aristocratie sacerdotale, un meilleur parti aux yeux des siens, morte en couches quelques années plus tard. Et Magda avait emprunté ce même chemin escarpé que Sara suivait aujourd'hui à son tour : elle avait refusé le mari que son père l'enjoignait d'épouser, au titre qu'elle avait alors douze ans révolus.

Le temps qui file au rythme du petit commerce familial, encore prospère à cette époque… Et Magda s'était retrouvée à un âge déjà mûr, seule avec Isaac le potier, désormais perdue pour le mariage et les grossesses, femme doublement inutile et ce faisant invisible aux yeux des rares personnes qu'elle croisait en dehors de son foyer. La place n'était pas grande, alors, pour les femmes ; elle était presque inexistante pour les femmes sans époux. À peine plus que des esclaves.

Sara se prit immédiatement d'affection pour cette femme dont le franc-parler, la liberté de ton et la grâce la ravissaient. Elle la trouvait belle aussi, sous sa longue chevelure noire comparable à la sienne, plus belle que sa mère, plus gracieuse, en dépit de son âge, que toutes les jeunes filles de sa génération, si pressées d'aller faner leurs traits et leur jeunesse au service d'un homme et d'une ribambelle d'enfants.

Le soir se glissait dans les maisons basses, aux ouvertures peu nombreuses et étroites, et Magda alluma deux bougies, déjà bien consumées, pour offrir à ses invités leur comptant de lumière.

— Pour l'instant je n'ai entendu aucune rumeur de Siloé, affirma-t-elle.

— Pourtant, à cette heure, la légion a dû trouver le corps de Philippe, répondit son ancien soupirant.

— Avec ce qui se passe au Temple, m'est avis qu'ils ont d'autres soucis, glissa Sara d'une voix timide.

À l'aide d'une petite louche en olivier, leur hôtesse servit le plat principal, un ragoût d'orge et de lentilles, parfumé de laurier et d'une pointe de cumin, épice rare, et allongé d'huile et d'un fond de bouillon de légumes.

— C'est délicieux, Magda, complimenta la jeune fille.

— Mange, mange, tu en as besoin… toi plus encore que nous.

À leur arrivée, la femme de la maisonnée lui avait fourni de fines serviettes propres, découpées en d'étroites et longues bandes à replier sur elles-mêmes et, comme si elles partageaient déjà leur intimité, elle lui avait montré comment les fixer pour qu'elles absorbent le flux menstruel en toute discrétion, sans jamais glisser ni trahir son état d'impureté temporaire. Et quand Isaac avait rechigné à partager sa table avec la jeune fille, sous le prétexte que son sang souillerait leur pitance, Magda avait pris fait et cause pour elle.

— C'est moi qui prépare le repas. C'est moi qui décide qui est digne de le manger ou non !

Le vieil homme avait bougonné et s'était plongé dans sa prière du soir, plutôt que d'affronter la colère de sa fille unique. Jamais Isaac ne serait grand-père et pourtant, chaque soir, lors de la *Amida*, prosterné vers le Temple, il implorait le Très-Haut de lui faire le cadeau d'un tel miracle. De même que certains juifs espéraient encore et toujours un Messie, il demeurait convaincu que Magda lui donnerait bientôt un petit-fils. Il psalmodiait inlassablement la *Birkat David*, pour qu'enfin le rameau de sa lignée fleurisse.

Contre l'évidence, contre les années.

— Quels souvenirs gardes-tu de Jean ? questionna Magda sans détour.

— J'en ai très peu, admit Jacques. Quand il a disparu, Jean avait quinze ans. Moi j'en avais moins d'une dizaine.

— Hum, tu n'es pas si croulant que ça, finalement ! plaisanta-t-elle.

Isaac avait dédaigné le dessert, de savoureuses galettes séchées aux dattes et au miel, une douceur que sa fille avait préparée à l'avance pour agrémenter le Seder, le grand repas de la Pâque et ses sept ingrédients rituels. Il s'était retiré dans la petite alcôve attenante, abîmé dans d'insondables pensées qui le feraient glisser peu à peu vers le sommeil.

Ils pouvaient parler librement. Alors, comme il l'avait fait quelques heures plus tôt avec Raziel, Jacques expliqua les motifs de leur fuite.

— Si je suis ta chronologie, reprit Magda après une courte réflexion, Jean disparaît il y a une vingtaine d'années…

— Vingt-trois, pour être précis.

— Il y a vingt-trois ans, d'accord. Aucun d'entre vous n'a de contact avec lui, et il réapparaît la nuit dernière, sacrifié dans votre grange de Béthanie ?

— C'est ça, approuva Jacques avec un regard impuissant.

Il n'avait pas eu l'occasion d'en parler à Sara. Mais il y avait fort à parier que la jeune femme n'avait pas été saisie comme lui, cet après-midi même au Temple, par la ressemblance entre Jean et Jésus. À Béthanie, elle avait tout juste aperçu le cadavre d'un homme qu'elle n'avait jamais vu auparavant, et sur la face duquel Philippe s'était empressé de déposer un suaire.

Le temps d'un silence, diverses hypothèses se bousculèrent dans sa tête.

Quel âge peut-il avoir ? Vingt-deux ans ? Vingt-cinq ans ? Plus ?

Si Jésus était le fils de Jean, il serait né, à peu de chose près, à l'époque de la disparition de son frère. La famille l'aurait su. Il y aurait eu des fiançailles, puis un mariage, des festivités. Pensez donc ! L'aîné, l'héritier de David qui se marie ! Tout le village et, au-delà, tout le pays en aurait cancané pendant des lustres et des lustres. Et on aurait chanté la naissance de ce premier-né, futur roi lui aussi, selon l'ordre de succession.

Un cousin lointain ? Non, à l'époque, la famille n'était pas éparpillée comme c'était le cas à présent. Ils vivaient tous à Gamala, alors. Ils se connaissaient tous. Aucune naissance n'aurait pu échapper à leur curiosité. Et puis, André n'avait-il pas dit que son maître spirituel avait grandi en Égypte ? Magda le tira de ses réflexions stériles.

— Et sur sa vie au cours de ces vingt-trois années, tu n'as aucun élément ?

— Pas le moindre… C'est un trou béant. À mes yeux, Jean était déjà mort. Tu comprends ?

— Je comprends. Mais je pense néanmoins que c'est dans ce trou-là que vous devriez creuser, Sara et toi.

L'adolescente esquissa un sourire, flattée que Magda lui donnât cette importance.

— Creuser quoi ? Avec quels outils ? s'emporta Jacques.

— Il y a bien longtemps, j'avais un ami qui me disait : « Ne spécule pas sur ce qui sera ou sur ce qui aurait été ; observe juste ce qui est ou ce qui a été. »

— J'avoue que je suis plus apte à enseigner qu'à me confronter aux réalités de ce monde, répondit-il, l'air penaud.

— Ces deux gourdes, vous les avez encore avec vous ?

Chacun des fugitifs sortit des replis de sa tunique celle qu'il portait sur lui. Jacques la première, celle que le jeune Amitaï avait récupérée auprès du corps de Jean et que Sara lui avait transmise. Sara la seconde, celle que son oncle était allé chercher au fond de la piscine. Miraculeusement, malgré leur course effrénée des dernières heures, les deux étaient encore intactes. Grâce à leur bain forcé dans les eaux de Siloé, elles paraissaient comme neuves.

Magda pointa aussitôt son index vers l'intérieur de la première gourde.

— Ça veut dire quoi ?

— Quoi ?

— Eh bien, ça ! Cette inscription… Tu l'as déchiffrée ?

Par l'étroit goulot de la poterie, il était difficile de voir autre chose que l'obscurité rougie par les teintes écarlates de la terre cuite. Jacques se saisit de l'une des bougies qu'il approcha de l'ouverture, la gourde penchée de manière à y projeter le filet de lumière tremblante.

Comment ça a pu m'échapper ? Gravés dans la masse, plusieurs caractères, trois pour être exact, dans un ordre et une graphie qui, pour lui être familiers, n'en demeuraient pas moins incompréhensibles.

Et l'autre ? Le scribe attrapa le second récipient sans un mot. Celui-ci délivrait également son message. Quasi identique, à une lettre près…

Ça ne veut rien dire…

— Ça ne veut rien dire ! s'écria Sara au diapason exact de sa réflexion.

— Vous n'aviez pas vu ces inscriptions ? devina Magda.

— Non. Le premier vase était couvert de suie jusqu'au moindre recoin. J'imagine que c'est l'eau de la piscine qui a révélé les caractères.

— Et le deuxième ?

— Nous n'avons pas vraiment eu le loisir de l'observer quand nous étions sous l'eau, se justifia l'érudit.

À ce mot, Sara s'empara du pichet qui traînait sur la table, au milieu des reliefs encore frais de leur dîner, et versa dans chacune des deux jarres un volume d'eau assez conséquent pour les emplir à demi. Ceci fait, elle éclaira à son tour l'intérieur des gourdes magiques.

— Et voilà !

Invité le premier à jeter un œil, Jacques n'en revenait pas. C'était aussi bête que ça, aussi simple qu'un peu d'eau pure pour étancher leur soif de comprendre : sur la surface, chaque signature flottait, cette fois à l'endroit, rétablie dans son sens et sa vérité originels.

Malgré sa lumineuse découverte, Sara semblait déçue. Elle lisait assez bien cependant pour décrypter sans encombre les deux séries de trois caractères : סרה, סרס. Elle lut chaque mot dans son sens hébraïque naturel, de droite à gauche. SRH, SRS.

— Ça ne veut toujours rien dire !

— Je pense qu'il faut le lire de gauche à droite, corrigea Jacques. SRS, c'est sans doute le dieu Égyptien Osiris, le frère et mari de la déesse Isis.

Et l'autre, alors ? HRS ? Sara frémit de se sentir aussi proche d'une solution.

— C'est Horus ! s'exclama Jacques.

— Horus ?

— Le fils d'Isis et d'Osiris.

— Tu ne viens pas de dire qu'ils étaient frère et sœur ?

— Oui, et si tu m'as bien écouté, j'ai dit aussi qu'ils étaient mari et femme.

— Quelle horreur ! lâcha Magda.

— Au regard de notre Loi tu as raison. Le Lévitique dit qu'il n'y a pas pire abomination que d'avoir un commerce charnel avec son frère ou sa sœur. Mais tu oublies que nous parlons de dieux égyptiens. Pour eux, cette union que l'on refuse au commun des mortels est au contraire une union sacrée.

Un courant d'air venu de la rue, chargé des effluves de pain et de fromage échappés du Tyropéon voisin, souffla brusquement la flamme des bougies. Plongés soudain dans le noir profond d'une nuit bel et bien tombée, ils prirent conscience de l'heure tardive.

Un rendez-vous les attendait.

Le cours d'histoire égyptienne, ce sera pour plus tard.

— Pardonne-nous, Magda, mais Sara et moi devons sortir.

— À cette heure-ci ?

— Disons que nous avons besoin d'informations qu'un peu d'eau ne suffira pas à nous divulguer.

Son amie n'insista pas.

Lui offrir un havre secourable, c'est tout ce qu'elle pouvait lui donner, et elle s'interdisait bien d'exiger quoi que ce fût en retour.

Elle leur prêta de grands foulards pour lutter contre la fraîcheur qui gagnait la ville, et ils s'éclipsèrent, avalés par la pénombre de l'étroite ruelle.

Elle n'avait pas cherché à les retenir.

Mais rien ne lui interdisait de les suivre.

Sur la table délaissée, aucun d'entre eux ne remarqua que l'eau n'avait pas fini de délivrer ses messages. Sous son action, trois fines lamelles de papyrus dansaient à la surface du liquide dans la deuxième gourde, presque translucides. Le passage dans la piscine avait été trop bref pour les décoller complètement. Seule une imprégnation plus longue pouvait produire un tel effet.

27

À la nuit tombée

Un cri lointain, difficile à identifier, à peine humain, leur fit presser le pas. À pied, le palais d'Hérode n'était qu'à quelques minutes de la maison de Magda. Un trajet plus rapide encore à cette heure, quand les rues étaient dégagées des foules de pèlerins, des bêtes chargées de leurs livraisons et des étals qui, au grand dam des riverains, grignotaient chaque jour un peu plus la chaussée.

Courir n'était pas conseillé pour autant. Car, sur les pierres lustrées par les milliers et milliers de sandales qui les foulaient chaque jour, collait une couche poisseuse, presque huileuse, de déchets divers broyés par le martèlement des pieds et des sabots, mal rincés par endroits de seaux d'eau balancés au hasard. Une enjambée trop rapide ou mal assurée, et on avait vite fait de s'étaler sur les dalles fangeuses.

Courir... Jacques savait après quoi il courait. Le meurtrier de ses frères. Son innocence. Son honneur bafoué. Mais sa nièce, Sara ? Depuis la veille, ils avaient échappé ensemble à bien des pièges, bien des embûches. Leur folle entreprise de la soirée n'était-elle pas vouée par avance à l'échec ?

— Et si Agabus vient aussi ? s'était inquiétée la jeune femme au moment de partir. Qu'est-ce qu'on fait ?

— Un homme de son espèce tient plus à la vie qu'à ses clients. Il ne viendra pas.

— Antipas ne doit pas être du genre à se confier au premier venu… Comment comptes-tu l'interroger ?

— Ce soir, je ne suis pas le premier venu, mais Agabus, le célèbre astrologue ! Et si mon boniment lui plaît, il se livrera au-delà de nos espérances. Les princes raffolent des prédictions.

Un autre hurlement, qui leur sembla plus proche, déchira le voile trouble de leurs pensées. Les vieux Jérusalémites prétendaient que, certains soirs, des brames et des plaintes s'élevaient par-delà les portes closes du Temple, et soufflaient à ceux qui ne trouvaient pas le sommeil : « Réveille-toi, Jérusalem, réveille-toi, retrouve ta force ! » Invitation lugubre à restaurer la gloire passée de Sion.

— Qui es-tu ?

La lance que braquait le soldat sur le sternum de Jacques était bien réelle. Et le garde bien éveillé.

— Je suis Agabus, le mage. Hérode m'attend, déclara le scribe avec assurance.

Le garde pointa alors sa lance vers Sara :

— Et lui ?

— C'est mon assistant.

— Restez là, je vais vérifier.

Lors de leur rencontre fortuite à Siloé, Agabus s'était plaint que le roi fantasque n'avait pas honoré leurs précédents rendez-vous. Ce soir encore, il était probable que le souverain aurait d'autres chats à…

— C'est bon, vous pouvez entrer, aboya l'homme.

Le luxe de Siloé ou des zones publiques du Temple n'était rien en comparaison de ce qu'ils découvrirent une fois l'huis passé. Le décor à la grecque, chargé de tentures, de fresques, d'ors et de colonnades, rappelait à Jacques certaines riches demeures de Thèbes, d'Athènes ou d'Alexandrie. Multiplié par un facteur auquel il n'avait jamais été confronté : la folie d'un prince, la mégalomanie d'un roi, la soif de bâtir d'un monarque sans réel pouvoir sur son peuple. En cela, Hérode Antipas était bien le fils de son père. Hormis les quelques travaux effectués ici pour mettre son palais au goût du jour, il avait restauré Sepphoris, Beth-Shéarim pour les Juifs, l'opulente ville marchande par laquelle transitait tout le blé produit par la Galilée, grenier de la Palestine. Une ville en partie rasée par les insurgés du recensement. Par Judas de Gamala, entre autres.

Mais le plus spectaculaire des exploits architecturaux d'Antipas, c'était bien sûr Tibériade. Une cité entièrement dédiée à l'empereur, érigée en un temps record à partir de rien. Ou plutôt – c'est justement là que le bât blessait – bâtie sur les restes d'une sépulture aux bords du lac de Tibériade. Un défi manifeste à la Loi juive.

On les fit patienter debout, derrière un lourd rideau pourpre au travers duquel on devinait une pièce immense. Un autre garde se joignit à eux, présence oppressante dans leur dos. L'assurance de Jacques diminua sensiblement. *Ça ne va pas être si facile.*

— Voilà donc le grand Agabus !

Une voix haut perchée, aux accents affectés qui rappelaient plus les rives du Tibre que celles du Jourdain, accompagna la main lourdement baguée qui écartait la teinture.

— Viens ! Entre dans ma petite cabane !

Le visage était rond, les yeux rieurs. Le collier de barbe qui sculptait le menton avachi dessinait un quartier de lune.

Jacques et Sara s'exécutèrent sans un mot, vaguement courbés pour ne pas déroger à un protocole dont ils ignoraient tout.

— Sois sans crainte… insista Antipas. Je ne tranche la tête que des porteurs de mauvaises nouvelles !

La plaisanterie n'en était pas une. Le ton plus menaçant que vraiment amène. Quant à la « petite cabane », c'était une salle de réception qui aurait pu contenir presque autant de monde que l'esplanade des femmes du Temple. Totalement vide à cette heure-ci, si ce n'est quatre fauteuils et une petite table de marbre chargée de diverses victuailles. Une frise d'or et de pierres semi-précieuses couronnait le haut plafond, donnant l'impression fallacieuse qu'un constant soleil brillait ici.

Cela se percevait au premier coup d'œil : Antipas n'était qu'un amas de graisse et de duplicité. Il présenta les chaises vacantes à ses deux invités, et se mit à piocher dans les grappes de raisin rouge sans rien leur proposer à boire ni à manger. Pour lui, ils n'étaient guère plus que des domestiques.

— Tu n'as pas de cartes ? Pas d'instruments ? s'étonna le roi.

— Non, seigneur. Je lis l'avenir par… par contact des mains, improvisa Jacques.

Il va nous faire égorger séance tenante ! pensa Sara qui roulait des yeux éperdus, mais le mal était fait.

— Ah, tiens… ce n'est pas ce qu'on m'avait dit de toi. Claudia prétend que tu es le maître des étoiles.

— Claudia Procula me fait beaucoup trop d'honneur. Et puis, pourquoi consulter les étoiles, quand j'ai la chance d'en approcher une de si près ?

La flatterie de Jacques adoucit l'humeur du souverain, dont la bouche réprima un friselis vaniteux. À la faveur de ce point gagné, il put approcher son fauteuil de celui d'Antipas, presque à le toucher. Il saisit délicatement les mains du monarque entre les siennes. Étrangement humble, tout à coup, celui-ci attendait le verdict du devin comme on espère celui du médecin.

— Il est question d'un homme qui a déjà croisé ta route, seigneur… commença Jacques, fermant les yeux et mimant une attitude inspirée, comme si les dieux lui soufflaient à l'oreille.

— Poursuis, je t'écoute.

— Un homme avec qui tu as déjà connu un conflit.

— Un ennemi ?

— Je vois plutôt un sujet indiscipliné, un homme qui conteste ton autorité.

Antipas s'agita sur sa chaise, qui grinçait sous le poids.

— Donne-moi son nom !

— Les augures ne sont pas si précis…

— Son nom ! intima le roi en montant dans les aigus.

C'est quitte ou double !

Sara l'encouragea d'un regard aussi déterminé que le permettaient les circonstances.

— Il s'appelle Jean, osa Jacques.

— Jean ?

Hérode avait ouvert une bouche de poisson. Le genre d'expression de surprise qu'on ne pouvait feindre. Profitant de l'occasion, Jacques insista :

— Tu ne vois pas de quel homme il peut s'agir ?

— Tu te moques de moi ? C'est toi le devin !

— Je vois du pouvoir, improvisa Jacques. Une grande influence sur son entourage. Il pense et il dit du mal de toi.

— Et que dit-il ? s'énerva Hérode.

— Je l'entends de très loin. Comme s'il était mort.

— Mort ? Alors c'est Jean le Baptiste…

Le monarque fut parcouru d'un frisson. Une expression de frayeur crispa un instant les traits de son visage.

— Le Baptiste ne nous ennuiera plus ! déclara-t-il, de plus en plus agité sur son coussin de soie.

— Parce qu'il n'est plus de ce monde ? susurra Jacques.

Sans un bruit, à pas de souris, Sara s'était levée et glissée derrière les deux hommes. À la main, en partie dissimulée dans l'une de ses manches, un petit couteau en argent qu'elle venait de chaparder sur la table, au pied d'une coupe de fruits.

Soudain, le souverain secoua sa graisse et son malaise.

— Voilà, c'est ça, parce qu'il est mort ! Je lui ai fait trancher la tête, tu te souviens ? Tout le monde sait ça !

— Bien sûr, bien sûr, l'amadoua Jacques, qui rentrait de plus en plus dans la peau d'Agabus. Et pourtant, je vois un Jean qui occupe tes pensées. Un homme puissant. Un autre Jean qui te crée des soucis…

— Un autre Jean ? Quel autre Jean ?

Sans répondre, Jacques resserra son emprise autour du poignet royal. Puis il fixa Antipas, et asséna :

— Jean de Gamala, par exemple.

Le monarque se dégagea de son étreinte et se leva avec une vivacité surprenante. Il dévisageait maintenant le faux Agabus comme s'il s'était agi d'un insecte à écraser séance tenante.

— Qui es-tu ? siffla-t-il. Pourquoi es-tu ici ?

C'est à cet instant que Sara plaqua la petite lame effilée sous la gorge du roi.

— Qu'as-tu fait à Jean de Gamala ? menaça Jacques.

Hérode Antipas affichait désormais un mélange de mépris et d'ironie. Un sourire mauvais fleurissait peu à peu sur ses lèvres. Sara appuya légèrement la lame. Tout roi qu'il fût, là, au cœur de son palais, il était leur prisonnier. Et il allait parler.

— Réponds ! ordonna le faux mage.

— Tu ne sais donc rien… s'esclaffa alors Antipas.

— Et que devrais-je savoir ? Quel rapport avec Jean de Gamala ?

Pressant la main de sa nièce sur la gorge tendue, il fit perler quelques gouttes du sang d'Antipas. Celui-ci tenta d'éloigner son collier de perles, mais déjà le liquide écarlate teintait de rouge les billes nacrées. Sara n'en revenait pas.

Malgré la menace, le roi prolongea volontairement un silence lourd de sous-entendus.

— Il n'y a jamais eu qu'un seul Jean issu de la lignée de David, lâcha-t-il enfin.

Sur ce point au moins, Agabus ne les avait pas trompés. Le tétrarque de Galilée et de Pérée en savait beaucoup sur leur frère. Il égrainait les perles de son collier d'un geste machinal, comme perdu dans ses souvenirs.

Figés par la stupeur, Jacques et Sara ne perçurent pas les allées et venues précipitées dans les couloirs du palais. On s'affairait en coulisse.

— Jean le Baptiste et Jean de Gamala ne sont qu'une seule et même personne, précisa alors Antipas.

— Tu divagues ! Le Baptiste est mort il y a des mois !

Le tétrarque paraissait maintenant très sûr de son fait.

— Ça, c'est ce que tu crois ! C'est l'histoire que nous avons montée ensemble, lui et moi. Notre petit arrangement…

Il faut dire que les zones d'ombre ne manquaient pas en cette affaire. Qui pouvait se vanter d'avoir croisé Jean le Baptiste en chair et en os ? Débarqué d'on ne sait quel désert il y a deux ans, il avait commencé son prêche vindicatif sur les bords du Jourdain, région qu'il n'avait jamais quittée jusqu'à son arrestation et sa condamnation par Antipas. Vêtu de poil de chameau, se nourrissant de sauterelles, de baies et de miel sauvage, ce personnage singulier, solitaire, marginal, avait fait abondamment parler de lui à Jérusalem.

Parce qu'il annonçait à tue-tête la venue imminente du Messie, amoindrissant ainsi les lointaines perspectives des pharisiens ou des esséniens. Mais aussi parce que son rituel du baptême, immersion totale des corps dans l'eau de la rivière, destiné à laver les péchés de ceux qui venaient à lui, se substituait purement et simplement à Kippour, le jour du pardon tels que les juifs le pratiquaient depuis des siècles et des siècles. Ce n'était ni plus ni moins qu'une nouvelle forme d'alliance au Très-Haut qu'avait proposé le Baptiste.

Son discours réformateur, séditieux disaient les sadducéens, n'était pas très éloigné de celui de Jésus dont certaines rumeurs soutenaient qu'il était son parent, peut-être même son cousin. Rien de tout cela, pas plus que son assassinat par Hérode, n'avait jamais été attesté par aucun témoin direct. Ce n'était que ouï-dire et on-dit.

Seul Antipas savait ce qu'il était réellement advenu de Jean le Baptiste.

— Le Baptiste n'est pas mort ? intervint Sara.

Le roi ne répondit pas. Il semblait attendre un dénouement proche. Comme s'il n'avait plus à répondre aux questions. Les échos d'une cavalcade leur parvinrent enfin du couloir qui circulait tout autour de la salle. *La garde arrive !*

— Quel est le marché entre vous ? hurla presque Jacques, qui avait arraché le couteau des mains de Sara.

— Qu'il élimine l'autre pseudo-roi des juifs.

— Quoi ? Qui ça ?

— Jésus, si tu préfères, dit Hérode sur le ton de l'évidence.

28

— Tu es Agabus le mage, tu dis ?

La garde du palais fendit sa trogne improbable d'un sourire entendu.

Le deuxième Agabus de la soirée ! Hérode ne leur épargnait décidément aucune fantaisie pour égayer ses nuits.

Dans une robe assez semblable à celle dont l'avait délesté Jacques, le vrai Agabus n'en menait pas large. Avoir été retrouvé assommé à Siloé ne l'avait pas disculpé totalement aux yeux des Romains qui l'avaient cueilli sur place. Ils avaient emporté le corps de Philippe, et lui avec. Puis ils l'avaient interrogé tout l'après-midi avant de le relâcher, faute de preuves.

Il ne se sentait pas soulagé pour autant. À cette heure, celui qui avait emprunté son habit et usurpé son identité devait duper le roi de Galilée. Un client qu'il cherchait à gagner depuis des années… Un client riche, très riche, et puissant aussi. *Seigneur faites qu'Antipas ait reçu mon message à temps. Seigneur faites qu'Antipas ait reçu mon message à temps. Seigneur faites…*

Car s'il n'avait pas dénoncé Jacques et son jeune compagnon à l'occupant romain, c'était pour mieux les offrir à Hérode. Un pari risqué mais qui, en cas de succès, pouvait lui assurer la confiance et la fidélité du souverain pour longtemps.

Tapie à quelques mètres de là, dans l'embrasure d'une porte juste assez haute pour la cacher, Magda le vit disparaître à son tour dans le palais. Elle n'aurait su dire quoi, mais elle était persuadée que quelque chose clochait…

À l'intérieur, un autre soldat attendait Agabus :

— Suis-moi ! ordonna-t-il sans aucun effort de courtoisie.

Le mage obtempéra, le pas lourd. Si préoccupé qu'il ne goûta même pas la magnificence du lieu. Parvenus à l'étage, ils dépassèrent un immense rideau de couleur vive, puis bifurquèrent deux fois sur la droite, empruntant un couloir interminable, agrémenté de sculptures dénudées, magnifiques injures à la Loi mosaïque.

— Hérode a bien reçu ma missive ? demanda-t-il à son guide.

— Certain. Tu n'as aucune crainte à avoir.

Venant d'un homme dont l'occupation principale devait être l'exécution des basses œuvres d'Hérode, cette promesse ne le rassura pas vraiment.

Ils parvinrent dans une petite pièce plongée dans l'obscurité, éclairée seulement par la lumière provenant de l'imposante salle de réception.

— Ils ne te voient pas, avertit le garde.

Agabus s'approcha du grand miroir, déconcerté, une main tendue vers la surface semi-réfléchissante, qui lui offrait sur la pièce attenante une vue imprenable. Lui qui faisait commerce de l'irrationnel, jamais il n'avait vu un tel prodige.

Puis il revint soudainement à la réalité, à la scène de l'autre côté de la vitre. Pas besoin d'exégèse pour comprendre ce qui se passait là, sous ses yeux. Jacques de Béthanie et le jeune éphèbe de la piscine menaçaient le roi d'une arme.

— Pourquoi n'interviens-tu pas ? s'étonna le mage.

— Ordre d'Hérode. Il veut les faire parler avant de refermer le piège.

— Et tu attends quoi ? Qu'ils l'aient suriné au couteau à dessert ?

— J'attends son signal… Ça ne devrait plus tarder.

Quel étrange théâtre ! songea Agabus, captivé par le spectacle inédit qu'on lui offrait. En recevant la missive du magicien – le service minimum pour un homme censé prédire l'avenir –, Hérode, éternellement anxieux des complots qui pourraient attenter à sa personne, avait imaginé cette petite mise en scène. Certes, il aurait été plus simple d'intercepter les deux usurpateurs dès leur entrée au palais. Mais son esprit retors avait préféré les piéger à l'intérieur, afin de connaître le motif réel de leur intrusion, et leurs intentions à son égard.

— Un… compta le soldat comme s'il attendait la suite.

Antipas caressait son collier d'une main distraite ; tout au moins en apparence.

— Deux… et trois ! Je fais donner l'assaut. Attends-moi ici !

La charge des gardes n'avait pas été très discrète et, avant l'entrée du premier homme en arme, les deux fuyards s'étaient évanouis. Ils ne s'étaient pas échappés par la porte principale ni même par le passage de service. Jacques avait fait la courte échelle à son « assistant », plus léger, qui l'avait tracté en retour jusqu'aux fenêtres supérieures.

Dans la salle d'apparat, Hérode gisait au milieu des débris de terre cuite. À demi conscient.

— Et maintenant ? lança Sara à Jacques, collée contre lui, tous deux en équilibre sur l'étroite rambarde.

— Saute !

Elle considéra l'obscurité en dessous.

— Ici ? Mais on va…

— Saute ! rugit-il en la poussant dans le vide.

Deux coudées plus bas, elle se rétablit sans encombre, toute surprise d'avoir chuté sur une aussi faible distance. Jacques la rejoignit avec la même facilité. Et un sourire espiègle.

— Comment tu savais ?

— Je n'en savais rien.

— Quoi ! Et tu m'as poussée quand même ?

— Hérode a construit toutes ses résidences sur le même plan. La salle principale, très haute, est toujours entourée d'une galerie en contrebas. Ici, à Jéricho… c'est pareil !

— Et maintenant…

— On court !

Parvenus à l'extrémité du péristyle, ils constatèrent avec soulagement que le gros de la troupe était encore à l'intérieur du bâtiment. Restaient deux vigiles stationnés devant une issue secondaire. Le plus proche des deux était au moins à vingt pas. *Comment détourner leur attention ?*

— Passe-moi ta canule ! chuchota Sara.

L'objet en main, elle y glissa l'une de ces petites graines qu'elle avait failli avaler, l'après-midi même. *Polygonatum.* Le sceau de Salomon.

— Tu en as gardé ? fulmina Jacques en sourdine.

Sans répondre, elle prit une large inspiration et se concentra sur sa cible.

— Aïe !

— Qu'est-ce qui t'arrive ? demanda le second soldat à son acolyte.

— Ah, un insecte dans l'œil, je crois… ça fait mal !

— Oh, pauvre *Yaloda* ! se moqua l'autre.

La deuxième salve, à destination du rieur, manqua son objectif. La troisième aussi. Et cette fois, on les avait repérés. Déjà, un garde s'approchait à grande enjambées. À l'autre bout de la galerie, d'autres soldats s'étaient hissés à leur suite. Ils étaient cernés.

Sans réfléchir, la jeune fille jeta la canule de toutes ses forces sur leur assaillant. Le tube de bronze frappa son visage de plein fouet, arrêtant l'homme un moment. Dans le même mouvement, ils bondirent sur le sol. En haut, leurs poursuivants perchés atteignaient la vigie qu'ils venaient de quitter. L'étau se resserrait encore et, dans le noir, Sara perçut la lueur d'une pointe de *pilum* qu'un bras armait, bien décidé à les empaler sur la petite porte en bois qui leur résistait. Une lance vint se ficher dans les lourds panneaux d'acacia. Aussitôt après, une autre siffla et rejoignit la première.

Comme aimanté par son fétiche métallique, Jacques se jeta dans l'herbe rase. Une main épaisse empoigna sa cheville. Il n'eut d'autre choix que de harponner, cette fois encore, cette fois pour se sauver, la chair qui céda sous le poinçon. Sous un index trempé de sang, celui du garde, Jacques sentit que l'une des deux ailettes de son caducée avait cédé. La porte extérieure, maintenant ! Une première butée, clac, puis une seconde, clac : la porte s'ouvrit avec une facilité déconcertante.

— Pstt ! Par ici !

La voix féminine qui les hélait dans l'ombre avait des accents familiers. Selon toute vraisemblance, elle les attendait. Sans se concerter, ils se jetèrent d'un seul mouvement dans le coin d'où provenait l'appel.

29

« Pontius Pilatus, Préfet de Judée par autorité de Tiberius Augustus, offre une forte récompense pour tout renseignement concernant l'individu suivant, convaincu de meurtre sur la personne d'un esclave : Jacques de Béthanie, fils de Judas de Gamala, scribe, environ 35 ans, individu de taille moyenne, faible corpulence, cheveux gris, portant la barbe. Il est accompagné d'un jeune homme dont on ignore l'identité et l'apparence, et qu'il présente comme son fils infirme. »

Malgré sa course, la petite affiche avait capté son œil affolé. L'avis était rédigé en trois langues : araméen, grec et latin. La seconde d'après, arrachant la pancarte à la volée, Jacques avait rattrapé les deux femmes.

Les Romains croient vraiment que Sara est un garçon ? Ils ignorent encore l'identité du corps retrouvé dans la grange de Béthanie ? Ou restaient-ils volontairement discrets sur ce point, de peur d'échauffer les esprits ? Aucune mention, non plus, de Philippe, retrouvé mort à Siloé. Ils n'avaient manifestement pas établi de lien entre les deux affaires.

Une chose était certaine : après avoir laissé derrière eux un roi inconscient, une trace sanglante sur sa gorge, marque évidente d'un attentat à sa vie que celui-ci ne manquerait pas de dénoncer à grands cris, ils n'auraient plus aucun répit. On les pourchasserait sans relâche. Ne serait-ce que pour l'exemple. Encore heureux, eu égard à la Loi juive, que de tels libelles ne comportassent aucune image. Aucune représentation visuelle de leur apparence.

Déjà, ils pouvaient entendre la cavalcade des hommes en armes, lancés à leurs trousses. Leur guide providentiel connaissait la ville haute comme sa poche. De passage en ruelle, d'escalier en terrasse, la femme traçait un chemin particulièrement sinueux, sans aucune hésitation. Et eux filaient à sa suite.

Les soldats d'Hérode, qui s'apostrophaient en araméen, gagnaient du terrain. Sans doute avaient-ils été recrutés dans des familles locales. Ils semblaient anticiper les ruses des évadés. Tournant à chaque angle du bon côté.

En passant devant une venelle si étroite qu'un homme de face pouvait sentir les parois frotter chacune de ses épaules, la femme s'arrêta brusquement.

— Là ! souffla-t-elle.

Qu'est-ce qui lui prend ? C'est un cul-de-sac !

À une dizaine de pas à l'intérieur de la ruelle, un drapeau blanc ornait le linteau d'une porte. Derrière l'épais panneau de bois, on pouvait entendre des chants accompagnés d'une flûte guillerette. D'un geste décidé, elle baissa complètement la bannière, puis ouvrit la porte et poussa les deux fugitifs à l'intérieur. Elle referma l'huis sur eux, aussi vite et discrètement que possible ; puis elle tira l'unique loquet.

— Mais qu'est-ce qu'on fait là ?

— Chuttttt ! ordonna la femme en retirant le voile de son visage, plaquant une main sur la bouche de Jacques.

— Magda !

Dehors, les bruits de pas s'approchaient, moins précipités. Une main se posa sur la poignée. Puis renonça.

— Ils n'ont pas pu rentrer là. On les aurait mis à la porte.

— Hum, t'as raison, viens… Ils doivent être plus loin.

Leurs pas rejoignirent le gros de la troupe, que les trois fugitifs entendirent s'éloigner dans le dédale de la cité.

— C'est une coutume que seuls les Jérusalémites de souche connaissent, expliqua Magda à mi-voix. Si un drapeau blanc est hissé sur la porte, c'est qu'une fête est donnée et que tout le monde est bienvenu, en geste d'aumône. Quand le drapeau est baissé, plus personne n'est accepté.

— Et tu savais… qu'ils le savaient ! commenta Sara, admirant la finesse de son aînée.

— Enfin, j'avais bon espoir. De toute évidence, vos poursuivants n'étaient pas romains.

Dans la maison, la réjouissance tirait à sa fin. On devinait quelques silhouettes avachies, dans la lumière déclinante des lampes à huile. Plus personne ne dansait. Et, dans la cour, il n'y avait que deux hommes allongés à même le sol, trop ivres pour s'offusquer de leur intrusion. Cette fois, c'est Sara qui fit preuve d'initiative.

— Vous voulez qu'on vous raccompagne chez vous ?

Le plus aviné des deux convives ne souleva même pas une paupière. L'autre la considéra un moment, comme si on le tirait d'un rêve assez doux, jeta un regard circulaire sur le lieu et la situation dans lesquels il se trouvait, peu reluisants, puis acquiesça sans un mot. Après tout, pourquoi pas… Ils ne furent pas trop de trois pour le sortir dans la rue, Jacques et Magda de chaque côté, Sara derrière lui pour le soutenir. Tanguant et progressant tant bien que mal, emportés par le poids et l'ivresse de leur alibi, assemblage assez crédible d'ivrognes sur le retour, ils ne croisèrent qu'une seule patrouille jusqu'au Tyropéon.

— En voilà qui tiennent encore moins le vin que toi ! plaisanta un légionnaire.

— Tu peux parler, tu ne bois que du vin coupé, se défendit l'autre.

Le danger évité, ils poursuivirent leur marche volontairement sinueuse et ne tardèrent pas à reconnaître la rue des potiers et des verriers. Là, ils déposèrent leur fardeau à même le pavé, assoupi. Il y passerait sans doute la nuit.

À la maison, comme Magda l'avait prévu, Isaac n'avait pas bougé d'un pouce. Aussi profondément endormi que leur compagnon de fortune, au-dehors. Mais ni Jacques ni Sara n'avaient le cœur à se coucher après un tel éboulis d'émotions. Plus sonnés que fatigués. Avec l'autorisation de Magda, ils s'installèrent sur le toit et s'étendirent sur les couches de paille desséchée, emmaillotés dans des couvertures, éclairés par un maigre croissant de lune et une nuée d'étoiles.

Ils les fixèrent longtemps, tous deux bien éveillés, jusqu'à y voir des formes étonnantes se découper sur l'obscurité immense. En laissant flotter son regard, Jacques percevait le visage de Jean qui émergeait au milieu des points lumineux, puis celui de Jésus, les deux finissant par se superposer et se fondre.

— Tu crois que Jésus a tué Jean pour se défendre ? déclara soudain Sara.

— Comment ça ?

— Selon le marché que Jean a conclu avec Antipas : « Je tue l'autre prétendant et tu me laisses la vie sauve. »

Jacques songea à nouveau à la troublante ressemblance entre Jésus et Jean. Elle avait sans doute joué un rôle primordial, probablement un motif supplémentaire d'opposition, entre eux deux : rivaux… et pourtant si semblables !

Insupportable ! Ça a dû les rendre fous…

Pas étonnant que l'un et l'autre aient souhaité effacer toute trace de son concurrent de la surface de la terre. Quitte à passer une alliance infâme avec le roi félon pour l'un ; à se lancer dans une série de crimes pour l'autre.

Une folie qui pouvait expliquer pourquoi le sacrifice de Jean avait été perpétré à Béthanie, contre toute logique. Uniquement pour satisfaire l'orgueil et le délire d'un esprit dérangé. *« Regardez, je suis le seul, je suis l'unique ! »*

— Et toi, tu en penses quoi ? interrogea-t-il Sara, pour l'inciter à pousser plus loin ses premières déductions.

— Que Jean est mort pour rien. Pour une couronne dont il ne voulait même pas.

30

La question leur tournait autour comme un milan circonscrit sa proie. Trop gigantesque pour la formuler à haute voix. Trop douloureuse. Chaque réponse possible charriant son lot de nouvelles questions, chaque solution enfouie aussitôt sous encore plus de mystère.

Pourquoi Jean avait-il disparu ? Pourquoi était-il resté si longtemps loin des siens ? Pourquoi, une fois revenu, s'était-il caché sous les traits de ce personnage énigmatique, créé sur mesure : Jean le Baptiste ? Pourquoi inventer cette fable autour de son exécution par Hérode, dans ses habits de prophète illuminé ? Il n'était plus envisageable de le demander à Antipas, désormais.

Sara choisit de contourner l'obstacle par son versant le plus exposé. Le plus simple, aussi.

— Ça ne nous dit pas ni comment ni où Jean et Jésus se sont rencontrés.

— Peut-être bien à Qumran… proposa Jacques.

— À Qumran ? Je croyais les esséniens pacifiques ?

— Certes, mais Qumran est une sorte de plaque tournante de tous les opposants au Temple actuel. Rappelle-toi ce que nous a raconté Raziel à ce sujet.

— Je n'y connais pas grand-chose, mais on dit que Qumran est un endroit où même les insectes ont du mal à survivre. Pire que la Géhenne !

— Ceux d'entre nous qui croient au Messie pensent généralement qu'il réunira deux types de vertus : une ascendance royale issue de David et avant lui de Saül, le premier roi des Juifs. On appelle cela le *mishpat*.

— Et l'autre ?

— L'autre qualité nécessaire recouvre une forme de rectitude morale, de pureté de la croyance en Yahvé, qu'on nomme le *tsedeq*.

— Comme on la trouve à Qumran, c'est ça ?

— Tout à fait... Il y a aussi ceux qui ne croient pas que ces valeurs puissent être réunies en un seul homme. Ils pensent qu'il y aura deux Messies. Un pour chacun des deux piliers. Ils disent aussi que *shalom*, la paix et l'harmonie suprême, ne surviendra pas tant que ces deux personnages ne se seront pas manifestés. Et de préférence en même temps, cela va sans dire.

— Alors, Jean et Jésus... Tu penses qu'ils sont venus à Qumran pour se racheter une conscience en même temps qu'une légitimité ?

Instinctivement, Sara avait pris la main de son oncle pour la poser sur la sienne. Il réprima un léger étonnement et, tout en tapotant la peau douce et élastique, comme un petit tambour, il sentit résonner en lui une affection et une tendresse inédites.

— C'est possible. Je ne sais pas ce qu'ils y ont appris, au bout du compte. Car les esséniens n'apprécient guère qu'on les utilise comme un vulgaire lavoir de l'âme.

Le sommeil ne viendrait pas de sitôt, perfusé de conjectures et de dialogues. Et puis il y avait Philippe, sacrifié à son tour selon ce rituel qui leur échappait, et dont ils percevaient encore la présence.

— Jacques ! Jacques, il faut que tu voies ça !

Magda était arrivée sur la terrasse sans s'annoncer. Entre ses mains, elle tenait l'une des deux gourdes de terre rouge, tremblante, comme le verre le plus fragile. Elle tendit l'ouverture sous le rayon de lune, et ce fut assez pour que le scribe discernât les bandelettes flottant à la surface. Sara se colla à lui pour voir à son tour.

— Des *historiola* ! s'extasia Jacques.

Il mania sa canule avec assez de dextérité pour sortir chacun des papyrus en partie délavés, rendus légèrement gluants par le séjour prolongé dans l'eau. Il les déposa l'un après l'autre sur sa couche. Le plus surprenant, c'est que l'encre ne s'était pas dissoute, et que la plupart des caractères étaient encore visibles.

Jacques se saisit du plus grand d'entre eux, et le porta à son nez.

— De l'huile de roche… du bitume, ça résiste à l'eau, conclut-il.

Au total, il y avait sept fragments. Chacun comprenait deux ou trois chaînes de caractères latins. Difficile de les qualifier de mots. Car, dans un sens comme l'autre, dans une langue comme dans une autre, ils étaient parfaitement incompréhensibles.

5 jours avant la Pâque

ZDXL MBC BDY MAQDB

ZDXL MBC QVNMAQDB

ZDXL MBC QVNMAQDB

MBC BDYMAQDB

MBC BQKDC

MBC BQKDC

MC ZDXL

— Qu'est-ce que ça signifie ? risqua Sara.

— Je n'en ai pas la moindre idée, rétorqua Jacques.

— Tu ne connais pas cette langue ?

— Non, ce n'est pas une langue, c'est un texte cryptographié. Un code secret, si tu préfères.

— Tu peux le décoder ?

Jacques afficha un air désolé qu'elle ne lui connaissait pas.

— J'ai bien peur que mon savoir en la matière soit fort limité.

Magda lui adressa un sourire à la dérobée. Jacques n'avait pas vécu assez longtemps avec Chila pour apprécier le bénéfice d'une présence féminine à ses côtés. Mais il en conserva l'idée qu'avec une femme dans sa vie, *a fortiori* si elle était aussi belle et vibrante que Magda, il aurait été capable d'affronter les plus grands dangers, de résoudre les énigmes les plus touffues. Passé ce léger abattement, il recouvra tous ses réflexes et toutes ses facultés.

— C'est un texte très redondant, regarde... Il y a par exemple six fois les lettres MBC, et quatre fois ZDXL.

— Ça pourrait être une chanson ? Ou un psaume ?

— Je dirais plutôt une incantation, quelque chose de répétitif. Il y a aussi deux fois deux groupes de mots parfaitement identiques.

Il les dissocia des cinq autres papyrus, et les réserva à part.

MBC BQKDC
MBC BQKDC
ZDXL MBC QUNKAQDB
ZDXL MBC QUNKAQDB

— Du peu que je me souviens des techniques de décryptage, continua Jacques, le premier travail consiste à repérer la fréquence d'apparition de chaque lettre. Évidemment, c'est plus simple si on sait dans quelle langue le texte original a été composé.

— Tu as une idée ?

— Les caractères sont latins, et je parierais pour une structure latine. Ils sont très friands des formules qui rabâchent les mêmes mots.

— Il y a beaucoup de Q, de B, de C, de D...

— Attends, attends, ça n'a d'utilité que si on procède méthodiquement.

Piquant la pointe de sa canule sur la chaux qui protégeait le faîte de la maison contre la chaleur, il nota la fréquence d'apparition de chaque lettre : 14 B, 12 D, 11 M...

— Ça nous fait donc treize lettres utilisées sur les vingt-trois que comprend leur alphabet. On peut aussi en déduire que les lettres suivantes ne sont pas utilisées : E, F G, H, I, O, P, R, S, et T.

Sara eut du mal à contenir et masquer un bâillement. Il se faisait bien tard, pour une jeune fille au seuil de sa féminité. Blessée, pourchassée et sommée de résoudre ce qui apparaissait, là, sous leurs yeux, comme aussi insoluble que les plus grands mystères d'Adonaï.

— Tu ne crois pas que vous devriez poursuivre ça demain ? suggéra Magda.

— Si… Si, bien sûr.

C'est en mesurant l'épuisement de Sara que Jacques jaugea sa propre fatigue et se rendit à l'évidence : ils n'étaient plus en état de dénouer quoi que ce soit cette nuit. Il déplia les grandes couvertures que leur hôtesse avait montées à leur intention, et en enveloppa sa nièce qui se lovait sur sa paillasse comme un chat, ronronnant du bonheur simple qu'est l'abandon au sommeil. L'instant suivant, elle dormait déjà.

Magda prit la main du scribe, une main fine, dépourvue des marques laissées par les travaux de la terre. Elle la massa avec délicatesse. Le silence était bon, sous la voûte étoilée. Ils le goûtaient ; il les unissait.

— Ne t'inquiète pas pour ton caducée, chuchota-t-elle. Avant d'être potier, mon père a été forgeron. Il te réparera ça demain matin.

— Merci.

Elle devinait si bien ses pensées et ses besoins. Elle mettait tant de bienveillance dans ses attentions les plus simples. Il lui rendit sa caresse d'un geste maladroit.

Avec elle comme avec les autres, il n'avait jamais su y faire. Elle embrassa son front, puis elle s'échappa.

Les lettres et les étoiles dansaient sous les yeux de Jacques, fascinant ballet où les caractères se fixaient par moments sur un point lumineux pour reprendre bientôt leur course folle et se laisser emporter par une sarabande où signes et astres se mêlaient, où plus rien n'avait de sens. Il n'avait pas quitté la robe d'Agabus pour se coucher, et ce déguisement grotesque lui tira un sourire.

Si seulement les étoiles pouvaient me parler, à moi aussi !

31

— Mes frères ! Mes frères ! Je vous demande un peu de silence !

Caïphe avait élevé la voix pour couvrir le brouhaha des conversations enflammées. En dépit de l'heure plus que tardive, les soixante-dix autres membres du Sanhédrin, tous revêtus de leur robe d'apparat, débattaient avec une passion inhabituelle. Car les circonstances étaient exceptionnelles pour que le *Nassi*, le grand prêtre en personne, décidât qu'on siégerait la nuit.

Le haut plafond de la salle de pierre taillée amplifia l'écho de son appel. Ce bâtiment situé à l'angle sud-ouest du Temple, entre l'aqueduc édifié par Pilate et le monumental escalier coudé, abritait les réunions du Sanhédrin depuis la reconstruction du lieu sacré. Chaque mur portait assez de torches pour éclairer la pièce jusque dans ses moindres recoins. À chaque angle, ainsi qu'à chacune des deux portes, des gardes en armes veillaient.

— S'il vous plaît ! reprit Caïphe. Écoutons Gamaliel qui s'est renseigné sur le soi-disant prophète de Galilée, sur ce Jésus.

Gamaliel chemina lentement vers le centre de la salle, lissant la pointe de sa barbe d'une main appliquée. Lui aussi avait présidé ce conseil. Il jouissait à ce titre d'une autorité naturelle sur ses pairs et, avant même qu'il ne prît enfin la parole, un silence respectueux s'était imposé. Son prestige dépassait les clivages entre les trois groupes d'appartenance des membres : prêtres saducéens, parmi lesquels l'actuel grand prêtre, Caïphe ; « anciens », gros propriétaires terriens comme Joseph d'Arimathie, ou docteurs de la Loi pharisiens, dont Raziel le bibliothécaire ; scribes de toutes obédiences, sages parmi les sages, au premier rang desquels figurait Gamaliel.

— Pour commencer, je préciserai que mon intervention ce soir n'est pas l'expression de ma propre opinion, mais la conclusion de notre commission qui comprend vingt d'entre vous, et dont je ne suis que le modeste rapporteur.

Cette précaution oratoire, bien dans le style du patriarche, tira selon les sièges disposés face à lui, en arc de cercle, un hochement d'approbation ou une grimace agacée. Caïphe lui fit signe de poursuivre.

— Nous avons interrogé de nombreuses personnes, certaines soutenant Jésus, d'autres résolument opposées à son prêche. D'autres encore qui ne le connaissaient que de réputation et qui ont pu le découvrir à son entrée dans le Temple. Nous nous sommes également entretenus brièvement avec deux de ses disciples, Pierre et André. Des pêcheurs de Galilée qu'il a acquis à sa cause il y a quelques mois…

— Eh bien ? pressa Caïphe.

— En l'état, ni son discours ni son attitude ne me semblent plus blasphématoires, ou plus séditieux que certains propos que nous pouvons tenir vous et moi en privé.

Cette dernière remarque fit bruisser l'assistance d'une euphorie faussement indignée. Seul Raziel semblait préférer le sommeil plutôt que l'écoute du vénérable orateur. D'ailleurs, en prévision d'une telle défaillance, on avait autorisé le jeune Ezra – à titre exceptionnel – à se tenir à ses côtés, afin qu'il consignât les débats pour son maître.

Un timbre plus vif, plus jeune aussi, intervint.

— Pourtant, on raconte qu'il t'a invectivé sans ménagement sur l'esplanade des Gentils, aujourd'hui même.

Joseph d'Arimathie s'était dressé. Impressionnant dans sa robe filée d'or et d'argent, un privilège en principe réservé au grand prêtre, mais qu'il était assez influent pour s'octroyer sans créer de remous.

— Ne considères-tu pas cela comme un comportement blasphématoire, ou séditieux ? poursuivit le riche marchand.

— Comme je l'ai déjà dit, je ne suis pas ici pour vous faire part de mon a…

— Tout de même ! tonna Joseph. Ne se proclame-t-il pas « fils de David » ?

— Oui, oui, convint Gamaliel. Mais quand je l'ai interrogé sur le bien-fondé de l'impôt de César, il m'a donné une réponse tout empreinte de sagesse. En toute honnêteté, je n'aurais pas dit mieux.

Le grondement fut plus sourd, cette fois, et plus hostile. Que Gamaliel accordât autant de crédit à celui qu'ils considéraient comme un charlatan, voilà qui constituait une surprise.

— Et quand il aura réuni plus de partisans ? Tu as vu comme moi la foule l'acclamer tout à l'heure. Si nous ne l'arrêtons pas, jusqu'où les entraînera-t-il ? Jusqu'à Rome ?

Caïphe leva une main ferme en direction de ceux qui manifestaient l'envie d'en découdre. Et ils étaient nombreux à protester.

— Laissons le vénérable Gamaliel répondre.

— Je vous le dis : prenons ce pouilleux Galiléen au mot, poursuivit Gamaliel sans se démonter. Laissons à César ce qui lui appartient. Laissons aux Romains le soin de le châtier s'il contrevient à leurs règles. Quant à nous, laissons le Très-Haut décider. Si l'entreprise de Jésus vient des hommes, elle se détruira d'elle-même. Mais si elle vient de l'Éternel, vous ne pourrez la détruire.

Et d'un mouvement de bras sentencieux, il pointa le Temple, la maison de Dieu.

Le vieux renard sait encore y faire ! fulmina intérieurement Caïphe. Il lui restait une carte à jouer pour mobiliser le Conseil. Une petite surprise qu'il leur réservait et qui patientait sagement, derrière la plus large des deux portes. C'était le moment ou jamais de l'abattre.

Il domina le vacarme d'une mâle inflexion.

— Si vous le permettez, je voudrais inviter un homme à venir témoigner devant vous. À propos de Jésus.

Il fit signe à un garde, qui ouvrit l'huis sur une ombre compacte, à la démarche presque réticente.

Je vous présente l'un des principaux informateurs de Pilate. Saül de Tarse ! Il va vous exposer ce qu'il sait sur le mage de Galilée.

Pendant de longues minutes, Saül débita donc le discours qu'ils avaient mis au point ensemble. Et qu'un autre, sous le sceau secret de sa capuche, lui avait soufflé. Mais ça, il était le seul à le savoir.

Il dressa un portrait à charge du jeune *rabbi*, évoquant les nombreuses zones d'ombre concernant son éducation et ses jeunes années. Suggérant de douteuses amitiés avec feu le Baptiste, les sicaires de Barrabas et même les esséniens. Exposant sa proximité complaisante avec la lie de la société, lépreux, esclaves, prostituées et voleurs, dont il n'hésitait pas à plaider publiquement la cause. Ne négligeant aucun détail sordide sur son hygiène ou ses mœurs contestables. Soutenant qu'il avait à plusieurs reprises rompu le shabbat, offense majeure à la Loi de Moïse.

— Et qu'en pense donc Pilate ? demanda Joseph d'Arimathie, qui sentait le vent tourner en sa faveur.

— Qu'au premier écart de Jésus… il ne prendra aucun risque, répondit l'espion.

— Et jusqu'où penses-tu qu'il interviendra ?

Saül réserva un instant sa réponse, cherchant d'un regard oblique le soutien de Caïphe.

— Jusqu'à la mort, conclut-il dans un grondement d'outre-tombe. Jusqu'à la croix, et la mort.

32

Chaque soir, dès que le jour déclinait, les deux frères de Capharnaüm se chargeaient de trouver un abri pour la nuit. Il en était ainsi depuis leur départ de Galilée. Sur le chemin qui les avait menés jusqu'à Jérusalem, à travers toute la Palestine, ils n'avaient eu aucun mal à se faire accueillir par des bergers, marchands nomades ou fermiers, dans leurs abris de fortune ou dans leurs granges. Partout, on leur avait prêté une couche mieux que sommaire et donné de quoi se remplir le ventre, généralement du pain et quelques fruits.

Mais depuis leur arrivée aux abords de Jérusalem submergée par le flot des pèlerins, ils se contentaient de solutions bien plus modestes. La plupart du temps, ils se satisfaisaient, en guise de couche, d'un tapis d'herbe, encore verte et tendre en cette saison, dans l'un des quelques jardins ni clos ni surveillés qui tapissaient les collines environnantes. Ils n'y étaient jamais seuls, d'ailleurs, partageant leur sommeil avec des hommes, des femmes et des enfants venus de contrées éloignées comme Pella, Giscala ou Machéronte.

Depuis deux nuits, ils dormaient à Gethsémani. Un pré planté d'oliviers à un ou deux stades de la porte Dorée. À quelques enjambées du Temple. Un emplacement qui, malgré la promiscuité, semblait convenir à Jésus.

Presque chaque nuit, désormais, leur maître faisait mine de s'assoupir aux côtés de ses disciples et, dès qu'il entendait leur souffle régulier, il s'échappait.

Encore à traîner avec ces brigands, se désolait Pierre, lorsqu'il était réveillé au milieu de la nuit par le pleur d'un nouveau-né ou la plainte de son propre ventre. Pas une seule fois Jésus ne leur avait présenté ses récents compagnons en bonne et due forme. Il se comportait avec André et lui comme avec de vieux amis ennuyeux qu'on n'ose pas encore renier tout à fait, mais qu'on délaisse au profit des nouveaux, tellement plus drôles, tellement plus exaltants. Il s'était contenté d'une formule lapidaire : « Tout ce que je peux vous dire, c'est qu'ils vont jouer un rôle essentiel pour la suite. »

La suite ? Quelle suite ? La fin des temps ? Le jugement dernier ou son prochain périple à l'autre bout du pays...

— Où vas-tu ? chuchota Pierre, quand il aperçut Jésus s'éloigner dans l'obscurité.

— Tu me surveilles ? Tu me demandes des comptes, c'est ça ?

— Non, maître, tu sais bien que non…

— Alors quoi ?

— On aimerait rencontrer tes autres disciples.

— Vous êtes mes seuls disciples, le rassura Jésus d'un ton plus doux.

— Alors pourquoi passes-tu tes nuits avec eux, et pas avec nous ?

Le prophète le scruta, sondant au plus profond son regard voilé par la nuit.

— On ne peut accomplir de grandes choses en n'aimant que ses amis, Pierre. Ce serait trop facile. Parfois, il faut accepter de se frotter au pire si on veut atteindre le meilleur. Tu comprends ?

« Aimez vos ennemis, bénissez ceux qui vous maudissent, faites du bien à ceux qui vous haïssent, et priez pour ceux qui vous maltraitent et qui vous persécutent. » Combien de fois leur avait-il répété ces paroles, au cours des derniers mois ? Des paroles difficiles à entendre, plus dures encore à accepter. Un enseignement qui allait bien au-delà de la Loi, et qu'ils avaient fait leur, petit à petit.

— Et le pire… soupira le prophète.

— Oui, *rabbi* ?

Pierre se releva vers son ami, assoiffé de la moindre de ses paroles.

— Le pire, je ne peux que le vivre seul. Tu ne peux rien pour moi.

Jésus fila dans les ténèbres, laissant derrière lui le camp des pèlerins livrés à la torpeur.

La nuit est douce.

Comme il avance à grands pas à travers les broussailles, il sent leur caresse sur ses bras et ses jambes. Il aime ces attentions de la nature, même si certaines branches plus longues ou plus effilées l'égratignent au passage. Il a l'impression d'être livré à des centaines de mains invisibles. La majorité en aurait peur, fantasmerait des ennemis ou des monstres tapis dans l'ombre. Pas lui. Lui il ne ressent l'étreinte de la flore que comme un signe de reconnaissance, d'appartenance. Pas une menace. Ils font partie de ce même tout qu'il a si hâte de rejoindre. Qu'importent les marques et les griffures sur son corps. Elles ne sont rien. Il n'est rien. Il n'est qu'un véhicule, ô combien imparfait, ô combien temporaire.

Il n'y voit pas grand-chose mais il se laisse guider par le silence et les parfums. Dans le noir, chaque odeur prend plus de relief. Les cèdres le disputent aux lauriers et aux acacias. La note entêtante des amandiers et des jujubiers en fleurs s'accroche aux autres fragrances, celles des cistes, des diverses sauges et des calycotomes velus aux piques tranchantes, jusqu'à les effacer tout à fait.

Voilà, il atteint l'autre côté de la colline, maintenant. Il n'y a plus qu'à se laisser couler dans cette pente à la végétation moins dense, déjà contaminée par le désert qui s'étend en contrebas, à perte de vue, jusqu'à la mer Morte. Les plantes sont plus basses, tapis de lupins bleus et de moutardes blanches dont les grappes de fleurs l'éclairent comme autant de petites loupiotes sous la lune. Encore quelques enjambées à se faire déchirer les mollets par des bouquets de scolymes, et son objectif est en vue.

Il faut dire que les habitations sont rares par ici. La modeste masure dont il approche est la seule à plusieurs stades à la ronde.

Une lueur incertaine danse à l'intérieur.

Ils sont déjà là... Il ne doit plus manquer que moi.

Une femme ouvre alors la porte de bois et se précipite vers lui. Elle ne porte qu'un jupon léger de lin blanc, transparent. Elle est belle. Sa poitrine nue, qui ne semble pas altérée par les grossesses et l'allaitement, est haute et fière. Elle le tire par la main, vers l'intérieur.

— Jésus ! Jésus, viens ! Entre !

III

4 JOURS AVANT LA PÂQUE

33

Il y eut un soir, et il y eut un matin : ce fut le troisième jour.

À Jérusalem, les aubes étaient parfois si neuves, si rayonnantes, si intenses, qu'elles prenaient des airs de Genèse. Tout semblait commencer là, à nouveau, dans les rayons qui rasaient de près la Ville sainte. Le toit de la petite maison basse d'Isaac était inondé de lumière depuis deux bonnes heures, mais Jacques et Sara se réveillaient à peine.

Le scribe avait longtemps contemplé les étoiles avant de trouver le sommeil.

Si César figure sur cette pièce, c'est qu'elle appartient à César. La ronde des images et des mots avait fini par se fondre dans la sarabande inintelligible de ses rêves. Et, au réveil, les mêmes questions étaient toujours là, identiques, en rien estompées par la nuit et le repos. Tout apparaissait avec la même acuité.

« *Modé ani léfanékha, mélékh 'haï vékayam.* »

Jacques ne sacrifierait pas sa prière matutinale sur l'autel de ses préoccupations, par trop terrestres. Tourné vers le Temple dont il devinait les plus hautes tours, il récitait la divine litanie du *Modé ani*, la prière du matin. Sur une terrasse voisine, une femme voilée était apparue, les bras chargés de plusieurs paniers de linge qu'elle envisageait de faire sécher au soleil. Elle les considéra tous deux d'un œil plus étonné que suspicieux, éléments incongrus soudain surgis dans son paysage ordinaire.

« *Chéhé'hézarta bi nichmati bé'hemla*
Rabba émounatékha. »

— Jacques ! Jacques ! le héla Sara, troublant son recueillement.

— Quoi ?

— On nous observe. Je crois qu'on ferait mieux de redescendre.

À l'intérieur, une odeur de galettes encore chaudes et de miel les accueillit. Sur la table, Jacques aperçut immédiatement sa canule. Réparée à la perfection, comme si elle n'avait subi aucune injure.

— Isaac, c'est magnifique ! s'émerveilla-t-il en retournant l'objet adoré dans ses mains.

Le vieil homme approuva d'un clignement d'œil modeste et continua de laper son bol de lait.

— Ne le flatte pas trop. Je vais l'entendre radoter pendant des jours qu'il a manqué sa vocation !

Magda était entrée avec un plat de fruits frais qu'elle déposa devant eux. Dans l'éclat du matin, les cheveux dénoués, le teint clair, Jacques la trouvait encore plus belle. Il ne sut que répondre, si ce n'est par ce sourire emprunté qui disait son émotion de partager avec elle un quotidien tout simple.

— Bonjour, ma chérie. Sers-toi deux fois plutôt qu'une !

Elle posa une main sur l'épaule de la jeune fille, lissant au passage ses longs cheveux. Puis elle s'éclipsa le temps qu'ils se restaurent et revint avec une pile de vêtements pliés contre sa poitrine.

— Vous allez m'essayer tout ça ! Vous ne pouvez plus circuler dans cette tenue.

Jacques considéra la tunique multicolore d'Agabus. En effet, ce n'était plus possible.

— Tu vas me faire le plaisir de raser cette barbichette ! poursuivit Magda, qui effleura la barbe de son ancien soupirant d'un revers de main.

— Quoi ?

— Et je vais aussi teindre tes cheveux.

— Enfin… non !

Il se rebellait pour la forme mais, au fond, il adorait l'idée qu'elle prenne soin de lui. Magda se mit à l'ouvrage sans attendre. Ses gestes étaient doux, appliqués, presque respectueux. Comme s'il avait été son époux. Il s'abandonna avec bonheur aux doigts experts qui massaient son crâne et enduisaient ses cheveux fins de henné.

Derrière un paravent, Sara essayait les robes que Magda lui avait sorties. Puisque les Romains cherchaient un jeune homme, plus rien n'interdisait qu'elle s'exposât au naturel. Qui remarquerait un homme glabre aux cheveux bruns, accompagné d'une élégante jeune fille ? Ils pourraient peut-être même passer pour un couple, malgré leur différence d'âge.

La maîtresse des lieux posait sur sa cadette un regard attendri. Chacune de ces tuniques était un pan de sa propre jeunesse. Elle n'aurait su dire laquelle, mais l'une d'entre elles devait dater des jours où Jacques et elle nourrissaient encore de doux espoirs.

Sara pour sa part songeait à Béthanie, où elle se représenta un bref instant Marie au chevet d'Eléazar. Elle imaginait sa mère en larmes, penchée sur son père au teint cireux.

Il est peut-être mort, à l'heure qu'il est...

Elle chassa cette idée et laissa son esprit divaguer dans les couloirs labyrinthiques du Temple, là où Ezra les avait guidés. Béthanie, Ezra... Sa réflexion prenait d'étranges raccourcis.

Pourquoi sont-ils venus tuer Jean sous notre nez ? Pourquoi à Béthanie ? Elle considéra Jacques, dont la transformation spectaculaire s'achevait sous la lame d'un rasoir à main.

« C'est qu'elle appartient à César... C'est qu'elle appartient à César... C'est qu'elle appartient... ! »

« Pourquoi à Béthanie ? »

Jacques sauta de sa chaise comme un diable :

— César !

— J'ai compris ! s'exclama Sara au même moment.

Ils se regardèrent, effarés. Chacun brûlait de partager avec l'autre sa découverte. Elle fut la plus rapide.

— Tu te souviens, chez Raziel, je vous ai demandé pourquoi Jean avait pu être assassiné justement chez nous, à Béthanie.

— Oui, et alors ?

— J'ai la réponse : parce que tu étais là, *toi !*

— Que veux-tu dire ?

— Réfléchis : tu es scribe, docteur de la Loi, il était évident que tu n'allais pas rompre le shabbat et t'engager dans une équipée armée avec Judas cette nuit-là.

— Et… ?

— Le meurtrier était donc certain que tu serais là, sur place. Que tu serais le premier à voir le corps de Jean, le premier à voir le triangle sur son front et la gourde à côté de lui.

— Tu veux dire que tout cela a été conçu pour que je le trouve ?

— Évidemment ! Qui serait mieux qualifié que toi pour donner un sens à cette mise en scène ?

Jacques hocha la tête. Tout se recoupait. Étrange résonance de leurs pressentiments.

— Dans ce cas, commenta-t-il, les tueurs savaient que mes frères seraient absents ce soir-là. Et s'ils le savaient, c'est qu'ils ont un complice parmi les nôtres. C'est la seule possibilité.

Magda le dévisagea, interdite, le geste suspendu. Sara tenta de dissiper le malaise.

— Et toi, que voulais-tu me dire ?

— Ah oui… Je crois que j'ai trouvé le code des papyrus. Il faut que j'essaie.

Sans laisser à Magda le temps de lui donner le dernier coup de brosse nécessaire, il dégagea la table des reliefs de leur déjeuner, et disposa les sept pièces de leur puzzle sur le plateau d'acacia.

— Je pense que la solution réside dans le code de César.

— Le code de César ? C'est quoi ?

— On suppose que c'est César lui-même qui l'a inventé pour crypter les ordres qu'il adressait à ses légions, en particulier lors de sa campagne de Gaule. C'est un simple décalage alphabétique.

— C'est-à-dire ?

— Eh bien pour un décalage de deux, tu prends par exemple le A latin, et tu le remplaces par le C. Idem pour le B que tu remplaces par le D, le C par le E, le D par le F, Et ainsi de suite.

— C'est trop facile !

— En apparence, oui. Mais je n'ai aucune idée du décalage appliqué. Vu la présence de lettres rares, les X, les Y, les Z, je pense qu'il est assez important. C'est ça qui rend le code de César potentiellement inviolable : seul l'émetteur du message et son destinataire connaissent le chiffre du décalage.

— On a qu'à tous les essayer !

Les sept papyrus étaient là à les narguer, à garder jalousement leur mystère, prisonniers d'un simple chiffre entre 1 et 23… de A à Z.

ZDXL MBC BDYNAQDB
ZDXL MBC QVNMAQDB
ZDXL MBC QVNMAQDB
MBC BDYMAQDB
MBC BQKDC
MBC BQKDC
MC ZDXL

— Attends, attends, tempéra Jacques. Je vais commencer sur le groupe de mots le plus court…

Il prit la bandelette MC ZDXL et la réserva à part. Sur l'un des vêtements apportés par Magda, il traça un tableau à deux rangées et vingt-cinq colonnes. Puis il reporta dans les cases, une à une, les vingt-trois lettres de l'alphabet latin.

A	B	C	D	E	F	G	H	I	K	L	M	N	O	P	Q	R	S	T	V	W	Y	Z

Au moment de coucher sur l'étoffe sa proposition de correspondance, son doigt hésita.

Les sept fils de Judas de Gamala ! Sept ! Autant que de pièces de papyrus dans la gourde. Il appliqua donc son décalage de sept, autant que Judas de Gamala avait donné de fils à la Galilée.

— TKGLES : ça n'a aucun sens, se lamenta Sara, qui avait recomposé le mot aussi vite que lui.

— Pourtant je pense qu'on tient le bon décalage.

Les deux enquêteurs étaient perplexes. Magda fit mine de tirer le linge pour le récupérer.

— Bon, eh bien si vous avez fini de vous mettre la tête à l'envers avec vos casse-tête, je vais pouvoir laver mon…

— Bravo Magda ! s'écria Jacques, retenant son bras avec une poigne inhabituelle. « À l'envers ! » Si Sara a vu juste, ces hommes s'adressent à moi, l'élève d'Anaxilaos qui parle le latin… mais aussi l'hébreu et l'araméen !

— Il faut appliquer le décalage dans l'autre sens, c'est bien ça ? s'extasia la jeune fille.

Jacques reprit son travail de conversion et d'écriture, avec l'assurance d'une révélation proche, désormais.

— Ça marche ! Cela nous donne : ET QVOD ! Et maintenant, la suite !

Muni de la clé de cryptage, il ne fallut pas plus de quelques minutes à Jacques, encore trop lent au goût de Sara, pour traduire les six autres groupes de mots. Retranscrits, pêle-mêle, dans un angle encore vierge du linge.

Ils tremblaient tous deux d'une excitation difficile à contenir.

QVOD EST SVPERIVS
QVOD EST INFERIVS
QVOD EST INFERIVS
EST SVPERIVS
EST SICVT
EST SICVT
ET QVOD

— Tu nous rends ça intelligible ? demanda Sara.

— Eh bien, ça fait quelque chose comme :

CE QUI EST AU-DESSUS
CE QUI EST EN DESSOUS
CE QUI EST EN DESSOUS
EST AU-DESSUS
EST COMME
EST COMME
ET CE QUI

— Quel charabia !

— Étant donné les oppositions de termes et la répétition des motifs, on peut parier sur une structure de phrases en balancier, commenta Jacques sur son ton le plus docte. C'est une forme de sentence latine assez classique. Ici, la combinaison la plus probable, c'est…

CE QUI EST EN DESSOUS
EST COMME
CE QUI EST AU-DESSUS
ET CE QUI
EST AU-DESSUS
EST COMME
CE QUI EST EN DESSOUS

— Ou l'inverse, évidemment : ça fonctionne dans les deux sens.

Les deux femmes échangèrent un regard complice et éclatèrent d'un même rire irrépressible.

— Bravo ! Fabuleux ! Et tu peux nous expliquer pourquoi notre tueur s'est donné tant de mal pour dissimuler une ineptie pareille ?

— C'est complètement idiot, appuya Sara.

Jacques ne savait que répondre. Ce message ne rimait pas à grand-chose.

— Tu connais cette phrase ? Tu l'as déjà lue ? demanda Sara en retrouvant son sérieux.

— C'est bien ce qui m'étonne, concéda Jacques sans fausse modestie. Je n'ai jamais vu cette formule nulle part.

— Peut-être une invention du meurtrier ? proposa Magda.

— Non, non… Ce fou ne parle que par références, il joue avec nous. À moins qu'il ait décidé de nous embrouiller tout à fait…

En quoi cette phrase absconse éclairait-elle les éléments déjà en leur possession : le triangle, les gourdes trouvées près des corps de Jean et de Philippe, les noms gravés dessus, Horus et Osiris ?

Horus est le fils d'Isis et d'Osiris. Alors pourquoi avoir associé son nom à Jean, et celui d'Osiris à Philippe ?

Horus, le dieu faucon, le fils ressuscité.

Un tressaillement involontaire le parcourut de part en part.

Ce *qui est au-dessus...* N'était-ce pas ainsi que les Égyptiens qualifiaient Horus ? Le sens littéral de son nom : HRS, soit *Celui qui est au-dessus !*

Si Jean était au-dessus, qui était au-dessous ? Et pourquoi répéter le message dans le sens opposé ? Une fois encore, la lumière projetait plus d'ombre encore.

Sara reprit la parole la première.

— Je me demande si tout ça n'est pas juste destiné à nous divertir pendant qu'ils suivent tranquillement leur plan. Et qu'ils continuent de tuer les nôtres.

Et lui, si désireux de toujours tout comprendre, de prouver à ses frères, à Magda et au monde, que son érudition n'était pas qu'une vaine entreprise, lui l'homme des livres que sa barbe fraîchement coupée avait mué en homme d'action, il serait tombé la tête la première dans le panneau ?

La mort de ses frères ne pouvait se résumer à une farce…

34

Béthanie

Les travaux de la ferme avaient repris leur cours. Béthanie bourdonnait de son effervescence coutumière, les hommes affairés auprès des bêtes, grappes de chèvres et de moutons qui se chicanaient dans les enclos, les femmes occupées à transformer ce que les premiers leur fournissaient comme matières premières, filant une laine épaisse et grasse, tamisant une farine grise, mélange grossier de toutes les céréales encore disponibles, à peine plus fine que la poussière du désert qui enveloppait tout à chaque coup de vent.

Seuls quatre hommes, les quatre frères encore présents sur place, n'étaient pas à l'ouvrage ce matin-là. Réunis dans la salle commune, ils arboraient la mine des jours de désolation. Une gravité que rompaient par instants, dans la cuisine attenante, les rires des femmes qui préparaient déjà les *matsoth* qu'on mangerait tous ensemble, au repas du Seder.

— Tu es complètement fou ! s'emporta Thomas. Aller chez les esséniens ?

— Tu vois une autre solution ? rétorqua Judas.

Les deux autres se tenaient cois, évitant l'affrontement. Menahem le costaud n'en menait pas large. Et Simon, le regard perdu au-delà des collines, paraissait absent.

— Les reclus de Qumran n'attendent qu'un signe, qu'une occasion pour s'emparer du Temple et le purifier. Si nous leur apportons la preuve que grâce à nous ils peuvent le faire, martela Judas, alors ils nous suivrons ! J'en suis sûr !

— Ils attendent un signe, en effet, mais un signe de l'Éternel, faut-il te le rappeler ? intervint Simon.

— Et comment agirons-nous ? Avec quelles armes ? interrogea à son tour Menahem.

— C'est pour cela que je veux les voir. On dit que l'une de leurs fameuses grottes est une immense cache d'armes. Qu'ils y entassent des dagues, des lances et des armures depuis plusieurs générations. De quoi harnacher des milliers d'hommes.

— Et tu comptes le vérifier sur place, comme ça, la bouche en cœur ?

— Qu'avons-nous à perdre ? Dis-le-moi ! Que crains-tu, au juste ?

— Oh, moi je n'ai rien à craindre, répondit Simon qui soutint crânement son regard.

— Je ne te dis pas qu'une telle alliance m'enchante, mais si nous sommes assez nombreux pour maîtriser la garde du Temple, nous repartirons les poches pleines.

Thomas faillit en tomber de son tabouret. Il s'agrippa *in extremis* à l'épaule de Simon, qui lui n'avait pas bougé. Impassible. Comme sourd à l'exposé délirant de leur frère.

— Tu veux détourner le trésor du Temple ?

— Je veux rendre au peuple ce que Caïphe et sa clique lui volent depuis trop longtemps ! Avec cet or, nous constituerons la plus grande armée juive qui ait jamais existé. Nous serons plus forts que les Maccabées. Nous chasserons les Romains hors de Palestine… une fois pour toutes !

Simon opinait du chef avec un sourire entendu. Judas ne mesurait pas à quel point ses rêves de grandeur confinaient au délire. Voilà donc à qui il n'hésitait pas à se comparer : Judas Maccabée, l'un des plus grands héros de l'histoire du peuple juif !

Déformée et surtout amplifiée depuis deux siècles, la légende de Mattathias et de ses fils, Simon et plus encore Judas, conservait dans le cœur des Juifs de toutes obédiences une place particulière. C'est à eux que Jérusalem, rebaptisée un temps Antioche, devait son nom et son honneur retrouvés. À eux que la Torah devait sa pleine et entière réhabilitation en qualité de Loi juive. À eux enfin que leur peuple devait les plus glorieuses victoires de son histoire.

Les Maccabées. Si courageux qu'ils écrasèrent un ennemi très supérieur en nombre. Si pieux que certains d'entre eux, offrant aux païens hellénisés une sanglante démonstration de leur attachement à la Loi, préférèrent se faire massacrer plutôt que de porter les armes un jour de shabbat. Voilà ce que ne serait jamais Judas, son frère : un homme de conviction, le porteur d'un message, l'apôtre d'une vision. C'était un soldat, un bon soldat même, mais rien de plus.

— Et tu veux aller là-bas avant la Pâque ? reprit Thomas. Nous n'aurons jamais le temps !

— Si nous partons dès maintenant, c'est possible.

Amitaï, qui traînait sous l'embrasure de la fenêtre, d'où il buvait les paroles des hommes, fut chassé par l'apparition soudaine d'une silhouette adulte. Tout à leurs conjectures, Judas et ses frères n'avaient pas vu arriver les deux Romains à cheval. De simples légionnaires, cette fois-ci. Jeté comme un paquet, un corps enveloppé d'un grand drap blanc reposait sur la croupe de l'une des montures. Le plus vieux des deux soldats les interpella.

— Vous êtes bien la famille du dénommé Philippe de Béthanie ?

35

Jérusalem

Décidément, Jacques n'admettait pas qu'un esprit puisse être assez tordu pour concevoir la mort comme un jeu, le meurtre comme un divertissement. On pouvait tuer par vengeance, par colère, par avidité, parfois même par ambition ou par bêtise, ça oui. Et, d'une manière générale, il lui semblait que les crimes étaient dictés par un unique mal originel : l'intolérance. Comme aurait dit le grand Platon lui-même, puisant dans sa typologie des désirs, la pulsion meurtrière était l'expression la plus sauvage de notre « partie bestiale », qui ne s'accommode de rien ni de personne. Tout cela lui semblait compréhensible, à défaut d'être admissible. Mais était-il possible qu'on tuât par… simple plaisir ? Jamais auparavant il ne s'était posé la question. Pas même en observant les gestes rapides, appliqués, presque joyeux, des sacrificateurs du Temple débitant les bêtes par centaines.

Le reste de la matinée, les trois amis évitèrent d'aborder le problème de front, et délaissèrent temporairement leurs hypothèses. De toute manière, il n'était pas très prudent de sortir aussi peu de temps après leur folle incursion chez Hérode. Mieux valait se faire discret, quelques heures encore.

— À part l'Exode, Moïse et toute son histoire dans le désert, sa fuite devant Pharaon, pourquoi l'Égypte compte tant que ça pour nous ? demanda tout de même Sara.

Il redevenait le maître ; elle reprenait sa place d'élève. À sa manière, elle l'aidait à remettre les choses en place, aussi facilement qu'un parchemin qu'on déroule.

— Tu veux dire pour nous, les Juifs ?

— Oui. Et pour notre famille, aussi. Regarde, en deux jours, tout ce qui nous a renvoyés là-bas. La pyramide, la poterie, les *historiola*, les thératrucs, la langue secrète des amis de Jésus… Horus et Osiris.

En effet, tout les y ramenait. Comme un astre qui les aimantait, irrésistible. Sur son visage il passa une main, laquelle ne reconnut pas les joues et le menton lisses rasés par Magda.

— D'abord, tu ne peux pas parler de l'Égypte et d'Israël et commencer par « à part l'Exode ». Sans l'Exode, sans la terre de Canaan promise par le Tout-Puissant à Moïse, sans Josué pour prendre sa suite et installer ici notre peuple, il n'y aurait jamais eu de royaume d'Israël. Il n'y aurait jamais eu de David ni de Salomon.

— Là tu me parles d'histoire. Mais il y a bien d'autres choses qui nous rapprochent d'eux. Je ne sais pas, moi, dans nos croyances ou notre manière de penser…

Jacques n'eut pas le temps de lui répondre. La porte d'entrée s'était ouverte avec violence, coupant net leur échange.

— Une patrouille fouille les maisons !

L'irruption inattendue d'un voisin, le visage cramoisi de peur, paralysa les quatre occupants de la pièce. L'œil rond, il fixa les deux inconnus et déguerpit sans demander son reste.

À en juger par les bruits et les plaintes en amont, la patrouille ne tarderait plus. Au loin, on devinait déjà des soldats qui s'invitaient à coups de pied dans les petites échoppes de part et d'autre de la chaussée, brisant ce qu'ils pouvaient, autant par plaisir que pour effrayer la population.

Il ne fallait pas traîner ici.

Jacques et Sara n'avaient fait que quelques pas sur le pavé qu'ils entendirent Magda trottiner à leur suite.

— Je viens avec vous, déclara-t-elle d'un ton ferme.

— C'est hors de question !

— Rappelle-toi hier soir : je suis la seule à bien connaître les ruelles de la ville basse. Et puis ils cherchent deux individus, pas trois ! Suivez-moi, intima-t-elle en empruntant un passage étroit sur sa droite.

Mais à l'extrémité de la ruelle scintillaient les *lorica* d'un autre groupe de légionnaires. Les Romains n'étaient plus qu'à quelques pas. Ils n'en firent pas dix avant que la voix ne retentisse, ricochant sur les étals et les vantaux fermés des commerçants au bord de la ruine.

— Eh là ! Arrêtez-vous !

Ils tentèrent une foulée supplémentaire, mais l'ordre les glaça.

— J'ai dit stop ! Ou c'est mon *pilum* qui va vous donner l'ordre ! *Kulanasha* ! insista-t-il en araméen, sans accent ou presque.

Ce devait être l'un de ces païens sans emploi recrutés par Pilate. Mieux valait encore servir l'empereur pour une solde de misère que de finir esclave.

L'injonction leur laissait peu de latitude et surtout bien peu de temps pour trouver une parade. Dans une seconde, le garde serait sur eux. Mais une ombre s'était dressée dans le dos du légionnaire et s'agrippait maintenant à lui. Ne réalisant apparemment pas à qui il avait affaire.

L'ivrogne que nous avons raccompagné hier soir ! songèrent en chœur les trois fuyards.

Le temps que le Romain se dépêtre de l'importun agrippé à sa cuirasse, Magda tira Jacques et Sara vers un boyau entre deux maisons, si minuscule qu'on ne l'apercevait qu'à son entrée. Lorsque le soldat se retourna, ils avaient déjà disparu. D'un pas sûr, la fille du potier leur prouva qu'elle maîtrisait parfaitement ce dédale improbable de rues et de venelles. En moins d'une minute, ils avaient distancé leur poursuivant. Dans un couloir entre deux bâtisses, à peine assez large pour y marcher de face, ils reprirent enfin leur souffle.

— Vous ne pouvez pas rester ici, murmura Magda. Il faut que vous quittiez la ville.

Sara ne semblait pas s'inquiéter outre mesure. Elle s'était habituée à ce que son oncle trouvât, en toute situation, une solution adéquate. Peu à peu, elle avait appris tout simplement à lui faire confiance. *Autorité, héritage, confiance...*

— Où va-t-on ? demanda-t-elle simplement.

— J'ai repensé à ce que tu disais à propos de Jésus et du jeu qu'il jouerait avec nous, répondit Jacques. Je ne crois pas que ce soit un jeu, mais plutôt des directives.

— Tu veux dire qu'il nous donnerait des indices ?

— Je pense que rien de ce qu'il fait ou dit en public n'est fortuit. César, par exemple. Il aurait pu dire Rome, empereur ou même Tibère… Non, il a justement choisi « César ».

L'œil aux aguets, ils avaient atteint la porte de Siloé, encombrée de dizaines de bêtes que des bergers conduisaient jusqu'au Temple, en prévision des holocaustes massifs de la Pâque. Le bêlement généralisé couvrait en partie leurs échanges. *Aucune patrouille en vue…*

— Ça ferait de lui un allié plutôt qu'un meurtrier, pondéra Magda.

— Peut-être. Mais je ne veux pas attendre d'être accroché à son tableau de chasse pour en avoir le cœur net.

— Alors que comptes-tu faire ?

— Je veux comprendre ce qui se cache derrière ces messages. Et je veux débusquer ce Jésus avant qu'il ne me trouve.

— Bien. Mais où allons-nous le chercher ?

— Où *je* vais le chercher, corrigea-t-il. Vous ne venez pas avec moi.

Magda écarquilla des yeux réprobateurs.

— Je ne peux pas laisser mes frères dans l'ignorance, poursuivit Jacques. Allez avertir Judas que les plans de Simon pour sortir du Temple sont faux. Les canalisations indiquées sont bouchées depuis belle lurette, Ezra vous l'a confirmé. Partez à Béthanie, toutes les deux. Je vous en prie.

Sur le moment, elles ne surent que répondre.

— Viens avec nous ! protesta Sara. Au milieu des nôtres, le tueur n'osera pas te toucher.

— Non, les Romains doivent surveiller la ferme de trop près. Même comme ça, ajouta-t-il en montrant ses cheveux teints, je ne passerai jamais entre les mailles du filet.

— Jacques sait ce qui est le mieux, conclut Magda afin de rasséréner la jeune femme.

— Il ne faut pas traîner là, insista Jacques. Retrouvons-nous dans ta maison avant la nuit.

Dans un élan sans calcul, il prit Sara dans ses bras, comme il ne l'avait jamais fait. L'adolescente eut un sursaut de surprise, puis elle s'abandonna à la chaleur rassurante de son contact.

De Magda, il se contenta de presser les mains, un sourire aux lèvres, mêlé de gêne et de reconnaissance.

Sois prudent ! pensa cette dernière de toute son âme.

Après quelques pas, les deux femmes se fondirent aux colonnes d'animaux qui, en sens inverse, grimpaient la petite route très pentue. Quand elles eurent complètement disparu, il descendit à leur suite puis remonta vers le nord, à travers cette vallée du Jéhosaphat qu'il avait longée la veille avec Sara. Quelle chaleur, déjà ! Quelle désolation…

« Le soir, on essaie de trouver un endroit frais et ombragé pour dormir… le plus près possible de la ville. » Il repensait aux mots d'André, quand il l'avait interrogé sur la résidence de Jésus et des siens à Jérusalem. *Un endroit ombragé… à proximité des remparts.*

Gethsémani ! Évidemment, ça ne pouvait qu'être là.

36

Gethsémani

Malgré les amoncellements de caillasses qui encombraient le chemin, Jacques pressait le pas. Vu l'heure, il y avait fort à parier que les disciples soient déjà levés, peut-être même envolés. En remontant l'étroite route, il remarqua un campement dans le grand jardin planté d'oliviers. Installé entre les allées d'arbres, des buissons de sauge grecque constellaient le tapis d'herbes sauvages de taches mauves, sur lesquels des nuages d'insectes bourdonnaient avec entrain.

Les quelques pèlerins encore présents étaient pour l'essentiel des femmes cherchant un peu d'ombre pour donner le sein ou langer leur nouveau-né, qu'elles n'avaient pas hésité à embarquer dans ce long et pénible voyage.

Adossé à un tronc séculaire, épais et noueux à souhait, Jacques reconnut Pierre, le pêcheur de Capharnaüm. Dense, à l'image de l'olivier qui servait de support à sa sieste, l'homme avait les yeux clos, mais la respiration trop rapide pour être endormi.

— Que me veux-tu ? s'enquit-il sur un ton peu amène, avant même que Jacques n'ouvre la bouche.

— J'ai parlé avec ton frère André, hier.

— Qui es-tu ?

— Mon nom est Jacques... Je ne connais pas ton Jésus, mais j'ai été très proche de Jean le Baptiste, fut un temps.

Pierre entrouvrit une paupière paresseuse.

— C'est curieux, je n'ai jamais entendu parler de toi.

— Je suis un frère de Jean... Un frère par le sang, d'avant son ministère.

D'un tapotement sur le sol, il invita Jacques à s'asseoir à ses côtés.

— Que viens-tu faire ici ? Si c'est pour reprendre le prêche de ton frère, c'est trop tard, la place est occupée.

— Non, rassure-toi, je n'ai ni l'étoffe ni l'ambition d'un prophète. Mais on dit que ton maître et feu mon frère tiennent à peu près le même discours.

— Et ça t'intéresse, toi ?

— Je suis scribe... et pharisien. Tout ce qui questionne et actualise la Loi m'intéresse. Ça ne devrait pas t'étonner.

— Hum... et que veux-tu savoir ?

— Tu étais avec Jésus quand Jean l'a baptisé, non ?

— Oui, reconnut Pierre, laconique.

— Quelles relations avaient-ils ?

— Bonnes, je dirais même très bonnes pour ce qu'il m'a paru.

— Tu n'as senti aucune tension entre eux, aucune jalousie ?

— Jalousie ? Et pourquoi auraient-ils été jaloux l'un de l'autre ? Ton frère le Baptiste l'a assez répété à l'époque : il n'était là que pour ouvrir la voie à mon maître. L'un annonce, et l'autre vient nous sauver, voilà tout !

En l'écoutant, Jacques avait arraché un brin d'herbe odorant, dont il chatouillait ses traits fatigués. En un sens, il admirait les convictions simples de cet homme de peu qui avait tout quitté pour suivre Jésus.

— Et tu n'as rien remarqué d'autre, en les voyant ensemble ? Une ressemblance ?

— Peut-être les yeux, maintenant que tu me le dis, et la bouche… mais ça ne m'a pas frappé, non. Il faut dire que ton frère ne se prêtait pas vraiment au jeu des comparaisons.

— Et pourquoi pas ?

— Il était tellement hirsute qu'on aurait cru un singe… même si je n'en ai jamais vu de mes yeux.

Des singes, Jacques avait eu l'occasion d'en admirer en Égypte, et aussi en Syrie, mais jamais il n'avait approché d'assez près ces animaux craintifs pour pouvoir les observer à loisir.

— Ils se connaissaient depuis longtemps ? s'enquit-il.

— Je ne sais pas précisément. Depuis l'Égypte, je suppose. Ils y ont vécu l'un et l'autre.

— Où ça en Égypte ?

— Jésus n'en parle jamais. Tu sais, pour nous Jésus c'est avant tout la Galilée, et maintenant ici, à Jérusalem.

— Tu connais son village ?

— Nazareth ? Bien sûr… je crois que je n'ai jamais rien vu d'aussi miteux. Trois gourbis, deux chèvres, et à peine plus d'habitants.

Nazareth... c'est donc ça le nom de son village. Il faudrait qu'il s'en souvienne pour plus tard.

— Il n'était pas très à l'aise, d'ailleurs, confia Pierre. Et c'est après ça qu'il s'est mis à se comporter de manière étrange. Un soir, à Nazareth, il nous a donné des herbes à priser, et une sorte de sirop très épais à boire. C'était bon. Ça nous a détendus, on a plaisanté…

— Et après ?

— Après, on a eu la tête qui tournait, on voyait de drôles de lumières, comme une nuée d'anges qui descendait sur nous. C'était beau, évoqua-t-il avec un soupçon de nostalgie dans la voix. Effrayant, aussi.

— Jésus vous a donné une explication ?

— Pas vraiment. Il s'est absenté quelques heures, et à son retour, il nous a dit qu'il se sentait « transfiguré ». Que dorénavant on ne le verrait plus tout à fait comme avant, mais que ça ne devait pas nous inquiéter, que c'était normal. Que sa mission appelait de grands changements, et pas seulement chez lui. Un acte radical, un nouveau passage.

— Il s'est entouré de nouveaux disciples, c'est ça ?

Pierre se leva soudain, signifiant à son interlocuteur qu'il ne souhaitait pas prolonger cette discussion qui virait à l'interrogatoire.

— Il ne les a jamais présentés comme des disciples, mais ces deux hommes ne le quittent plus. L'un est grand, très élégant, toujours habillé avec soin, la barbe taillé au poil près.

Simon ?

— Et l'autre ?

— L'autre est encore moins engageant. Plus costaud. Il se tient tout le temps en retrait.

— Tu as vu son visage ?

— Non, il porte une tunique à capuche qu'il rabat constamment. On aperçoit tout juste sa bouche.

Jacques se leva à son tour, mais Pierre lui posa une main lourde sur l'épaule, le plaquant sèchement sur le tronc de l'olivier.

— Tu n'es pas un frère de Jean, n'est-ce pas ?

— Si, je te promets…

— Alors pourquoi toutes ces questions ?

Comme le scribe se dégageait sans répondre, et s'éloignait en direction des remparts, Pierre lança, presque désinvolte :

— Tu n'as qu'à revenir ce soir au sommet du mont, là où il y a cet alignement de cyprès qui domine le cimetière. Autour de la dixième heure, Jésus sera là pour enseigner à ceux qui veulent l'écouter. Et si tu as des yeux, tu pourras voir par toi-même !

37

Béthanie

Sur la route, les convois de bêtes s'effilochaient à mesure que Magda et Sara s'éloignaient de l'aura blanche de la cité. Les hommes qui conduisaient les troupeaux durent les prendre pour deux sœurs, soudées par leurs bras entrelacés, voilées jusqu'aux yeux, marchant d'un même pas. Bientôt, il n'y eut plus qu'elles et la poussière. Boisé sur les premiers stades, bordé d'arbres et de buissons au versant sud du mont, le chemin se déshabillait peu à peu de toute végétation, pour n'être plus, à l'entrée de Béthanie et sur le chapelet de collines qui surplombaient le hameau, qu'une piste sablonneuse et caillouteuse.

À cette distance, la ferme familiale semblait vivre au ralenti. Peu de déplacements dans la cour. Pas un seul homme sur les maigres arpents de terre cultivée alentour. Le seul témoignage du drame récent, c'était cette large tache sombre, comme un gigantesque feu de camp qu'on aurait abandonné avant d'aller bivouaquer plus loin. Magda prit sa nouvelle amie dans ses bras.

— Je vais te laisser là.

— Tu ne veux vraiment pas m'accompagner ? Ma mère te fera un bon accueil.

— Ce que tu as à régler ici n'appartient qu'à toi. Nous nous retrouverons ce soir.

Avant la nuit, avait promis Jacques. Il lui restait donc une demi-journée pour mener à bien sa mission. Sara dévalait déjà la petite pente, au pied de laquelle un gamin l'attendait. Magda tourna les talons sans crainte ; sa protégée était parmi les siens, maintenant.

— Sara ! Sara ! Viens, il faut que je te montre ! l'alpagua Amitaï, comme si elle était partie l'instant d'avant.

— Attends, *Dadeh* ! Je dois voir ton père d'abord.

— Mais j'ai presque fini mon dessin !

L'enfant lui tirait la manche avec insistance.

— Amitaï, Je viendrai voir ton dessin juste après, promis. Mais je dois vraiment parler à ton père.

— Papa ? Papa est parti ce matin, avec tous les autres !

— Tu sais où ils sont allés ?

— Non, mais ils ont pris les deux ânes avec eux, avec plein de gourdes et de nourriture dessus.

Chargés de gourdes... Direction le désert ?

— Ma mère est là ?

— Oui, dans la petite chambre au bout.

— La chambre de Jacques ? s'étonna la jeune femme. Qu'est-ce qu'elle fait là-dedans ?

— Je ne sais pas. Elle a dit qu'on ne devait pas la déranger.

Sara passa une main affectueuse dans la broussaille emmêlée des cheveux d'Amitaï et reprit sa marche vers l'arrière de la bâtisse. Même si sa mère était occupée, elle ne voyait pas qui d'autre alerter.

La chambre du scribe était la plus petite de la ferme. Comme il y vivait seul depuis de longues années, il avait mis un point d'honneur à ne rien réclamer de plus confortable que ces conditions sommaires. Une manière pour lui d'expier la mort de Chila et de leur fils. Une faute qui n'était pas la sienne, pourtant.

Sara nota la présence, à l'unique fenêtre, d'un volet de paille fixé à l'intérieur. Une disposition qu'on ne prenait en principe que la nuit, pour couper les rayons des lunes abondantes. Elle fut plus surprise encore de trouver la porte verrouillée. Elle actionna la poignée à plusieurs reprises, sans succès.

Un sentiment inconnu la retint d'appeler sa mère à voix haute. Sur la pointe des pieds, elle se hissa jusqu'au volet de paille. La maille était suffisamment lâche pour laisser un œil se glisser. Mais assez étroite pour qu'accommoder sa vision jusqu'au cœur de la pièce prenne de longues secondes. Alors elle vit.

D'abord un voile de brume, une fumée odorante qui nimbait la pénombre d'une blancheur de linceul, et dont les volutes jouaient avec la lumière de deux petites lampes à huile, posées sur le sol, de part et d'autre de la chambre.

De l'encens... Sara reconnut ce parfum qu'elle avait perçu au Temple, et nulle part ailleurs.

Ensuite une peau nue, couleur miel, luisante de sueur. Elle entendit des gémissements doux, presque lancinants, balancement de sons ravis au rythme du corps qu'elle voyait basculer, d'avant en arrière. L'homme, de dos, accéléra la cadence et la silhouette qui était fondue à la sienne, assise sur ses cuisses, se mit à tanguer de chaque côté, offrant d'audacieux instantanés sur son cou ou ses seins. Pas besoin d'entrevoir plus son visage, enfoui sous un taillis de cheveux fous, à travers lesquels le carmin des lèvres perçait par moments, pour spéculer, pour deviner…

Maman… Cette fois-ci le mot était sorti, incongru dans ces circonstances.

Elle aurait dû crier. Elle aurait dû être submergée par le besoin de dire sa colère. Mais elle trouvait ça beau. Elle ignorait qui ravissait sa mère de la sorte, mais elle les trouvait admirables tous les deux, dans ce qu'elle découvrait être l'infinie simplicité du plaisir. Une forme de concorde explosive. Un grondement au point de contact de leurs ventres, comme si une source allait jaillir à tout instant, et les propulser tous deux très haut. La tension, l'imminence, même un œil extérieur pouvait les ressentir.

La femme – était-ce encore sa mère ? – ouvrit grand la bouche et rejeta sa tête en arrière. Un souffle ultime s'échappa et l'homme, arrimé à ses lèvres, en but la moindre goutte, jusqu'à ce qu'elle retombe pesamment contre lui. Alors, elle plongea sans attendre une main entre ses cuisses et la retira presque aussitôt, humectée, couverte d'une substance translucide et nacrée qui mêlait le meilleur d'eux-mêmes. Ils la considérèrent tous deux en silence, quelques instants, puis elle entreprit de l'appliquer sur la tête de son amant, lissant les cheveux noirs de ce baume brillant, geste lent et juste qui balaya bientôt l'ensemble de l'abondante chevelure. L'homme prit la main dans la sienne, et en replia les trois doigts du centre, l'invitant à ne l'oindre que du pouce et de l'auriculaire.

Le sourire qui éclaira le visage de Marie, Sara ne le connaissait pas. Plus qu'un effet du plaisir. La signature d'un devoir accompli. Comme une distinction. Une récompense.

— Mon roi, chuchota-t-elle comme une caresse.

38

En début d'après-midi

En quittant Gethsémani, Jacques avait erré plus d'une heure, sans savoir où aller, cherchant simplement à se faire le plus discret possible. Surtout ne pas être remarqué, adopter l'attitude d'un pèlerin quelconque qui, en attendant les cérémonies à venir, tromperait son ennui de la façon la plus ordinaire.

Il s'assit donc sur une souche, à proximité d'une buvette acollée aux remparts, où l'on servait une bière tiède et mousseuse. Un plaisir au-delà de ses moyens et que seuls quelques fidèles fortunés s'octroyaient de si bonne heure. À défaut du liquide piquant et légèrement amer, il avala de longues inspirations d'un air chargé de parfums végétaux. Ça ne remplissait pas l'estomac, mais ça gonflait l'âme d'une vague qui effaçait les doutes et les pensées mauvaises. Il tenait ces techniques de respiration d'un vieux maître indien qu'Anaxilaos invitait parfois en son lycée, et en usait fréquemment pour faire la paix avec son esprit tourmenté.

À propos de maître, je dois retourner voir Raziel ! Lui seul saurait interpréter le message énigmatique trouvé dans les gourdes accompagnant les corps de Jean et Philippe : « Ce qui est en dessous est comme ce qui est au-dessus, et ce qui est au-dessus est comme ce qui est en dessous. »

Sous l'œil indifférent des quelques buveurs déjà saouls, Jacques partit en direction du Temple. Entré par la porte de Damas, il coupa par le marché aux fruits et légumes qui, chaque jour, déversait là une abondante production venue de lopins disséminés dans toute la région. Une fois ou deux, Jacques manqua de glisser sur des grains de raisin ou des figues écrasés sur le pavé, et se retint *in extremis* aux bras d'une charrette. *C'est le moment ou jamais de tester mon nouveau déguisement*, songea-t-il en descendant la rue pavée qui longeait le saint édifice.

Là, pas d'échoppes, peu de gardes, juste des badauds qui levaient le nez vers la muraille, de plus en plus haute à cet endroit, ou vers l'imposant aqueduc alimentant le Temple en eau. Malgré ses joues et son menton imberbes, fait plutôt rare chez un juif observant, Jacques franchit le premier contrôle sans difficulté majeure. De l'intérêt de choisir la plus petite des portes latérales, veillée par un seul garde peu sourcilleux. L'autre avantage, c'est qu'il n'était plus alors qu'à quelques pas de la chambre des foyers. Le jeune soldat à l'entrée était le même que lors de sa précédente visite et pourtant, comme il l'espérait, il ne le reconnut pas.

— Peux-tu appeler Ezra ?

— Qui le demande ?

— Anaxilaos, je suis un ami proche de son maître.

— Tu es grec ?

— Non, je suis un Juif de Thèbes. Et j'enseigne la philosophie. Ce nom est celui que me donnent mes élèves.

— Ah… Quoi qu'il en soit, Ezra n'est pas là. Il est de service pour nettoyer l'*Altar*.

Jacques n'avait pas prévu ça. Ezra passait le plus clair de son temps auprès de son maître impotent.

— C'est Raziel que je viens voir, de toute façon.

— Tiens ! Il ne reçoit jamais personne, mais tu es son deuxième visiteur aujourd'hui !

Un pressentiment terrible envahit Jacques.

— À quoi ressemblait-il ?

— Assez grand, robuste… Il cachait son visage dans un foulard.

— Et tu l'as laissé entrer ? s'étrangla le scribe.

— Il délivrait un message urgent de Joseph d'Arimathie. J'ai reconnu son cachet, se justifia le garde.

— Reste là ! ordonna Jacques. Et surtout ne laisse sortir personne par cette porte !

Cette subite inversion des rôles laissa le garde pantois, qui n'opposa aucune résistance quand son interlocuteur força le passage. À folles enjambées, Jacques traversa la chambre des foyers et gravit le petit escalier, sans percevoir la chaleur suffocante du lieu.

Encore trois marches, encore deux… une… L'obscurité. Un seul candélabre pour éclairer la haute salle. La vue brouillée. La peur, sans doute. La toute première chose qu'il vit en déboulant dans la pièce, ce fut la lueur écarlate du sang.

Puis Raziel affaissé dans son vieux fauteuil. De fines gerbes rouges s'élevaient depuis ses blessures. Platon, Homère, Socrate, Hérodote, Pythagore, Eschyle, tous ces sublimes auteurs profanes, il fermerait bientôt les yeux sur leur lumière. Définitivement. Pas de trace du tueur.

Agenouillé aux pieds de son maître, Jacques ne put que constater les dégâts, irrémédiables. Le souffle de Raziel était très court. Sa bouche n'était plus qu'un glouglou ininterrompu de sang. Les plaies en divers endroits de son buste, au moins cinq ou six, délivraient aussi leur comptant de liquide visqueux.

Et sur son front, fripé et tacheté par les ans, aucune marque apposée par la main de l'homme. Pas l'ombre d'un triangle isocèle.

— Raziel… Raziel, se désespéra Jacques, ses lèvres collées à cette oreille qui ne percevait déjà plus qu'une partie des sons. L'homme qui t'a poignardé, l'homme qui a tué mes frères m'a adressé un message. « Ce qui est en dessous est comme ce qui est au-dessus, et ce qui est au-dessus… » Est-ce que cette phrase te dit quelque chose ?

Le bibliothécaire semblait incapable de proférer le moindre mot. Le peu d'énergie dont il disposait se mobilisait pour éteindre sa vie, en douceur. Fermer l'une après l'autre les sept ouvertures par lesquelles le souffle du Très-Haut entrait et sortait de lui. Pourtant, il bougea une main. Un doigt, pour être exact. Qu'il pointait vers un petit guéridon en olivier, distant de quelques coudées. Un dernier plissement des paupières, et il s'en alla rejoindre sa nouvelle demeure. Juste parmi les justes.

Raziel, puits de science et de compassion, s'éteignait à jamais.

D'une paume tremblante, Jacques ferma les yeux de son maître. La flamme de sa curiosité se ralluma aussitôt, scellant provisoirement son chagrin.

Qu'a-t-il voulu dire ?

À y regarder de près, la petite table en question n'avait rien de bien notable. C'était un modèle tout simple, dont ni le plateau ni les pieds n'étaient ouvragés ou marquetés. Pas d'inscriptions, pas de signes, pas même le nom du menuisier qui avait pu la fabriquer. Le genre de petite desserte qu'il devait utiliser pour consulter des rouleaux.

Une petite table en olivier... « Ce qui est en dessous est comme ce qui est au-dessus... »

Une vérification du dessous du plateau circulaire ne donna rien de plus. Il renversa même le petit meuble pour l'inspecter sous divers angles. Non, décidément, ce guéridon était désespérément muet. Sans doute Raziel réclamait-il une dernière gorgée d'eau.

La demi-heure suivante fut éprouvante pour Jacques : prévenir Ezra sans se faire remarquer, soulager l'extrême affliction du jeune homme sans donner cours à la sienne, se cacher derrière une montagne de rouleaux tandis que celui-ci organisait la levée de la dépouille avec le commandant du Temple en personne... Enfin, ils se retrouvèrent tous deux autour de la chaise vide de Raziel. Et de la petite table en olivier.

— Tu sais à quel point je partage ta peine, Ezra. Mais si l'on veut éviter d'autres meurtres, je dois à tout prix comprendre ce qu'a voulu dire Raziel.

— Je sais, approuva le jeune homme, blanc comme un linge.

— Ce guéridon en bois d'olivier, ça ne te dit rien ? Sais-tu seulement d'où il tient ce meuble ?

— Aucune idée. Je le lui ai toujours connu. Raziel aime... Raziel aimait beaucoup me parler par des images, reprit Ezra avec émotion. Comme demander le « grand bâton » pour désigner le rouleau qui avait le plus d'importance à ses yeux à ce moment-là. Il procédait souvent par métaphores. Il me soutenait que c'était le meilleur moyen de me tenir constamment en éveil.

— Alors, que dissimulerait sa table d'olivier ? Quel rapport avec ma phrase énigmatique ?

Ezra soupira son ignorance. Et son chagrin.

La table des sacrifices ? La table du futur roi d'Israël ?

— Que Raziel posait-il le plus souvent sur cette table ?

— Des rouleaux, principalement. Ou ses plumes et des papyrus vierges.

— Rien de plus ?

— Si, trois ou quatre fois par jour il me demandait un petit pot d'olives vertes, qu'il voulait garder à portée de main.

— Des olives vertes ?

— Il en raffolait. Il prétendait que les chats aussi, et qu'il avait dû être un félin égyptien dans une précédente existence.

— Des olives vertes sur une table en olivier… Alors, si *« ce qui est en dessous est comme ce qui est au-dessus »*... Ma question va te sembler stupide, Ezra, mais a-t-il une fois évoqué une table de couleur verte ?

— Pas que je me sou… Attends !

Le jeune homme fila à l'autre bout de la pièce, délogea un petit panneau de bois enchâssé dans une étagère, et tira de la cachette un grand sac en cuir.

— Qu'est-ce que c'est ? s'étonna Jacques ?

— La bibliothèque interdite de Raziel. Il disait que je ne devais pas lire ces textes, sous peine de pervertir le prêtre qui est en moi.

— Et bien sûr… tu les as tous lus ? sourit le scribe.

— Oui, admit Ezra avec un air embarrassé. Je crois que, d'une certaine manière, il me mettait au défi non seulement de les trouver et de les lire, mais aussi de concilier ces ouvrages avec notre doctrine. De réaliser une sorte de synthèse entre ce qui est permis et ce qui ne l'est pas.

— Cette méthode lui ressemble bien, en effet.

Le jeune homme fouilla dans la sacoche en cuir, s'y reprit à plusieurs fois, déchiffrant les pattes de mouche, de la main du défunt maître des lieux, qui faisaient office de titre sur le rabat extérieur de chaque rouleau. Avant d'en extraire un, plus petit que les autres.

— Je l'ai !

— La table verte ?

— Je dirais même mieux que verte ! s'exclama Ezra en déroulant le précieux document. Voici la *Table d'Émeraude*.

39

Béthanie

Troublée, Sara avait trouvé refuge derrière un appentis en bois, cabane très sommaire où les hommes rangeaient la plupart des outils agricoles nécessaires à leurs travaux. Adossée aux planches disjointes, elle était traversée par des vagues de sentiments difficiles à contenir ou à occulter.

« *Mon roi…* » Les mots résonnaient encore en elle, bien qu'elle ne les comprît qu'à demi.

Roi de quoi ? De son cœur ? De son âme ? De son corps ?

Son mari se mourait à quelques coudées de là et Marie, fille aînée de Judas de Gamala… Comment en était-elle arrivée là ? Oh, Sara ne serait pas celle qui lui jetterait la première pierre. Son ventre de femme tout juste naissant comprenait, confusément, que sa mère ne se satisfît pas des étreintes d'un Eléazar presque sénile. Mais pas ici. Et surtout pas dans de telles circonstances.

Une plainte s'immisça peu à peu dans le fil de ses pensées. Une autre sorte de gémissement, plus ténu, comme le clapotis d'un petit cours d'eau. Elle tendit l'oreille.

Ça vient de là. En poussant la porte, Sara fut immédiatement saisie par l'odeur pestilentielle. Une odeur de chairs en décomposition, une odeur de mort qui attend son heure. Toute proche.

On avait déplacé pelles, serpes et râteaux, et balayé un pan de terre battue pour y jeter une paillasse vêtue d'une mauvaise couverture. Eléazar gisait là, les mains croisées sur l'abdomen, blême, spectre effrayant de l'homme qu'il avait pu être. Seuls un reste de pain, un plat de fruits et un broc d'eau prouvaient qu'il était encore alimenté, et donc en vie. À côté, deux fioles hermétiquement fermées par un bouchon de cire semblaient attendre que le patient les ouvrît et en ingérât le contenu. Le remède de la dernière chance ?

Papa... Que pouvait-elle lui dire ? Entendrait-il seulement ses paroles ? Sara s'agenouilla à ses côtés, une main sur le visage pour supporter les émanations, l'autre suspendue au-dessus du cadavre en sursis. Elle ne parvenait pas à le toucher, même une dernière fois. Leurs adieux se feraient sur un contact avorté, sur un rendez-vous manqué, une fois de plus.

— Ne reste pas là, souffla une voix dans son dos.

Sans répondre, Sara bouscula sa mère rhabillée à la hâte et jaillit au dehors. Elle courait sans but, le plus loin possible de tout, petit animal blessé et impuissant. Marie, pieds nus, se lança à sa poursuite.

— Laisse-moi ! protesta la jeune femme.

Pourtant, elle perdait du terrain, les jambes lourdes de chagrin, et buta sur un gros talus de sable et d'herbes hautes. Dernière limite avant le désert.

Marie s'agrippa à la tunique de son enfant et retint sa course folle. Elle la serra dans ses bras, le dos de sa fille collé à sa poitrine encore palpitante.

— Lâche-moi ! Lâche-moi !

— Sara, ce que tu as vu… ce n'est pas ce que tu crois.

Prisonnière de la douceur maternelle, Sara ne bougeait plus, incapable d'exprimer sa colère autrement que par les spasmes incontrôlables qui la secouaient.

— Cet homme… Il m'a donné des potions qui peuvent sauver ton père, se justifia Marie. Nous ne sommes pas bien riches, tu sais.

— Alors, nous n'avons que « ça » à vendre, c'est ça ? s'indigna la jeune fille.

Marie soupira dans les cheveux épais de sa progéniture, dans ce parfum doux d'oranger que Sara exhalait depuis son enfance et dont elle ne se lassait pas.

Comme autrefois, sans se concerter, elles se balancèrent de concert, chauffées par un soleil à son zénith. L'une comme l'autre, elles avaient besoin de renouer ce lien perdu, cette évidente proximité des peaux.

— Ces préparations le soulagent vraiment, tu sais. Eléazar va déjà mieux…

— Si tu le dis, concéda sa fille d'un ton las.

Derrière elles, à un jet de pierre, Amitaï attendait son tour, son chef-d'œuvre à la main, l'exposant bien imprudemment au jour et aux yeux de tous. Sara ne le vit même pas, n'aperçut pas non plus l'ombre de l'homme qui se glissait hors de la chambre, et demanda soudain à sa mère :

— Tu te souviens du départ de Jean ?

— Non… Non, pas bien. J'étais très jeune.

— Pas tant que ça. Vous avez quelle différence d'âge ? Deux ou trois ans, guère plus, non ?

— Quelque chose comme ça, en effet.

— Alors qu'est-ce qui a bien pu le pousser à partir ? Il n'avait que seize ans !

Sa mère se décolla doucement et fit quelques pas vers la lumière. Sara ne pouvait s'empêcher d'apprécier sa grâce infinie, malgré tout.

— Il y a eu un problème avec notre père, concéda Marie, qui avait du mal à masquer son trouble.

— Quel problème ?

— C'était au moment du recensement de Quirinius. Ton grand-père avait levé tout un groupe d'hommes et il avait remporté quelques victoires sur les Romains. À Capharnaüm. Et aussi à Sepphoris. Rien de déterminant, mais de quoi inquiéter sérieusement Coponius, le premier préfet de Judée. Sa tête a été mise à prix. C'était l'homme le plus recherché de Palestine.

— Je connais l'histoire…

— Ce que tu ne sais probablement pas, en revanche, c'est dans quelles circonstances il a été livré aux Romains.

— Livré ? Tu veux dire que quelqu'un l'a trahi ?

— Oui. Quelqu'un qui connaissait ses moindres déplacements, jour par jour. Quelqu'un d'assez proche pour que mon père ne s'alarme pas. Ils l'ont surpris, un soir de shabbat.

— Attends, tu ne veux pas dire… ?

Marie passa une main sur sa nuque accablée et, dans le même mouvement releva la masse sombre de ses cheveux, qu'elle tint dans sa main comme un fruit qu'on écrase.

— Ce traître… C'était Jean, souffla-t-elle.

— Mais, pourquoi ? s'étonna Sara.

— Les relations étaient tendues depuis longtemps entre eux deux. Je suppose qu'il a voulu se venger.

— Se venger de quoi ? On ne livre pas son propre père à l'ennemi pour des chicaneries de famille !

— Ce n'étaient pas que des « chicaneries ».

— Alors quoi ?

— Je n'étais qu'une enfant, tu sais…

— Tu avais le même âge que moi aujourd'hui ! objecta Sara.

— On ne se mêlait pas des affaires des adultes. Pas à cette époque. Ça ne se faisait pas.

Marie marchait déjà en direction de la ferme, mettant un terme à des questions qui, manifestement, l'embarrassaient.

Quelque chose cloche. Sara sortit lentement des vapeurs de l'émotion. Les soupirs encore chauds de sa mère la hantaient. « *Mon roi…* » Pourquoi nommerait-elle ainsi son fournisseur de potions ? Un simple apothicaire ?

— Voilà ! J'ai fini mon dessin !

Amitaï brandit avec enthousiasme le fruit de son travail sous les yeux égarés de sa cousine. Pressé de partager sa dernière réalisation. La reproduction fidèle du visage de Jean, le traître, l'immolé de la grange.

Une copie conforme du visage de Jésus…

40

— La *Table d'Émeraude* est le seul texte d'Hermès Trismégiste qui nous soit parvenu dans un état d'intégrité satisfaisant, expliqua Ezra. Hermès Trismégiste, le « trois fois très grand », le père de l'hermétisme gréco-égyptien.

Raziel rappelé auprès de l'Éternel, Ezra était désormais le bibliothécaire en titre du Temple. C'était son tour d'éprouver sa science au contact des autres érudits de son temps. Un exercice auquel il brûlait de se confronter. Alors il exposa à Jacques les diverses légendes qui circulaient autour de ce texte.

Comment d'aucuns prétendaient que le savant égyptien Bolos de Mendès avait découvert l'original dans la colonne creuse d'un Temple, avec l'aide de son maître, Ostanès le sage.

Comment d'autres lui attribuaient la paternité d'un savoir occulte ancestral, directement hérité d'Hermès et de son alter ego, le dieu égyptien Thot, capable de maîtriser les éléments semblables ou contraires de la nature, afin d'adoucir le séjour des hommes sur terre.

Comment, pour finir, la *Table* n'était sans doute qu'un fragment arraché à un texte infiniment plus long et plus riche, concentré de sagesse et coffre-fort des plus anciens secrets de l'humanité, le *Corpus Hermeticum*. Un document mythique dont nul n'avait jamais lu la moindre ligne…

— Et comme tu peux le voir par toi-même, ce rouleau est très bref, ajouta le jeune prêtre. À tout prendre, il n'y a qu'une douzaine de formules comme celle que tu as décryptée.

— Je n'en ai jamais eu connaissance, reconnut Jacques, ravalé au rang de simple élève.

— C'est normal… Tu vois ce poinçon dans le bois, sur la tranche du rouleau ?

— Γ : c'est un gamma grec !

— Oui, et ce point à côté ?

— C'est le troisième et dernier exemplaire du document ! siffla Jacques entre ses dents.

Il examinait la relique à distance, avec un ardent respect, sans oser l'effleurer.

— Quand je l'ai découvert, j'ai consulté mes homologues de la grande bibliothèque d'Alexandrie, avoua Ezra.

— Qu'ont-ils répondu ?

— Que leur copie avait brûlé dans l'incendie.

— Et la deuxième copie ?

— Personne ne sait ce qu'elle est devenue.

La reproduction étendue sous leurs yeux était en grec. Le scribe de Béthanie traduisit sans peine les premières lignes à haute voix, et put apprécier la subtile variation de sens que cette version offrait par rapport à l'énigme latine trouvée dans les gourdes : « Ce qui est en dessous est comme ce qui est au-dessus, et ce qui est au-dessus est comme ce qui est en dessous. » Et là, sous ses yeux, il découvrait : « Ce qui est en bas est comme ce qui est en haut, et ce qui est en haut est comme ce qui est en bas. »

— Je ne vois pas bien la différence, tiqua Ezra.

— Il y en a peu, je te l'accorde. Disons juste que la version latine induit une notion hiérarchique qui est beaucoup moins prégnante en grec. Voyons la suite, décréta Jacques, avide de poursuivre sa lecture.

Pour bien suivre les lignes, il arma sa main de son caducée.

« Par ces choses se font les miracles d'une seule chose. Et comme toutes les choses ont été, et sont venues d'un, par la médiation d'un : ainsi toutes les choses sont nées de cette chose unique par adaptation. Le soleil en est le père, la lune en est la mère, le vent l'a porté dans son ventre, la terre est sa nourrice. Le Père de tous les talismans du monde est ici. Sa force ou puissance est entière, si elle est convertie en terre. Tu sépareras la terre du feu, le subtil de l'épais doucement, avec grande industrie. Il monte de la terre au ciel, et derechef il descend en terre, et il reçoit la force des choses supérieures et inférieures. Tu auras par ce moyen la gloire de tout le monde ; et pour cela toute obscurité s'enfuira de toi. C'est la force forte de toute force : car elle vaincra toute chose subtile, et pénétrera toute chose solide. Ainsi le monde a été créé. De ceci seront et sortiront d'admirables adaptations, desquelles le moyen en est ici. C'est pourquoi j'ai été appelé Hermès Trismégiste, ayant les trois parties de la philosophie de tout le monde. Ce que j'ai dit de l'opération du soleil est accompli, et parachevé. »

— C'est plus clair, maintenant ? s'amusa le disciple de Raziel.

— Peut-être… Le bas, c'est de toute évidence notre monde, la Terre. Et le haut, c'est le ciel, le domaine du soleil et de la lune.

— Soit. Mais encore ?

— Il suggère aussi qu'entre ces deux pôles, il y a un principe qui les rend non seulement identiques mais qui circule entre eux. Regarde : « Il monte de la terre au ciel, et derechef il descend en terre, et il reçoit la force des choses supérieures et inférieures. »

— Comme le Temple ? Comme une maison entre ciel et terre ?

Instinctivement, je dirais plutôt comme une lumière, comme un rayon. Peut-être à cause de la conclusion : « Ce que j'ai dit de l'opération du soleil est accompli. »

— Il ne serait question que de ça ? fit Ezra, déçu. De la chaleur et du pouvoir créateur du soleil ? On dirait une vieille croyance primitive. C'est idiot…

— Attends. Il y a autre chose. Regarde cette phrase : « Le Père de tous les talismans du monde est ici. »

— De quels talismans parle-t-il ?

— Je peux me tromper, mais depuis Platon, il est établi que toute chose sur cette terre est composée de triangles ! Le principe originel, le « Père de tous les talismans ».

Jacques se rappela l'exposé rapide qu'il en avait fait à Sara à Béthanie et, à l'évocation de la jeune femme retournée à la ferme, il sentit son cœur étreint par une angoisse sourde. Puis il chassa ces idées sombres et reprit sa réflexion.

— Qu'as-tu vu sur le front de Raziel, tout à l'heure ?

— Eh bien… rien de particulier.

— Rien ! Exactement ! Ce qui signifie d'une part que Raziel ne fait pas partie du « projet » de notre meurtrier… et d'autre part, ajouta-t-il après une pause, que les triangles défigurant Jean et Philippe ont un sens.

— Que veux-tu dire par là ?

Jacques pointa sa canule vers la *Table d'Émeraude* :

— Chaque mot compte dans ce texte. « De ceci seront et sortiront d'admirables adaptations. » Cela nous indique que le principe dont il est question ici pourra être appliqué à d'autres dimensions, à d'autres plans.

— D'accord, d'accord… Mais lesquels ?

— Eh bien, je pense que l'auteur nous donne la réponse en toutes lettres, mon ami, dit-il en gratifiant son cadet d'une claque affectueuse sur l'épaule. « Sa force ou puissance est entière, si elle est convertie en terre. »

— En terre ?

— Lis la fin : « C'est pourquoi j'ai été appelé Hermès Trismégiste, ayant les trois parties de la philosophie de tout le monde. » Alors qu'est-ce que cette « philosophie de tout le monde », selon toi ?

— Les mathématiques ?

— La géométrie, Ezra ! La géométrie !

Tout s'emboîtait si vite que Jacques se sentait submergé par les correspondances et les connexions infinies qui s'ouvraient devant lui. Tout faisait sens. Jusqu'au titre de ce texte hermétique donné en référence : La *Table d'Émeraude*. Comme une table de calcul, une table d'orientation…

— Sara et moi, nous nous sommes demandé, en vain, pourquoi le corps de Jean avait sciemment été orienté dans une direction pour le moins inhabituelle, si on se réfère aux rituels de sacrifice. En l'occurrence le sud-est.

— Conclusion ?

— Conclusion, je crois que nos triangles ont deux fonctions bien précises. La première, c'est maintenant clair, est d'être une « porte » d'entrée directe vers l'âme de la victime. Ce que les croyances occultes appellent le « troisième œil », le point par lequel un initié reçoit l'illumination.

De la pointe de sa canule, il désigna une ligne précise sur le document :

« *Tu auras par ce moyen la gloire de tout le monde ; et pour cela toute obscurité s'enfuira de toi.* »

— Et la seconde ?

— Ces triangles sont des flèches ! Des flèches directionnelles.

Ezra le dévisagea un moment, interdit, admiratif.

— Si la « flèche » de Jean désignait le sud-est… quel point cardinal indiquait celle de Philippe ?

— À Siloé, tout s'est passé très vite, se désola Jacques. Mais de mémoire… je dirais le sud-ouest.

Le jeune bibliothécaire se leva aussitôt et, sans plus de commentaire, disparut derrière des piles de documents en vrac, pour en émerger peu après, un papyrus froissé à la main. Un sourire énigmatique affleurait tout juste sur ses lèvres.

— C'est une carte de la région, précisa-t-il.

— Que veux-tu en faire ?

— Un instant, Jacques…

D'un geste assuré, d'un stylet de bronze rapidement trempé dans une encre noire et épaisse, Ezra traça deux triangles aux emplacements géographiques de Béthanie et Siloé sur le document déroulé.

— Ces triangles définissent des limites. Regarde !

En prolongeant les côtés des deux triangles, Ezra en dessina un troisième, plus grand. Et ajouta le lieu des deux meurtres.

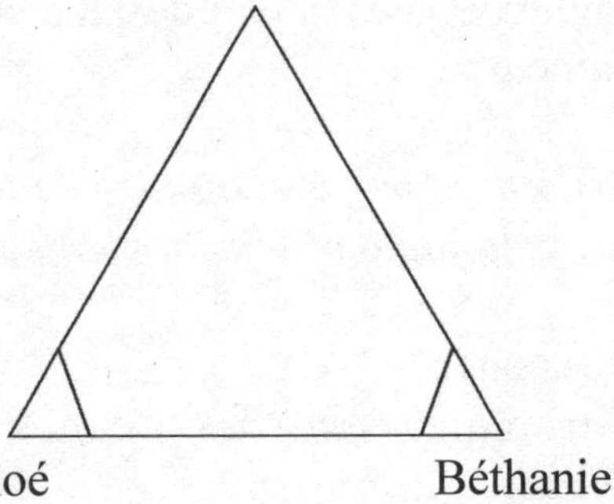

Ce faisant, il concrétisait, noir sur blanc, les pires craintes du scribe. La perspective d'un troisième crime. Et dont Jacques, le troisième frère, était la cible toute désignée.

— Le tueur nous indique où sera déposé le prochain corps, murmura le scribe d'une voix blanche.

— Oui… d'ailleurs, ça se situe en plein désert.

Je vais mourir dans le sable, au milieu de nulle part…

Qui ? Où ? Les indices étaient limpides. La dernière question en suspens, impossible à énoncer tout haut, le glaça un peu plus.

Quand ?

Pour échapper à ces perspectives innommables, Jacques fit ce qu'il savait faire de mieux. Raisonner. Extorquer à la réalité sa part cachée de cohérence et de méthode. Mais les idées noires ne se chassaient pas aussi facilement.

— Les trois triangles, le triangle plus grand qui les englobe… cela ressemble à une clé ésotérique.

— C'est-à-dire ?

— Raziel t'a peut-être exposé les principes de la Tétractys de Pythagore ?

— Vaguement…

À l'étage au-dessous, dans la chambre des foyers, l'activité des prêtres et des lévites préposés aux feux avait repris, à grands coups de pelle et de jurons incongrus en un tel lieu.

— Pythagore considère que tout peut non seulement s'expliquer mais aussi s'opérer grâce à un concept unique. Une sorte de synthèse parfaite, qui ouvre toutes les portes. Vois plutôt ici : « Ainsi toutes les choses sont nées de cette chose unique. »

— La clé.

— La clé, oui. Les clés ésotériques s'incarnent dans des formes très accessibles, des images en apparence aussi anodines qu'un triangle. Seuls les initiés savent en tirer toute la richesse. Par exemple, la Tétractys de Pythagore n'est en apparence qu'une pyramide de dix points, toute bête. Comme ceci…

Jacques prit le stylet des mains d'Ezra, et piqua un pan de papyrus vierge d'autant de petites taches noires.

•

• •

• • •

• • • •

— Pour résumer, les neufs points à la périphérie symbolisent les neufs dieux primordiaux de l'Égypte. On les appelle aussi les neuf *Neter*.

— Et le point central ?

— C'est « celui qui ne peut être connu », la part de mystère irréductible qui réside en tout, et qui résiste à toute explication.

— C'est tout ?

— Non ! Je pourrais aussi te dire que chaque ligne correspond à un élément fondamental.

Il compléta son schéma en associant un terme précis à chaque rangée de points. Était-ce l'influence de l'enceinte sacrée ? Il écrivit les quatre mots en hébreu, et non pas en grec ou en araméen.

• אש (Feu)

• • אוויר (Air)

• • • מים (Eau)

• • • • קרקע (Terre)

— À eux quatre, ils sont la source de toute création. Le feu et l'eau, l'air et la terre.

Ezra passa sa main sur la pyramide de points, comme pour en ressentir la puissance démiurgique, l'air absent.

— Ce que je ne comprends pas, réagit Ezra, c'est qu'en Égypte la religion est l'affaire de tous, non ? Pourquoi un tel enseignement serait dissimulé dans une « clé » ?

— Le culte des dieux égyptiens est comme la plupart des religions, un dogme à deux vitesses. Il y a le versant « exotérique » ouvert à tous, connu de tous ; et l'autre, la face cachée, « ésotérique », accessible seulement à quelques élus qui ont été choisis pour en partager les mystères.

Le regard de Jacques s'échappa un instant par la minuscule lucarne, unique source de lumière du jour au sommet du mur le plus haut. À l'orangé des rayons qui parvenaient à passer là, il comprit qu'il lui faudrait bientôt partir. Un autre rendez-vous l'attendait. Il lui tardait plus que jamais d'entendre Jésus parler.

— Alors, pour ce qui nous concerne ici, quelle serait la clé ? Que dirait-elle ? insista le jeune bibliothécaire.

— Ezra, je crois que nous l'avons sous les yeux ! Si je complète ton dessin…

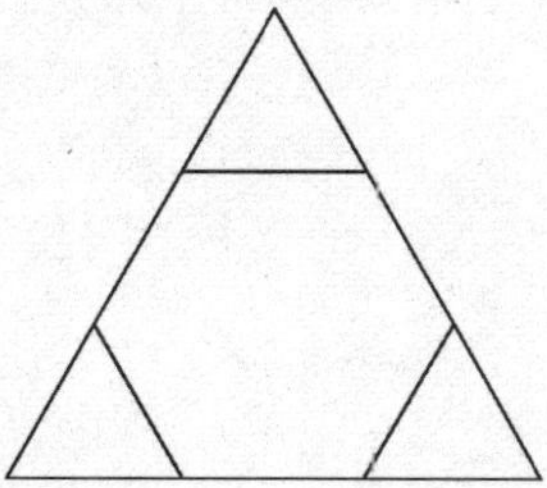

— Et que j'y superpose la Tétractys…

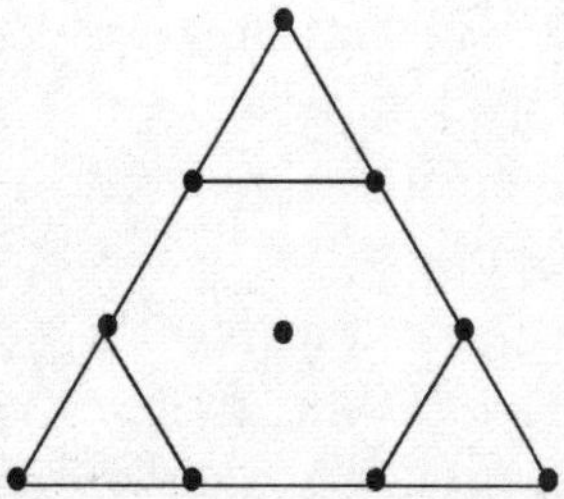

Ezra n'en crut pas ses yeux.

— C'est la même figure !

Jacques adorait cet instant où réflexion et intuition fusionnaient pour se manifester sous nos yeux. Où les solutions apparaissaient de manière presque spontanée, plus rapides que le cours de nos idées. Une fois de plus, il se surprit à penser qu'il aurait aimé partager cela avec sa nièce.

— Quel pouvoir apporterait ce symbole ?

— Tout ce que je sais, pour l'instant, c'est qu'il décime mes frères. Jean est mort par le feu et Philippe par l'eau. Et moi, je me demande si je vais être assassiné par l'air ou par la terre…

— Ne dis pas ça ! s'offusqua Ezra.

— Vu la zone désertique où tombe le sommet de notre triangle, je pencherais plutôt pour la seconde solution.

Enterré vivant ?

41

Qumran

La mer Morte. Plus de sel en une seule gorgée que la ration d'un mois entier. Un liquide abject qui brûlait la peau et déchirait l'estomac. Ultime punition de l'Éternel, infligée aux hommes assez fous pour se hasarder dans cet enfer.

Judas encourageait régulièrement ses compagnons accablés de chaleur et de fatigue. Privés du moindre arrêt depuis leur départ de Béthanie, ils avaient hâte de trouver le réconfort d'un peu d'eau et d'un lit de paille pour s'étendre. Ils venaient en alliés potentiels, pas en ennemis. Il n'y avait donc aucune raison que les esséniens leurs refusassent des égards que le devoir d'aumône les incitait à pratiquer avec le dernier des vagabonds.

Simon, Theudas, Menahem, Thomas, Jaïrus, les hommes valides avaient emboîté le pas du chef sans discuter, et ce malgré leurs nombreuses réserves sur le bien-fondé de cette mission. Sans oublier Philippe, qu'ils venaient tout juste d'inhumer dans le caveau familial, et dont ils auraient dû respecter le deuil plutôt que de se lancer dans une telle expédition.

— J'ai vu quelqu'un là-haut ! s'écria soudain Thomas, alors qu'ils s'engageaient tout juste dans le défilé.

— Ça m'étonnerait, répliqua Judas. À cette heure-là, ils sont tous au bain ou à la prière.

— Il y a peut-être une vigie qui surveille le *wadi*.

— Eh bien, laissons-la faire son travail. Comme ça, au moins, notre arrivée sera annoncée.

Quelques dizaines de coudées plus loin, ce fut au tour de Menahem de désigner un creux sombre dans la roche.

— J'en ai vu deux ! Tiens, et là, il y en a encore un !

Alors qu'ils progressaient, il se mit à en surgir de partout, au-dessus de leurs têtes. Chaque grotte, chaque repli rocheux dans la falaise, chaque anfractuosité accouchait de sa silhouette blanche, chacune tenant plusieurs cailloux à la main, apparemment prête à les pilonner au premier signal.

— Toi qui voulais qu'on s'annonce… ironisa Simon à mi-voix. C'est réussi. S'ils sont aussi nombreux, c'est qu'ils nous attendaient.

Le plus effrayant, c'était le silence pesant, presque recueilli, des ombres barbues et chevelues qui les tenaient ainsi en respect. Pas un homme plus agité que les autres pour leur aboyer une insulte. Tous semblaient habités par un calme aussi serein que déterminé. Vraiment, ces esséniens n'étaient pas des Juifs comme les autres. Accompagnés par leur étrange et abondante escorte, toujours silencieuse, ils débouchèrent bientôt de l'autre côté du passage. De là, le panorama sur le plan d'eau désolé était impressionnant. La brume suspendue au-dessus de la mer se mêlait au dépôt blanc du sel sur son pourtour, voile de chaux qui nimbait tout d'une aura fantomatique. Même les collines de couleur rouille sur la rive opposée, même le ciel d'un bleu si éclatant, disparaissaient dans ce paysage où tout semblait aspiré par cette mer étrange. Ils longèrent un moment la crête, derrière laquelle le soleil se coucherait bientôt, leurs guides se tenant à distance respectable, comme s'ils redoutaient de se souiller au contact des intrus.

Un homme se détacha du groupe des esséniens, grand gaillard à la chevelure et à la barbe impeccablement lissées, qui leur fit signe de le suivre, sans prononcer pour autant le moindre mot. Avant que Judas n'ait le temps de protester, un autre saisit le licol de leurs deux ânes. Alors seulement ils aperçurent ce qui ressemblait à un petit village planté entre la montagne et le rivage, et qui glissait en pente douce jusqu'à la mer.

Le lieu avait beau être peu propice à une telle implantation, Judas et ses hommes furent surpris par le soin apporté aux divers équipements de la communauté. Ils commencèrent par longer un canal d'irrigation creusé dans le sol et pavé de pierres plates, qui devait apporter aux habitants les eaux drainées par les crues du *wadi*, lors des orages violents qui s'abattaient parfois sur la région. Pourtant, en jetant un œil circulaire alentour, ils ne parvenaient pas à détecter la moindre trace de cultures ou de végétation. Pas une seule tache verte dans cette immensité brûlée. Ici, tout n'était que pierre, sable, soleil. Même les lézards, et la plupart des insectes, avaient renoncé à y établir leur domicile. C'est dire s'il fallait être fou…

Juste à côté du réservoir, un *mikveh* aussi vaste et aussi bien aménagé que ceux du Temple, le luxe et les tentures en moins, accueillait une demi-douzaine de jeunes hommes nus, immergés jusqu'au cou, les yeux fermés, qui semblaient plus se recueillir que pratiquer de véritables ablutions.

Partant de là, un chemin assez large zigzaguait le long de l'aqueduc miniature, au milieu du groupe principal de bâtiments, dont ils découvrirent, pas après pas, qu'ils avaient tous des fonctions bien précises. Mais aucun, à leur grande surprise, ne paraissait conçu à des fins d'habitation.

Ils passèrent ainsi devant un édifice circulaire, probablement un silo contenant les céréales nécessaires à la confection du célèbre pain cru des esséniens, qui s'interdisaient de cuire ou même de chauffer le moindre aliment. Plusieurs ateliers offraient visiblement toutes les compétences requises pour la survie de la communauté : tissage du lin – le port de la laine étant prohibé –, façonnage de poteries, fabrication et réparation d'outils…

— Non, ils n'ont pas le droit de produire des armes de leurs mains, précisa Judas à Thomas qui lui désignait la forge d'un air entendu.

L'enfilade des bâtiments suivants était dévolue au séchage et au stockage de divers aliments, fruits et légumes rachitiques. Puis à nouveau une double citerne, dotée d'un ingénieux système de trop-plein, qui permettait le débord du contenu de la première vers la seconde, en cas d'afflux brusque ou de surcharge. Et deux bains encore, occupés eux aussi par des ascètes immobiles et mutiques.

Thomas était effaré.

— Tu dis qu'ils se lavent plusieurs fois par jour ? Ça n'a pas vraiment l'air de les réjouir.

— Toute manifestation de joie en public est interdite.

— Interdite ?

— Le moindre rire et ils peuvent être exclus plusieurs semaines. Plusieurs mois pour un mensonge ou un mouvement de colère vis-à-vis de leurs frères.

Un autre détail frappa Thomas, alors qu'ils parvenaient à l'autre extrémité du hameau :

— Il n'y a aucune femme !

— Presque aucune. Les membres de la communauté sont tous des hommes et ils font vœu de célibat pendant les trois ans de leur noviciat. Après, certains prennent femme. Mais elles ne sortent jamais de chez elles.

— Chez elles ? Mais où ça « chez elles » ? Il n'y a pas une seule maison !

Judas lui tapota l'épaule et lui indiqua les dizaines de petites gueules noires qui trouaient l'immense falaise dans leur dos, autant de cavités naturelles.

— Là-bas. C'est là leur maison.

Thomas n'eut pas le temps de réagir qu'une porte s'ouvrit. L'essénien qui les accompagnait les invita à la franchir, d'un geste vague et peu avenant.

À en croire l'alignement de petits bancs rudimentaires à l'intérieur, ce devait être un réfectoire, ou une salle de prière, peut-être les deux selon l'heure de la journée. Le toit de planches, de palmes et de paille coupait si bien la lumière aveuglante du dehors qu'ils furent plongés d'un seul coup dans une semi-obscurité. À l'autre bout, à une quinzaine de pas, le halo blanc de trois tuniques immaculées capta leur attention. L'une des taches s'approcha, sans précipitation aucune. Une voix métallique s'éleva dans l'ombre.

— Lequel d'entre vous est Judas ?

Un pas encore, et un trait lumineux, presque aussi blanc que sa robe, éclaira le visage de l'homme, modelant ses traits anguleux et son nez busqué, plus âgé que ne le laissait supposer sa voix.

Judas avança à son tour.

— C'est moi. Comment connais-tu mon nom ?

— Je pourrais te dire que sur cinq Judéens, il y a au moins un Judas, dit l'homme sur un ton qui n'avait rien d'une plaisanterie. Mais je ne m'amuse pas à ce genre de spéculations. Je sais qui tu es. Tu es Judas, fils de Judas de Gamala.

Dans le dos de leur chef, ses frères et ses camarades s'agitaient, pour le moins perturbés par ce qui ressemblait de plus en plus à un traquenard.

— Tu savais donc que nous allions te visiter ?

— En effet. Votre venue m'a été annoncée. Il y a déjà longtemps…

Longtemps ? Hier encore, je ne l'avais pas envisagée !

— Et annoncée par qui, je te prie ?

— Par ton frère.

Judas ne put réprimer un coup d'œil vers Simon, resté loin en arrière.

— Mon frère ?

— Ton frère Jean.

— Tu mens ! s'emporta le zélote. Jean est mort !

— Je sais…

Comment peut-il savoir ? Personne ne sait ! s'étonna Judas. Il s'avança, menaçant, et pourtant le patriarche ne cilla ni ne recula d'un seul pouce, indifférent aux allures de bête fauve de son interlocuteur.

— Jean l'avait prédit, reprit l'essénien. « Le jour où ils viendront, c'est que je serai mort. » Ce sont ses propres termes.

Judas sonné, cherchait les mots dans le labyrinthe de ses émotions contraires.

— Quand as-tu vu Jean ?

— C'était il y a environ deux de nos années.

— Il est resté longtemps à Qumran ?

— Oui, au moins six mois. Il a commencé son parcours d'initiation.

— Pourquoi est-il parti ?

— Je ne sais pas, il disait qu'il avait d'autres choses à accomplir. Il n'est jamais entré dans les détails, et ce n'est pas notre genre de questionner ceux que nous recevons parmi nous. Cela dit, l'autre est resté moins longtemps encore.

— L'autre ?

— Au bout de trois mois, ton frère a été rejoint par l'un de ses compagnons.

Qui... ?

— D'ailleurs vous devez le connaître, poursuivit l'essénien, vous qui vivez près de Jérusalem. On m'a dit que ce Jésus faisait grand bruit actuellement.

À l'évocation du mage galiléen, l'un de leurs principaux rivaux, Judas tressaillit. N'était-ce pas ce Jésus qui venait d'inciter le peuple juif à une servile docilité vis-à-vis de Rome ? À payer l'impôt de César ?

Puis il tenta de se ressaisir.

— Jean t'a-t-il raconté ses années avant Qumran ?

— Non. Je sais juste qu'il y était déjà venu, il y a plus de vingt ans, d'après ce que m'a raconté le Maître précédent.

— Il était seul ? intervint Thomas.

— Non. la première fois, ton père l'accompagnait.

Judas, son père, ombre échappée du passé... Le regard du zélote se brouilla à cette évocation.

— Et que cherchait mon père ici ?

— Nous ne portons pas le Temple de Jérusalem dans notre cœur, comme tu dois le savoir. Et lui non plus. Et puis, entre communautés minoritaires, mieux vaut se serrer les coudes.

— Je croyais que vous refusiez toute aide extérieure ?

— Parfois, nécessité fait loi… au moins exceptionnellement.

Cette perspective regonfla un instant la détermination de Judas. Il glissa un regard triomphant à ses frères, puis lâcha :

— Quel genre de services ?

— Le petit aqueduc, par exemple, ou notre système de citernes que vous avez dû apprécier en chemin, nous les devons en grande partie à ton père et ses architectes.

— Vous n'avez jamais envisagé d'autres types de collaboration ? risqua Judas.

— Qu'entends-tu par là ?

— Si vous n'avez pas le droit de fabriquer des armes, il vous reste le droit d'en porter, non ?

— Comme je te l'ai dit, je n'étais pas là à l'époque. Mais ma réponse aurait été la même que celle du Maître d'alors : nous ne prendrons les armes, pour chasser les fils des ténèbres, que le jour où le signe nous en sera donné.

— Et ce signe… ce sera quoi ? glissa Thomas avec sa candeur habituelle.

— Je n'ai pas le droit de le révéler à une personne qui n'appartient pas à la communauté. Sache juste qu'il sera apporté par notre Sauveur.

— Un Messie…

— Ce Sauveur, notre Maître en était convaincu comme je le suis aujourd'hui, ne pouvait pas être ton père, ni ton frère. Ce ne peut être que l'un des nôtres.

Judas ne sut que répondre. Il faudrait des trésors de diplomatie ou de ruse pour infléchir la position de ces anachorètes coupés de tout et de tous. Figés depuis deux siècles dans leurs pratiques comme dans leurs convictions.

— Maintenant, si vous voulez bien m'excuser, je vais aller me purifier pour la prière du soir. Jonah va vous conduire jusqu'à votre chambre. Du pain et de l'eau vous y attendent, indiqua le patriarche avant de s'éclipser.

Du pain et de l'eau ? Leur ventre poussa un seul et même cri de famine.

— Et ils mangent quoi, ici, pour le Seder ? Deux criquets et un scorpion ? gémit Jaïrus, une main sur l'estomac.

— Au moins leurs corps sont faciles à faire passer dans l'autre monde ! plaisanta Simon en désignant Jonah du regard.

En effet, leur guide attitré était à peine plus épais qu'une jeune femme. Mais lorsqu'il fallut escalader à sa suite la paroi rocheuse, véritable mur dressé vers le ciel, ils purent constater que sa stature était un atout, et non un handicap. Il filait devant eux tel un chat.

Il leur fallut un bon quart d'heure pour atteindre leur grotte. Et nul n'avait songé à se plaindre de la faim, tant l'exercice demandait une concentration de chaque instant pour ne pas déraper et chuter, près d'un stade plus bas, au fond de la faille géologique qui fendait le site.

Au sommet, deux esséniens les attendaient déjà, adossés à un drap de lin brut qui devait servir de rideau pour la nuit. Pas plus loquaces que les autres, ils se contentèrent de leur indiquer un trou dans la montagne assez grand pour abriter une dizaine de personnes. Rien sur le sol pour s'allonger et amortir le contact brut de la roche. Juste la cruche d'eau promise, et une miche de pain cru, à peine plus épaisse qu'une crêpe. Tous entrèrent à l'intérieur, sauf Simon et Judas, qui contemplaient la mer, vitrifiée par endroits d'une croûte de sel d'un blanc parfait. Toujours muets, leurs hôtes les regardaient avec insistance.

— Je crois qu'ils nous attendent pour partager leur plantureux repas, souffla Simon.

— Hum… grommela son frère. Je ne vois pas l'intérêt de nous avoir dépêché trois de ces pantins. Je me sens plus prisonnier qu'invité dans ce *bakhora* sans vie !

Et il pénétra à son tour dans la grotte, suivi par Simon.

Un seul des trois esséniens les accompagna. Après une prière silencieuse, l'homme rompit la galette anémique et en tendit un morceau à chacun d'entre eux. Il fit aussi tourner le broc qu'ils s'arrachèrent des mains les uns des autres, tous passablement assoiffés.

Menahem mâchouillait son pain cru avec un rictus contrarié.

— Il faudra m'expliquer la différence entre le jeûne et ce « repas » !

Un cri d'oiseau dans le ciel, sec et strident, n'interrompit pas leur collation. Le novice se leva pour jeter un œil curieux sur le rapace, puis bondit sur le palier étroit. Dans un grondement assourdissant, une pierre gigantesque roula devant l'ouverture.

Ils nous enferment !

Theudas se rua sur le bloc pour freiner sa progression, rejoint aussitôt par ses compagnons.

Arc-boutés sur toute la surface disponible, les zélotes tâchèrent de s'interposer entre la pierre et la paroi, en vain. Un dernier coup de reins des esséniens eut raison de leurs efforts, et de la main gauche de Menahem.

Il hurlait à tout rompre et Simon versa le mince restant d'eau sur les phalanges amputées, ruisselantes d'un sang fluide et brillant.

Les autres restaient sans voix. Comment avaient-ils pu se laisser piéger aussi aisément ? Comment six hommes expérimentés comme ils l'étaient, six soldats aguerris, avaient-ils pu se laisser surprendre par trois moinillons chétifs ?

Ils se rendirent pourtant à l'évidence. Ce n'était pas une chambre d'hôtes ni même une prison dans laquelle on les avait séquestrés. Plus les minutes passaient, et plus la caverne éclairée par une unique lampe à huile vacillante leur apparaissait dans sa froide réalité… comme leur tombeau.

42

Jérusalem

Ses consignes données à Ezra, précises, presque minutées, Jacques reprit le chemin du mont des Oliviers, la tête au bord de l'explosion. Trop de signes, trop de symboles, trop d'interprétations possibles. Et aucune explication valable.

Qui sont les initiés ? Le jeune bibliothécaire visait juste. *Qui ?*

Il lui revint alors à l'esprit un détail qu'Anaxilaos, son maître, lui avait enseigné à propos des divers cultes pullulant dans tout le Levant. Le terme grec que ceux-ci employaient pour désigner l'initiation était *Teleutai*. Son sens premier ? Mettre un terme, achever ou… tuer. Peut-être était-il moins question ici pour les meurtriers de s'initier eux-mêmes que de guider un tiers. Voire de l'affranchir comme on libère un esclave, en tuant en lui la part qui l'asservissait à ce monde matériel.

Dès la porte des moutons, la foule se fit pressante. Si la précédente intervention de Jésus en avait rebuté certains, déçus par son allégeance à César, son affrontement avec Gamaliel avait amplifié le bouche-à-oreille qui faisait de lui, à plus d'un titre, la sensation de cette Pâque. Il y avait sans doute, parmi la populace qui affluait en masse, plus de curieux que de convaincus. En répondant à l'invitation que lui avait lancée Pierre le matin même, Jacques n'échappait pas à cette excitation ambiante. Il brûlait plus que tout autre de voir évoluer Jésus dans son élément. De l'observer en pleine lumière, et de percer tout au moins cette enveloppe et ce discours si parfaits, qui subjuguaient les foules et jetaient sur sa véritable personnalité un voile opaque. C'est ce qui l'avait frappé dans les confidences d'André et de Pierre : à quel point ses proches ignoraient tout, ou presque, de lui. Jésus avait su se façonner un personnage public, c'était évident. Mais qui était-il vraiment ?

Progresser sur la côte encombrée n'était pas chose facile. Les plus vaillants contournaient Gethsémani et empruntaient un petit chemin filant en ligne droite vers le sommet du mont. Une pente abrupte, exposée au soleil, qui décourageait les femmes, les enfants et les personnes âgées. Jacques choisit de rester avec le gros du troupeau et, quand il parvint enfin à l'alignement de cyprès signalé par Pierre, l'attroupement était tel qu'il interdisait de s'approcher de l'estrade naturelle constituée par un gros rocher plat.

— Où est Jésus ? Montrez-nous Jésus ! s'impatientèrent quelques fidèles.

Surgi de la cohue, Pierre grimpa sur le rocher et exhorta la foule, le verbe haut et clair.

— Mes frères, mes frères, je vous demande encore quelques instants de patience. Jésus va vous parler.

Presque aussitôt, un bras autoritaire l'écarta et la silhouette du prophète se déploya sur le petit promontoire. Jésus finissait d'enfiler une tunique blanche immaculée, que les rayons du jour déclinant éclairèrent comme une statue. La tenue était bien choisie, et l'effet provoqua dans l'assistance un murmure admiratif.

Sans préambule, il se lança dans un discours aux accents vibrants, les yeux fixant tour à tour les spectateurs les plus proches, le regard possédé.

— Heureux… Heureux les pauvres en esprit, car le royaume des cieux est à eux !

Il scandait si bien ses mots, il les projetait avec une telle ferveur, que chaque inflexion, chaque pause, chaque élan nouveau dans la phrase provoquait dans le public un brouhaha presque continu. Ce n'était ni un discours ni une oraison, c'était comme du théâtre, un échange entre eux et lui, chacun semblant connaître par avance son texte.

Ils étaient conquis.

— Heureux les affligés, car ils seront consolés !

Là où il était placé, Jacques le voyait moins bien qu'il l'aurait souhaité. Il distinguait à peine ses traits et il n'était plus si sûr que Jésus fût la copie conforme de son frère aîné. Certes, cette ressemblance troublante persistait mais la voix, les gestes, l'attitude physique ne correspondaient pas aux souvenirs qu'il conservait de Jean.

Un sentiment étrange gagna pourtant le scribe. Ce qu'il reconnaissait, c'était moins un visage ou une attitude… que des mots.

Ces mots, je les ai déjà entendus.

— Heureux les miséricordieux, car ils obtiendront miséricorde !

Le premier psaume de David ! Les phrases exactes lui revinrent, soudain : « Heureux l'homme qui ne marche pas selon le conseil des méchants, et qui ne s'assied pas en compagnie des moqueurs. »

Chaque nouvelle intervention de Jésus confirma son impression initiale. Et plus les autres adhéraient, enthousiasme vibrant autour de lui comme un drap que le vent agite, plus il sentait monter en lui la colère.

— Heureux ceux qui ont le cœur pur, car ils verront Dieu !

Le psaume 32, l'un des plus connus, l'un des plus beaux : « Heureux l'homme à qui l'Éternel n'impute pas d'iniquité, Et dans l'esprit duquel il n'y a point de fraude. » Il chercha désespérément autour de lui une expression de doute, un sourire blasé, une réaction qui lui aurait prouvé qu'il n'était pas le seul à remarquer l'évidence. *Ce n'est pas possible que je sois le seul à m'en apercevoir !* C'était donc ça, « Jésus », la méthode Jésus, le style Jésus ? Une compilation de textes trop connus pour être encore lus ? Un ramassis d'aphorismes que chacun pouvait s'approprier sans difficulté, et pour cause, puisque chacun les connaissait, plus ou moins consciemment !

— Heureux les débonnaires, car ils hériteront la terre !

Le psaume 41... La litanie se poursuivit ainsi, et chaque fois sa correspondance ancestrale lui apparut avec une clarté effrayante. Le jeu n'était même plus drôle. Puis le registre se fit plus rassembleur encore. Le mot d'ordre semblait qu'aucun, parmi ceux qui buvaient ses paroles, ne se sentît exclu. Comment ne pas adhérer ? Comment ne pas se lever et le suivre comme un seul homme ?

« Tout ce que vous voulez que les hommes fassent pour vous, faites-le de même pour eux, car c'est la Loi et les prophètes. »

En pilleur habile de la sagesse des autres, Jésus savait maquiller ses sources. Il avait tiré cette angélique sentence de la « règle d'or » de *rabbi* Hillel. « Ce qui est détestable à tes yeux, ne le fais pas à autrui. » Et cet emprunt n'était probablement pas un hasard. Hillel était la figure éminente du judaïsme né de l'Exil à Babylone. Histoire de montrer qu'il était capable de puiser chez tous et partout, y compris chez les plus respectés des exégètes. Ce que Jacques ne comprenait pas, en revanche, c'est comment ce prêche éminemment consensuel, cette harangue simpliste, amalgame réducteur des aspects les plus séduisants de la foi juive, s'articulait avec le sabir initiatique du tueur. Même à considérer que l'un fût le versant public d'une démarche plus complexe, comme il l'avait exposé plus tôt à Ezra, les liens lui échappaient.

Et si Jésus n'était pas le coupable de ces crimes, mais leur annonciateur ? Si, à l'instar d'Agabus, il n'avait pour toute responsabilité que sa capacité à deviner ce que d'autres perpétraient ?

Jacques se faufila plus près, sans déclencher la moindre plainte chez les spectateurs hypnotisés. Le prophète galiléen lui fit plus forte impression encore. Quel charisme, quelle verve ! Quelle énergie contenue qui, par instants, explosait sur une intonation plus vive, et venait fouetter son auditoire. Cet homme était un orateur hors pair, comme il en avait rarement admiré dans sa vie, y compris parmi ses maîtres grecs. Or, Jaques le savait, une telle éloquence ne s'improvisait pas. On ne quittait pas une masure de Nazareth un beau matin pour s'exprimer avec un talent aussi avéré. Pour captiver ainsi les foules, il fallait avoir été formé, assurément…

Puis les mots claquèrent à son oreille, aiguillons qui vrillèrent ses sens et ce qui lui restait de discernement. La stance lui sembla un message adressé à son intention, comme l'évocation de César la veille.

« Gardez-vous des faux prophètes.
Ils viennent à vous en vêtement de brebis,
mais au-dedans *ce sont des loups ravisseurs. »*

Faux prophètes... comme toi, Jésus ?

Jésus interrompit son sermon de manière très abrupte, presque au milieu d'une phrase, comme pour mieux laisser l'assistance dans un état de sidération. D'une dernière ruse spectaculaire, il se laissa tomber en arrière, de toute sa hauteur, entre les bras de complices ou de simples badauds qui amortirent sa chute.

La seconde d'après, Pierre était remonté à sa place sur le rocher, et donnait cette fois rendez-vous au Temple, dès le lendemain midi.

Et de Jésus… plus aucune trace.

Volatilisé. Aspiré par le vortex sans fin de la multitude.

43

Malgré l'insistance de Marie, Sara était repartie de Béthanie. Sans avoir informé quiconque du piège dans lequel Judas et les siens allaient tomber. Le spectacle de sa mère dans les bras du prétendu apothicaire l'avait tant choquée qu'elle en avait négligé l'importance de sa mission. Le jour tombait et un sentiment lourd d'impuissance plombait ses pensées et ses pas. Jacques avait peut-être bien raison quand, au début de leur fuite, il l'avait traitée comme une enfant, indigne de confiance. À quoi servait-elle, incapable qu'elle était de délivrer un message aussi essentiel ?

Mais elle n'osa pas revenir en arrière. Pas plus qu'elle ne se sentit capable d'affronter les remontrances de son oncle, chez Magda. « Avant la nuit », avait dit Jacques. Eh bien, la nuit attendrait un peu. Car le seul endroit où elle pourrait reprendre ses esprits, dans l'immédiat, c'était la bibliothèque de Raziel. Et d'Ezra.

La jeune fille n'éprouva pas plus de difficulté que Jacques avant elle à se faufiler jusqu'à la chambre des foyers. Les odeurs de feu de cheminée avaient quelque chose de familier, de rassurant. C'est cette chaleur qu'elle était venue chercher. Mais quand Ezra apparut au poste de garde, la mine défaite, elle comprit que le péril avait frappé.

— Montre-moi cette carte tout de suite, exigea-t-elle dès que le jeune bibliothécaire eut achevé son exposé, n'omettant aucun détail.

Il déroula à nouveau la carte sur laquelle le scribe et lui avaient reporté le fruit de leurs réflexions. Sara pointa l'angle supérieur du triangle.

— D'après toi, il serait là ?

— Il *sera* là. Il pense que ce serait trop dangereux d'y aller en avance. Ça risquerait même de tout compromettre.

— Et si nous arrivons trop tard ?

Son geste évasif, le regard perdu dans les rayonnages surchargés, tint lieu de réponse. Jacques avait refusé d'envisager cette éventualité, bien sûr. Et pourtant…

— Combien de temps pense-t-il pouvoir tenir sous terre ?

— Il n'était pas très sûr, mais un mage indien lui a appris à retenir sa respiration plusieurs minutes.

— Et avant ça ? Il dispose de quelle autonomie ?

— Je ne sais pas. Si, comme il le pense, il trouve une gourde sur place… au mieux une vingtaine de minutes.

Sara fronça les sourcils avec inquiétude.

— Si je te suis bien, une fois là-dessous, il aura au maximum une demi-heure devant lui.

— Et sans doute deux bonnes coudées de terre *sur* lui, rappela Ezra.

Sara était à mille lieues d'imaginer que son oncle prendrait de tels risques afin de poursuivre ses investigations sur Jésus. Se jeter ainsi dans la gueule du loup, cela lui ressemblait si peu.

— Partons tout de suite !

— Non, je te l'ai dit. Jacques est certain que Jésus et ses hommes ne procéderont pas avant le milieu de la nuit. Probablement à la même heure qu'à Béthanie. Il faut encore attendre.

Elle se redressa trop vite, vacilla.

— Oh, tout doux… Tes blessures t'affaiblissent encore.

— Ça va, ça va, le repoussa-t-elle d'un geste fier, presque agacé.

— Tu devrais prendre un bain pour te remettre.

La proposition était pour le moins inattendue, déconcertante.

— Où ça ?

— Le *mikveh* du grand prêtre est juste à côté d'ici.

— Tu es fou ! Si on nous voit ?

— Aucun risque, le *mikveh* est perché sur le toit de la chambre du sel. Personne ne passe devant, ni ne le voit depuis l'esplanade.

— Et si le grand prêtre arrive ?

— À cette heure-là, c'est impossible. Caïphe a déjà pris sa part des offrandes du jour et il est rentré chez lui. Tu sais, ce n'est pas le zèle qui l'étouffe.

Ezra lui souriait, il lui tendait la main, debout devant elle. Ils étaient si tentants, lui et son bain.

Mais ce sang entre mes jambes…

— Écoute, c'est très gentil, mais je ne peux vraiment pas.

— Pourquoi ? L'eau est chaude, parfumée. On dit qu'il y fait verser chaque jour des pétales de roses fraîches. Cueillies dans son jardin. Viens !

Il saisit sa main et la tira vers lui.

— Non, tu ne comprends pas. Je… Je suis impure, voilà ! lâcha-t-elle en rougissant.

Il la considéra tout entière. Elle était déjà femme mais encore si enfant, à ses yeux, qu'il n'avait pas pensé une seconde à ce désagrément. Il ne laissa pas à la gêne le temps de s'installer.

— Eh bien raison de plus pour te laver ! Suis-moi !

Ce fut dit avec une telle légèreté…

D'une traction plus forte, il la remit sur pieds. Sara se laissa entraîner à travers le dédale des couloirs et des coursives du Temple. Enfin ils gravirent un escalier étroit et sombre, qui déboucha sur une pièce envahie de vapeur, faiblement éclairée par deux ou trois flambeaux, et qu'on devinait pourtant vaste.

La décoration y était beaucoup plus riche et variée que dans les espaces publics du saint édifice. Fait surprenant en un tel lieu, on y devinait même, quand une nappe de brume se déchirait, des fresques représentant de petits animaux, mais aussi des humains à demi nus, dans un style gréco-latin que Jacques n'aurait pas manqué de comparer aux splendeurs de Pompéi, d'Ostie ou d'Herculanum. Sur le sol, des motifs floraux, géométriques et marins, aux couleurs très vives, parvenaient à percer le voile blanc pour guider le baigneur jusqu'aux larges marches qui s'enfonçaient dans l'eau, trouble de chaleur.

Ce bain était le bijou profane du Temple, comme pour mieux exalter la piété et le dépouillement autour.

— Je peux me déshabiller ? chuchota Sara.

— Ah oui, pardon !

Il se retourna aussitôt, cramoisi d'embarras.

Sara prit tout son temps, pliant un à un ses vêtements, dissimulant le linge souillé sous la pile. Repoussant le plus possible l'instant où elle se dénuderait complètement.

Sa qualité de femme lui avait toujours interdit l'accès aux bains rituels, apanage des hommes adultes de la communauté. Sa toilette à elle se résumait depuis l'enfance à une « toilette de chat », à l'aide d'un carré de lin plié en quatre et trempé dans une eau plus ou moins propre. Quant à une immersion totale de son corps dans l'élément liquide, hormis les bains forcés d'Ein Rogel et de Siloé, cette fille des portes du désert n'en avait aucun souvenir.

Le *mikveh* était d'une taille colossale. À chaque degré, vers ses profondeurs, elle s'enfonçait de près de deux pieds. Trois marches à peine et elle sentit l'eau brûlante et délicatement odorante l'assaillir de toutes parts, aussi cuisante que bienfaitrice. Elle s'assit sur le rebord de pierre polie et, les yeux fermés, laissa ses sens abdiquer devant la douceur pleine de cet instant parfait. D'une main appesantie par la touffeur, et ralentie par la densité de l'eau, elle caressa sa nuque, ses épaules, ses seins et son ventre, son majeur faisant une incursion furtive dans le nombril, parfaitement rond, que lui avait légué Marie. Autour d'elle, les pétales promis flottaient en effet à la surface, attirés par sa présence, élégante corolle rosée autour de sa chair diaphane.

Des images affluèrent. La grange. Le triangle. La capuche du tueur. Son sang à elle… En quelques jours, en quelques heures presque, elle avait la sensation d'avoir plus vécu qu'au cours de toutes ces années. Des années d'apprentissage où elle n'avait rien appris d'autre qu'à se contenter de ce qu'on lui donnait, et à obéir. Elle ressentait bien le besoin de se purifier, mais pas comme on l'entendait à la synagogue ou ici, au Temple. Il s'agissait plutôt d'une mue. D'une vieille enveloppe à laisser sur la margelle, ou que l'eau emporterait vers le fond de la piscine.

— Un foyer sous le bassin entretient la température. Il fonctionne jour et nuit, même quand Caïphe n'utilise pas son bain.

La voix d'Ezra le rappela à son souvenir. Le pauvre était planté là, le dos tourné, les bras croisés, face au mur, à attendre qu'elle finisse sa baignade.

Ruisselante, Sara sortit de l'eau. Négligeant le drap qu'il avait déposé à son intention sur la plus haute marche, elle vint se coller à lui. Le tressaillement du jeune homme fut si violent qu'il manqua de les renverser l'un et l'autre. Il se tourna enfin vers elle. Elle était magnifique. Irréelle. Telle qu'il s'était représenté Salomé, la belle-fille d'Antipas, dans ses rêves les plus humides, les plus inavouables. Ses blessures au flanc et au visage n'enlevaient rien à la pâleur délicate de sa peau, presque translucide, comparable à certains marbres qu'il avait pu admirer au Temple.

Ses seins, hauts et d'un pommelé parfait, n'alourdissaient pas une silhouette aussi fine et tendue qu'un trait de fusain. Qu'une telle splendeur existât aurait pu suffire à sa félicité. Mais qu'il en fût le premier spectateur, le premier à l'arpenter de ses yeux et, bientôt, de ses mains, lui semblait inespéré. Elle l'aida à quitter prestement sa tunique et, aussi nu qu'elle, il la rejoignit dans le giron protecteur du bain. Là, rien ne pouvait plus leur arriver. Collés l'un à l'autre, c'est à peine s'ils osaient se toucher, plus incrédules qu'empruntés.

4 jours avant la Pâque

Les volutes blanches les enveloppaient comme un linge pudique, s'immisçaient là où il n'y avait plus, entre eux, d'espace pour se glisser. Un souffle à peine séparait leurs lèvres, plus court à chaque nouvelle inspiration. Surtout ne rien précipiter. Suspendre l'instant à l'envi…

— Que faites-vous ici ?

La voix sourde, multipliée par la surface lisse des mosaïques, s'était abattue sur eux comme un gourdin. Sonnés, ils ne surent que répondre.

— Je te reconnais, toi !

L'homme approcha pesamment.

Le commandant du Temple ! Ezra sentit sa poitrine se soulever de terreur.

— Tu es l'assistant de Raziel ! Ton maître n'est pas encore enterré que tu te prends pour Caïphe ?

— Non, je…

— Tais-toi ! Tes explications sont inutiles ! J'en ai vu assez.

Le couple sortit du *mikveh* sans demander son reste. Sara attrapa sa robe à la volée et l'enfila aussi vite que la honte et l'émotion le lui permettaient.

— Suivez-moi ! Tu voulais montrer les petits coins secrets du Temple à ta fiancée ? lança le commandant à Ezra. Eh bien, vous allez avoir tout le temps d'en découvrir tous les deux, et d'aussi humides !

— Tu ne feras pas ça !

— Et pourquoi, s'il te plaît ?

— Parce que si Caïphe apprend que tu nous as laissés pénétrer jusqu'ici, s'il apprend que tu as failli à ta mission de surveillance la plus élémentaire…

— Ah oui ? Et qui ira lui dire des âneries pareilles ?

— Moi ! intervint Sara.

— Toi ? Mais qui es-tu, toi ?

— Je suis Sara… la nièce de Caïphe.

Son coup de bluff balaya soudain l'expression de morgue affichée par le commandant. Il les considéra tous deux, muet, incapable de démêler le vrai du faux dans leur petit numéro.

— Eh bien… bafouilla-t-il, manifestement ébranlé. Eh bien, nous allons voir ça. En attendant, vous allez rester tranquillement dans une pièce où personne n'aura l'idée de vous chercher.

— Combien de temps ?

— Le temps qu'il me faudra pour trouver Caïphe…

Il prit le menton tremblant de l'adolescente, encore dégoulinante, glacée, vulnérable, fouillant ses yeux sombres à la recherche d'un indice, d'un aveu.

— Et vérifier que sa nièce se prénomme bien Sara !

Ezra et elle n'eurent que le temps d'un regard éploré.

Jamais on n'arrivera à temps pour Jacques !

C'est dans l'eau qu'ils venaient de naître l'un à l'autre.

C'est dans la terre que Jacques allait mourir, comme il l'avait prédit. Et, retenus au Temple, ils ne pourraient rien empêcher.

Sur la terrasse, la nuit offrait le spectacle infini des étoiles et de leur ballet immobile. Il était encore trop tôt dans l'année pour apercevoir des astres filants, traînes lumineuses aussitôt vues, aussitôt évanouies. Mais, qu'elles soient statiques ou non, Magda ne parvenait pas à y dissoudre son inquiétude, qui était allée croissant, toute la soirée, et qui la pourchassait désormais dans la nuit.

Retourner à Béthanie ? Non, ça n'avait aucun sens. Qui était-elle pour réclamer Sara ? Quels droits avait-elle sur la jeune femme, si ce n'est ceux d'une amitié encore neuve ? Du peu qu'elle se souvenait de Marie, celle-ci n'était pas femme à abandonner les siens entre les mains de la première venue.

Jacques ne méritait pas moins sa sollicitude. Des deux, c'est lui qui avait pris le plus de risques. Lui qui s'était mis en tête d'affronter un danger sans doute trop grand pour lui. Là encore, à quoi pouvait-elle prétendre ? Pourquoi aurait-il dû écouter ses appels à la prudence, ses suppliques ?

Elle n'était pas sa femme, il n'était pas son homme. Elle n'était rien qu'une petite lumière, discrète et bienveillante, à la périphérie de sa vie. Une étoile pâlie à force de se demander ce qu'il resterait, au bout du compte, de leur amour.

Mon homme… Elle commença à sangloter doucement, presque sans bruit.

44

L'*Heikhal*. Le Saint du Temple.

« Une pièce où personne n'aura l'idée de vous chercher. » Le commandant n'avait pas menti. Après le Saint des Saints, où seul le grand prêtre était en principe autorisé à entrer, une fois l'an, à l'occasion de Kippour, le Saint, sa vaste antichambre, constituait la zone du sanctuaire dont l'accès était le plus réservé, et le mieux gardé.

Pourtant, à cette heure de la nuit, il n'y avait plus que deux gardiens devant sa porte, et un autre à l'intérieur. Trois hommes parfaitement éveillés et pénétrés de l'honneur qui leur était fait de veiller sur les appartements privés du Très-Haut.

Grelottante dans sa robe détrempée, Sara ne parvenait pas à apprécier la magnificence du lieu. Ezra, lui, n'osait même pas lever les yeux.

Dieu sait pourtant qu'il y avait motif à s'extasier. Longue d'une quarantaine de coudées au moins, large d'une bonne vingtaine et haute d'au moins autant, le Saint était une salle aux dimensions exceptionnelles, qui ne pouvait qu'inspirer le respect et le silence. Pas de fresques, pas de pierres précieuses, presque aucun mobilier. Excepté la haute plinthe composée de pavés plaqués à la feuille d'or, de la taille d'un homme debout, les murs colossaux étaient nus.

Il n'y avait là ni chaise, ni tabouret, preuve que les rares prêtres autorisés à pénétrer dans la pièce n'étaient pas invités à y séjourner. Sur la droite, une table basse et dorée, munie de deux longs bras pour son transport, était couverte de petits pains ronds. À gauche, il était impossible d'ignorer la menora, ce chandelier d'or, héritage de l'Exode, dont les sept branches figuraient selon Zacharie les sept ramifications du delta du Nil. D'autres y voyaient une représentation des sept planètes de la sphère céleste, ou des sept yeux de Dieu donnés aux hommes pour veiller sur leur destin.

Au fond, devant l'immense rideau qui protégeait le Saint des Saints, une table rectangulaire et plus haute était coiffée d'un autel de taille réduite. Celui-ci était destiné à la combustion des encens rituels, mélanges subtils de myrrhe, de nard et d'ingrédients secrets, connus de la seule famille Abtinas, laquelle détenait le monopole de leur confection depuis des temps immémoriaux.

Mais aucune fumée odorante ne s'en élevait pour apaiser leurs angoisses. Assis à même le sol, sans même un drap pour les isoler de la fraîcheur des pierres, Sara et Ezra ne pouvaient que ressasser leur infortune. Et l'issue tragique qui attendait Jacques, par leur faute…

Un homme entra, le port fier et le pas solennel. Il traversa la pièce, sans un regard pour eux ni pour le garde statufié devant la double porte pliante. Son habit blanc de prêtre était orné, sur la poitrine, d'un collier d'or discret. Il portait dans ses bras un gros sac de cuir.

— C'est l'un des trois trésoriers, souffla Ezra à l'oreille de son amie.

— Qu'est-ce qu'il vient faire là ?

— Déposer la part fiduciaire des offrandes du jour.

Deux autres prêtres, chargés à l'identique, suivirent le premier, qui les attendait au pied du *Parokhet*, le paravent tissé, si lourd, si épais, qu'il semblait fait de bois ou de pierre. Alors ils s'engouffrèrent dans l'unique partie du Temple qui leur était en principe interdite.

— C'est tant d'argent que ça ?

— Entre la taxe que le Temple prend sur le change, et la didrachme des milliers de pèlerins qui sont en ville en ce moment… oui, ça fait beaucoup d'argent.

C'est donc là le coffre-fort de Caïphe ! C'est à peine s'ils entendirent quelques pièces tinter en sourdine derrière le rideau. Quelques minutes après, les trois prêtres trésoriers réapparurent et filèrent vers la sortie, aussi discrètement qu'ils étaient venus, leurs sacs vides à bout de bras. Le garde referma sur eux les lourds battants, dont le claquement résonna longtemps dans les cintres.

Posant une main sur le bras du jeune érudit, Sara le regarda intensément et lui fit signe de rester muet. Un sourire aux lèvres, elle se redressa et passa sa robe humide par-dessus sa tête.

Elle était nue.

Le soldat s'approcha, visiblement exaspéré.

— Qu'est-ce qui te prend ? Rhabille-toi !

— J'ai chaud… Tu n'as pas chaud, toi ?

Sara se leva d'un mouvement langoureux. Ezra n'en croyait pas ses yeux, partagé entre le trouble et l'admiration.

— Je… non, tu vois bien qu'il fait froid ici. Remets ta robe tout de suite !

— Moi je me sens très bien comme ça.

Sa peau grêlée clamait le contraire mais elle jouait son rôle avec un sang-froid renversant. Elle avança encore d'un pas vers le garde, sa poitrine parfaite tendue sous le nez du cerbère, ses mamelons pointés comme des flèches qu'aucune formation militaire n'apprenait à éviter.

Il se baissa pour ramasser la tunique, le regard à hauteur de son pubis, captivé par la toison finement bouclée de la jeune femme.

— Ne m'oblige pas à appeler le commandant, remets ça !

— Le commandant ? Il est parti chercher Caïphe, tu le sais bien. Il n'y a plus que nous…

Il désigna Ezra d'un mouvement de tête.

— Et lui ?

— Lui, c'est un bébé. Moi j'ai besoin d'un homme, murmura-t-elle en collant son corps vibrant à la cuirasse de cuir.

Que Sara jouât si bien de ses charmes excitait Ezra autant que cela éveillait en lui l'œil réprobateur de sa morale. Malgré tout, il se garda d'intervenir. Tout se jouait entre elle et l'homme, dont les défenses capituleraient bientôt, selon toute évidence. Elle se retourna prestement, toutes fesses dehors, et lança un regard effronté par-dessus son épaule.

— Maintenant, si tu veux que je me rhabille… il va falloir m'attraper, soldat !

Ezra comprit alors ce qu'elle attendait de lui. Le garde n'avait pas fait quelques pas qu'il se saisit à pleines mains de la menora, prêt à en asséner un coup sec sur le crâne du garde. Hélas, le chandelier en or massif était encore plus lourd qu'il ne l'avait prévu. Il ne réussit qu'à abattre pesamment l'objet sacré sur le sol, signalant à l'autre sa manœuvre. Celui-ci fit volte-face.

— Toi ! Lâche ça !

Mais la table des pains était à la fois assez légère pour que Sara puisse la lever à bout de bras, et assez lourde pour assommer net le garde. Elle leva sur Ezra un regard soulagé, puis passa rapidement sa robe.

Enfin, elle se dirigea vers le *Parokhet* monumental, tendu du sol au plafond.

— Qu'est-ce que tu fais ? chuchota son ami.

— Tu oublies peut-être les deux gardes au-dehors, mais pas moi. Et puis…

— Et puis quoi ? On ne peut pas entrer ici.

— Tu n'es pas curieux de savoir où tes amis les trésoriers cachent tout cet or ?

Sara avait déjà disparu derrière le rideau. Ou, plus exactement, derrière le premier rideau. Car un deuxième, aussi haut et aussi large, était tendu juste derrière.

Le souffle court, Ezra la suivit et déboucha dans une pièce deux fois plus petite que la précédente, et parfaitement vide !

C'est donc ça, *le palais de Yahvé ?*

Ils s'attendaient à tout sauf à cela. Comme pour accentuer l'effet saisissant de cette absolue vacuité, les murs et le plafond étaient couverts intégralement des mêmes plaques d'or qu'ils avaient vues sur les plinthes du Saint. Dans cette boîte aux faces réfléchissantes, une modeste lampe à huile, posée à même le dallage, suffisait à éclairer tout l'espace.

Sara scrutait le plafond, incrédule.

— C'est là qu'ils entreposent le trésor ? Et les pièces qu'ils viennent d'apporter ? Ne me dis pas qu'ils les ont dissoutes dans le mur ?

— Je ne sais pas…

De part et d'autre du lourd rideau, Sara remarqua une longue corde, sans doute pour le tracter ou le descendre. On disait que cette œuvre magnifique, brodée d'aigles, de lions et de taureaux par quatre-vingt-deux jeunes vierges de Jérusalem, était changée deux fois par an.

Un détail, pourtant…

— Tu as vu ? Il y a des nœuds…

— Et alors ?

— Eh bien, un ou deux nœuds pour bloquer, je veux bien. Mais regarde ! Il y a en au moins une vingtaine sur chaque corde !

Aussitôt dit, elle grimpa à celle de gauche. Parvenue à mi-hauteur, à plus d'une dizaine de coudées au-dessus du sol, les jambes croisées autour du cordage, les mains agrippées aux carrés de velours floqués, elle contint un rire nerveux.

— Qu'est-ce qu'il y a ? s'énerva Ezra qui trépignait.

— Tu sais ce qu'on dit des vieillards, qu'ils conservent leurs économies sous leur paillasse ? Eh bien Dieu garde les siennes dans ses rideaux !

Ceci dit, elle lui jeta une pièce qu'il attrapa à la volée.

Une inspection plus minutieuse leur révéla que toute la tenture était couverte de caches identiques, pleines de bijoux, de pierres et de monnaies d'origines diverses. Il y avait même plusieurs épaisseurs de compartiments secrets, dans ce qui ressemblait plus à un coffre-fort vertical qu'à une pièce de tapisserie.

Voilà qui justifiait le premier rideau, pour que les trésoriers et le grand prêtre puissent opérer en toute discrétion. Voilà qui expliquait le remplacement bisannuel du paravent, afin d'augmenter sa capacité, ou peut-être le délester d'une partie de ses richesses, transférées en d'autres lieux.

Ils étaient émerveillés par une telle ingéniosité. C'était un procédé brillantissime ! L'or entreposé dans un rideau... auquel on ne prête guère plus d'attention que n'importe quel rideau.

Elle en redescendit, sa robe repliée pour charrier la petite ponction qu'elle venait d'y faire, son ventre et ses fesses dénudés.

Ezra effleura son bras avec un mélange déconcertant de tendresse et d'assurance.

— S'il te plaît... Ne fais pas ça.

Elle le considéra sans un mot.

— Jacques ne le voudrait pas, ajouta-t-il.

Jacques six pieds sous terre ! Jacques en train de suffoquer par ma faute, maintenant ! Alors elle poussa un cri strident, un cri effrayant, qu'on entendit jusqu'aux portes du Temple.

IV

3 JOURS AVANT LA PÂQUE

45

La première sensation au réveil, c'est ce goût de terre et de sable dans la bouche. La terre qui envahit tout, qui s'infiltre partout. La terre tout autour, comme un nouveau ventre qui refuse d'enfanter ceux qu'elle engloutit.

Il fait parfaitement noir. De toute façon, sous une telle couche, il est inconcevable d'ouvrir les yeux. Il est presque impossible de bouger, aussi, et le moindre mouvement, même faible, augmente la pression du matériau meuble qui s'affaisse par à-coups. Il lui semble dégringoler d'un étage à chaque fois. Le sol le digère peu à peu, insatiable.

Enterré vivant... Jacques avait bien deviné la mort qui l'attendait. C'est ainsi qu'ils ont décidé de sacrifier le troisième des fils de Judas.

Ses poumons brûlent. Il a beau inspirer de minuscules bouffées, plus rien ou presque n'atteint les profondeurs de son corps et de son sang. Il est même surpris qu'il y ait eu assez d'air pour tenir jusque-là. Sa tête résonne d'échos étranges ; tous les rouages semblent fonctionner au ralenti. Bientôt, ce sera la panne générale.

Et puis il se rend compte de ce qu'il a dans sa bouche. Son caducée, les ailes d'Hermès collés à ses lèvres. La pointe s'engouffre dans le goulot d'une gourde. Maintenant il se souvient… Les images affluent et s'entrechoquent, très confuses.

Le choc de sa carcasse qu'on balance au fond du trou.

La nuit et les étoiles au-dessus.

Des visages qui bougent, indistincts.

Les premières pelletées qui fouettent son visage.

L'angoisse de se voir ensevelir si vite. Paquet de terre après paquet de terre, comme autant de gifles.

Les inspirations folles que l'on prend, comme si on n'allait plus jamais respirer.

Le mouvement réflexe, enfin, comme il l'avait imaginé quelques heures plus tôt. Sa main droite cherche le pot de terre cuite, la troisième gourde que les tueurs ont prévue pour leur troisième victime. Il l'approche de son visage, a juste le temps d'y planter sa canule avant que son bras soit définitivement entravé. L'instant d'après il est pris dans la gangue, momifié, immobile.

Voilà, il a une petite bulle d'air. De quoi tenir un peu… Combien de temps ? Aucune idée. Guère plus que quelques minutes, sans doute. D'ailleurs il ne s'est pas endormi. Il a perdu conscience. Saturé par le gaz qu'il expire. Étouffé par son propre souffle. Submergé par ces fluides qui cherchent à le pénétrer de toutes parts. Si rien ni personne ne vient le libérer, dans quelques instants il ne fera qu'un avec eux… « Jusqu'à ce que tu retournes dans la terre, d'où tu as été pris ; car tu es poussière, et tu retourneras dans la poussière. »

Le noir.

Un rêve douloureux s'ensuit. Tous les événements des derniers jours se mêlent dans un assemblage hasardeux, chaotique. Les images défilent à toute vitesse. Tout cela pour rien.

46

Il faisait presque nuit désormais, sur le mont des Oliviers.

Il était d'autant plus facile de disparaître, au milieu de cette agitation, que le soleil s'était couché de l'autre côté des murailles de Jérusalem. À l'ombre de la cité, le sommet de la colline ne captait plus de rayons directs, plongé dans une grisaille où ni chiens ni loups n'étaient identifiables.

« À Gethsémani. »

« Au Temple. »

« Il paraît qu'il se cache dans les grottes de Zedekiah. »

« Sur le mont Scopus. »

« Je ne serais pas étonné qu'il soit retourné à Jéricho. »

« Il est reparti en Galilée. »

« Aucune idée… Mais il ferait mieux de déguerpir avant de se faire lapider, si tu veux mon avis. On n'aime pas beaucoup les prophètes, dans cette ville. »

La veille au soir, Jacques recueillit autant d'avis sur la direction prise par Jésus qu'il posa de questions.

Pierre, à qui il lança un appel distant, séparés qu'ils étaient par la bousculade, leva ses mains ouvertes, en signe d'impuissance. Non, une fois encore, il ne savait pas plus que les autres où son *rabbi* avait bien pu filer.

Ce Jésus, ce beau parleur qui puisait sa propre identité spirituelle dans la sagesse de ses illustres prédécesseurs, ressemblait plus à une légende qu'à un homme véritable. À un spectre qu'à un être fait de chair et de sang. C'était un courant d'air, rapide et insaisissable.

À bien des égards, il lui faisait penser au point sans nom de la Tétractys croquée avec Ezra. Un point central et, pourtant invisible, qui attirait tout vers ses ténèbres.

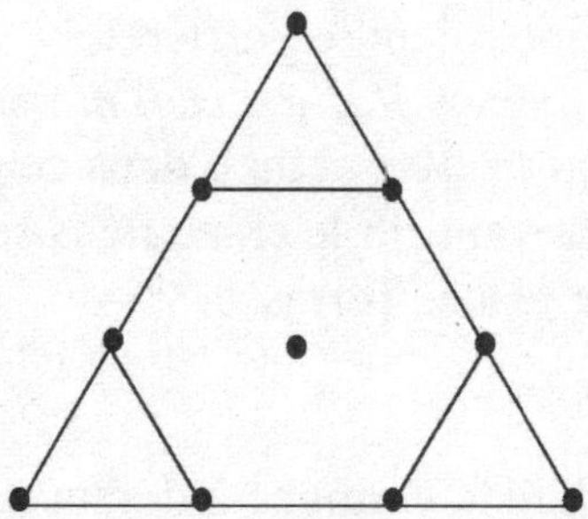

Le scribe eut une intuition soudaine en pensant au plan. *Si le sommet de chaque triangle correspond à la dernière demeure de Jean, de Philippe, et de moi, Jacques... alors le point caché pourrait être la demeure de Jésus.*

Il se fit le reproche de ne pas avoir emporté la carte du jeune prêtre. Oh, le calcul était très simple, particulièrement sur un triangle équilatéral : le centre se trouvait au croisement de ses trois bissectrices. Si l'on considérait que la base du triangle, de Siloé à Béthanie, ne mesurait guère plus d'une douzaine de stades, alors donc, en partant du côté gauche du triangle comme il s'apprêtait à le faire, il aurait à marcher quatre ou cinq stades peut-être avant de tomber sur son objectif.

Le point sans nom. Le repaire du tueur.

Malgré l'angoisse qui le saisissait à se sentir si proche du but, Jacques goûta la douceur de ce chemin qui filait vers le levant, à travers les broussailles parfumées. À mesure qu'il s'enfonçait dans cette soirée sans lune, il devint de plus en plus périlleux de trouver le sol sans chuter. Peu à peu, la flore se faisait plus basse, presque rase, comme pouvaient en témoigner ses mollets griffés par endroits jusqu'au sang. Il s'arrêta net. Il ne voyait pas à plus de deux ou trois pas en avant, désormais, à peine mieux en arrière.

J'ai dû me tromper. Il n'y a rien ni personne, ici. Où Jésus aurait-il pu trouver refuge dans ce néant ?

Un coup foudroyant sur le crâne figea ses spéculations.

Il s'affala sur place. Terrassé.

Une odeur, chaude et douce à défaut d'être familière, caresse son nez au réveil. Telle est sa première sensation, bien avant de voir ou d'entendre la moindre chose.

Les paupières de Jacques sont lourdes. Encore appesanties par le choc. Celui qui le lui a asséné sait y faire. Il a l'impression confuse que des heures entières sont passées depuis sa perte de connaissance. Entre ses cils collés, il découvre peu à peu la pièce autour de lui. Ou plutôt sous lui, car il a été ligoté à une poutre basse, les bras en croix. Ses pieds reposent sur plusieurs ballots de paille, afin qu'il puisse se redresser au besoin. La position n'en est pas moins douloureuse, les muscles constamment sollicités, à moitié tétanisés, le souffle court, l'expiration longue qui comprime les côtes.

La pièce paraît exiguë, et pourtant elle est occupée par assez de monde pour que l'extrémité opposée disparaisse derrière les corps dénudés. En effet, autant qu'il peut le voir de la scène, tous sont nus, hommes et femmes en proportions égales. Certains sont masqués, d'autres à visage découvert. Il ne reconnaît personne.

Puis, à la périphérie de son champ visuel étroit, apparaît un visage familier.

Jésus !

L'homme l'observe avec un sourire. Il le scrute. Il semble chercher au fond de ses yeux des signes qu'il trouve avec un hochement approbateur. Jacques le ressent aussi : cette tête si lourde ; cette forme déroutante d'allégresse dans la souffrance physique ; cette vue tronquée, floue sur les côtés.

On m'a drogué... Hachisch ? Non, c'est plus puissant et plus enveloppant à la fois. *Peut-être bien de l'opium.* À voir les silhouettes dévêtues qui tanguent devant lui, les têtes qui roulent sur les épaules, Jacques se dit qu'il n'est pas le seul à avoir subi un tel traitement. Il songe à la déesse occulte Gazi, divinité crétoise, maîtresse de l'opium. Incorrigible lui, incapable de vivre l'instant sans convoquer mille références. Mais la suite met au défi sa culture et son intelligence. La cérémonie qui se déroule sous ses yeux ne ressemble à rien qu'il connaisse. Ou, plus exactement, elle mêle tant de sources apparentes, tant de rites différents, qu'elle dessine un nouveau mystère. Rien à voir avec Eleusis, tel que Platon en décrit les cérémonies secrètes dans son *Phèdre*. Nulle trace ici de Déméter ou d'un quelconque dieu grec. Ce qui le trouble plus encore, c'est l'absolu silence qui règne là. Pas même un musicien pour réjouir les participants.

C'est à ce moment qu'une voix s'élève.

« Heureuse l'âme de ces hommes-là, parce qu'ils ont connu Dieu dans une Gnose de vérité. »

La Gnose ! Bien sûr, la Gnose ! Comment a-t-il pu passer à côté de cette évidence ? La clé ésotérique, le rituel, l'initiation des victimes, l'invocation de l'hermétisme et des cultes magiques égyptiens... Tout converge vers l'illumination des initiés par la connaissance directe de Dieu. Pas de religion, pas de Temple, pas de régime sacerdotal. Pas de chants ou de psaumes. Juste des hommes et des femmes qui cherchent à communier avec leur propre nature divine.

Le timbre grave bourdonne plus près de lui, grondant, presque menaçant.

« Ils se sont tenus debout en Sa présence dans une Gnose de Dieu, comme une lumière qui est sortie du feu et du sang. »

Alors seulement il entrevoit le ténébreux orateur. Le masque que porte celui-ci lui glace le sang. Il l'a déjà vu, il en est sûr. C'est un animal qui n'existe pas, museau effilé et recourbé, coiffé de deux oreilles dressées à angle droit, mélange terrifiant de loup, de lycaon et de tapir. Cette chimère improbable, c'est Seth ! Le frère meurtrier d'Osiris !

La symbolique est parfaite, d'une implacable cohérence. Seth : le dieu de la Désolation, le vent mauvais venu du désert, le « roi de la fin des temps ». Un large bandage couvre son ventre, unique étoffe sur le corps dévêtu du dieu-tueur… dont la blessure à la cuisse gauche saute aux yeux du scribe.

C'est l'homme que j'ai poignardé à Siloé ! L'assassin de Philippe !

Sara a dit vrai. Elle a vu deux hommes s'échapper de la grange. Ils ont toujours été deux… Depuis le tout début, depuis des années sans doute, le complice de Jésus agit dans l'ombre.

Jésus s'adresse à l'orateur masqué dans une langue que Jacques ne comprend pas et dont, pourtant, il reconnaît les inflexions sahidiques. Le dieu monstrueux se retourne et s'approche alors du groupe de fidèles. Il attire à lui une femme par la main. Un corps somptueux, des seins lourds, des hanches larges, ode à la fertilité. Son visage n'est dissimulé sous aucun masque mais il arbore un maquillage noir, à base de galène broyée, qui souligne l'éclat de ses yeux.

Isis, la déesse-mère, la mère de toutes les mères, veuve éplorée d'Osiris. Sur le sommet de son crâne, comme le veut la légende, elle porte une tiare en forme de trône miniature.

Le prophète galiléen, le seul encore habillé, retire sa tunique d'un mouvement coulé. Le voilà nu, à son tour. Malgré la distance, Jacques en est certain : le nombril de Jésus est aussi rond et ordinaire que le sien. Jésus n'est pas le fils premier-né de Jean. Voilà au moins une hypothèse écartée…

Seth guide Isis vers Jacques. Elle s'avance lentement, comme mue par une onde divine. Elle se hisse sur la pointe des pieds et approche de la bouche de Jacques un mamelon cramoisi et tendu à tout rompre. À peine l'a-t-elle pressé entre le pouce et l'index qu'un lait blanchâtre, fluide, jaillit en saccades.

Ils sont fous ! Le lait d'Isis !

Jacques recrache aussitôt le liquide qu'on cherche à lui faire boire. Il secoue la tête de droite et de gauche pour signifier son refus. Mais une main d'homme, une main puissante, empoigne sa nuque et colle son visage contre le sein généreux. Il n'a plus d'autre choix. Il avale les jets chauds qui viennent frapper son palais et qui s'écoulent en cascades au fond de sa gorge.

Et ce n'est pas fini.

Isis monte sur un escabeau et s'assied sur la marche la plus haute. Elle colle son dos nu contre le ventre de Jacques et écarte ses cuisses, le plus largement possible. Seth se penche sur son intimité et, d'un geste sûr, il y plonge le majeur et l'index. Il la fouille ; longuement. La femme émet un râle où la douleur le dispute au plaisir. Elle bascule brusquement la tête en arrière et appuie ses fesses sur le bas-ventre de Jacques.

Alors, l'homme masqué laisse la femme. Il lève ses doigts écarlates, luisants des menstrues qu'il est venu y puiser. Il les considère un instant puis, avec la lenteur qu'exige un tel cérémonial, il applique le sang sur le supplicié. Sur chacune de ses oreilles, sur ses narines, sur sa bouche… Jacques a beau se débattre en tous sens, les poignets sciés par la corde, le voilà couvert de suprême impureté. Barbouillé du sang de la « déesse ».

Les yeux révulsés, il voit Jésus qui s'affaire devant un brasero en fonte. Il y plonge une tige en métal qu'il retire presque aussitôt. Sa pointe rougeoie dans la semi-pénombre de la cabane. Le triangle incandescent approche de son visage. Jésus tremble un peu, les deux mains bandées agrippées au fer brûlant. « Seth » se profile derrière le jeune prophète, guide son approche.

Ils ne sont plus qu'à quelques pouces du front de Jacques.

— Noooooon ! Arrêtez !

S'ils n'envisageaient pas de l'enterrer vivant, comme Jacques l'avait imaginé ? Si tout cela se finissait par un banal sacrifice, à coups de fer rouge et de poignard ? Il ne parvient pas à contenir ses larmes.

— Je vous en supplie ! Je ne suis pas Jean.

Cette dernière exclamation retient les bourreaux une seconde. Puis ils reprennent leur œuvre sinistre. Le triangle de feu chauffe déjà la sueur qui ruisselle sur la peau, plissée d'effroi.

— Je n'ai aucune intention de briguer le trône de David… ou quoi que ce soit ! Je ne suis qu'un simple scribe ! Je ne suis pas le Messie ! éructe-t-il dans un hoquet.

Quand le fer consume enfin sa chair, quand la douleur transperce son crâne de part en part, alors seulement il comprend. Désormais, c'est lui l'initié. À son tour, il devient élément de la mosaïque, sceau de la révélation. Il fait partie de la Tetractys. Comme un écho à ses pensées brouillées par le mal, Seth reprend sa litanie. Imperturbable.

« Je te le jure par le ciel, la terre, la lumière et les ténèbres ; je te le jure par le feu, l'eau, l'air et la terre ; je te le jure par la hauteur du ciel, par la profondeur de la terre. »

Le retrait brusque du fer n'atténue pas la douleur, au contraire. Il arrache des lambeaux de peau calcinée et Jacques, la bouche déformée par un cri muet, se sent prêt à défaillir de nouveau.

« Celui-là portera un signe sur sa tête. Celui-là gardera pour lui seul la vérité. »

Il n'est plus qu'une tension, un arc bandé à se rompre, un muscle au bord de la rupture, contorsionné comme un sarment. Il respire à grand-peine. Pour l'une des toutes premières fois de sa vie, il ne pense plus à rien. Il n'est traversé par aucun songe. Il n'existe plus que dans le présent de la souffrance.

Isis revient vers Jacques. On la pousse vers lui jusqu'à coller son sexe béant à la verge flasque.

Dans un dernier sursaut de vie, celle-ci se gonfle de sang. C'est à peine si Jacques a conscience de se faire posséder. Le plaisir qu'il pourrait prendre est balayé par les élancements violents qui partent de sa tête et irriguent tout son corps. Il n'a plus d'attention pour rien d'autre que sa chair qui crépite. La déesse va et vient sur son sexe. Le visage de Magda lui apparaît un instant, et disparaît aussitôt. Raison, savoir, logique : tout ce qu'il est semble le quitter, remplacé par une intense et aveuglante lumière.

Et son cri se libère enfin, en même temps que sa semence, comme si toute son enveloppe renonçait à sa condition terrestre en un seul mouvement, une seule explosion.

Le plaisir ne fait plus qu'un avec la douleur. Jamais il n'a rien connu de tel.

Au-dehors, Pierre faillit glapir de peur, lui aussi.

Suivre Jacques n'avait pas été chose facile, dans le noir. Mais, à travers piques et épines, bosquets et buissons, il était parvenu ici. Là où son maître se terrait.

C'est donc ici qu'il se rend quand il nous quitte...

En dépit des mots chiches et des sons peu explicites, ce qu'il avait compris de la scène tuait ce qu'il lui restait d'illusions. Son *rabbi* était là, emmêlé à une femme au visage noir, couvert du sang qui s'écoulait du ventre intouchable, sous l'œil du scribe à demi mort et d'un monstre impossible à identifier.

Sautant par-dessus les taillis d'épineux, il prit la fuite plus vite encore qu'il n'était venu, les yeux rougis par la trahison de son maître.

Dans la petite maison du désert, tous dorment. Même Jésus, lové contre le ventre flasque d'une prêtresse rousse, aux rondeurs accueillantes. Sur une couche de paille, couverte d'un drap de lin, seuls Isis et Seth résistent tant bien que mal aux appels de Morphée. Il n'a pas quitté son masque. Elle n'a pas effacé le noir de son visage. Ils veulent jouer leur rôle jusqu'au bout.

Mais quand il entre en elle, poussée douce qui occulte tous les autres assauts de la nuit, elle ne peut réprimer un gémissement aux accents de sincérité. Les mots vibrent dans sa gorge.

— Mon amour…

— Chut ! murmure-t-il, un doigt posé sur sa bouche.

— Mon amour.

— Claudia, non ! Tu sais bien, ça ne veut rien dire.

Et il s'applique à la faire jouir comme dans un adieu, comme si leurs corps allaient s'évader pour de bon. Et ne rien laisser derrière eux.

— Barrabas ! feule-t-elle à son oreille au moment d'exulter.

47

Soudain, Jacques se sentit ballotté.

La brûlure de son front irradiait encore. Une tentative pour y porter la main lui permit de constater que ses bras étaient noués dans son dos. Et, il avait beau ouvrir les yeux, il n'y voyait goutte, comme s'il voyageait dans un tunnel sans lumière.

Se peut-il que... ?

Non, même réduit en miettes, il ne pouvait pas croire à toutes ces bêtises : la rivière des morts, le passeur, la barque lancée à la rencontre d'Osiris... Ce n'est pas parce que le fou qu'il pourchassait se piquait de magie égyptienne qu'il devait gober lui aussi toutes ces fadaises.

Et la douleur qui broyait ses côtes était bien réelle. Rien d'abstrait dans le pommeau qui s'enfonçait un peu plus en lui à chaque soubresaut, chaque irrégularité du chemin.

Jacques entendit un hennissement et put mettre un nom sur son moyen de transport pour le moins inconfortable : une mule, ou un gros âne. On l'avait jeté sur son dos comme un paquet. Sa tête, pendant sur le flanc de la bête, claquait par moments sur une grosse sacoche en cuir. Sa destination ne faisait aucun doute, puisqu'il avait survécu à leur célébration. Tout se déroulerait comme prévu. Et cette seule perspective était un espoir en soi. Même si sa mort l'attendait à l'arrivée.

En tirant sur ses abdominaux, Jacques parvint à atteindre la boucle de la musette avec sa bouche. C'était pénible mais, en s'y reprenant à plusieurs fois, il réussit à mordre la lanière de cuir et à la dégager d'un mouvement de nuque. Heureusement, l'obscurité était telle que personne ne vit sa manœuvre. Une fois le rabat dégagé avec son nez et son front purulent, il tenta de deviner le contenu du sac. Une caresse, puis une petite coupure nette et sèche sur sa lèvre…

Des papyrus !

Une liasse épaisse qui, contrairement à l'habitude des scribes juifs, était composée de papyrus empilés à plat, et non pas de rouleaux. Cette disposition rendit sa tâche beaucoup plus simple. Croquer le coin du premier, faire entrer le document dans sa bouche petit à petit, puis cracher la boule, gluante de salive, au bas de son destrier. Et recommencer pour la suivante, ainsi de suite, jusqu'à paver le chemin de ces écrits dont il ignorait tout. Lui qui aimait par-dessus tout dévorer de nouveaux textes, il était servi !

Après une dizaine de papyrus, les muscles de son visage tiraillaient en tous sens. C'était épuisant. Et trop lent. Il fallait trouver autre chose pour signaler son passage. Car d'après son estimation, toute théorique – à cette pensée, un frisson lui parcourut l'échine –, ils n'étaient plus très loin du lieu de son sacrifice.

Couvrant l'odeur musquée de l'animal, un parfum se glissa jusqu'à son nez. Il reconnut la senteur puissante, âcre, assez forte pour saturer l'air et écraser toute autre fragrance alentour. Du bitume…

Il flaira les flancs de la bête jusqu'à en trouver l'origine. Une petite outre roulait d'avant en arrière. Il lui fallut s'y prendre à plusieurs fois avant de l'immobiliser avec ses dents. Il inspira un grand coup, puis bloqua sa respiration au moment de les planter dans le cuir peu épais. La croûte tannée, rendue friable par le climat sec, céda presque aussitôt, laissant passer un filet huileux, plus collant que le miel de Galilée. Un goût épouvantable. Il ne put s'empêcher de tousser et de cracher le liquide brun, le cœur au bord des lèvres.

Quelques instants après, la colonne s'arrêta brusquement. Deux hommes le descendirent à terre, et il eut juste le temps d'essuyer sa bouche sur son épaule pour effacer les traces de son stratagème. Il chancela un instant, puis recouvra son équilibre face à ses deux ravisseurs : Jésus et derrière lui Seth, la face toujours couverte de son masque rituel. Comme Jacques l'espérait, on dénoua ses poignets.

Il n'y a rien que de la terre et du sable ! Comment peuvent-ils être sûrs qu'on est bien au point voulu ? Son regard balaya l'horizon tout autour de lui, à la recherche d'une balise ou d'un quelconque repère dans la nuit. En vain.

— Tu sembles déçu, lança Jésus d'un ton goguenard. Pourtant, si tes déductions t'ont mené jusqu'à nous, elles ont dû aussi t'indiquer ce lieu, non ?

Que lui répondre ? Qu'il n'imaginait pas mourir dans un paysage aussi triste, vide, désolé ? Si loin de tout… si loin des siens.

— Ne fais pas cette tête-là ! reprit le Galiléen. Tu devrais plutôt te réjouir. Ton parcours n'aura pas été inutile.

— Le meurtre de mes frères… Tu trouves ça utile ? s'étrangla Jacques, des traces de bitume brûlant encore sa gorge desséchée.

— Ah, Jacques. Tout cela sera si précieux, dans les temps à venir.

Il eut un sourire entendu pour son comparse. Étrangement, l'homme qui avait conduit l'abominable cérémonial se tenait en retrait, laissant à Jésus le privilège de commenter son supplice.

— La fin des temps, c'est ça ? C'est ça que vous êtes venus apporter ?

— La fin des temps n'est pas ce que tu crois, Jacques. Ce n'est pas le cataclysme d'un dieu vengeur venu éprouver ou punir les hommes, mais la fin de tout ce qui nous entrave et qui nous fait souffrir. C'est un début, tu comprends ? Une libération !

— Vivre sa mort, mourir sa vie, ajouta Seth d'une voix sépulcrale.

Tournant les talons, Jésus s'approcha de la première bête et empoigna le manche de ce qui, dans l'obscurité, ressemblait à une petite pelle.

— La fin des temps, tu la portes en toi, que tu le veuilles ou non, ajouta-t-il, l'outil en main. Depuis Adam, l'homme cherche vainement à repousser ou à adoucir sa mort. Mais le problème n'est pas dans la mort, Jacques, il est dans la vie ! C'est elle la cause de tous nos maux. C'est elle qui chasse le divin en nous. La seule plaie de l'homme, crois-moi, ce ne sont pas ses épreuves ni sa mort… C'est sa vie !

— Je n'ai aucune envie de quitter cette terre ! se rebella Jacques. Si l'Éternel m'y a mis, c'est pour œuvrer à sa gloire. C'est pour aider les hommes à appliquer sa Loi.

Ici ! Maintenant ! Pas pour tourner le dos à mes frères ! Pas pour fuir ma condition d'homme, comme un lâche !

— Vraiment ? Réfléchis bien. Qu'as-tu accompli toutes ces années ? Es-tu grand prêtre ? Es-tu père d'une famille ? Es-tu seulement un soldat qui prend les armes pour libérer ton peuple opprimé ? Tu n'es rien de tout ça.

Comment peut-il savoir tout cela sur moi... moi qui ignore tout de lui ?

Jacques perdait de son assurance. Les effets conjugués des drogues, de la blessure et du transport affaiblissaient ses défenses, il le voyait bien.

— Cite-moi un homme que tu as délivré de sa souffrance, insista Jésus. Un seul, je dis bien un seul que tu aurais lavé de ses échecs, que tu aurais défait de son angoisse de la mort.

— C'est absurde…

— Maintenant, réfléchis à ce que tu as fait pour toi-même en quelques jours, grâce à nous.

— Pour moi ? s'étonna Jacques.

— Oui, pour toi ! Tu as cherché à comprendre les signes autour de toi mieux que tu ne l'avais jamais fait. Tu as trouvé en toi des forces nouvelles.

— Mes frères sont morts, je n'ai fait que mon devoir…

— Tu me parles de ta condition d'homme, et moi de ta condition de dieu, Jacques ! *Je* suis un dieu ! *Tu* es un dieu !

— Tu blasphèmes ! rugit Jacques.

— Loi, blasphème… ces mots t'asservissent ! Le divin en toi n'a ni règles ni sacrilèges. Il n'aspire qu'à une chose : retrouver la pureté, l'éternité !

Sur ces mots enflammés, il lui présenta la pelle comme une offrande.

— Es-tu prêt à être libéré ? Es-tu prêt à redevenir l'Osiris primordial, à devenir l'un d'Eux à ton tour ?

Jacques chercha à gagner du temps. Bientôt, il l'espérait, Ezra serait là. Il considéra ses deux bourreaux sans répondre. Agacé, Seth arracha la pelle des mains de l'autre et la jeta aux pieds de Jacques.

— Creuse !

L'ordre était sans appel. Sa mort serait une tombe qu'il façonnerait de ses propres mains. Un dernier travail terrestre, bien concret.

Il attrapa le manche de bois brut et attaqua le sol sec et caillouteux, sur lequel l'engin métallique rebondissait plus qu'il ne s'enfonçait.

Avec un peu de chance, ça prendrait des heures. Ses premiers efforts lui donnèrent raison ; les pelletées étaient maigres et le trou à peine plus profond qu'une rigole.

— Puisque je dois mourir cette nuit, est-ce que je peux au moins te poser une question ?

Jésus consulta Seth du regard, comme s'il lui demandait la permission, puis acquiesça.

— Si je te suis bien, ce ne sont pas les dieux potentiels qui manquent en ce bas monde, commença le scribe.

— En effet.

— Tu aurais pu en choisir bien d'autres que mes frères et moi. D'autres sont plus importants que nous. Je ne sais pas, moi, Caïphe ! Ou Pilate ! Et pourquoi pas Tibère, tant qu'à marquer les esprits ? L'empereur ne mérite-t-il pas qu'on le « libère » avant les autres ?

— Dans quelques minutes, tu auras toutes les réponses que tu espères, rétorqua le Galiléen avec un sourire narquois.

Sous la surface craquelée, la terre était plus souple, et ses volées plus efficaces. Sa sépulture s'enfonçait à vue d'œil.

— Et vous ? s'enquit-il à la bordée suivante. Vous allez rester englués ici ?

Seth sortit enfin de sa réserve et retint un Jésus courroucé, en opposant un bras ferme devant lui. S'il ne montrait toujours pas son visage, il assumait enfin son statut. Celui d'un maître. Sa voix sourde bourdonna dans l'obscurité.

— Ne crains rien pour nous. Notre heure est proche.

— Qui es-tu ? Barrabas ? risqua le scribe.

— C'est ce que tu crois ?

— Je pense que Barrabas est un pseudonyme un peu trop commode pour être honnête. *Bar abba*… « le fils de son père ». Quel juif pourrait récuser cette appellation ?

— Jacques, comme toujours, les réponses sont en toi, conclut Seth.

Il sortit d'un repli de sa robe une escarcelle brodée, d'où il fit rouler trois petites billes au creux de sa main.

Le sceau de Salomon !

Jacques en avait presque oublié ce poison qui avait tué ses frères. Avant le feu. Avant l'eau.

Seth fondit sur lui, pressa ses maxillaires pour forcer l'ouverture de sa bouche, puis enfourna une à une les trois graines, et garda ses lèvres closes une longue minute.

La mort ne tarderait plus à frayer son passage en lui. L'effet était réputé fulgurant.

— Bon voyage, murmura le masque monstrueux.

Jacques aurait juré que, dans sa voix, affleurait comme une émotion.

48

La manœuvre et le hurlement de Sara avaient porté leurs fruits. Comme elle l'avait prévu, les gardes s'étaient rués dans l'Heikhal. Trouvant leur camarade inanimé, ils l'avaient sorti en hâte, sans même jeter un œil au Saint des Saints. Ce faisant, ils avaient levé toute surveillance sur le porche principal du Sanctuaire durant quelques instants.

Le temps de confier le soldat inconscient à l'un des prêtres guérisseurs.

Le temps pour les deux adolescents de filer hors du Temple, par le chemin dérobé qu'Ezra leur avait déjà fait emprunter.

Le rire était leur dernier recours. Leur seul réconfort, en ces heures sombres. Ils couraient hors de la ville, comme des volailles sans tête, un peu perdus sans la carte établie par Jacques et confisquée par le commandant du Temple. Au jugé, Ezra parvenait bien à estimer une orientation, ainsi qu'une distance…

Mais ça ne suffira jamais pour trouver un trou d'un mètre sur deux !

Malgré l'urgence, ils contournèrent avec prudence le mont Scopus. Cette grosse colline jouissait d'une vue si parfaite sur toute la ville, qu'elle était constamment occupée par plusieurs décuries romaines. Et puis il y avait aussi ces centaines de pèlerins qui transitaient par là jour et nuit, et dont la présence suffisait à justifier la nervosité des patrouilles.

Progresser dans cette nuit sans lune, *a fortiori* par des pistes qu'ils n'avaient jamais empruntées, n'était pas chose aisée. Le jeune prêtre ouvrait la marche et Sara, trop peu vêtue pour une promenade si tardive, s'agrippait à un pan de sa tunique, transie de crainte autant que de froid.

— On est encore loin ?

— Toutes les pierres se ressemblent, mais je pense qu'on y est presque. À un ou deux stades près… marmonna Ezra.

— Un ou deux stades près ? Jacques peut être n'importe où sous ces caillasses !

— Écoute, si tu peux faire mieux dans une nuit sans lune et sans étoiles, je t'en prie. Vas-y !

Il ne s'emportait pas facilement. Mais la peur de chacun déteignait sur l'autre. Le ciel était une gueule noire d'où aucune indication, même mineure, ne sortirait. Faute d'une présence humaine, d'une lumière, d'un bivouac, il était impossible de localiser avec précision ce qu'ils se refusaient à appeler la « tombe ».

Un bruit incongru sortit le jeune homme de ses pensées. La jeune fille s'était effondrée à genoux, juste à côté de lui. Il la prit dans ses bras et la releva. Elle pleurait, sans retenue, gouttes d'eau impuissantes dans le désert hostile.

— Sara… On va le retrouver, assura-t-il.

— Ah oui ? Et où ça ? Regarde !

Il n'y avait rien à voir qu'une étendue grise et plane, uniforme, couverte d'un manteau noir.

À bout de nerfs, Sara ramassa une pierre et la jeta loin devant elle. Elle cria, comme pour forcer la nuit à réagir.

— Non ! Non ! NON !

Ezra, lui, se jeta au sol et le palpa, à tâtons, le nez au ras de la poussière. Cailloux, cailloux, et encore caill…

— Tu deviens fou ou quoi ? hoqueta-t-elle de rire entre deux sanglots.

— Tu as jeté une pierre… et elle n'a fait aucun bruit en atterrissant ! expliqua le jeune homme.

— Et alors ?

Il se releva brusquement, un papyrus roulé en boule au creux de sa main.

— J'ai compris ! Il y a longtemps, Jacques m'a raconté une légende celte, l'histoire d'un petit garçon que ses parents, trop pauvres pour le nourrir, cherchent à perdre dans la forêt.

— C'est atroce ! Mais quel rapport ?

— Attends la suite. Pour déjouer leurs plans, il a l'idée de se munir de petites pierres blanches qu'il sème derrière lui en chemin. Une fois abandonné, il n'a plus qu'à suivre la piste de cailloux pour revenir chez lui.

— Et Jacques a fait pareil ! s'extasia Sara.

Pliés en deux, ils suivirent la piste laissée par le scribe, conservant les documents mâchonnés comme des reliques. Quel meilleur moyen de se signaler que celui-ci, pour un homme de l'écrit ? Une fois encore, l'ingéniosité de Jacques les enchantait. Mais bientôt, plus rien ne les aida. La terre était nue, désespérément muette. Le jeune prêtre s'accroupit pour toucher la terre aussi dure que la roche. Minutieusement, il couvrit ainsi un cercle de plusieurs coudées de diamètre.

— Jacques s'est peut-être trouvé à court de munitions.

— Ou ses ravisseurs l'ont surpris, se lamenta la jeune femme.

— C'est possible, oui. La seule chose à faire, c'est de continuer dans cette direction.

Comme pour conjurer le sort qui s'acharnait sur eux, elle ramassa une poignée de petites pierres calcaires qu'elle jeta devant elle, tout en marchant. Quand la première étincelle jaillit du sol, elle contint un cri.

— Une étincelle !

— Montre-moi ces cailloux, ordonna Ezra, qui approcha les spécimens de ses yeux. C'est de la marcassite, dit-il après avoir observé les pierres. C'est une pierre assez commune qui contient du fer. Si tu la frappes sur une roche dure, comme du granite ou du silex, tu peux générer ce genre de phénomènes. Avec un peu d'expérience, on peut même faire partir un feu.

Pour toute réponse, Sara lança un autre caillou aussi fort et loin qu'elle le put. Le projectile ricocha sur deux rochers de taille moyenne, provoquant de petits éclairs bleus. Fascinée, elle réitéra son geste… Et cette fois, un sillon enflammé surgit quelques pas plus loin, et se mit à serpenter à toute allure dans la nuit. Le bibliothécaire la tira par la main.

— Notre piste repart !

Ils trottinaient à côté de l'étroit sentier de flammes, dont la faible amplitude indiquait qu'ils devaient ce miracle à un mince filet de combustible. Par endroits quelques gouttes seulement. Le chemin lumineux menaçait alors de s'arrêter net, puis il reprenait quelques pouces au-delà. Enfin la trace de feu décrivit un arc de cercle, puis se mua en un brasier plus important, signe que l'outre de produit inflammable avait fini de se vider à cet endroit. Ce feu de camp inattendu éclairait le désert plusieurs mètres alentour, révélant un rectangle de terre meuble, fraîchement travaillée.

Dépourvus de pelle ou d'outils appropriés, ils se jetèrent à genoux, grattant le sol stérile avec frénésie, comme des animaux affamés. Ils ne pipaient mot, mais s'exhortaient du regard à déployer plus d'énergie, à employer chaque seconde comme si elle était la dernière pour Jacques, quelques coudées en dessous. Plus ils avançaient, plus ils y mettaient de méthode, repoussant la terre excavée sur les côtés afin qu'elle ne retombe pas dans le trou. Les cailloux et les débris rencontrés blessaient leurs doigts jusqu'au sang, mais ils ne sentaient rien. Creuser, creuser, creuser ! Ils n'avaient que ça en tête.

— Là… ! glapit Sara.

Une main affleurait à peine dans la poussière, tache blafarde léchée par la lumière du foyer proche.

Une main inerte.

Ils reprirent de plus belle et dégagèrent bientôt le sommet d'un visage.

Trop tard…

Son corps ne bougeait plus. Son cœur avait cessé de battre. Sur son front, le même triangle marqué au fer que sur ses deux frères aînés.

Sara serra la gourde contre son ventre. Le choc était si vif que ni les mots ni les larmes ne venaient. Jacques n'était plus. Et, sans lui, jamais elle ne parviendrait à découvrir qui décimait les enfants de Judas de Gamala. Les héritiers de David. Il était mort pour rien. Comme Jean. Comme Philippe…

Découvrant la canule dans la bouche de son oncle, elle retira l'objet et le considéra longtemps, métal luisant dans la lumière déclinante du feu. Alors elle enfourcha le corps immobile, à cheval sur sa poitrine, puis elle empoigna le caducée à deux mains, comme un couteau de sacrifice prêt à s'abattre sur l'agneau.

— Sara ! Arrête ! hurla Ezra.

— J'ai vu Jacques le faire sur Amilaï, mon cousin. Il a fait entrer l'air en lui.

— Arrête, souffla Ezra avec douceur. Je ne sais pas ce dont souffrait ton cousin, mais lui ouvrir la gorge ne pourra rien pour lui. Pousse-toi !

Il semblait saisi d'un dernier et fol espoir. Et, sous l'œil médusé de sa jeune compagne, il embrassa le scribe à pleine bouche. Il s'interrompit un instant, pour presser le torse de ses deux mains réunies, avec une vigueur qu'elle ne lui soupçonnait pas. Puis il reprit son étrange baiser, et alterna ainsi pendant une ou deux minutes interminables.

Rien n'y fit.

— Laisse-moi essayer ! supplia Sara.

De guerre lasse, il lui céda sa place et, aussitôt installée, elle imita ses gestes. Pas une seconde elle ne songea que l'homme qu'elle dévorait ainsi de ses lèvres avides, soufflant en lui tout la vie qu'elle sentait sourdre en elle, était son oncle. Presque un père, désormais.

Respire !

Ses yeux clos ne cillaient plus.

Respire !

Ça ne faisait pas trois jours qu'ils s'étaient découverts, et elle aurait tout sacrifié pour lui.

Respire !

Il avait été le premier et le seul à comprendre quel secret de femme l'avait détournée du mariage. Et, en un sens, préservée d'une union qu'elle ne voulait pas.

RESPIRE ! JE LE VEUX !

Une bouche immense s'ouvrit sous la sienne.

L'air entra en lui à grand bruit, comme le ronflement infernal d'une forge. Il écarquilla des yeux de damné et toussa enfin, épouvantable quinte qui secoua sa poitrine en de violents spasmes.

Ezra peinait à y croire. Sautant à ses côtés, il effaça ce qui restait de terre et de sable sur le corps allongé puis, glissant ses mains sous les aisselles du ressuscité, il entreprit de le hisser hors de sa sépulture. Jacques se laissait faire, le regard vide, incapable de mouvoir le moindre membre. Avalé un moment par la mort, qui l'avait recraché dans un état pitoyable.

Tout juste en mesure de prononcer un mot, Jacques s'était pourtant lancé dans le récit du cérémonial dont il avait été à la fois le témoin privilégié, l'invité d'honneur et la victime. Trois termes réunis en un seul, plus noble et effrayant encore : un initié.

— Et les graines ? s'enquit Sara avec un rien de curiosité morbide. Tu ne les as pas avalées ?

— Non, heureusement pour moi j'ai appris très tôt à stocker dans mes bajoues ce que je ne voulais pas manger.

Et il recracha trois petites perles ensalivées au creux de sa main.

Repris par son démon de la connaissance, il observa sous toutes les coutures la gourde qui lui avait sauvé la vie. Contrairement aux deux précédentes, elle ne portait ou ne contenait aucune inscription. Parfaitement lisse, au-dedans comme au-dehors. Il passa une main tremblante sur la surface rouge de la poterie, blanchie par endroits de poussière.

— Ce n'est pas logique… Les poteries qu'on a trouvées près de Jean et de Philippe portaient chacune le nom d'un dieu Égyptien. Et là, rien !

— En quoi est-ce un problème ? demanda Ezra.

— Dans le rituel magique égyptien, le nom est créateur. Sans nom, un nom secret, un individu n'est rien, expliqua Jacques.

— L'initié qu'on sacrifie devient le dieu mentionné sur la gourde, poursuivit sa nièce.

— Et moi, si je crois ce que cet homme masqué m'a dit, j'étais censé m'incarner en Osiris…

Pédagogue impénitent, il leur narra alors la terrible histoire d'Osiris et de Seth. Jaloux du pouvoir et de l'aura d'Osiris, son jumeau Seth lui aurait tendu un piège aussi retors qu'imparable. Au cours d'une fête donnée en l'honneur de son frère, il promit un magnifique sarcophage couvert d'or et de pierreries à celui de ses soixante-douze invités dont la taille s'accorderait de manière précise aux dimensions de la sépulture. Chaque invité s'y coucha à son tour, sans succès. Enfin Osiris s'y allongea : le sarcophage était à sa mesure exacte. Cependant, le couvercle fut refermé sur lui par les autres convives, complices de leur hôte. Le cercueil fut scellé, puis jeté dans le Nil où Osiris mourut noyé.

La suite de la légende racontait comment Isis avait retrouvé le corps de son époux pour lui offrir une dernière demeure sur les rives du fleuve sacré. Furieux, Seth exhuma le corps de son frère, et le découpa en quatorze morceaux. Là encore, Isis prouva que son amour pour Osiris était plus fort que la haine de Seth et assembla les morceaux épars – à l'exception notable de son sexe, perdu à jamais – avant de lui réinsuffler la vie et de concevoir avec lui, grâce à la puissance de sa magie, leur fils unique Horus.

— Osiris, avec la tombe creusée sur mesure… ce devait être toi ! s'écria Sara, qui retrouvait en même temps que son oncle les joies de l'étude et de la découverte.

— C'est pourquoi je m'étonne que ma gourde ne porte aucune mention.

— Et si on trempait ta gourde dans l'eau ? Ça a bien marché avec celle de Philippe…

Un éclair illumina les yeux de l'érudit. Il retourna le petit vase, goulot vers le haut, et y versa à pleines mains un sable presque farineux.

— De l'eau, non. Mais du sable, oui ! À chaque crime correspond un élément. Jean, le feu. Philippe, l'eau. Et moi, la terre. À chaque fois, l'élément en question est à la fois l'agent du meurtre, mais aussi ce qui permet de révéler le nom secret de la victime.

— Ce n'est pas le feu qui a inscrit le nom d'Horus, remarqua Sara.

— Mais si ! Rappelle-toi. La suie s'est incrustée dans les lettres creusées sur la première gourde.

Il vida alors la poterie et, dans le relief convexe des trois lettres, rendues visibles par le sable gris qui s'y accrochait, apparut ce nom qu'ils avaient déjà vu, celui qu'ils attendaient.

סרס

— Osiris, déchiffrèrent-ils tous de concert.

Les incantations de « Seth » revinrent brusquement à la mémoire de Jacques, qui les murmura doucement.

« Je te le jure par le feu, l'eau, l'air et la terre. »

— Dans ce cas, conclut Sara sur un ton ténébreux, ne reste plus qu'à voir ce que nous réserve l'air.

49

Jérusalem

Le décurion Démétrius n'aimait pas ça.

Être convoqué en pleine nuit au palais d'Hérode, à quelques jours de la Pâque avec ce climat délétère, ça n'était pas bon signe. Oh, l'objet de cette audience inopinée faisait peu de doute. La faillite de ses recherches était venue jusqu'aux oreilles de Pilate, et celui-ci était en droit de lui demander des comptes. Peut-être même le préfet avait-il eu vent de cet homme retrouvé mort à Siloé, Philippe de Béthanie, dont Démétrius avait pourtant fait restituer la dépouille à sa famille avec la plus grande discrétion. D'après la patrouille qu'il avait dépêchée sur place, la famille du défunt avait procédé à son inhumation à la hâte, et n'avait posé presque aucune question. Ce Jacques en fuite avait-il quelque chose à voir avec ce second meurtre ? Pouvait-il s'agir d'un règlement de comptes fratricide ?

Assoupi sur son gros ventre, le décurion luttait tant bien que mal contre ses idées noires. Voilà près d'une demi-heure maintenant qu'il patientait dans l'antichambre d'un vestibule, d'un petit salon, ou il ne savait quelle autre coquetterie architecturale.

Un esclave à l'origine indéfinissable le tira enfin de sa torpeur.

— Le préfet t'attend.

Il le conduisit à travers un dédale de couloirs et de paliers, jusqu'à un bureau de taille modeste, à l'échelle du bâtiment, occupé pour l'essentiel par une table de travail en acajou marquetée. Pilate s'y tenait, debout, habillé comme en plein jour.

À la grande surprise du décurion, le procurateur lui désigna un fauteuil. Il entra toutefois en matière sans formules superflues.

— On m'a dit que ce Jacques – Jacques de Béthanie, c'est bien ça ? – te donnait du fil à retordre…

— Je pense que l'homme jouit de complicités dans la ville, seigneur. Comme tu le sais, c'est le frère de Judas, le fils de Judas le rebelle.

— Je le sais. Mais ce n'est pas ce dont je souhaite t'entretenir ce jour.

Ce jour ? Dis plutôt cette nuit ! pensa Démétrius, si fort qu'il blêmit à l'idée que son expression le trahisse.

— Un personnage assez singulier est venu me voir, déclara Pilate. Un espion d'Hérode.

Le décurion se recroquevilla dans son fauteuil, au souvenir des mauvais traitements que lui et ses sbires avaient infligés au monstrueux informateur.

— Saül de Tarse. Il est venu me voir deux fois ici. Ce qui me chagrine, vois-tu… c'est qu'il m'a tenu la deuxième fois un discours diamétralement opposé à ce qu'il a défendu lors de sa première visite. Difficile de se fier à un espion qui se dédit aussi rapidement.

— Souhaites-tu que je le fasse surveiller, seigneur ? s'empressa Démétrius afin de montrer sa bonne volonté.

— Non, c'est inutile. En revanche…

— Oui ?

— Que peux-tu me dire sur ce Jésus ?

— C'est un agitateur, certes. Mais je ne le crois pas dangereux. Il a une poignée de disciples, pas d'armes, pas d'appuis sérieux au Temple ou au Sanhédrin, à ma connaissance aucun lien avec les zélotes ou un quelconque groupe de rebelles. Bref, pas vraiment le profil d'un émeutier.

— Bien. C'est ce que je pensais.

Pilate déambulait dans la pièce, les mains croisées dans le dos.

— Pardonne-moi… Mais qu'attends-tu de moi ? osa Démétrius.

— À ton avis, pourquoi Saül m'a-t-il décrit Jésus dans les mêmes termes que toi… et pourquoi est-il revenu me demander sa tête le lendemain ?

Démétrius semblait dépassé par la portée des réflexions de son maître. *Ne pas le contrarier, surtout ne pas le contrarier*, tel était son seul souci.

— En tout cas, reprit Pilate pour lui-même, ceux qui veulent la peau de ce pauvre bougre sont déterminés. Mais pourquoi s'acharnent-ils sur une quantité aussi négligeable que lui ?

Le décurion congédié, Pilate ne traîna pas longtemps dans son bureau.

Vraiment, il n'aimait pas ce palais. Le militaire en lui méprisait ce luxe inutile et ces fanfreluches. Il détestait ces couloirs interminables, ce labyrinthe de coursives et d'accès sur jardin, impossibles à sécuriser. Il en avait pour preuve cet incident, la veille au soir, dans l'aile occupée par Antipas. Deux individus qui étaient entrés et sortis de là comme de chez eux. Vexé, le tétrarque était resté discret sur l'identité de ses agresseurs, ainsi que sur le motif de leur intrusion.

Au détour d'une colonnade, une femme pressait le pas, en provenance d'une porte extérieure.

Une femme ? Non, ma femme ! Claudia Procula glissait sous le péristyle à pas légers, soucieuse de n'indiquer sa présence à aucun garde ou aucun esclave encore debout à cette heure. Elle ne remarqua pas la haute stature de Pilate tapi dans l'embrasure d'une porte. Sa robe, qu'il devinait sous son manteau, rouge comme le sang, son attitude de conspiratrice, et ce visage noirci qu'elle tourna furtivement, tout indiquait qu'elle revenait de l'une de ses bacchanales. N'arrêterait-elle jamais de flétrir sa beauté à elle, son honneur à lui, dans les soirées sordides où elle se commettait ?

Un espion, un autre, avait eu le malheur de lui révéler que Claudia se vouait à des cultes innommables. Qu'elle adorait des divinités étrangères. Qu'elle livrait son corps à des prêtres impies. Pour sa peine, Pilate avait fait enfermer et flageller à mort le délateur à l'Antonia. Mais peu importait la nature des nocturnes et coupables activités de son épouse. Ce qui comptait, ce qu'il ressentit ce soir-là comme un tison fiché dans sa poitrine, c'est que même s'il tolérait tout, même s'il fermait les yeux et s'il persistait à l'aimer, il l'avait déjà perdue.

50

Magda avait fini par s'endormir au petit matin, épuisée par l'angoisse, grelottant sous sa couverture. Lorsqu'ils poussèrent enfin la porte d'entrée, le jour bleuissant à peine l'orient, elle s'éveilla d'un coup. Sans un mot pour eux, sans même une question sur Ezra, ce jeune inconnu qu'on faisait entrer dans la maison de son père, elle s'affaira devant le foyer.

Jacques était en vie. Sara aussi. Et dans l'immédiat, c'était assez de bonheur pour ne pas le gâter avec ses interrogations inutiles. En quelques gestes précis, elle réchauffa plusieurs galettes qu'elle aspergea de gouttelettes de miel et qu'elle déposa sur la table, devant eux. Chacun la remercia d'un hochement de tête, respectant son silence. Ils se sentaient presque chez eux dans cette pièce modeste où la chaleur émanait plus de ses occupants que du feu ou de la richesse de la décoration.

Sa collation avalée, rincée de grandes lampées de lait, Jacques étala devant lui les dix papyrus qu'il avait subtilisés avec ses dents. Ils étaient froissés, cassés ou émiettés par endroits, et sa salive avait fait baver certains caractères, mais dans l'ensemble, ils demeuraient lisibles.

Chaque document contenait une dizaine de lignes tout au plus. Et, sans en faire une lecture approfondie, on pouvait deviner qu'il s'agissait plus d'une collection de pensées, d'aphorismes, peut-être des citations ou des emprunts faits à des textes ou des auteurs divers, que d'un récit suivi. La langue commune à tous les papyrus était celle de la connaissance et de la transmission, une langue que Jacques maîtrisait parfaitement : le grec.

Ezra fut le premier à rompre le silence.

— Tu reconnais des sources ?

— Pour l'instant, non. Tout ce que je peux en dire, c'est qu'on est en présence d'un discours eschatologique. Relatif à la fin des temps, si tu préfères.

— Pas vraiment une surprise, vu ton initiation dans le désert.

— En effet. Ce qui est plus surprenant, c'est que, pour l'instant, je ne retrouve aucun des grands textes prophétiques. Ni Ézéchiel, ni Zacharie… pas même Daniel. Je dirais qu'il s'agit d'une « Fin des temps » originale.

— En tout cas, remarqua Sara, ces textes-là ne sont pas codés. Tu peux me les traduire ?

Jacques s'exécuta à voix haute :

« Ses yeux étaient comme une flamme de feu ;
sur sa tête étaient plusieurs diadèmes ;
il avait un nom écrit,
que personne ne connaît, si ce n'est lui-même ;
et il était revêtu d'un vêtement teint de sang.
Son nom est la Parole de Dieu. »

— Tu as vu la dernière ligne ? s'exclama Ezra. « Son nom est la Parole de Dieu. »

— Et alors ?

Sara peinait à suivre les deux érudits.

— Ezra fait référence au nom de mon ravisseur. Jésus signifie « Dieu sauve ». Mais le nom de Dieu apparaît dans de nombreux prénoms juifs. Adoniya, c'est « Dieu est mon seigneur ». Benaya, c'est « fils de Dieu »... il y en a des dizaines, comme ça.

Jacques poussa un soupir. Sa blessure au front le lançait par instants, et il posa dessus une main qu'il espérait apaisante.

— Hum... Prenons plutôt la deuxième phrase : « Il avait un nom écrit, que personne ne connaît, si ce n'est lui-même. » Souviens-toi, Ezra, du point sans nom de la Tétractys. C'est grâce à lui que j'ai trouvé le repaire de Jésus et sa bande.

— Cela signifierait que Jésus n'est pas son vrai nom ?

— Peut-être, hésita Jacques. Il serait juste le nom sous lequel il a voulu se faire connaître.

— Et il aurait un autre nom... suggéra Sara.

— Un nom secret, approuva le scribe. Son *Ron Sheta*, comme l'appellent les Égyptiens.

Ces documents confirmaient leurs intuitions, mais ne leur apprenaient rien de nouveau sur les intentions des deux tueurs. Ils demeurèrent tous trois interdits, épuisés. Ils avaient à peine dormi, et la digestion des succulentes galettes de Magda les poussait plus vers leur couche qu'à la réflexion. Toujours silencieuse, cette dernière vint se placer dans le dos du scribe, et posa ses mains sur les épaules de ce dernier, lourdes de son affection.

— Regardons un peu la suite, suggéra Jacques pour leur insuffler du courage.

« Ne faites point de mal à la terre,
ni à la mer, ni aux arbres,
jusqu'à ce que nous ayons marqué du sceau
le front des serviteurs de notre Dieu.
Ils ont lavé leurs robes, et ils les ont blanchies
dans le sang de l'agneau.
C'est pour cela qu'ils sont devant le trône de Dieu,
et le servent jour et nuit dans son temple.
Celui qui est assis sur le trône dressera sa tente sur eux ;
ils n'auront plus faim, ils n'auront plus soif,
et le soleil ne les frappera point, ni aucune chaleur.
Car l'agneau qui est au milieu du trône les fera paître
et les conduira aux sources des eaux de la vie,
et Dieu essuiera toute larme de leurs yeux. »

— Le sceau sur le front ! s'exclama Sara.

— Le signe des serviteurs de Dieu, poursuivit pensivement Jacques.

— Des serviteurs aux portes de la mort, regarde un peu : « Et le soleil ne les frappera point, ni aucune chaleur. »

Ces lignes collaient parfaitement aux propos que les deux hommes lui avaient tenus, au pied de sa propre tombe. Ils avaient sans doute sous les yeux une sorte de carnet de notes, peut-être même de journal de bord, répertoriant la mystique délirante qui animait les instigateurs de cette machination.

L'ésotérisme de « Jésus », quel que soit son nom véritable, réunissait dans un même dogme morbide les conceptions de la Gnose – les âmes initiées au-dessus, les corps non initiés au-dessous – et les visées des apocalypses – la libération à la fin des temps. « La fin des temps, tu la portes en toi », lui avait asséné Jésus. C'était là, tout de suite, la promesse faite à l'initié qui acceptait de renvoyer son enveloppe terrestre à la poussière et de laisser son âme s'élever à jamais.

Magda sortit enfin de son mutisme.

— Moi, je m'interroge sur cet agneau dont le sang blanchit les robes. S'il existe, vous m'en mettrez deux pour laver mon linge à Ein Rogel !

— C'est vrai, renchérit Ezra. Cette évocation de notre Pâque juive semble étrange au milieu de ce fatras hermétique…

— Jean a été tué selon le rituel de l'agneau, rappela Jacques. Selon ce texte, cet « agneau » est censé conduire les élus à la source divine. Chez nous, l'agneau rachète nos péchés mais, que je sache, il ne nous offre pas la vie éternelle.

Jacques se souvint alors du jugement de son maître Anaxilaos sur les cultes ésotériques, selon lui rien que de perpétuelles et stériles fuites en avant. « Les hermétistes courent à perdre haleine après un ultime mystère. Mais il ne peut y avoir de secret final. Le secret final de l'hermétisme est un secret vide. » Pourtant, ce labyrinthe était pavé de cadavres. Il fallait mettre un terme à cette folie dans les meilleurs délais.

Avant quoi ? Une hécatombe ? Un holocauste humain ?

— Quand j'ai demandé à cet homme qui accompagne Jésus s'ils pensaient tous deux s'infliger le même sort qu'à ceux qu'ils… initient, se souvint Jacques d'une voix blanche, il m'a répondu que leur heure était proche, à eux aussi.

— Tu penses qu'ils pourraient se suicider ?

— Non, j'ai du mal à croire que ce Jésus avide de prodiges se satisfasse d'une mort aussi peu spectaculaire.

— Pardonnez-moi, intervint Sara, mais j'ai toujours la même question : pourquoi initier les fils de Judas de Gamala ? Quel rapport entre Jean, Philippe, toi… et eux deux ?

Sara voyait juste, une fois encore. C'était la bonne question. Une question à laquelle Seth avait répondu de manière ô combien évasive : « Dans quelques minutes tu auras toutes les réponses que tu espères. » Jacques ne pouvait accepter la mort comme unique solution. C'était trop facile. C'était trop lâche !

— Nous en savons trop peu sur Jésus pour établir un lien entre lui et notre famille. Et il a beau ressembler à Jean de manière troublante, son nombril est formel. Ce n'est pas son fils.

— Qu'est-ce qu'on peut faire, alors ?

— Il faudrait enquêter. Se renseigner en Égypte, là où il a grandi. Mais je crains que nous n'en ayons plus le temps.

— Que veux-tu dire ?

— Je ne sais pas qui est l'agneau dont parle ce texte. Mais nous sommes à trois jours à peine de la Pâque ! S'ils suivent leur propre prophétie, nous avons toute raison de croire que dans trois jours tout sera fini. Et si nous n'arrêtons pas ce délire avant…

— Les meurtres se poursuivront, frère après frère, conclut Sara, la mine défaite.

— Sans oublier l'avis de recherche qui pèse toujours sur vous, ajouta Ezra.

D'un geste maternel, instinctif, Magda massa le cou de son vieil ami, que ce geste de tendresse fit tressaillir. Qu'il était rageant de se sentir si proche du but, et de n'avoir pour piste que quelques textes abscons.

— Cela dit… Je connais peut-être quelqu'un qui peut nous renseigner, reprit le nouveau bibliothécaire du Temple.

— Sur Jésus ?

— Oui. C'est l'espion d'Hérode que Caïphe a produit devant le Sanhédrin. Saül.

— Pourquoi Caïphe a-t-il recouru à un tel individu ?

— Jésus n'a pas que des amis dans le Temple. Certains des soixante et onze sages ont eu des mots très violents contre lui. Ils sont allés jusqu'à évoquer sa condamnation à mort.

— À mort ? Qui a pu réclamer sa mort ?

— Le plus virulent était Joseph d'Arimathie.

Joseph d'Arimathie… !

Le bon Joseph. Le parrain de Jean. Leur bienfaiteur à tous, fils et filles de Judas. Il avait même assisté à la remise du caducée à Jacques, il y a si longtemps déjà… Les paroles du garde, à l'entrée de la chambre des foyers, lui revinrent en mémoire. « Il délivrait un message urgent de Joseph d'Arimathie. »

Quand le soldat lui avait annoncé ça, il avait cru à un coup de bluff du tueur. Un cachet que ce dernier aurait subtilisé au membre du Sanhédrin. Mais là, tout s'embrouillait. Leur protecteur pouvait-il à la fois exiger la mort de Jésus… et faire entrer les tueurs dans le Temple ? Il se redressa brusquement sur son tabouret, comme frappé par un éclair.

— Fais-nous rencontrer ton espion, commanda-t-il à Ezra. Je veux savoir tout ce qu'il sait sur Jésus !

Ezra parti ventre à terre, Jacques, Sara et Magda s'abîmèrent dans la lecture et la relecture minutieuse des papyrus. Avec le manque de sommeil, la tête leur tournait et ils peinaient à déceler dans ces textes d'autres éléments qui n'étaient pas le prolongement ou l'exacte redite de ce qu'ils avaient déjà mis au jour. Le tout dernier document, cependant, fit à Jacques l'effet d'une gifle. S'ils n'avaient pas été tous deux suspendus à la perspective prometteuse de l'entrevue avec Saül, s'il s'était senti dans son état normal de scribe et de lettré, il en eût conçu une joie intense. Le genre de découvertes auxquelles un érudit de sa trempe n'avait droit qu'une poignée de fois dans toute sa vie.

Le texte n'était ni titré ni signé. Et pourtant, il en était certain. Ça ne pouvait qu'être ça. Le *Poïmandrès*, le plus célèbre des livres du *Corpus Hermeticum*, l'œuvre maîtresse, l'œuvre mythique d'Hermès Trismégiste ! Traduites à la va-vite, ces lignes donnaient à peu près ceci : « Et tous les êtres se multiplièrent par genres, et celui qui se connut lui-même arriva au bien parfait ; mais celui qui, par une erreur de l'amour, a aimé le corps, celui-là demeure égaré dans les ténèbres, soumis par les sens aux conditions de la mort. »

Jacques n'en revenait pas. Ce texte était si rare, si improbable, que la plupart de ses pairs doutaient de son existence même. Et voilà qu'il était là, parvenu d'une si étrange façon entre ses mains… Était-ce le troisième exemplaire qu'Ezra avait mentionné ?

Sara mit à profit sa lecture pour somnoler sur une paillasse, pratiquer un brin de toilette et revêtir des vêtements propres, fournis une fois encore par Magda. Celle-ci appliqua aussi sur le front de Jacques un onguent maison à base de sauge et de lavande, aux propriétés calmantes et cicatrisantes avérées. La marque ne disparaîtrait pas, mais elle le cuirait moins. C'est à cela que devait ressembler un foyer véritable, où la chaleur et l'amour circulaient mieux encore que les idées.

Quand Ezra revint, seul, ils eurent du mal à cacher leur déception.

— Où est-il ? Sara aboya presque.

— Il préfère nous rencontrer dans une auberge, pour plus de discrétion.

— Où ça ?

— À deux pas d'ici, de l'autre côté du Tyropéon. Les habitués l'appellent la caverne de Chémouel.

— Je la connais, intervint Magda. C'est le rendez-vous des soldats et des publicains.

— Dans ce cas, c'est parfait. Je pars maintenant avec Jacques, et vous nous rejoindrez à l'extérieur, Sara et toi, d'ici une heure. Ça me semble plus prudent…

La jeune fille le foudroya d'un regard noir.

51

— Chémouel ! Chémouel, remets-moi un bol de ta bière !

— Je ne m'appelle pas Chémouel, grommela l'aubergiste en servant l'homme au faciès monstrueux.

— Alors change le nom de ton bouge…

Voilà presque une heure que Saül alignait les verres de liquide ambré, silencieux, à contempler le mobilier modeste, les murs crasseux et les chaises encore vides. Il était le seul client à cette heure matinale et le patron s'était un peu fait tirer l'oreille pour ouvrir son établissement.

Qu'est-ce que je fais là ?

Son esprit embué par l'alcool en aurait presque oublié le motif de sa présence en ces lieux.

Ah oui, le petit prêtre du Temple… Depuis son intervention au Sanhédrin, il n'avait eu de cesse de compléter ses informations sur Jésus. Il avait mobilisé tout son réseau d'indicateurs, à Jérusalem comme dans les provinces, par la magie des caravanes qui prenaient la Ville sainte pour une halte incontournable entre orient et occident, méridion et septentrion. Glaner des indications précises n'avait pas été chose simple, et la pêche se révélait bien maigre, au final, à l'aune de ses enquêtes habituelles. Il n'empêche…

« Si quelqu'un te réclame des renseignements sur Jésus, donne-lui tout ce que tu as », lui avait ordonné l'homme de l'ombre, l'homme à la capuche. « Et si cet homme n'a pas de quoi te payer, je paierai pour lui, tu m'entends ? »

Soit. D'ici quelques minutes il déballerait tout. Enfin, le peu qu'il savait.

La porte de la caverne battit brusquement, s'effaçant sous le poids d'un homme qui titubait.

— Eh bien, eh bien ! apostropha le tenancier. Tu n'as pas encore bu et tu casses déjà tout ?

L'homme ne répondit pas et s'affala à une table, la mine basse, les épaules accablées.

Saül le reconnut aussitôt. Il se leva et alla poser devant lui son verre et son broc de bière. L'homme sursauta et leva sur la brute édentée un regard terrifié.

— Je sais qui tu es, susurra Saül. Pierre… Le pêcheur de Capharnaüm, le disciple de Jésus !

— Non… Non, tu te trompes, protesta Pierre, paralysé maintenant par la terreur.

Depuis que son maître traînait avec des brigands, il se sentait perdu, floué même. Et cet inconnu à la mine patibulaire qui le menaçait…

— Mais si ! Rappelle-toi, nous nous sommes parlé, il n'y a pas deux jours ! insista Saül avec un rictus. Ne crains rien, je veux juste t'offrir un ver…

— Laisse-moi ! Je ne connais pas ton Jésus !

Il se leva d'un bond et renversa le gobelet de terre cuite, qui se pulvérisa sur le sol dallé. Il roula des yeux éperdus, comme s'il avait vu le Malin en personne, et se rua hors de la gargote, dans un glapissement plus animal qu'humain.

Pour la première fois, Pierre venait de renier son maître.

En dire le minimum ; en apprendre autant que possible.

C'est l'objectif que Jacques s'était fixé.

Il lui fallut de longs instants pour s'acclimater au lieu, sale et mal éclairé, et plus encore à l'épouvantable physionomie de leur interlocuteur. Ezra avait omis de décrire la bête immonde qu'était Saül, l'espion de Tarse.

Pour certains, songea Jacques, *le destin était scellé une fois pour toutes par leur seule apparence physique*. Il y avait là une injustice qu'aucune religion ni aucune philosophie n'éradiquerait jamais. Qu'aurait pu être par exemple cet homme si laid, si ce n'est un travailleur de l'ombre ? Un homme caché ?

La voix de Saül vibra à en faire trembler les verres, remplis à ras bord de bière.

— Je dois vous prévenir tout de suite : obtenir des informations précises et fiables sur Jésus de Nazareth est plus difficile que de se renseigner sur la dernière stratégie de Tibère !

— Comment cela se fait-il ? C'est pourtant un homme d'origine modeste…

— En effet. Nazareth n'est pas vraiment Césarée. On dit aussi qu'il descend de David. Mais ce qui frappe toutes les personnes qui l'ont côtoyé depuis le début de sa vie publique, c'est à quel point le bonhomme s'y connaît en Écritures.

— Comme un prêtre, ou un scribe ?

— Bien plus que ça.

L'espion se pencha par-dessus la table pour appuyer ses propos.

— Il n'y a pas une parole qu'il ait dite, une prétendue guérison qu'il ait accomplie qui n'aient été annoncées par les prophètes. Mot pour mot ! Dans le livre d'Isaïe, de Zacharie, et même chez Osée ! Ça va jusqu'à ses discours les plus commentés : « Ne regarde pas la paille dans l'œil de ton voisin, mais la poutre qui est dans le tien » ; « Il est plus difficile pour un chameau de passer par le chas d'une aiguille qu'à un riche d'entrer dans le royaume de l'Éternel »… Ça ne vous dit vraiment rien ?

— Le Talmud de Babylone, répondit Ezra.

— Nous savons tout cela, lui opposa Jacques, calme. Je l'ai entendu de mes oreilles nous resservir les psaumes de David, comme s'il les avait écrits de sa main. Mais cela ne nous apprend rien de plus sur lui.

Saül frappa du point sur la table, et deux verres renversèrent leur contenu mousseux sur le plateau d'acacia.

— Tu ne comprends pas ! Jésus ne s'est pas contenté de conformer sa vie et ses actes d'aujourd'hui aux prophéties. Les éléments qu'il a laissé filtrer sur son passé s'y rapportent aussi. Sa naissance supposée à Bethléem, à plusieurs jours de marche de chez ses parents ? Michée ! Son séjour en Égypte durant son enfance ? Osée ! À certains, il a soutenu qu'il était né d'une vierge ! Comme chez Isaïe !

Jacques se raidit sur son tabouret.

— Tu ne crois quand même pas… ?

— Bien sûr que non ! Jésus n'est pas plus Messie que toi ou moi ! Mais il a tout fait pour se composer un personnage public populaire. Et les rares faits tangibles qui sont passés entre les mailles de son filet sont bien loin de cette vérité officielle…

— Par exemple ?

— Bethléem. Ses parents, Joseph et Myriam, s'y sont bien arrêtés, en chemin vers l'Égypte. Mais leur fils n'y est pas né. Il ne figure dans aucun registre là-bas. Il n'a répandu cette rumeur que pour se conformer aux prédictions.

— Quoi d'autre ?

— Eh bien, l'Égypte. Justement, c'est là qu'on perd leur trace. Selon les versions, on dit qu'enfant il a passé plusieurs années à Alexandrie avec ses parents, ou à Héliopolis. D'autres parlent de Thèbes ou d'Ombos. Mais dans aucune de ces villes, on n'a vu un Joseph et une Myriam de Galilée ces vingt dernières années, en tout cas pas accompagnés d'un enfant en bas âge nommé Jésus. Mes agents sur place sont catégoriques.

— Comment est-il possible qu'ils n'aient laissé aucune trace de leur séjour ?

— Je ne vois qu'une hypothèse plausible : ils ont intégré une communauté qui leur garantissait l'anonymat et le secret.

— Quelle communauté ? pressa Ezra.

— S'ils se sont fixés près d'Alexandrie, ce qui semblerait assez logique venant de Palestine, il n'y en a qu'une. Maréotis.

— Maréotis ? s'étonna Jacques. C'est un lac salé et marécageux au sud d'Alexandrie. Totalement insalubre ; personne n'y vit. Pas vraiment ce que j'appellerais un centre d'éveil spirituel.

— Tu as raison. La région a la réputation d'être la seule zone infertile du delta du Nil. Une terre maudite. C'est d'ailleurs bien pour ça que leur communauté s'y est installée. Là-bas, ils sont certains d'avoir la paix.

Le bibliothécaire bouillait d'impatience. Il renouvela la question sur un ton plus ferme.

— Alors, quelle communauté ?

— Eh bien, les Therapeutae ! lâcha Saül. Ce sont les seuls assez fous pour vivre dans cet enfer.

Jacques et Ezra prirent une seule inspiration. Muets et stupéfaits. Il avait fallu rencontrer cet espion abject pour boucler enfin cette boucle ouverte par Raziel. Tous deux se souvenaient de l'évocation qu'avait faite le vieux sage des Therapeutae. Une hypothèse qu'ils avaient écartée trop vite, submergés par les autres symboles, absorbés par d'autres pistes.

— Comment s'y rend-on ? s'enquit le scribe.

— De Jérusalem ? Si tu ne veux pas mourir de faim et de soif dans le Sinaï, tu n'as pas le choix, il faut t'intégrer à un convoi marchand. Mais à votre place, ce n'est pas là que j'irais traîner mes sandales.

— Et où ça ?

— À Nazareth.

Nazareth... « Trois cabanes, deux chèvres, et à peine plus d'habitants », telle est la description peu engageante qu'en avait faite Pierre.

— Et pourquoi là-bas plutôt qu'en Égypte ?

— Parce que si j'avais des secrets à cacher, personnellement, je choisirais un hameau perdu et absent des cartes. Il m'a été impossible d'y trouver un informateur. D'ailleurs, si je n'étais pas retenu ici par des affaires importantes, j'y aurais déjà fait un saut moi-même.

— Et la solution la plus rapide pour Nazareth ?

— Trois à quatre jours pour un bon marcheur. Un peu plus de deux jours à mulet. Un jour et demi avec un chameau.

— Et si on ne s'arrête pas pour dormir ?

— Dans ce cas, et si vous avez des montures fraîches… vous pourriez y être demain matin. Demain midi au plus tard. Mais je ne vois pas bien qui peut vous fournir ça à trois jours de la Pâque.

Hereb ! songea aussitôt Jacques.

Il était dit qu'il reverrait le camelot égyptien d'Ein Rogel plus tôt qu'il ne l'avait envisagé.

— Attends !

Saül avait empoigné le bras d'Ezra avec une force invraisemblable. Jacques était parti à la recherche de Hereb et il avait accepté l'invitation de l'espion à vider quelques godets de plus avec lui. C'est le moins qu'il pouvait faire.

— Toute information a un prix, mon jeune ami.

— Tu m'as dit toi-même que tu ne voulais rien !

Il tenta de s'arracher à l'emprise de la main, mais l'étau se resserra plus étroitement encore autour de ses biceps douloureux.

— Eh bien, disons que j'ai changé d'avis.

— Je suis un simple prêtre ! Je ne touche rien sur les offrandes. Je n'ai pas d'argent !

— Je suis sûr que tu peux faire un petit effort. Tu as bien de la famille ?

— Ma famille cultive un lopin grand comme cette auberge. Nous sommes pauvres… Lâche-moi !

— Si tu n'as pas d'argent, tu as certainement de bonnes informations ! Tu travailles au cœur du Temple, insinua l'espion. Tout cet argent qui y circule du matin au soir…

Le trésor caché dans le Parokhet ! Ezra pensa aussitôt au rideau monumental qui servait de coffre-fort à Caïphe et ses trésoriers. Cela se vit sur son visage. Saül ne s'y trompa pas et crocheta son bras vers l'arrière, tirant de sa victime une plainte aiguë.

— Arrête ! Arrête ! Je sais ce qui peut t'intéresser…

L'autre maintint la pression, sa trogne effroyable grimaçant à quelques pouces de lui.

— Arrête, je te dis ! Crois-moi, tu ne seras pas déçu !

52

Ein Rogel

Hélas, Hereb était parti d'Ein Rogel quand ils parvinrent à l'oasis. Il avait écoulé son stock de marchandises auprès des commerçants de Jérusalem et des clients de passage qui affluaient maintenant de toutes parts, à quelques jours de la principale fête de l'année. Et personne ne sut leur indiquer quelle direction ses chameaux et lui avaient bien pu prendre.

Trouver une autre caravane ne fut pas chose facile.

Il fallait dénicher un convoi qui préférait passer par les hauts plateaux de Galilée, moins aisés, plutôt que longer le lac de Tibériade et ses rives infestées de voleurs. Les maigres économies de Magda suffirent tout juste à s'acquitter du montant du voyage, ainsi qu'à convaincre le chef caravanier, Paser, de progresser à marche forcée jusqu'à leur destination, sans arrêts ou presque. Quant au retour… on verrait bien !

L'avantage des convoyeurs étrangers, c'est qu'ils ne posaient aucune question. Ils fournissaient même à leurs passagers, en sus du transport et de la discrétion, des tuniques bleutées dans un tissage plus léger que le lin, et de longs foulards qui couvraient presque intégralement le visage, protégeant le nez et la bouche du sable et de la poussière qui s'infiltraient partout. À quelques coudées de distance, Jacques et Sara pouvaient passer pour des marchands. N'était leur posture hésitante sur des bosses qui leur promettaient un parcours tout en cahots et en ondulations.

Alors qu'ils attendaient que la colonne s'ébranle, Ezra accourut à leur rencontre. Comme il ne les reconnaissait pas, Sara lui fit un signe discret de la main, qu'il capta immédiatement.

— Ça n'a pas été simple, annonça-t-il avec un large sourire, mais l'un de mes amis m'a confié le rouleau de *La Vie contemplative*.

Il tendit le précieux manuscrit à Jacques. L'œuvre maîtresse de Philon d'Alexandrie. L'unique document existant sur la secte des Therapeutae. Peut-être le fil qui leur permettrait de remonter jusqu'aux meurtriers.

— Merci Ezra, tu es une aide précieuse, remercia Jacques avec chaleur.

— Je t'en prie. Je monte sur quel animal ?

— Euh…

Le scribe, dont seuls les yeux lavés par la fatigue des derniers jours perçaient encore à travers les entrelacs d'étoffe, parut embarrassé.

— Tu ne viens pas avec nous, regretta Sara.

— Pourquoi ?

— Nous te sommes très reconnaissants, expliqua Jacques. Mais quelles que soient les motivations réelles de Jésus, elles concernent notre famille. Je ne sais pas encore comment, ni même pourquoi, mais à partir de maintenant il appartient à ceux de notre sang d'arrêter cet homme. Et à nous seuls. Tu me comprends ?

Le jeune homme piqua du nez, visiblement déçu.

— Je te comprends.

— Et puis tu nous seras bien plus utile à Jérusalem. Si tu es d'accord, je te demanderai de veiller sur Magda et Isaac. Il serait imprudent qu'ils restent chez eux pour le moment. Au moins jusqu'à la Pâque.

— Ne t'inquiète pas. Ma mère se fera un honneur de les accueillir.

— Merci, tu te conduis en véritable ami. Pour ta part, si l'agitation du Temple t'en laisse le loisir, j'aimerais que, dans deux jours, tu ailles frapper à la porte de Joseph d'Arimathie. Insiste jusqu'à ce qu'il se présente.

Ezra eut du mal à masquer sa surprise.

— Pour lui dire quoi ?

— Annonce que tu viens au sujet de Jésus. Que tu as des informations de premier ordre.

— Et après ? Je fais quoi ?

— Si Joseph te reçoit, sers-lui quelques éléments que nous a livrés Saül. Rien de capital. Ne mentionne pas Maréotis, ni les Therapeutae.

— Et s'il ne me reçoit pas ?

Le regard de Jacques s'emplit d'une lueur singulière.

— S'il est là et qu'il ne te reçoit pas… C'est qu'il est plus impliqué encore que je ne l'imagine.

Paser fit un signe muet à ses subordonnés, et les premiers chameaux partirent de leur pas élégant et délié. C'est à peine si Ezra eut le temps, au passage de sa monture, de tendre à Sara une main que celle-ci effleura du bout des doigts. Eux aussi devraient patienter encore, avant que leurs corps trouvent les réponses aux questions que se posaient déjà leurs cœurs.

Dans le soleil écrasant, la colonne sortit lentement du hameau. Elle comprenait au moins une quinzaine de bêtes. C'était un beau spectacle, et plutôt saisissant, pour qui n'était pas coutumier des voyages au long cours et des fondouks. Ezra attendit que le dernier chameau ait disparu derrière les collines proches, orangées de lumière, striées de reflets, pour reprendre le chemin de la cité. Après sa fuite précipitée de la veille, son retour au Temple ne serait pas non plus chose facile.

Les premières heures, Sara eut bien du mal à s'habituer au roulis continuel. Elle se sentait nauséeuse et les bonbons d'anis étoilé que lui donnait l'un des chameliers, cristallisés dans une gangue sucrée, presque liquides à l'intérieur, ne suffisaient pas à dissiper le sentiment général d'inconfort qui la dominait, corps et âme. Elle n'arrivait à penser à rien d'autre, ou presque. Même les sourires aguicheurs du jeune Égyptien qui l'alimentait en douceurs la laissèrent indifférente.

Jacques, lui, n'en était pas à son premier voyage. D'Athènes à Alexandrie, de Milet à Damas, il avait sillonné tout ce que le bassin oriental de l'empire comptait de cités importantes et qui méritaient qu'on y fît halte. Évidemment, ses maîtres grecs n'avaient choisi pour lui que des destinations qui se distinguaient par leur réputation philosophique, spirituelle ou artistique. Mais c'était le propre des voyages que de mener parfois là où on ne l'a pas prévu, et d'ouvrir à d'autres savoirs que les disciplines académiques. Et c'est ainsi qu'il avait découvert le charme sophistiqué des femmes lydiennes, la dextérité des ébénistes de Kummuhu ou encore les divins entremets qu'on servait dans les dîners de l'aristocratie syrienne, à Alep.

Pour rester tout à fait honnête avec lui-même, Jacques admettait que toutes ces curiosités n'étaient rien, pour lui, au regard des plaisirs que lui offrait le voyage proprement dit. À dos de bête ou dans une carriole, il adorait cette sensation de se laisser porter, de glisser sur l'espace et le temps, détaché de tout, aspiré par la route. Il y puisait une paix, une sérénité avec lesquelles aucune de ses séances de méditation ne pouvait rivaliser. Ses meilleures idées, ses plus fines intuitions, il les devait au trottinement saccadé d'un âne ou au couinement obsédant d'une roue de charrette.

La relative monotonie des paysages au nord de la Judée était une invitation à laisser son esprit divaguer. Une succession de gros monticules, à peine des collines, amas de terre à la végétation pauvre et rase, que la piste contournait ou chevauchait. La terre n'avait pas cette consistance poudreuse, desséchée à l'extrême, qu'on observait au sud-est du pays, en descendant vers la mer Morte. Mais on n'y trouvait pas pour autant, pas encore, l'humus riche et gras favorisant les grandes cultures céréalières de Galilée.

Une fois habitué au roulis, Jacques déroula délicatement le texte remis par Ezra. Dès les premières lignes, il apprécia la fluidité de la plume de Philon. Son prestige de styliste hors pair n'était pas usurpé.

« Après avoir parlé des esséniens, qui aiment et pratiquent la vie active mieux que tous les hommes, (...) je dirai ce qui concerne ceux qui ont embrassé la vie contemplative. »

Que le philosophe juif d'Alexandrie ait éprouvé le besoin d'établir un lien entre Therapeutae et esséniens dès les tout premiers mots de son traité, cela ne lui semblait pas fortuit.

Mais pas de conclusion hâtive. Continuons.

« La doctrine de ces philosophes apparaît tout d'abord dans leur nom : on les appelle avec raison Thérapeutes et Thérapeutrides, soit parce qu'ils font profession d'une médecine supérieure à celle qui a cours dans les villes (...) ; soit parce qu'ils ont appris par l'étude de la nature et des saintes Lois à servir l'Être. »

Des médecins ! Plus instruits et plus doués que la moyenne des guérisseurs. Voilà qui éclairait la connaissance très pointue que Jésus semblait avoir des drogues et plantes diverses. Comme le sceau de Salomon, par exemple. Voilà qui expliquait peut-être ces guérisons, supposées miraculeuses, qu'on attribuait au prophète galiléen.

« Ceux qui embrassent la vie des Thérapeutes ressentent des transports qui ne s'apaisent que quand ils sont parvenus à voir l'objet de leurs désirs. Dans l'ardeur qui les porte vers cette vie immortelle et bienheureuse, et dans la pensée qu'ils ont achevé la vie mortelle, ils ouvrent de leur propre gré leur héritage et laissent leurs biens soit à leurs enfants, soit à leurs proches. »

Des mystiques qui n'aspirent qu'à laisser leur vie de mortel derrière eux ! Cela aussi faisait sens avec son initiation.

« Les Thérapeutes les plus éminents sont envoyés en colonie dans un lieu fort propice, qui paraît considéré comme la patrie de la secte ; ce lieu est situé au bord du lac Maréotis. »

L'indication de Saül était confirmée, noir sur blanc. Maréotis. Le fief des Therapeutae. Plus de doute possible.

« Ils se réunissent d'abord après un intervalle de sept semaines ; car ils n'honorent pas seulement le nombre sept en lui-même, mais aussi son carré qu'ils savent être pur et toujours vierge. Le jour de cette réunion arrive la veille de leur plus grande fête, laquelle tombe au cinquantième jour ; il représente le plus saint et le plus naturel des nombres, résultant du carré du triangle parfait, principe de la génération et de l'agencement de l'univers. »

Le sept, comme nous : les sept frères ! Et le triangle qui régénère l'initié...

Cependant, la suite du texte relatait une vision diamétralement opposée à l'orgie gnostique à laquelle il avait assisté – et aussi participé, à son corps défendant – la nuit précédente. Pas de corps nus, de débauche, de fusion extatique des principes masculin et féminin. Il n'était question au contraire que de retenue et d'abstinence sexuelle revendiquée. C'est là que Jésus et les Therapeutae divergeaient. Là, sans doute, que le prophète exalté s'était désolidarisé des contemplatifs de Maréotis comme d'Hermès Trismégiste, pour entrer dans une Gnose radicale, où l'élévation de l'âme n'était plus un cheminement spirituel mais le fruit d'un acte brutal. Le fruit d'un meurtre…

Quand le relief se fit plus accidenté, bien après la mi-journée, Paser vint signaler en personne à Jacques sur quel territoire on entrait. Apparemment conscient, tout

Égyptien qu'il fût, de ce que cela représentait pour un Judéen d'y poser le pied.

— *Sa'ma'hi !*

La Samarie. Sœur ennemie du peuple de Juda. La terre de ces étranges fidèles qui, nonobstant leur observance stricte de la Torah, n'étaient considérés comme juifs par aucun juif, dans tout le reste de la Palestine. Et pourtant, à l'embrasser ainsi du regard, Jacques sentait cette région moins hostile que Jérusalem. Jérusalem et ses patrouilles romaines qu'on pouvait croiser à chaque coin de rue.

Sara l'interpella contre le vent.

— Quelle est cette montagne ?

Au loin, nimbée d'une auréole brumeuse, une montagne faisait le dos rond entre deux plateaux.

— Le mont Gazirim.

Plus ils s'en approchaient, et plus ils observaient de petits groupes de marcheurs qui convergeaient vers ce point à l'horizon. Il en venait de partout. À en juger par les âges très variés au sein d'une même bande, on devinait qu'il s'agissait de familles entières.

— Que font tous ces gens ici ? s'étonna la jeune femme.

— Ce sont des pèlerins. Depuis plusieurs siècles, les Samaritains fêtent la Pâque sur le Gazirim. Ils y ont installé leur temple. Pour eux, notre Temple n'existe pas.

Le Temple de Jérusalem. Le Temple d'Alexandrie. Et maintenant celui du Gazirim !

Combien l'Éternel a-t-il de maisons, exactement ? songea Sara, sans oser formuler sa question à haute voix. Mais tel n'était pas l'objet de leur voyage, ni la destination de la caravane. Quand les grappes de pèlerins se firent plus nombreuses, Paser bifurqua par un sentier sur sa gauche, en direction de l'occident, entraînant toute la colonne à sa suite.

Jacques poussa le pas de sa monture pour venir au niveau du chef de convoi. Même juché sur son chameau, le dos droit, le port fier, on devinait que Paser n'était pas très grand. Il compensait cette petite stature par des épaules larges et une densité de roc.

— On ne passe pas par le Puits de Jacob ? s'enquit le scribe.

— Sichar ? Non, inutile, les bêtes ont bu assez d'eau pour deux jours. Et l'endroit est plutôt mal famé.

— Il y a des brigands ?

— Pire : le brigand !

— Barrabas ?

Paser acquiesça d'un mouvement de tête, un voile sombre soudain jeté sur son regard si intense.

— Moi, je n'ai jamais eu affaire à lui. Mais mes amis chameliers qu'il a dépouillés… ils s'en souviennent encore, tu peux me croire ! Il ne leur a rien laissé. Tout juste un manteau sur le dos pour rentrer chez eux !

Décidément, Jacques ne comprenait pas l'association du prophète et du voleur. Elle était plus qu'incongrue. Elle sonnait faux. Que pouvait espérer Jésus d'un tel allié ? Et Barrabas, était-ce bien ce même homme qui un jour défaisait les commerçants de leurs richesses, et le suivant prônait l'abandon de toute possession terrestre comme seule issue possible ?

Jacques lança un regard derrière lui et, sur le visage de sa jeune protégée, il surprit une mine rêveuse qu'il ne lui connaissait pas. *Pense-t-elle à Ezra… comme moi je pense à Magda ?*

— Tes amis, ont-ils vu à quoi il ressemblait ? demanda-t-il à Paser.

— Non ! Barrabas est toujours masqué.

— Pardonne-moi, mais dans ce cas : comment peuvent-ils être sûrs qu'il s'agissait bien de lui ?

— Tu n'es pas au courant ? À son bijou !

— Son bijou ? Qu'entends-tu par là ? Une bague ?

— Non un pendentif, il le porte toujours.

Il paraissait presque inutile de demander quel pendentif. La réponse, il la connaissait. Elle lui brûlait encore le front. Il fallait pourtant s'en assurer…

— Et ce pendentif, il représente quoi ?

— Demande à Mazem, fit le chamelier en désignant l'un de ses hommes. Il l'a vu, lui. Il dit que c'est un triangle. Un triangle creux, et doré.

Une main large rangea délicatement le triangle d'or, maculé d'infimes taches de suie et de sang, sous la tunique propre, à même la peau glabre.

Pas la peine d'agiter ma breloque sous son nez.

Puis le poing se referma et frappa le panneau de bois de plusieurs coups secs. L'huis s'ouvrit sur un esclave couleur de nuit, la face impassible. Le Noir colossal ne demanda au visiteur ni son nom, ni l'objet de sa visite, ni de relever la capuche qui masquait son visage. Il le guida dans une succession de petites pièces décorées avec goût, pour déboucher en haut d'un escalier étroit, sur un jardin en terrasse au sommet de la bâtisse, comme on en aménageait en Syrie ou en Assyrie. Le lieu était envahi de plantes plus hautes qu'un homme, et il y voletait une nuée de papillons blancs et de petits insectes qui perturbaient à peine le calme languide qui y régnait. À travers les branchages, on devinait une vue magnifique sur tout le nord-ouest de Jérusalem. La maison d'un privilégié. Une oasis dans le désert de pierre de la ville.

— Joseph te rejoint dans un instant, murmura l'esclave.

Le membre du Sanhédrin apparut presque aussitôt, vêtu d'une simple robe. Les deux hommes se considérèrent un instant, puis tombèrent dans les bras l'un de l'autre, sans un mot.

Après cette étreinte, Joseph d'Arimathie invita son visiteur à s'installer sur un petit banc dont l'assise était marquetée de motifs floraux.

— Jacques s'est présenté à ma porte, ce matin, commença-t-il. Comme convenu, je ne lui ai pas ouvert.

— Je te l'avais bien dit.

— Il suit la voie que tu lui as tracée au caillou près ! C'est incroyable d'être à la fois aussi intelligent… et aussi prévisible !

— Tu sais, quand on a reçu une bonne éducation…

L'homme partit d'un rire que partagea son hôte, avec un soupçon de retenue, et même de crainte.

— Et s'il revient me voir ? s'inquiéta Joseph.

— Ne lui parle qu'à son retour de Nazareth. D'ici là, il a encore beaucoup de choses à découvrir par lui-même.

— Il est parti là-bas, tu es sûr ?

— On ne peut plus sûr.

Joseph afficha soudain un visage plus grave.

— Et « Jésus »… te semble-t-il prêt pour ce qui l'attend ?

— Il est prêt, oui. Nous sommes prêts tous les deux.

Le membre du Sanhédrin se leva et, au-delà des feuilles d'eucalyptus qui embaumaient la terrasse, il considéra une petite colline aussi pelée qu'un crâne, entourée d'éboulements caillouteux.

— Alors… il ne vous reste plus qu'à revenir tous les deux au Temple, et le Sanhédrin suivra ma requête. Tes pressions sur Caïphe n'auront pas été inutiles.

— Caïphe ne se soucie que de son trésor. On lui ferait avaler n'importe quoi contre une promesse de stabilité et la poursuite de ses petites affaires. Que ferions-nous en ce bas monde sans la cupidité de certains ? s'amusa Barrabas.

Il se leva, et rejoignit Joseph d'Arimathie.

— Ce que je vois là… confia-t-il en fixant le monticule désolé, soudain pensif.

Le lieu des exécutions romaines.

Le Golgotha.

— Cela ressemble plutôt à l'autre monde.

53

Qumran

Judas de Gamala et ses compagnons n'avaient presque pas fermé l'œil de la nuit. Tous leurs efforts pour déloger la pierre monumentale qui obstruait l'entrée de la grotte étaient restés vains.

Épuisés, certains se laissaient aller au désespoir, les autres à des spéculations sans fin sur les motivations de leurs ravisseurs. Que les esséniens refusent une alliance était une chose ; mais qu'il les traitent comme de vulgaires prisonniers leur semblait absurde, en plus d'être inadmissible.

Pourquoi cette hostilité ? Judas ne décolérait pas.

Enfin, en milieu de matinée, le rocher se mit à bouger.

Leurs geôliers ne prirent aucun risque et ils les lièrent les uns aux autres, pieds et mains. Parvenus au campement, en bas de la falaise, ils les jetèrent comme des sacs sur le sol battu d'une pièce vide, à proximité du réfectoire. Un seul fut mis à part, sans plus d'explications : Simon.

Malgré ses liens, malgré l'adversité, Judas chercha à rassurer ses troupes.

— Tu crois qu'ils vont tuer Simon ? demanda Menahem à son aîné.

— Je ne le pense pas. S'ils avaient eu l'intention de nous éliminer, nous serions tous morts depuis longtemps.

— Alors, ils l'emmènent où ?

Quand le soleil fut haut dans le ciel, on vint détacher la corde qui entravait leurs chevilles, et on les poussa à l'extérieur. Ils n'avaient rien avalé depuis le pain et l'eau de la veille. Ils souffraient plus encore de la soif que de la faim.

Quatre gardes muets les escortèrent alors à travers le village, et leur firent dévaler une pente dégagée, large bande de cailloux pulvérisés, qui coulait jusqu'aux rives de la mer Morte. Là gisaient les fantômes de plusieurs habitations abandonnées. Des fous qui avaient dû prendre cette eau si bleue, si abondante et si proche pour un bienfait de l'Éternel. Pourtant, ce n'était qu'un breuvage stérile, pour les plantes comme pour les animaux ou les hommes. D'ailleurs, rien ou presque ne poussait alentour.

La plage était un mélange peu engageant de sable, de glaise et de croûtes de sel solidifiées par l'air et le soleil. Un autre moine les y attendait, les yeux rivés sur la surface parfaitement plane de l'eau.

On leur ordonna de s'asseoir et, seulement alors, ils comprirent ce qu'observait l'essénien, ses mains placées en visière sur les sourcils. À une cinquantaine de coudées du bord, immobile, le sommet d'un crâne émergeait.

Simon !

Séparé de ses frères, Simon avait aussitôt été conduit devant le Maître de la communauté, dans cette même pièce ombragée où il les avait reçus la veille. Ils ne s'étaient jamais vus auparavant, et pourtant le vieux sage s'adressa à lui comme s'ils se connaissaient. Sans préambule.

— Et maintenant, que faisons-nous ?

Simon s'étonna qu'il ait reconnu en lui le traître.

— Comment sais-tu que c'est moi ?

— Tu es le seul à ne pas avoir protesté, hier, quand j'ai refusé l'offre d'alliance de Judas.

— Exact, reconnut-il en esquissant un sourire. Malgré ton discours à Judas hier soir, la petite visite de mes frères n'était pas vraiment prévue…

— Je m'en doute. Où ton maître était-il censé les cueillir ?

— Dans un tunnel condamné sous le Temple. Un vrai piège à rats. Beaucoup moins risqué qu'à Béthanie.

— Je vois. Et donc ?

L'homme au physique de rapace semblait économe de ses mots, qu'il jetait au visage de son interlocuteur comme pour s'en débarrasser.

— Tu dois tous nous ramener à Jérusalem.

— Très bien, ce sera fait, approuva l'essénien. Mais notre accord s'arrête là. Ce que vous faites après ne nous concerne pas.

— J'ai compris. En revanche, il importe à mon maître que tous lui soient livrés. Aucun d'entre eux ne doit s'échapper.

— Oh, ne t'inquiète pas. Nous avons une technique imparable. Et puisque tu es là… tu vas avoir le privilège d'y goûter en premier !

Découvrant le corps immergé de son frère, Judas agita ses liens, impuissant.

— Qu'est-ce que vous lui faites, espèce de chiens ?

Mais personne ne lui répondit. Jonah fit un signe au moine scrutateur, lequel marcha dans l'eau au ralenti, les gestes contrariés par l'extraordinaire densité en sel de l'élément liquide. Il s'approcha de Simon et, une fois à sa hauteur, il le tira comme un paquet, par la ceinture de corde qui cisaillait sa taille.

Leur frère était presque nu. Son corps avait été enduit de la boue grasse et souple qui tapissait le fond, couche sombre sur laquelle les cristaux de sel étaient venus s'accrocher, comme une armée de gemmes parasites qui brillaient sous le soleil. Sous l'action conjuguée du vent et de la chaleur, ils virent une croûte blanche se former sur toute la surface de sa peau, en quelques instants. Une double gangue de sel et de boue comprimait tout son corps, brûlant l'épiderme, interdisant tout geste brusque, sous peine de mettre à vif des chairs que les granules blanches piqueraient comme autant de poignards.

Le procédé était aussi ingénieux que cruel : une véritable prison sans barreaux !

Sans leur laisser le temps de se rebeller, on projeta Judas et ses compagnons dans le même bouillon infâme, après avoir tartiné chacun de glaise épaisse, de la tête aux pieds. Le plus surprenant, c'est que la sensation première était agréable. Sous leurs pieds, la terre argileuse était aussi douce et glissante que du velours. Quant au sel, il procurait une sensation de flottement incroyable. Allongé, il était presque impossible de battre des membres pour nager, tant ils étaient naturellement expulsés à la surface.

Plus les minutes passaient cependant et plus le picotement de l'eau saumâtre virait à la brûlure. Une irritation de plus en plus douloureuse que, les mains liées, ils n'avaient aucun moyen de combattre. Se débattre ne servait à rien, si ce n'est à accélérer l'altération de la peau.

Thomas hurla de rage.

— Ils nous transforment en statues de sel !

Malgré la douleur, ses frères et ses camarades comprirent l'allusion biblique. Comme l'épouse de Loth, ils payaient au prix fort leur retour près de Sodome, la ville maudite établie – puis détruite – sur la rive opposée de la mer Morte.

Après une bonne demi-heure, les esséniens les sortirent de l'eau et les traînèrent au côté de Simon. Aucun ne parvenait à parler. L'écorce de sel tirait tant les tissus de leur gorge que le moindre mouvement de mâchoire était un supplice. C'est à peine s'ils parvenaient encore à marcher, les jambes raidies.

Pourtant, à force de bourrades, Jonah et ses sbires leur intimèrent l'ordre silencieux de se mettre en route. Chaque pas pesait le poids d'un arbre. Chaque mouvement leur tirait des grimaces affreuses. Ils ignoraient encore où on les conduisait mais, quelle que fût la destination choisie par leurs tortionnaires, cette marche momifiée dans le sel serait le pire voyage de leur existence. Dans ces conditions, toute tentative de fuite serait immédiatement réprimée, chaque prisonnier s'infligeant lui-même le châtiment.

Contournant Qumran par l'est, progressant dans le paysage lunaire comme des insectes englués, les captifs remontèrent, coudée après coudée, une piste qui serpentait entre des collines au sommet plat. Le soleil, haut dans le ciel, n'offrait aucun répit ni aucune ombre.

Leur cauchemar ne faisait que commencer.

54

— Impossible de savoir si Jésus était aux côtés de Barrabas, car Mazem ne s'est pas montré très coopératif, confia Jacques à Sara, alors qu'ils descendaient des contreforts du Gazirim vers la plaine qui s'étalait au cœur de la Samarie.

Une étendue fertile, vaste bassin éclatant de verdure, arrosée par des précipitations bien plus abondantes qu'aux abords désertiques du Jourdain et qui favorisaient l'indépendance de cette province. Une ondée brève et légère les accueillit d'ailleurs dès qu'ils approchèrent des premiers rangs de cédrats, dont les fleurs écloses dégageaient un parfum ô combien suave, en cette saison.

En effet, le chamelier qui avait vu Barrabas avait répondu aux questions de Jacques par des rebuffades de moins en moins polies. Tous ceux qui avaient croisé la route de Barrabas tenaient-ils donc leur langue ?

Sara s'en désola d'un hochement de tête silencieux. Avec la distance, et les bonbons d'anis, elle s'était acclimatée au chaloupement de son destrier. Mais il lui tardait néanmoins d'en voir le bout. La soudaine éclosion de sa féminité ne s'exprimait plus par aucun écoulement. N'en demeurait pas moins une grande fatigue qui la chahutait comme les lavandières d'Ein Rogel battaient leur linge. Tordue, essorée, vannée.

— Où sommes-nous ?

— Je dirais qu'on a parcouru la moitié du chemin.

Son soupir parla pour elle. Comme elle avait vu faire les autres dresseurs de chameaux, elle s'affala en avant, le dos courbé, le front posé sur le pommeau de sa selle. Le jeune homme si soucieux de son confort lui avait soutenu que certains d'entre eux voyageaient ainsi des jours durant, somnolents, à peine conscients des distances qu'ils parcouraient en telle posture. Le fait est qu'elle s'assoupit presque aussitôt. Un sommeil lourd, profond, sans rêves.

Ce qu'avait omis de lui préciser son soupirant, c'est que la sieste à dos de chameau demandait de l'entraînement avant d'être pratiquée sans risque.

— Sara ! Attention !

Emportée par le poids de son propre corps, elle s'était affaissée peu à peu sur le flanc de l'animal, jusqu'à piquer soudain vers le sol. Quand Jacques fut sur elle, il était trop tard. Sara était tombée à terre avec brutalité, ballot de paille qu'on jette à bas.

Sur le moment, ce qui la secoua surtout, c'est l'hilarité qui gagna toute la caravane. Probablement un grand classique des plaisanteries de convoyeurs, le voyageur néophyte qui glisse à bas de sa monture. Même le jeune homme aux bonbons s'esclaffa de bon cœur.

Alors elle prit le seul parti possible : celui de rire plus fort encore que les autres.

— Non !

Un genou à terre, Jacques ne partageait pas leur bonheur simple. De sous une grande sacoche de cuir, renversée par la chute de Sara, il tira un étui souple et plus petit. Quand il le secoua, le contenu produisit le tintement mat de débris.

La troisième gourde...

Il sortit chaque morceau de la gourde brisée, un à un. Ce n'était pas qu'un élément de preuve que sa nièce venait malgré elle de mettre en miettes. Ils en avaient déjà parlé longuement, elle et lui : si les meurtriers avaient choisi de ne pas casser les trois poteries, c'était à dessein.

Puis Jacques plongea sa main dans le sac une nouvelle fois, et il s'immobilisa net. Ce qu'il sortit n'était pas un fragment de terre cuite, mais un papyrus de petite taille, plié en quatre.

— D'où ça vient ?

— J'imagine... J'imagine que c'était inclus dans la masse !

— Ils l'ont placé dans la terre encore humide ?

— Je ne vois pas d'autre moyen de procéder.

— Mais alors... ils savaient que j'allais la casser ?

Elle regarda autour d'elle, gagnée par un tournis désagréable comme si tous les sourires amis avec qui elle s'était réjouie l'instant d'avant, s'étaient soudain mués en autant d'ennemis.

— Non... ils ne pouvaient pas le savoir. Mais vu la fragilité de ces gourdes, une maladresse était inévitable.

Il déplia le papier qui s'effrita légèrement sur les marques de pliure.

— *Panta einai arithmos.* Eh bien revoilà notre ami Pythagore. Ça signifie : « Tout est nombre. »

Il aida sa nièce à se remettre en selle. Déjà le soleil déclinait vers le couchant, quelque part sur la côte. Passé la honte et le trouble, Sara semblait à nouveau prête à en découdre.

— Tu crois qu'il faudrait casser les deux autres ?

— Je ne crois pas, non. Chacune des gourdes nous a révélé ce qu'elle avait à nous dire, la première par le feu, la deuxième par l'eau, et celle-ci par la terre !

Jacques pensait à Philon d'Alexandrie, le Philon de la *Vie contemplative* et des Therapeutae qui avait écrit en sa prime jeunesse un autre ouvrage. Un livre qu'il avait lu, il y a bien longtemps, et dont quelques bribes seulement affleuraient encore à sa mémoire : *Le Livre de la création relatif aux propriétés des nombres.*

Ce qu'il aurait donné pour avoir en permanence avec lui une miraculeuse synthèse de toutes les bibliothèques ! Comme ce serait pratique, et beau, que d'accéder en permanence à tout ce que l'homme avait écrit de plus sage ! Il en était persuadé, un tel prodige serait un jour possible. *Mais revenons à Philon.* Fidèle disciple de Pythagore, Philon avait rêvé toute sa vie d'une parfaite synthèse entre la philosophie grecque de ses maîtres, sa foi juive et les croyances magiques de ses compatriotes égyptiens, expliqua-t-il à Sara.

— D'accord… mais quel rapport avec Pythagore ?

— J'y viens. Devine un peu ce que Philon est parvenu à établir comme dénominateur commun à ces trois cultures si différentes ?

— Les nombres ?

— Tout juste, les nombres ! On le soupçonne même d'avoir frayé un temps avec des kabbalistes et de s'être adonné à la gématrie.

— C’est quoi, la gématrie ?

— L’interprétation numérique des mots. Les kabbalistes ne sont pas si éloignés que ça des magiciens égyptiens. Tu le sais peut-être, chaque lettre de notre alphabet correspond à un chiffre, ou un nombre. Ainsi, en faisant la somme de ces valeurs, on obtient un chiffre synthétique. Et les kabbalistes pensent que ce chiffre final donne au mot son pouvoir créateur. Ou pas, d’ailleurs, selon le résultat…

Alors qu’ils devisaient, la caravane avait repris son rythme de croisière, ruban ondulant parmi les vergers en fleurs, attirant dans son sillage une traîne d’insectes.

— Tu peux me donner un exemple concret ?

— Eh bien prends ton propre prénom : Sara. הרש. Sachant que la lettre ש, le Shin, vaut 300, que le Resh ר vaut 200 et que le Hé ה vaut 5, on obtient donc un total de 505.

— Euh, d’accord… mais ça correspond à quoi, 505 ?

— 505, cela donne 5 + 0 + 5 = 10. Tu peux soit le conserver comme ça, soit le réduire encore : 1 + 0 = 1.

— Et donc ?

— Le 1 c’est le chiffre des origines, celui de l’élan originel, de la création à partir du néant. C’est un symbole d’énergie et de force primitive. De fertilité, aussi.

Sara fit la moue.

— Hum. Pour la fertilité, je repasserai…

Jacques ne releva pas la remarque. Plus il côtoyait sa nièce, moins il nourrissait de craintes sur son avenir. Elle se relevait de tout. Elle était la force même.

— C’est passionnant… mais en quoi ça nous aide ? reprit-elle, pragmatique.

— Pour l'instant, je ne sais pas bien… Tu as en mémoire la Tétractys complète que nous avons dessinée avec Ezra ?

— À peu près, oui.

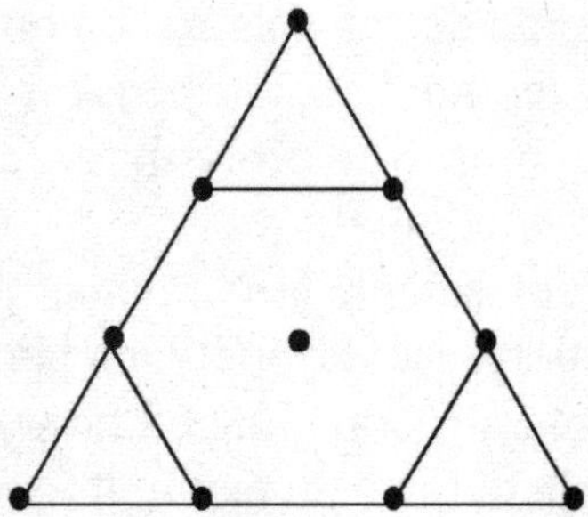

— Jusqu'ici, ce triangle nous a indiqué le lieu de chacun des meurtres, rappela Jacques. Et si tu enlèves les trois points correspondants aux trois crimes déjà perpétrés, Jean, Philippe et moi, il reste six autres points sur les côtés. Or j'ai encore quatre frères : Simon, Judas, Thomas et Menahem.

— Sauf si tu comptes vos sœurs ! lâcha-t-elle.

— J'y ai pensé, poursuivit-il avec un air contrit, mais si les tueurs avaient inclus les femmes de la famille dans leur plan, ta mère aurait été tuée à ma place. Elle est née juste après Philippe, et avant moi.

— Alors à quoi servent ces six points restants ?

— Aucune idée…

Fallait-il oublier Philon ? Fallait-il suivre d'autres pistes, plus sérieuses que les jeux gématriques ? Et pourtant, le message était clair sur son rectangle de papyrus chiffonné : « Tout est nombre. »

55

Jérusalem

Pénétrer dans le Temple à cette époque de l'année, ne serait-ce que sur l'esplanade des Gentils, cela relevait des épreuves que les athlètes grecs s'infligeaient dans les stades. Un vrai supplice ! La presse était telle que la garde, pourtant renforcée, était plus occupée à dégager les victimes de malaises qu'à surveiller ceux qui entraient dans l'enceinte sacrée. Ces jours-là, n'importe qui ou presque pouvait accéder au Sanctuaire.

— Tu n'as pas peur que ça vire à l'émeute ?

Jésus s'était tourné vers l'homme qui le suivait comme une ombre. À son habitude, Barrabas dissimulait son visage sous son imposante capuche.

— Tant mieux ! Il sera plus facile de se fondre dans la masse.

Ils s'aventurèrent dans la foule dont la densité augmentait encore, à l'approche du portique royal. Long d'au moins cinq cents coudées, cet immense chapiteau, soutenu par cent soixante colonnes divisées en quatre rangées, était l'un des bâtiments les plus spectaculaires du Temple. Ce gigantesque auvent constituait le cœur économique de Jérusalem.

C'est là que se concentraient, leurs tréteaux coincés entre deux colonnades, les marchands d'animaux sacrificiels et surtout, pour que toute transaction effectuée dans la maison de Dieu fût pure, les changeurs. Leur activité était simple, mais très lucrative, puisqu'il s'agissait de convertir les pièces romaines des fidèles en pièces d'argent, seules admises pour les dons comme pour l'achat des agneaux, pigeons et autres offrandes diverses. Chaque étal comprenait de petites piles de pièces, d'un côté les reflets dorés et bronzés des monnaies impures, de l'autre l'éclat parfait de l'argent consacré, ainsi qu'une petite balance, pour assurer au client l'équité de l'échange.

D'un bout à l'autre du portique, les échoppes s'alignaient. Presque toutes identiques. Pour le pèlerin qui venait pour la première fois, le choix se faisait au hasard. Mais les habitués ne confiaient leur pécule qu'aux changeurs qu'ils connaissaient déjà, généralement des amis ou des membres de leur famille, que l'usage incitait à réduire alors de quelques deniers le montant de leur commission. Les sommes échangées ici chaque jour étaient colossales. Le tintement des pièces, multiplié à l'infini, produisait une musique étonnante, qui subjuguait les enfants. Les marchands, eux, finissaient par ne plus l'entendre.

Contrairement à sa visite précédente, celle-ci était inopinée. Personne n'en avait été informé, pas même ses disciples. *« L'effet de surprise sera essentiel »*, avait préconisé son complice.

D'ailleurs, rares furent ceux qui reconnurent Jésus. Un murmure ou deux sur son passage. Pas une apostrophe ou une exclamation.

À l'approche des éventaires, Barrabas se cacha derrière un pilier, et laissa le prophète avancer seul.

— Dehors ! Tous dehors !

Ses premiers cris ne provoquèrent que des remous limités. Puis Jésus saisit l'une des tables de change à pleines mains, et la renversa d'un coup sur son propriétaire.

Le changeur d'en face l'invectiva.

— Qu'est-ce qui te prend ? Tu es malade ?

Alors il empoigna un autre plateau et, à nouveau, fit voler les piles de pièces qui s'y entassaient.

— Ôtez tout ça d'ici ! Cette maison est une maison de prière ! Vous m'entendez ? De prière ! Et vous…

Il attrapa une balance et la jeta sur les deux hommes à terre, qui évitèrent de peu le projectile.

— Vous en faites une maison de voleurs !

Cette fois, tout le portique royal s'était figé. Plus une pièce ne sonnait ni ne trébuchait. Tous l'avaient reconnu, maintenant.

Jésus !

À l'angle opposé du parvis, les légionnaires en faction n'avaient pas bronché. Les disputes entre marchands et clients dupés étaient fréquentes. Tant que cela ne virait pas au mouvement de foule incontrôlable, il n'y avait pas motif à intervenir.

Alors, Jésus déchaîna sa colère sur tout ce qui pouvait lui tomber sous la main. Il ouvrit les cages des pigeons qui s'échappèrent dans une ondée de plumes. Il brisa des vases, renversa des jarres pleines d'huile, de parfums ou d'encens, tous produits précieux, au prix inestimable en de telles quantités. Il ouvrit un enclos contenant une dizaine d'agneaux et, se saisissant d'un fouet, il chassa les bêtes affolées à travers le vaste marché couvert.

Son geste n'était pas une simple provocation. En libérant les animaux destinés au sacrifice rituel de la Pâque, il commettait le plus odieux des sacrilèges qu'on eût jamais vu en ce lieu. Deux prêtres tentèrent bien de le maîtriser mais le prophète se dégagea sans peine et les menaça de son fouet.

— Arrête-toi, par pitié !

— Regarde ce que tu as fait, Jésus ! Que veux-tu de plus ?

Ses yeux étaient en feu.

— Ce que je veux ? Ce que je veux ? Dis plutôt ce que je ne veux plus ! Je ne veux plus de ton Temple !

Un grondement indigné gagna les rangs de tous ceux qui l'avaient entendu. Embusqué derrière sa colonne, Barrabas contenait un sourire.

Quel comédien !

Un marchand de haute stature s'enhardit.

— Vraiment ? Et que proposes-tu à la place ? Tu es bien un prophète, non ? Alors annonce-nous quelque chose de concret !

— Détruisez cet endroit ! Mettez à bas ce lieu de honte et de trafics !

— Et tu nous proposes quoi, à la place ? Nazareth ? lança un autre commerçant qui mit les rieurs de son côté.

— Détruisez ce Temple ! Et moi… moi je le reconstruirai en trois jours !

Depuis la première pierre posée par Hérode, le père d'Antipas, il avait fallu près de cinquante ans pour parvenir au Temple actuel. Et encore, les travaux n'étaient pas finis, et des centaines d'ouvriers s'affairaient encore chaque jour autour de l'enceinte, pour achever l'aménagement du pourtour. Prétendre reconstruire un tel ouvrage en trois jours, c'étaient les paroles d'un dément, pas d'un prophète. Tandis que l'assistance partait d'un rire moqueur, deux lévites poussèrent Jésus vers la sortie. Trois gardes les rejoignirent presque aussitôt et prirent le relais. D'une main ferme, ils le conduisirent jusqu'à la porte extérieure la plus proche, et attendirent qu'il descendît les marches de l'escalier monumental jusqu'en bas.

— Pas la peine de revenir ici, tu m'entends ?

Oh si, je reviendrai ! Mais pas comme tu l'imagines...

56

Quand le jour tomba enfin, Paser ordonna une halte. La journée avait été éprouvante et ils avaient progressé comme il l'espérait. Après la promenade que constituait la traversée de la plaine de Samarie, la caravane avait commencé la longue remontée qui, le lendemain, les mènerait jusqu'au versant sud du mont Tabor, aux portes de la Galilée.

Ils ne passeraient pas la nuit sur cet étroit bivouac à flanc de colline. Juste le temps de reposer les hommes, de grignoter des feuilles de viande séchée et, pour les plus fatigués, de voler une ou deux heures de sommeil. Autour du grand feu que deux chameliers avaient allumé en un tournemain, certains luttaient contre les sirènes de l'assoupissement en chantant des airs simples. Des plaintes du désert, mélopées monocordes. L'un d'entre eux sortit un étrange instrument à trois cordes, plat, plus court qu'une flûte, qu'il posa sur ses genoux. Ses doigts sales, engourdis par le froid qui gagnait, volaient à toute vitesse au-dessus de l'engin.

Jacques se laissa envoûter un moment, les yeux clos.

— « Ne sous-estime jamais le pouvoir de la musique sur les hommes », murmura-t-il.

Sara sortit de sa torpeur.

— C'est un conseil ?

— C'est celui d'Anaxilaos. Il prétendait que la musique était la forme la plus sophistiquée des mathématiques, et que par nature l'âme humaine était sensible à sa construction.

— Cet air te plaît vraiment ?

— Il ne me déplaît pas. Tu sais, je songe souvent à l'air que j'aimerais entendre au moment de mourir.

— Tu crois qu'on entend de la musique ?

— Qui sait…

Ses confidences en appelaient d'autres. Ou bien était-ce la proximité de leurs corps qui se chauffaient sous la même couverture ? Tremblante, un voile de pudeur couvrant sa voix, Sara lui raconta ce qu'elle avait vu dans sa chambre à Béthanie. Sa mère, Marie. Cet homme dont elle n'avait pas aperçu le visage…

— C'est maintenant que tu m'en parles ?

Jacques se releva d'un bond.

— Je ne savais pas comment te dire ça, je… bafouilla-t-elle.

— Et tu es certaine du nom qu'elle lui a donné, « mon roi » ?

— Oui.

— Alors, ce que tu as vu ce soir-là… c'était une onction royale. Sara, ta mère n'est pas n'importe qui. C'est l'aînée des femmes de la famille. Une héritière de David. Si elle oint un homme comme elle l'a fait avec cet inconnu, c'est qu'elle le reconnaît comme notre roi !

Il prit sa tête entre ses mains, puis se frotta les yeux avec ses paumes.

— Le roi… des Juifs ?

— Le roi des Juifs. Le Mashiah, si tu préfères. Le Messie de sang royal.

Ils en avaient perdu toute envie de dormir.

— Cet homme avec ma mère… tu penses que c'était Jésus ?

— Je ne pense plus rien du tout, capitula-t-il, le front baissé.

La musique continuait, lancinante. Un tambourin s'était joint à la mélodie, donnant à l'ensemble un rythme qui attira deux ou trois danseurs autour du feu.

Alors Jacques pressa Sara contre lui, enfant transie entre ses bras, et la berça doucement.

Le voyage de nuit était magnifique, sous ces cristaux d'étoiles qui illuminaient le ciel d'encre. Terrifiant aussi, puisque dans cette obscurité, sur la piste escarpée qu'ils empruntaient maintenant, le moindre faux pas pouvait les précipiter plusieurs dizaines de coudées plus bas, au fond de creux et de failles rocheuses insoupçonnables à l'œil nu. Mais les chameliers connaissaient le chemin, et les montures se fiaient aveuglément à leurs maîtres. Aucun d'entre eux ne manifestait la moindre peur. Tous faisaient preuve d'un fatalisme joyeux et admirable.

Jacques ne pouvait s'empêcher de ressasser ses derniers échanges avec Sara. Jésus, onction, roi, Barrabas, Gnose, Tétractys… les mots tournaient et s'entrechoquaient en un désordre confus. C'était à lui d'inventer le système qui redonnerait sens à cet enchevêtrement de signes.

« Tout est nombre », soufflaient de concert à son oreille Pythagore, Philon et les tueurs. Mais, jusqu'à preuve du contraire, leur raisonnement dément lui échappait.

Peut-être fallait-il qu'il devînt fou, à son tour, pour appréhender leur logique. Les yeux rivés à la voûte céleste, il s'étourdit de calculs.

Jésus, שוהיע : 10 + 5 + 6 + 300 + 70 = 391 = 3 + 9 + 1 = 13 = 1 + 3 = 4.

Jean, יוחנו : 10 + 6 + 5 + 50 + 50 = 121 = 1 + 2 +1 = 4 !

Le 4, le chiffre du relief et donc de la vie, selon Philon.

Une lueur d'aube se profilait déjà qu'il tordait encore lettres et chiffres en tous sens, magma qui engluait son esprit et stérilisait son jugement.

Pourtant, hormis cette troublante coïncidence autour du 4, rien de tangible ne sortait de ces vains exercices. Des chiffres, il pouvait en produire autant que son cerveau épuisé pourrait en concevoir.

Mais pour quoi faire, au juste ?

57

Jérusalem

Caïphe, le grand prêtre, était sûr de son fait.

Debout au centre de la grande salle, il attendait que tous les membres du conseil aient pris place sur les fauteuils en gradins qui lui faisaient face. La précédente séance du Sanhédrin avait préparé le terrain, et condamner Jésus ne serait plus désormais qu'une formalité. Il en était convaincu.

— Mes frères, ne tardons pas. Je suis certain que vous avez mieux à faire, si près de la Pâque.

Les derniers retardataires s'assirent là où ils trouvaient des fauteuils vacants, et certains eurent un coup d'œil attristé pour le siège vide de Raziel. On attendrait en effet la fin des fêtes pour élire son remplaçant.

— Tout d'abord, je voulais vous remercier tous, vous les soixante et onze sages, de vous être rendus disponibles une nouvelle fois de manière impromptue. J'ose espérer que ce sera la dernière avant longtemps, et que ce mage galiléen nous laissera vivre nos fêtes dans la joie et la sérénité.

Un grondement approbateur accompagna ses propos. Quelques-uns somnolaient. Mais la plupart paraissaient surtout pressés d'en finir, et de retourner au plus vite à leur foyer et à leurs activités ordinaires.

— Cependant… Vous n'ignorez pas les épisodes très récents dans lesquels Jésus s'est illustré une fois encore. Un incident regrettable et qui mérite que nous affichions une position ferme.

— Que proposes-tu ? intervint un pharisien colossal.

— Je souhaiterais d'abord rappeler les faits. Tous les témoignages concordent. Jésus s'en est pris sans motif ni préavis à plusieurs changeurs du portique royal. Il a déclaré haut et fort vouloir chasser tous les commerces du Temple. Il les a ouvertement qualifiés de voleurs !

L'indignation secoua tous les rangs, comme une onde se propage à la surface de l'eau.

— Ce n'est, hélas ! qu'un début, mes frères ! Il a ensuite libéré des animaux voués au sacrifice de la Pâque ! Quel juif est-ce là, je vous le demande ?

« Indigne », « scandaleux », « honteux », « sacrilège », les qualificatifs fusaient dans l'assemblée, livrée un instant au brouhaha. Caïphe leva les mains pour obtenir le calme et reprit d'un timbre solennel.

— Mais ce qu'il a fait n'est rien en comparaison de ce qu'il a dit. Cet homme, Jésus de Nazareth, a non seulement déclaré qu'il souhaitait la destruction pure et simple du Temple…

— À mort ! cria une voix.

— …mais aussi que si le Temple venait jamais à être détruit – que l'Éternel nous garde –, lui pourrait le reconstruire non pas en trente ans, ni même en trois ans, mes frères, mais en trois jours ! Trois jours !

Droit comme la justice en dépit de son grand âge, Gamaliel s'était levé. Le regard fixe, la main sur la poitrine, il prit la parole.

— Mes frères ! Je comprends et je partage votre colère. Personne ne peut tenir de tels propos. Et dans la maison du Très-Haut encore moins que n'importe où ailleurs. Néanmoins, nous savons que l'homme aime à s'exprimer par des images, des paraboles. Aussi répréhensible soit son attitude, aussi choquantes soient ses déclarations intempestives, je pense qu'il faut faire l'effort de les entendre au-delà de leur sens immédiat.

— Tu es trop vieux, Gamaliel, tu divagues ! s'emporta un des sages.

Le vieillard se raidit sous l'attaque.

— Vous ne pouvez pas condamner cet homme à mort ! Seul Pilate en a le droit !

Tout le monde hurlait, maintenant, et Caïphe ne parvenait plus à pondérer leurs esprits échauffés. Gamaliel s'écroula sur sa chaise, épuisé. Il était trop usé pour ces combats-là. Trop faible pour les raisonner.

Vêtu d'une somptueuse robe arc-en-ciel, Joseph d'Arimathie se leva à son tour. Sans attendre l'autorisation du *Nassi*, il parla assez fort pour que son intervention s'imposât d'elle-même.

— *Contumax* !

— Que veux-tu dire ? s'enquit un membre du Sanhédrin.

— Le vénérable Gamaliel a raison ; seul Pilate peut faire exécuter cet homme. En revanche, si nous le condamnons à mort par contumace, nous pourrons le livrer à Pilate à la première occasion. Et j'imagine mal notre préfet bien-aimé s'opposer à notre décision souveraine…

Condamner Jésus avant même de l'avoir arrêté et jugé. La manœuvre de Joseph était certes inhabituelle mais émanait d'un fin diplomate. Elle offrait un bon moyen de se débarrasser du problème Jésus, en laissant à Pilate la charge des basses œuvres. Le poids du sang.

Caïphe ne se fit pas prier et soumit aussitôt la proposition au vote de ses pairs.

— Que ceux qui veulent condamner ce soir Jésus de Nazareth à mort, pour blasphèmes caractérisés, trouble à l'ordre du Temple et actes de sacrilèges, que ceux-là lèvent la main !

La majorité était si écrasante qu'il ne servit à rien de compter les votes opposés ou les abstentions. C'en était fait. En quelques mots choisis, Joseph avait convaincu les sages.

— C'est donc la mort ! tonna Caïphe, théâtral. Si vous m'y autorisez, j'informerai moi-même Pilate dès ce soir.

Un silence glacial s'abattit sur la salle de pierre taillée. C'était une chose de lever la main, c'en était une autre que la sentence soit aussitôt exécutée.

Sans attendre, Caïphe s'éclipsa par l'une des portes latérales, convoqué par l'Histoire.

— Tu me pardonneras la naïveté de ma question de païen, mais est-ce si grave que ça ?

Pilate avait déjà revêtu une tenue d'intérieur, tunique de soie nacrée, légère et floue, et c'est à contrecœur qu'il avait accepté de recevoir le grand prêtre. Il se sentait bien, pour une fois, dans son refuge de l'Antonia. Loin de Claudia et de ses tromperies. Loin de Rome, de Flaccus et de toutes leurs intrigues. La soirée s'annonçait douce, et l'esclave nubienne qui l'attendait dans sa chambre aussi goûteuse que parfumée.

— À nos yeux, argumenta Caïphe, il n'y a rien de plus grave que de proférer des menaces contre le Temple et ceux qui l'administrent.

— Donc selon toi, ce Jésus mérite vraiment la mort ? Tu ne crois pas que quelques coups de fouet et une petite semaine dans mes cachots suffiraient à remettre les idées en place à ce jeune homme ?

— Si cela avait suffi, crois-moi, nous aurions largement préféré nous en tenir là. Jésus mérite sa condamnation, Pilate. Le Sanhédrin n'a plus aucun doute là-dessus.

Pilate ne répondit pas. S'il y avait bien une chose qu'il détestait par-dessus tout, c'était de se sentir acculé.

— Sache que nous n'aurions pas hésité à l'exécuter nous-mêmes, si cela nous avait été permis, insista Caïphe.

— Je n'en doute pas, répliqua le procurateur avec une pointe d'ironie. C'est d'ailleurs ce qui m'étonne. Que vous sacrifiiez aussi facilement l'un des vôtres…

— Il en va du prestige et de l'intégrité du Temple. Et sans Temple pour guider les « nôtres », comme tu dis, tu sais combien il serait difficile pour le Sanhédrin de faire respecter ton autorité. Et celle de ton maître.

L'irruption d'un garde juif ne lui laissa pas le loisir de tergiverser.

— Pardonne mon intrusion, seigneur. Mais j'ai un message d'une extrême urgence pour le grand prêtre.

Pilate approuva avec une moue de contrariété.

Le soldat en armes se faufila jusqu'à l'oreille de Caïphe et lui chuchota sa nouvelle. D'un geste tendu, le grand prêtre le congédia.

— De mauvaises nouvelles ? s'enquit le procurateur.

— Un individu s'est introduit dans le coffre du Temple.

Pilate tressaillit.

— Comment est-ce possible ?

— Il y a dérobé l'équivalent de plusieurs jours d'offrandes.

— Je comprends ton embarras. Cela dit… ce ne sont pas les réserves qui te manquent ?

— Si tu n'interviens pas, Pilate, mon embarras sera bientôt ton embarras, menaça Caïphe.

— Qu'insinues-tu ?

Le préfet s'était levé, piqué au vif.

— Je ne connais qu'un seul type de voleurs assez bien informés, et surtout assez audacieux, pour tenter et réussir un coup pareil.

— Les rebelles ? Pour payer des mercenaires !

D'un geste sec, Pilate écrasa dans sa main une grenade, dont le jus sucré coula lentement entre ses doigts.

— Crucifie Jésus, seigneur ! Montre à mon peuple que le Temple et l'empereur sont unis face aux fauteurs de troubles qui infestent ce pays. Fais un exemple ! Jésus n'a pas de partisans, pas d'armée, son exécution est sans danger pour toi. Il ne t'en coûtera guère qu'une poutre, et quelques clous…

Une poutre. Quelques clous. Tout cela devenait si concret, soudain.

Si facile.

58

Béthanie

Le cri de Marie déchire la nuit.

Elle est seule au chevet d'Eléazar. Elle est épuisée. Les autres femmes sont parties se coucher aussitôt achevée la confection de galettes sans levain en prévision du repas de Seder.

Elle ne s'est pas résolue à administrer le contenu des deux dernières fioles apportées par son « fournisseur ». Personne ne s'en est étonné. De toute façon, à part sa sœur Marthe, quelques autres mères et leurs enfants, il n'y a plus personne à la ferme pour lui souffler quoi faire. Ou ne pas faire. Pendant l'absence de Judas, c'est elle le chef de famille.

Marie est là, agenouillée devant le cadavre. Après plusieurs jours entre la vie et la mort, Eléazar a choisi son camp. Depuis trois longs jours, il n'était plus conscient. Il n'a pas dû souffrir. Il s'est éteint comme une lampe épuise son combustible. Et puis la petite lumière s'est soufflée d'un coup, toute seule, sans qu'elle s'en aperçoive. C'est l'inertie de la poitrine du malade qui a fini par l'alerter.

Marthe entre en trombe dans la cabane et elle tombe dans les bras de son aînée. Marie semble presque soulagée. Elle devrait être éplorée, et pourtant pas une larme ne coule sur son visage. C'est elle qui berce Marthe, elle qui la rassure.

Au moins un qui sera parti en douceur.

V

2 JOURS AVANT LA PÂQUE

59

Nazareth

Une dizaine de maisons de bois et de torchis. À peu près autant de cabanes. Quelques enclos désertés. Un puits et, apparemment, pas même une synagogue ou une salle commune en vue. Vraiment, Nazareth en Galilée ne méritait pas qu'on s'y arrêtât, ni même qu'on la consignât sur les cartes et autres relevés officiels. Pour une fois, on ne pouvait pas donner tort aux Romains de négliger un tel trou. Rien à voir, circulez ! La *Pax romana* avait mieux à faire ailleurs.

Nazareth. Berceau de Jésus.

Paser avait déposé Jacques et Sara à environ une heure de marche du village. Les derniers stades à pied avaient été rudes. Ils avaient suivi un petit défilé très encaissé, et pour tout dire peu engageant, avant d'escalader un étroit sentier à flanc de falaise, et d'atteindre enfin ce plateau désolé.

La Galilée était pourtant une région riche et fertile. Hormis ce recoin de sol granitique, balayé par des vents marins qui venaient se cogner sur le mont Tabor.

— Le petit Jésus n'a pas dû rigoler tous les jours ! soupira Sara.

En s'engageant dans ce qu'ils supposèrent être la rue principale, ils eurent la sensation d'entrer dans un village fantôme. Jacques en avait vu un du même genre sur les rives de la mer Morte. Un spectacle à vous glacer le sang.

Le plus étonnant, c'est qu'il n'y avait même pas une bête domestiquée pour traîner entre les bâtisses et insuffler un tant soit peu de vie. Ni chèvres, ni chats, ni poules… Maintenant qu'ils découvraient le village, Sara et lui s'étonnaient qu'on pût dire Jésus « de » Nazareth. Autant dire Jésus de nulle part. Car ce lieu ne pouvait être une appartenance qu'on revendiquait avec fierté.

— S'il vous plaît ? S'il vous plaît, il y a quelqu'un ?

Jacques avait frappé à une porte au hasard. Malgré l'absence totale de bruit à l'intérieur, il eut la certitude que la masure était habitée. Et qu'on les observait par un interstice.

Il essaya la maison suivante et, cette fois, il tambourina avec plus d'insistance.

— Allez-vous-en ! Je n'ai rien à vous donner !

La voix était sèche et sans âge.

— Nous recherchons juste une personne qui habite ici.

— Ici ?

Une femme ouvrit la porte : elle paraissait surprise. Elle ne devait pas crouler sous les visites impromptues.

— À Nazareth, oui. Qui habite ici ou qui y habitait autrefois.

La femme n'eut même pas la curiosité de demander de qui il pouvait s'agir.

— Je ne sais pas. Je vis seule, je ne connais personne. Maintenant, laissez-moi.

Inutile d'insister.

Dans ce silence de cimetière, chaque bruit résonnait et les portes suivantes furent bouclées avant même qu'ils y parviennent.

— On ne va quand même pas repartir comme ça ? fulmina Sara. C'est trop rageant !

N'étant ni Barrabas, ni les légionnaires de Pilate, ils n'avaient d'autres armes que leur courtoisie ou leur audace pour essayer de délier les langues des habitants.

— Jésus ! Jésus est de retour ! Sortez tous, mes amis, Jésus est revenu parmi vous ! s'écria soudain Sara.

Jacques considéra, bouche bée, sa nièce qui paradait dans la ruelle et braillait son annonce à tue-tête.

— Ne restez pas enfermés ! Jésus vous apporte une grande nouvelle !

— Pssst ! Viens là, toi !

Par un entrebâillement timide, une bouche édentée l'appela.

— Viens ! Ne reste pas là ! Tu veux te faire tuer, ou quoi ?

Tuer ?

Jacques et Sara s'engouffrèrent dans la maison. La vieille femme, à peine plus haute qu'un enfant, le crâne aussi dégarni que ses gencives, referma l'huis sur eux, l'air craintif. Sans les regarder ni les inviter à entrer plus avant dans la pièce, elle regagna son fauteuil de paille avachi.

— Ce n'est pas très malin de venir claironner ce genre de choses ici ! siffla la vieille.

— Pourquoi ? risqua Jacques. Vous n'êtes pas fiers de Jésus ? À Jérusalem, on ne parle que de lui.

— Je ne sais pas ce qu'on raconte chez vous, mais ici ses manières ne plaisent pas trop. M'est avis que s'il revenait dans les parages, il y aurait plus de pierres que de fleurs pour l'accueillir.

— Ses manières ? Quelles manières ?

Elle secoua la main, évasive.

— Pas celles d'un prophète qu'on a envie d'écouter, en tout cas.

— Vous le connaissez depuis longtemps ? intervint Sara.

— Oh ça oui ! Ses parents étaient mes voisins. À l'époque mon pauvre Abraham était encore en vie.

— Ses parents vivent encore ici ?

— Non, ils sont partis il y a des années.

— Où ça ?

— Ça…

La femme leva les yeux au ciel en signe d'ignorance.

Jusque-là, Saül leur en avait plus appris sur Jésus que ces autochtones si peu amènes. Accommodés peu à peu à la pénombre du lieu, leurs yeux perçurent le dénuement de l'installation. Aucun meuble, hormis ce fauteuil vétuste. Presque aucune vaisselle. La paillasse jetée sur le sol paraissait aussi antique que son occupante.

— Avant leur départ, ils avaient toujours habité ici ?

— Eux, je crois. Ils ont peut-être changé de maison une fois ou deux, mais c'est tout.

— Comment ça, « eux » ? releva Jacques.

— Eh bien, ses parents ! Vous me parlez bien de Joseph et Myriam, les parents de Jésus ?

— Oui, et de Jésus, insista le scribe.

— Ah ben non. Le petit est arrivé après.

— Quoi ! Il n'est pas né ici ?

— Ça non, j'en suis sûre. Ça a suffisamment fait jaser dans le village !

— Sa mère est allée accoucher ailleurs ?

— Mais de quoi vous me parlez, à la fin ?

La femme revêche plissait les yeux d'exaspération. Ou était-ce pour mieux voir ses interlocuteurs ? À son regard qui cherchait celui ou celle d'entre eux qui parlait, ils comprirent que leur hôtesse était à moitié aveugle.

— Je ne sais pas ce qu'on a pu vous raconter comme histoires, mais la vérité c'est que Myriam était plus stérile que ce plateau ! Elle n'a jamais accouché de qui que ce soit…

— Et le père ?

— Joseph ? Quand le petit est arrivé, il n'était plus vraiment de la première fraîcheur, si vous voyez ce que je veux dire.

— Mais alors Jésus… il venait d'où ?

60

Jérusalem

Le grondement des sabots et l'appel tonitruant des trompettes avaient annoncé son arrivée bien avant qu'il posât le pied dans l'Antonia. Pourtant, Flaccus, légat de Syrie et émissaire de Tibère, avait une bonne journée d'avance sur le calendrier prévu. Les éclaireurs de la *VIe Ferrata,* armée d'élite de son contingent, campaient déjà au pied de la muraille, attendant que leur général les ait rejoints pour entrer en grande pompe dans la cité.

— Assure-toi que toutes les places nécessaires soient disponibles dans l'écurie, ordonna Pilate à son aide de camp.

— Bien, seigneur.

Le préfet tâchait de ne pas céder à la panique, mais ce débarquement prématuré n'était pas qu'une contrariété de plus. Cela distillait comme un parfum de reprise en main. Cela sentait l'humiliation. Il fit installer à la hâte une collation honorable dans l'unique salle de réception du bâtiment. Puis il patienta, debout, mains croisées dans le dos, prêt à défendre sa peau aussi chèrement que sur le champ de bataille.

Enfin, Flaccus marcha sur lui, les bras grands ouverts.

— Pilate ! Je voulais te féliciter. Les routes de ton pays sont si sûres que j'ai mis deux fois moins de temps que prévu pour venir ici.

Le gouverneur savait souffler le chaud et le froid. Imprévisible. La déstabilisation permanente. Il n'y avait selon lui rien de tel pour mobiliser constamment ses troupes. Son subordonné grimaça un sourire.

— Eh bien… eh bien, tu m'en vois ravi.

— Regarde, j'ai même pu m'arrêter pour faire des emplettes !

Il lui tendit une petite fiole ouvragée, au col long, portant une étiquette écrite en langue étrangère.

— Tu connais l'essence de lavande de Massilia ? Tiens, c'est pour toi. On la dit souveraine pour cicatriser les blessures.

Façon de me dire que je vais en prendre plein la figure ?

— Je te remercie de ton cadeau, murmura tout de même Pilate.

Satisfait de son petit effet, Flaccus s'affala dans un fauteuil avec un long soupir.

— Non seulement tes routes sont paisibles, mais elles m'ont diverti. On y raconte tout un tas de légendes… vraiment rafraîchissantes.

— Des légendes, Flaccus ? s'inquiéta Pilate.

— Barrabas, Jésus, les fils du rebelle de Gamala qui tombent comme des mouches… Tout cela est tellement exotique que j'ai d'abord cru qu'on me jouait une pièce de théâtre. Tu ne dois pas t'ennuyer, dis-moi ?

— En effet, seigneur, je…

— Évidemment, tu contrôles de près tout ce petit monde, n'est-ce pas ?

— Barrabas est plus difficile à localiser qu'un spectre. Mais ce Jésus dont tu parles, ce n'est qu'une question d'heures avant que nous ne mettions la main dessus.

— Bien, bien…

Flaccus opinait du chef en écarquillant des yeux d'un bleu éclatant.

— Et tu ne crains pas que cela provoque quelques remous dans la populace ? Le Sénat se souvient encore de tes petits dérapages incontrôlés. Il verrait d'un assez mauvais œil un nouveau, comment dire… un passage en force.

— Tu n'as rien à craindre à ce sujet, se rengorgea Pilate, bombant légèrement le torse. Caïphe, le grand prêtre du Temple, est venu en personne cette nuit pour me réclamer la tête du Galiléen. Son conseil l'a déjà condamné. Il suffit que nous le capturions et…

— Tu comptes l'exécuter ?

— Crois-en mon expérience dans ce pays, Flaccus, notre pire ennemi ce n'est ni une poignée de rebelles, ni ce prophète en guenilles.

— Vraiment ? Et qui est donc notre ennemi ?

— L'ennui ! L'oisiveté des pèlerins qui grouillent dans les rues. Offrons-leur une petite crucifixion, et tu verras que cette Pâque sera la plus calme qu'on ait connue depuis longtemps.

Flaccus avait pioché quelques dattes dans le plat devant lui, et se mit à en cracher les noyaux sur le sol.

— Le cirque local, en quelque sorte… s'amusa-t-il.

— Comme tu le sais, j'ai servi dans plus d'une colonie. Et je ne connais pas un seul peuple qui prenne plus plaisir à verser son sang qu'à regarder couler celui des autres.

— Hum, fit le gouverneur avec une moue dubitative. C'est donc ce que tu proposes ? Leur donner le sang de ce Jésus à boire ?

Pilate fixa son invité.

— Tu verras, seigneur… tu verras qu'ils s'enivreront de ce vin-là !

— J'espère pour toi, Pilate. Sinon… c'est toi qui finiras les amphores.

Il accompagna ses paroles d'un dernier crachat.

Le noyau oblong roula sur le dallage lisse, jusque sous la sandale neuve du préfet.

61

Nazareth

Jacques et Sara se seraient volontiers désaltérés, mais leur hôtesse ne leur avait rien offert, pas même un peu d'eau. À la place, maintenant que la vanne était ouverte, elle les abreuvait d'un flot ininterrompu de confidences.

— La pauvre Myriam n'a pas vraiment eu le choix, voyez-vous. C'était ça ou la répudiation. Une femme qui ne donne pas d'enfant, on ne s'en embarrasse jamais bien longtemps.

— Mais il venait bien de quelque part, ce gamin ? s'agaça Sara. Il avait des vrais parents ?

— Enfin, si on peut appeler ça des parents. Des gens qui vendent leur enfant…

— Myriam et Joseph auraient acheté le bébé à sa véritable mère ? s'enquit Jacques.

— C'est ce qui se raconte par ici.

Il n'y avait que deux types de femmes susceptibles de se débarrasser ainsi de leur progéniture. Les prostituées grosses de leur commerce. Et les épouses infidèles cherchant à effacer les traces de leur adultère. Dans les deux cas, Jésus était le fruit d'une infamie…

Un bâtard.

— Myriam l'aurait trouvé où, à votre avis ? reprit Jacques.

— Oh, ce n'est pas mon avis. Tout le monde est au courant. Un matin elle est partie à Magdala, le ventre aussi plat qu'un poisson du lac. Et deux jours plus tard, elle est revenue avec le bébé dans les bras.

Jacques fronça les sourcils.

— Vous êtes sûre que c'était Magdala ?

— Certaine ! À l'époque, mon neveu Ariel avait son atelier là-bas, juste en face de la synagogue. La petite Myriam, vous pensez, il l'a tout de suite reconnue.

— À la synagogue, vraiment ? Le *rabbi* n'aurait jamais accepté d'inscrire un enfant illégitime sur le registre des naissances…

— Je ne sais pas. Ce qui est sûr, c'est que mon neveu l'a vue entrer dans la synagogue les bras vides, et ressortir avec son enfant.

Jacques et Sara échangèrent un regard éloquent. Il leur en fallait plus.

— Ton neveu Ariel, il est toujours à Magdala ?

— Et il ne risque pas d'en bouger ! À moins qu'on se mette à déménager les ossuaires.

Après s'être confondus en remerciements, Jacques et Sara abandonnèrent leur unique témoin à sa solitude et à sa misère. Quelques volets hostiles claquèrent encore sur leur passage et, après avoir traversé le village en sens inverse, ils quittèrent Nazareth sans regrets.

La route de Magdala n'était pas des plus aisées, toute en gorges et en replis accidentés. Aucune inspiration n'était superflue et ils marchèrent donc en silence durant tout le trajet, réfléchissant à leurs récentes découvertes. Passé Arbel, la fin du parcours était une lente descente vers le lac de Tibériade. Ils apprécièrent la végétation luxuriante que l'immense réservoir d'eau douce entretenait à longueur d'année. Partout, des vergers, des palmeraies et des élevages témoignaient de l'opulence de cette région. Cette fois, plus de doute, ils étaient bien en Galilée.

Au détour d'un lacet, la masse bleutée du lac, nimbée sur toute sa surface d'une brume angélique, leur apparut comme un mirage.

— C'est magnifique ! s'exclama Sara.

— Magnifique, et affreusement dangereux ! Les mauvais jours, la navigation y est encore plus périlleuse que sur la grande mer.

Comparée à Nazareth, Magdala était une vraie mégalopole. Des rues, des commerces, un marché et même un petit port de pêche, où les bateaux déversaient leur prise de la journée, dans les rayons d'un soleil assoupi. Ils trouvèrent la principale synagogue du gros bourg sans difficulté. Ici, à l'opposé du village apeuré, toutes les portes restaient grandes ouvertes. À l'intérieur du bâtiment rectangulaire, un homme en robe blanche s'affairait pour rendre le lieu propre et accueillant, en vue des festivités proches.

— *Rabbi* ? interpella Jacques.

L'homme sursauta et se tourna vers eux.

— Oui ? Si vous êtes là pour Minha, la prière de l'après-midi, vous venez trop tôt…

— Je sais. Nous ne sommes pas là pour ça. Nous souhaiterions consulter tes registres. Nous recherchons l'une de mes sœurs, mentit Jacques sans sourciller. Je suis scribe près de Jérusalem, à Béthanie.

— Comment s'appelle ta sœur ?

— Myriam. Myriam de Nazareth.

— Je ne la connais pas.

— C'est normal. Elle n'a pas passé beaucoup de temps à Magdala. Mais elle a enregistré la naissance de son fils ici.

— Soit. Et en quoi cela va-t-il t'aider à la retrouver ?

Coriace !

— Ma tante a disparu depuis très longtemps, embraya Sara d'une voix plaintive. Cette piste est la seule que nous ayons.

— Je comprends, approuva le *rabbi* avec une soudaine compassion. Attendez-moi ici, toi et ta fille. Je reviens avec le dernier registre.

— Euh… Il s'agit d'une naissance assez ancienne, précisa Jacques.

— Ancienne comment ?

— Au moins une vingtaine d'années. Peut-être même vingt-cinq.

— Vingt ans !

Le docteur de la Loi cligna des yeux effarés.

— Le moins qu'on puisse dire, c'est que vous ne vous inquiétez pas facilement ! Je vais voir ce que je peux trouver d'aussi vieux…

Une poignée de minutes plus tard, il revint les bras chargés de rouleaux jaunis, fanés par l'âge.

— Voilà. Pour les années qui vous concernent, ça devrait plutôt se trouver dans ces quatre ou cinq-là.

— Merci beaucoup. Juste une dernière question : tu occupais déjà cette fonction ?

— Il y a vingt ans ? Ouh là, non. C'est mon père qui était là.

— Nous pourrions le rencontrer ?

— Hélas ! il est mort il y a bien longtemps déjà.

— Ah, je suis désolé…

Pour dissiper l'embarras, ils se plongèrent tous deux dans l'épluchage systématique des registres entre les années 3765 et 3768. C'était un travail très fastidieux. Et d'autant plus délicat que certains prénoms revenaient avec une fréquence exceptionnelle. Le fait est par exemple que, vingt ans plus tôt, Jésus avait été un prénom volontiers donné aux nouveau-nés de sexe mâle. Jésus, Yeshoua : « Dieu sauve »… Sans doute l'expression d'une espérance collective que les jeunes parents s'étaient appropriée en ce temps-là.

— Excuse-moi encore…

Jacques héla le *rabbi* qui avait repris ses menus travaux de nettoyage.

— Oui ?

— Ton père était-il dyslexique ? Lui arrivait-il d'inverser les syllabes de certains mots ?

— Non, pas que je sache. Pourquoi ?

— C'est étrange… Regarde ici. Il a bien noté la naissance d'un Jésus. Né d'une Myriam.

— Le nom de ta sœur, non ?

— Oui… Mais pas à Magdala. Il a écrit : « Gamala ».

— C'est impossible ! s'exclama le *rabbi*.

Surprise, Sara avait lâché son propre rouleau.

— Pourquoi ? demanda-t-elle.

— L'enregistrement des naissances se fait nécessairement là où naît l'enfant, expliqua Jacques. Et nulle part ailleurs. La loi l'interdit.

— C'est pourtant bien l'écriture de mon père, reconnut le *rabbi*, la voix blanche.

Gamala !

Le village de leur famille. Le village de leur père, Judas. Il était donc là, le lien qu'ils recherchaient depuis des jours. Le pont entre le prophète galiléen et ses frères assassinés. De l'autre côté du lac de Tibériade. Quelque part au pied du Golan. Le lieu de naissance de Jacques.

Mais aussi celui de Jésus !

Jacques tira brusquement la jeune femme vers l'extérieur.

— Nous te remercions infiniment de ton aide.

— Je t'en prie… bredouilla l'homme, hébété.

Sara trottait derrière son oncle, l'air chagrin.

— Pourquoi on n'a pas insisté ?

— Il ne nous aurait rien appris de plus. Tu as vu l'état de sa synagogue ? Tu l'as vu faire son ménage comme un vulgaire esclave ?

— Et alors ?

— Et alors Magdala est un gros village. Il m'est avis qu'un *rabbi*, ici, n'a pas beaucoup d'occasions de gonfler ses revenus.

— Où veux-tu en venir ?

— Je suis à peu près certain que son père monnayait des inscriptions illégales sur ses registres. Peut-être même que, dans certains cas, il jouait les intermédiaires entre une mère… et la nouvelle maman de son enfant.

— Mais quel intérêt pour Myriam d'avoir un acte de naissance hors la loi pour son fils ? La transaction aurait aussi bien pu se faire sans enregistrement ?

— Qu'est-ce que j'en sais ? Valider quand même son existence... Être en paix avec sa propre conscience...

Au bout de la rue, ils marquèrent le pas et reprirent leur souffle. Le bout de la rue, c'était déjà la limite de la petite agglomération. Devant eux s'ouvrait une piste poussiéreuse qui filait vers le nord, vers Tabgha et, au-delà, Capharnaüm.

— Tu crois vraiment qu'on en apprendrait plus à Gamala ?

— Si je le crois ?

Il repartit sur le sentier sans l'attendre, un éclair de malice sur son visage.

— Mais nous sommes déjà en route vers la vérité !

62

Gamala

— Tu es sûr que c'est par là ?

De Magdala à son quasi-homonyme, Gamala, il y avait trois à quatre bonnes heures de marche. Presque une promenade, à longer la rive nord du lac bordé de roseaux gigantesques. Ils s'arrêtèrent même quelques instants pour admirer la synagogue de Capharnaüm, ainsi que le panorama exceptionnel que le site offrait sur tout le lac. Au loin, sur le côté ouest de l'étendue bleutée, on devinait les hautes constructions de Tibériade, l'orgueilleuse cité. Le reste disparaissait dans la brume du crépuscule.

Puis une soudaine montée sur les contreforts du Golan.

— Tu es sûr que c'est le bon chemin ? insista Sara.

Il faut dire qu'entrer dans cette large entaille dans le relief, à la nuit tombante, n'avait rien de rassurant. En dépit de leur vue imprenable sur le lac, les abords de Gamala n'étaient pas franchement hospitaliers. Dans la pénombre on devinait le double monticule du village, auquel celui-ci devait son nom et sa réputation d'inviolabilité : Gamala, le village construit sur deux bosses, le village chameau.

Le bon chemin ? Oui, comment aurait-il pu l'oublier ? Même après plus de vingt ans, ses jambes reconnaissaient le moindre creux, le moindre rocher. Cette piste, ils l'avaient empruntée des milliers de fois, ses frères et lui, pour aller acheter du poisson à Bethsaïde ou se baigner sur les grandes plages de Koursi.

Au pied de la première colline, un flot d'odeurs mêlées l'assaillit. Senteurs d'orchidées sauvages et de chardons, vapeurs aillées et entêtantes des champs de caramboles, parfums de sauge et de belbel salé. Gravir l'amas de rochers en droite ligne était impossible. Seuls les habitués le savaient : il fallait contourner la première bosse par la droite, par le fond de la vallée, puis bifurquer sur la gauche pour rejoindre le sentier principal, qui serpentait depuis la seconde bosse à travers tout le village. C'était l'unique accès.

Ainsi parvinrent-ils sans encombre aux premières maisons, salués par le cri inquiétant d'un milan tardif.

— Et maintenant ? On fait quoi ?

— On cherche Guilad, le scribe. Enfin, s'il est encore en vie…

Jacques hésita entre deux maisons, avant de frapper à la porte la plus proche d'une fenêtre éclairée. Une jeune femme leur ouvrit et, avant même qu'ils ne se présentent, elle appela un vieillard ratatiné par les ans qu'il reconnut aussitôt. *Guilad !*

Lui mit plus de temps à remettre son visiteur, mais bientôt ses souvenirs et son affabilité naturelle revinrent. Il sortit tous les registres qu'ils désiraient consulter, et ordonna à sa fille de servir pain, brouet de lentilles et vin de Galilée à ses invités. Tandis que Sara se jetait sur la modeste collation, Jacques compulsa les archives avec ferveur.

Comme il s'en doutait, aucune trace d'un Jésus né d'une Myriam sur les quelques années potentiellement concernées. Du registre des naissances, il passa à celui des mariages. Là non plus, pas de Myriam épouse de Joseph à des dates plausibles. Après deux bouchées de pain sec tartiné de lentilles, sa curiosité l'incita à balayer de nouveau les registres.

— Tiens ! Sara, c'est amusant… Je pensais que tes parents étaient inscrits à Béthanie. Mais apparemment, ils se sont mariés ici.

— Je ne savais pas, admit-elle, la gorge étreinte par l'émotion. Alors, je dois figurer dans les naissances ?

— Non, tu es née bien après notre installation à Béthanie.

En rangeant les précieux rouleaux dans leur étui, déçu de n'avoir trouvé aucune mention de Jésus, il fit tomber l'un d'entre eux sur le sol. Quand il ramassa le papyrus, la lumière rasante de la lampe à huile fit apparaître une tache plus claire dans les fibres de la feuille. Mais c'est surtout le contact de cette zone sous ses doigts, plus rugueuse, qui attira son attention. Il colla presque son nez à la page.

— Le papyrus est très fin, à cet endroit-là. Comme s'il avait été gratté !

— Comment ça, gratté ?

Le vieux scribe avait l'ouïe encore fine, et la remarque ne lui avait pas échappé. Car elle mettait directement en cause la qualité de son travail. Son homologue prit d'infinies précautions oratoires.

— Guilad, est-il possible que des inscriptions au registre de 3766 aient été effacées ?

— Effacées ? C'est impossible ! Totalement impossible !

— Pas par toi, *rabbi*, insista Jacques. Mais peut-être que d'autres personnes que toi ont accédé à ces registres, pendant toutes ces années ?

— Non, non, je ne vois pas, répliqua l'autre, sur la défensive.

Jacques tenta une autre approche : la flatterie.

— Tes registres sont très bien tenus, Guilad. Mais il y a là beaucoup de papyrus. Cela représente beaucoup d'argent. Ce n'est pas toi qui as financé tout cela sur tes derniers, n'est-ce pas ?

— Eh bien, admit enfin le vieillard avec une quinte embarrassée, les contributeurs de la synagogue prennent en charge ce genre de frais. Mais de mémoire, je ne peux pas te dire qui a payé pour l'an 3766.

— Tu ne tiens pas un registre des contributeurs ?

— Pas vraiment. En revanche, le mur est de la synagogue porte le nom de tous les donateurs. Une brique par année et par contributeur principal. Si tu tiens à savoir qui a financé ce papyrus, son nom doit y figurer.

— Parfait !

Les deux enquêteurs s'étaient levés d'un seul et même élan. La lampe en main, ils ressortirent sans attendre, dans la nuit désormais aussi épaisse que la purée qu'ils venaient d'avaler. Par chance, l'édifice religieux se dressait à quelques foulées de là, sur le flanc sud-est de la seconde colline, près de l'entrée du village. Aucun signe de vie à l'intérieur.

— Regarde ! C'est là !

Sara la première avait repéré le pan de mur de couleur différente. Les briques dédiées aux bienfaiteurs de la communauté étaient couvertes d'un enduit rougeâtre, sur lequel on avait inscrit chaque patronyme d'un trait épais de chaux blanche, suivi de la mention de l'année. Leurs yeux avides couraient sur les décennies, sautant des morceaux de vie entiers.

Liad – 3760
Médane – 3761
Dovev – 3762
Dovev – 3763
Tsohar – 3764
Gaddiel – 3765
Yohanane – 3767
Tsohar – 3768
Kéfir – 3769
Chalvi – 3770

— Pas de 3766 ? Il manque une année !

— L'année du papyrus corrigé…

63

3766 !

L'année du recensement de Quirinus à travers toute la Palestine. L'année de la grande révolte de Judas de Gamala, et aussi de sa mort. Crucifié à Césarée, au milieu de dizaines de ses partisans, suppliciés avec lui pour l'exemple. Quel enfant maudit avait pu naître cette année-là, pour que quelqu'un éprouvât le besoin d'effacer à jamais son nom des registres ? Qui était le donateur de cette année si sombre ? Est-ce lui qui avait ordonné la falsification du livre des naissances ?

— Et le corps de ton père, il est devenu quoi ?

— Ma mère et ses frères l'ont récupéré. Je pense qu'il est enterré ici, dans le cimetière.

C'est-à-dire à quelques pas de là.

D'où ils se tenaient, on apercevait malgré l'obscurité les tombes plantées droit sur la pente, plus douce à cet endroit, qui coulait vers le fond de la vallée, au pied du plateau. Sans se concerter, ils se dirigèrent vers le lieu consacré. Déambulant entre les pierres dressées, ils épuisèrent les dernières gouttes d'huile de la lampe afin de repérer le nom de Judas sur les sépultures. Il n'y en avait pas tant que ça et ils vérifièrent chaque inscription plusieurs fois.

— Vous ! Qu'est-ce que vous faites là ?

L'ombre était sortie de nulle part. Comme un revenant. Mais les fantômes ne criaient pas aussi fort. De ça, ils étaient sûrs.

Jacques ne se démonta pas.

— Nous cherchons une tombe.

— Une tombe ? À cette heure-ci ? Vous êtes des pilleurs ?

L'homme tenait une pioche qu'il brandit dans leur direction, menaçant.

— Je suis Jacques. Le fils de Judas, ajouta le scribe, comptant sur l'impact du nom de son père.

— Judas… Le Judas ?

— Oui. Je veux prier sur sa tombe avant la Pâque.

L'autre les considéra un instant, puis il abaissa son arme de fortune. Ils ne devaient pas paraître bien méchants, après tout, ni assez bien outillés pour être des dépouilleurs de tombes.

— Ne perds pas ton temps à la chercher…

— Que veux-tu dire ?

— J'entretiens ce cimetière depuis près de trente ans, et le nom de ton père n'a jamais été inscrit sur aucune de ces pierres.

— Il n'est pas enterré ici ?

— Quelque part là-dessous. Mais va savoir où, exactement… Même moi je ne me souviens plus.

— Il n'a pas eu de sépulture décente ? s'indigna Jacques.

— Ordre d'Hérode ! Tout ce qui évoquait ton père de près ou de loin a été effacé de ce village.

— Comment ça ?

— Partout où son nom figurait, on a gommé sa trace ! Après la révolte, Hérode ne voulait pas que Judas de Gamala devienne une légende. Que sa mémoire nous pousse à la révolte. Il a tout fait pour effacer le nom de Judas. Il a fait débaptiser sa maison, gratter les pierres où il était mentionné…

— Gratter les pierres…

— … Et comme tu peux le constater, ça a pas mal fonctionné !

Indéniable.

Pourtant certaines absences étaient plus explicites encore qu'une signature. C'était donc Judas le donateur principal de l'année 3766. Lui qui avait payé les papyrus de Guilad à cette époque. Lui qui avait exigé qu'on retirât une mention gênante.

Mais pourquoi ? Quel rejeton, fruit de quelle union, avait pu tant l'embarrasser qu'il se muât en faussaire ? Cela ne cadrait pas avec le souvenir que Jacques gardait de son père. Judas de Gamala était la droiture et la loyauté incarnées. Il aurait vraiment fallu des circonstances exceptionnelles pour qu'il dérogeât à ses principes.

Après avoir pris congé du cantonnier, Sara et Jacques repartirent en direction de la première colline, de l'autre côté du village. Pour y parvenir, il fallait monter au sommet de la deuxième bosse du « chameau », la plus proche du plateau, puis suivre l'étroit sentier de crête en direction du lac. Les jambes tiraient, le souffle manquait. Depuis le matin ils ne cessaient de marcher et la fatigue se faisait sentir. Gamala était un village exigeant ; Gamala se méritait. Y vivre était considéré comme un honneur par ses habitants.

Toutes ces années, Esther, la servante de la famille, s'était bien gardée de leur faire état de la véritable « chasse aux sorcières » dont avait fait l'objet leur père, dans ses correspondances. Elle occupait toujours la grande demeure familiale, et chaque printemps, pour la fête de Pourim, elle leur expédiait un gros colis de nourriture, comme l'exigeait la tradition. Une manière pour elle de dire qu'elle n'oubliait pas les huit enfants de Judas le Galiléen, à qui elle avait voué le plus clair de sa vie. Mais jamais un mot sur leur existence d'autrefois, à Gamala. Ni sur leur père.

Bientôt, le spectre de l'imposante bâtisse se profila sur le versant ouest de la première bosse, véritable figure de proue accrochée au relief, à flanc de précipice. Jacques reconnut à peine sa silhouette et ses pierres, sous la lune timide. La demeure de son enfance était devenue une inconnue.

Sara, elle, marqua le pas. Elle ne semblait plus aussi pressée de se mettre à l'abri. Comme si elle redoutait ce qu'ils s'apprêtaient à découvrir dans cette maison dont l'ombre inquiétante les couvrait déjà. Ou ce qu'elle devrait y révéler. Elle retint le bras de son oncle, juste avant qu'il ne cogne à la porte.

— Attends.

— Qu'y a-t-il ?

— Il y a une chose que je ne t'ai pas racontée, à propos de mon passage à Béthanie. Quand j'ai aperçu cet homme avec ma mère…

— Tu as vu quelque chose d'autre ?

— Non, c'est une chose qu'elle m'a dite après.

— À quel propos ?

— À propos de votre père. Elle prétend que Judas a été livré par l'un des nôtres.

— Quoi ?

— Elle dit que c'est Jean qui l'a donné aux Romains…

— Voyons Sara, c'est invraisemblable !

Elle resserra la pression de sa main.

— Ce n'est pas tout, D'après elle, Jean aurait voulu se venger de votre père. Elle n'a pas précisé pourquoi.

L'huis s'était ouvert en grand, d'un coup sec, coupant court aux révélations de sa nièce.

— Si tu n'entres pas maintenant, Jacques de Gamala, je verrouille cette porte jusqu'à demain. Et tu sais comme les nuits sont fraîches par ici.

Esther !

64

À l'intérieur, rien ou presque n'avait changé depuis vingt ans. Juste de l'usure et des couches de poussière en plus. Les images affluaient peu à peu, alors que le dos affaissé de la vieille servante les conduisait à travers les pièces.

Ce recoin où il aimait se cacher pour espionner les conversations adultes. Cette chambre qu'il partageait avec Judas et Philippe, ou peut-être Simon, il n'était plus très sûr. Cette autre où les deux aînés, Jean et Marie, se racontaient leurs « histoires de grands », dont lui et ses cadets se sentaient systématiquement exclus.

Étaient-ce de vrais souvenirs, pleins et intègres, ou une projection nostalgique de cette époque, telle qu'il aurait aimé qu'elle fût ?

Sans leur demander leur avis, Esther les poussa sur deux tabourets couverts de peaux élimées, et leur servit aussitôt après un breuvage sombre, à l'odeur poivrée, qui se révéla être un vin chaud épais et épicé. Peu habituée à de telles boissons, Sara grimaça lors de ses premières lampées, puis sirota la suite avec délectation, anesthésiée bientôt par l'alcool et la fatigue conjugués. Devant le feu qui ronronnait en sourdine, une atmosphère apaisante s'était installée.

« C'est Jean qui l'a donné aux Romains. » Jacques ne parvenait pas à chasser de son esprit ce que la jeune femme lui avait révélé, quelques minutes auparavant. Décidément, tout dans cette enquête le ramenait à sa propre famille. Aux pages blanches de son histoire, à ses secrets… comme lorsqu'il tendait l'oreille pour glaner les murmures de ses aînés.

Entre-temps, il était devenu un adulte cultivé et raisonnable. Un esprit éclairé et que tous, excepté Judas, respectaient. Il prit la parole, et résuma à Esther, blanchie et parcheminée, leurs plus récentes découvertes. À chaque détail, elle plissait un peu plus les yeux, d'un air las et entendu.

Elle sait déjà tout !

Jacques prit les mains de sa vieille nounou entre les siennes.

— Esther, je t'en prie. Dis-moi qui est cet enfant que mon père a fait disparaître du registre ?

— Ce n'est pas « cet enfant », chevrota-t-elle, le regard perdu dans les flammes.

— Pardon ?

— Ce sont « ces enfants ». Quand Eléazar a demandé la main de ta sœur Marie…

Sara tressaillit à l'évocation de sa mère.

— …elle était déjà enceinte. Et ce furent des jumeaux. Deux beaux garçons.

— Des jumeaux ? répéta la jeune femme.

— Ils sont nés quelques mois avant leur mariage. Eléazar est un homme bon, il a le cœur large. Mais il n'était pas question qu'il reconnaisse les enfants. Jamais notre communauté ne l'aurait accepté.

— Je ne comprends pas… dit Jacques. Pourquoi n'aurait-t-il pas reconnu ses propres fils ?

À peine eut-il prononcé ces mots qu'il comprit. Bien sûr ! Eléazar était déjà bien âgé, en ce temps-là. Le regard éloquent d'Esther lui confirma son intuition.

— Mais alors, qui était le père ?

— Le père…

La domestique fut prise d'un frisson. Elle savait, certes. Mais certaines vérités étaient si douloureuses à énoncer.

— C'était un homme du village ? proposa Jacques. Un homme plus jeune ?

— Ce qui me surprend le plus, après tout ce temps, c'est qu'un esprit aussi vif que le tien n'en ait jamais rien deviné. Et qu'aucune langue ne se soit déliée.

— Pourquoi dis-tu cela ? Je le connais ?

Esther dévisagea Sara avec hésitation, avant de contempler sa tunique défraîchie. Sans répondre.

Jacques, lui, croisait et recroisait les informations des dernières heures, aussi vite que la fatigue le lui permettait. *Marie enceinte d'un inconnu. Judas qui efface les traces de la naissance de ses deux petits-fils illégitimes. Jean qui livre notre père aux Romains.*

Jean…

— Tu ne penses tout de même pas que le père de ces enfants, c'était mon…

— C'était Jean, oui, coupa Esther d'une voix éraillée. Si tu les avais vus à l'époque, ils étaient si beaux tous les deux. Ils s'aimaient d'un amour si pur !

Il aurait dû s'indigner. Il aurait voulu lui opposer la Loi, ou une quelconque morale. Mais il les revoyait, lui aussi, toujours collés l'un à l'autre, se chamaillant pour la forme, se réconciliant en de longs conciliabules dont les plus jeunes étaient bannis. Eux contre le reste de la fratrie. Des aînés fusionnels. Comme les deux bosses du village-chameau. Elle était parfois bien mince, la frontière entre l'amour fraternel et le désir. Ils avaient été si proches, trop proches. Oh, Jacques le savait bien. Ces choses-là n'étaient pas si rares, dans les villages isolés. Il n'y avait pas un scribe ou un *rabbi* qui n'ait sa petite histoire du genre à colporter. Dans la plupart des cas, la chape de silence et de déni demeurait intacte. Et le secret inviolé.

Tout s'expliquait, maintenant : le mariage précipité de Marie avec Eléazar, un homme du double de son âge ; l'exil forcé de Jean, le fils indigne ; sa dénonciation de Judas en guise de vengeance. Ce qui ne collait pas, en revanche, c'était l'intervention de cette Myriam et de son Jésus adopté. Quel rapport avec Marie et ses rejetons incestueux ?

Oh non !

— Les jumeaux… comment s'appelaient-ils ? poursuivit Jacques, la gorge étreinte d'un terrible pressentiment.

— Le second à être sorti du ventre de Marie a été nommé Israël.

— Et le premier ?

Sara sortit de son silence hébété pour répondre à la place d'Esther.

— Jésus, évidemment…

La vieille femme valida l'hypothèse d'un papillonnement las des paupières.

Jésus, évidemment.

Jésus de Gamala, fils de Marie. Vendu et adopté à Magdala par Myriam la stérile. Élevé en secret à Nazareth par Joseph et cette dernière. Jésus, son neveu !

Jésus... mon demi-frère, songeait de son côté Sara.

Jacques et elle n'osaient pas se regarder. Ni même échanger le moindre mot. S'ils avaient pu parler, ils auraient sans doute regretté d'avoir poussé si loin leurs investigations. Mais, quand on cherchait la vérité avec tant de hargne, on finissait toujours par la trouver. Aussi douloureuse fût-elle. Ils se sentaient plus que jamais dupés. Salis par ce qu'ils venaient de mettre au jour.

Soudain complices de cette impureté.

65

Béthanie

Avec Amitaï, âgé de six ans et des poussières, on n'était jamais déçu. Toute la petite bande de Béthanie le savait : il suffisait que les « grands » édictent une nouvelle règle pour qu'il l'enfreigne aussitôt. Il y a des natures ainsi faites. Viscéralement contradictoires. Nées pour transgresser.

Pousser la porte de la petite cabane où reposait la dépouille d'Eléazar, zone interdite depuis que celui-ci avait lâché son dernier souffle, semblait une évidence pour le gamin facétieux.

Là, il passa de longues minutes à contempler le corps sans vie. Ça ressemblait donc à ça, un mort. Pas de quoi fouetter un chat ni éloigner à tout prix les enfants ! Il regretta surtout de ne pas avoir pris son matériel de dessin. Recopier un suaire, c'était déjà pas mal. Mais il avait là une occasion peut-être unique de portraiturer un visage dans une expression directe, nue, sans intermédiaire.

Sortir, aller chercher un linge et un bout de charbon, c'était prendre des risques. Trop de mouvements qui alerteraient sans doute sa mère ou les autres femmes de la ferme qui, en l'absence des hommes, se relayaient pour assurer la garde.

Au chevet du défunt, il avisa alors deux petites fioles. Il s'en saisit et, dévissant le bouchon de la première, il grimaça sous l'action des effluves aigres qui s'en échappaient.

Le goulot au bord des lèvres, il hésita un instant. *Ce n'est quand même pas ça qui t'a tué ?* demanda-t-il à la dépouille d'Eléazar. Réflexion faite, il considéra le visage blanc et cireux, puis la petite bouteille, et il en renversa enfin la moitié, d'un geste maladroit, sur les lèvres bleuies et entrouvertes. *Toi au moins, ça pourra pas te faire de mal !*

Qui sait, le remède redonnerait peut-être à son vieux oncle quelques ultimes couleurs ? On disait bien que les Égyptiens maquillaient leurs morts, pour les rendre plus présentables au seuil de leur dernière demeure. Le liquide blanchâtre et légèrement visqueux s'écoula en deux petites rigoles de part et d'autre de la bouche inerte. Quelques gouttes seulement s'égarèrent à l'intérieur.

Le bambin s'adressa à voix basse au corps refroidi. *C'est bon ? Tu aimes ?*

D'une main peu assurée, il essuya l'une des deux coulures. Mais quand il tendit les doigts vers la seconde, il l'aurait juré…

Il a bougé !

À peine. Juste un spasme dans les muscles du visage et du cou. Amitaï n'osait plus rien faire, la bouche bée, le geste suspendu dans l'incrédulité et l'effroi. Au prix d'un effort immense, il recula sa main tout doucement, comme si une bête tapie s'apprêtait à bondir et à la lui mordre. Mais ce ne furent pas les lèvres du cadavre qui remuèrent cette fois. Plutôt ses paupières. Elles s'ouvrirent dans un claquement sec, sur deux yeux exorbités et vitreux.

Le cri de l'enfant le précéda dans la cour endormie. Ses jambes le suivirent aussitôt, dans le fracas de la porte qu'on balance. Son jouet avait outrepassé ses souhaits et ses espérances.

Il venait de voir un mort se réveiller.

Eléazar.

Ressuscité !

66

Gamala

Jacques et Sara terminaient leur vin chaud sans un mot, les yeux réfugiés dans le spectacle parfait du feu qui dévorait une nouvelle bûche. Lentement. Esther n'osait rompre leur silence affligé.

C'est Sara qui eut le courage de déchirer cet écrin protecteur.

— Et Israël, le frère de Jésus… Il est devenu quoi ?

— Il est resté ici.

— Ici ?

— À Gamala. On l'a lui aussi confié à une famille infertile. Tu te souviens de Zacharie et Élisabeth, la sœur de ton grand-père ?

Jacques n'en revenait pas.

— Israël ! Le petit Israël, notre petit cousin… c'était lui ?

— Oui. Pour Marie, c'était une douleur de chaque instant. Elle le croisait tout le temps dans le village. Elle le voyait grandir sans elle, pour ainsi dire sous ses yeux. Mais ton père avait décidé pour elle. Elle n'avait pas le droit de le toucher, pas même de lui parler. Et pourtant, le petit ressemblait tellement à Jean ! On tremblait tout le temps que l'un d'entre vous ne se rende compte de quelque chose. Toi et tes frères, ou quelqu'un d'autre au village. Ça crevait les yeux !

— C'est pour ça que nous sommes partis à Béthanie ?

— C'est un peu plus compliqué que ça. Ton père a tout fait pour étouffer cette histoire. Mais quand les Romains l'ont crucifié… murmura-t-elle avec émotion. Quand Judas est mort, ta mère n'arrivait plus à supporter tous ces mystères, toute cette honte. Les secrets ne sont pas éternels, tu sais. Certains ici ont fini par comprendre. Ou peut-être qu'elle s'est confiée, je ne sais pas. En tout cas, le regard du village sur nous a changé. Pour tous, on n'était plus la famille royale, mais la famille maudite.

— Alors, Joseph d'Arimathie nous a installés à Béthanie.

Sara eut un hochement de tête contrit, et demanda :

— Pourquoi ont-ils éloigné Jésus, et pas Israël ?

— Jésus était l'aîné. Tu sais ce que dit la Loi ? C'était lui le *bekhor*, c'est lui qui devait être sacrifié.

— Et Israël, il est toujours ici ?

— Oh non, il est parti il y a longtemps. Il y a eu mille rumeurs sur lui, ici.

— Dans quel genre ?

— Il y en a qui disent qu'il s'est noyé dans le lac. D'autres qu'Antipas l'a fait pourrir dans l'une de ses geôles, comme le Baptiste. Il y a même des plaisantins qui prétendent que c'est lui, ce Barrabas ! Tu vois le niveau des bêtises…

— Israël savait qu'il avait un frère jumeau ?

— À ma connaissance, non. Mais là aussi, il y a tout un tas de légendes qui circulent. On a dit que Jean serait revenu prendre ses deux fils. Qu'il les aurait emmenés avec lui... que sais-je d'autre encore.

— Emmenés ? Mais emmenés où ?

— Pfff, soupira la vieille Esther. La mer Morte, le désert, l'Égypte... t'as qu'à faire ton choix !

L'Égypte ! Maréotis ! Pour Jacques, le choix était tout fait.

— S'ils sont jumeaux, j'imagine qu'ils se ressemblent comme deux gouttes d'eau ?

— Je suppose aussi... Les derniers à les avoir vus ensemble l'ont fait il y a plus de vingt ans. Et, pour une bonne partie d'entre eux, ils ne sont plus de ce monde. Comme Salomé, ta pauvre maman, dit-elle avant d'essuyer le fantôme d'une larme.

Jacques s'efforça de se rattacher à du concret.

— Tu ne vois rien qui permettrait de les distinguer ? Un détail physique, même minime ?

— Non. Comme je t'ai dit, la dernière fois que je les ai vus tous les deux, les petits n'avaient pas deux ans, ils marchaient tout juste. Myriam est revenue ici avec Jésus.

— Pourquoi cette visite ? Elle ne voulait plus de son enfant ?

— Non ! Myriam était une bonne mère. Mais Nazareth est un village très pauvre. Je crois qu'elle a cherché à faire chanter ta sœur Marie et ta mère, en échange de son silence. Mais ça n'a pas marché. Ici, tout le monde était déjà plus ou moins au courant...

— On ne paie pas pour enfouir un secret déjà éventé, approuva le scribe.

— En plus, Jésus a joué sur les éboulis, dans la vallée, et il s'est cassé les deux chevilles. Sa mère et lui ont dû rester ici près de trois semaines, avant qu'il soit en état de reprendre la route.

Jacques tenta de se passer en accéléré les quelques images du prophète galiléen qu'il avait en tête. Son entrée dans le Temple. Son prêche sur le mont des Oliviers. La cérémonie païenne. Son discours enflammé dans le désert, au moment de l'ensevelir.

À aucun moment il n'avait remarqué une démarche embarrassée, ou des cicatrices sur ses chevilles. *Mais des blessures aussi anciennes pouvaient-elles encore être visibles ?* Il effleura les mains d'Esther, piquées de taches brunes.

— Et toi, pourquoi tu es restée ici ? demanda-t-il avec douceur.

— Où voulais-tu que j'aille ? À Béthanie ?

Un crépitement dans le foyer accentua sa réponse.

— Ma terre est ici. Ce n'est pas un village facile à vivre pour une vieille bique comme moi. Mais c'est chez moi.

— Pourquoi n'as-tu rien raconté de tout ça avant ? Tu nous envoies un colis chaque année. Tu aurais pu y joindre une lettre.

— Salomé, ta mère, ne voulait pas. Elle disait que vous connaîtriez la vérité bien assez tôt. Et que si vous ne saviez jamais… eh bien, les morts n'en dormiraient que mieux.

Sans ajouter un mot, Esther se leva et disposa deux paillasses fanées dans une petite pièce à proximité du feu. Elle fournit à chacun une couverture sans âge, et leur souhaita de trouver le sommeil.

De fait, il tomba presque aussitôt sur les deux voyageurs. En sombrant, Sara se dit qu'il y avait plus troublant encore que la discrétion d'Esther : le silence de Marie. Pourquoi avait-elle couvert son frère, tout ce temps ? Comment avait-elle supporté qu'on lui arrachât ses deux enfants ? Qui plus est, ses premiers-nés ? Quelle femme était-elle pour accepter cela ?

Eléazar s'éteindrait bientôt, ça ne faisait pas de doute. Et Marie serait deux fois veuve. Privée de son mari. Défaite de son amour interdit. Pourtant, voilà qu'elle exultait dans les bras d'un inconnu ! Elle l'appelait « mon roi » !

Plus que jamais, l'adolescente se sentait loin de sa mère.

Seule.

Sa toute dernière pensée fut soudain assommée par la torpeur : si Eléazar, déjà vieux à l'époque, n'avait pas pu engendrer ses deux demi-frères, alors qui était son père *à elle* ?

VI

VEILLE DE LA PÂQUE

67

Occulté en partie par le Golan et son immensité plane, le soleil ne frappa les deux buttes de Gamala qu'une bonne heure seulement après son lever, rasant de près les collines jumelles.

Dès son réveil, Sara chercha Esther dans les pièces communes de la maison. En vain, car la vieille servante s'affairait déjà au-dehors.

Depuis la petite terrasse à flanc de coteau, elle admira un moment le paysage alentour, qui s'éveillait à mesure que les rayons venaient le lécher. Elle comprenait qu'on puisse se battre pour un tel lieu. Elle imaginait sans difficulté les desseins d'indépendance et de grandeur qu'on pouvait y concevoir. Et qu'on ne manquerait pas de défendre chèrement encore. Moins isolée que Nazareth, infiniment plus petite que Césarée ou Jérusalem, Gamala respirait une force singulière, un courage et une détermination dont attestait chaque pierre.

— Comment tu trouves ?

Jacques l'avait surprise en posant une main sur son épaule.

— Oh, eh bien… Je comprends que ton père se soit senti de taille à défier Rome.

Sans plus de commentaires, Jacques l'abandonna pour sacrifier à sa prière matinale. Elle n'avait que plus de prix, dans un décor aussi grandiose.

Vers le nord-est, la jeune femme aperçut la majestueuse chute d'eau qui dévalait le contrefort à pic du plateau, et alimentait toute la vallée en contrebas. Un système d'irrigation rudimentaire acheminait le liquide vital jusqu'au pied de la colline, où un petit bassin de réserve avait été aménagé. C'est là qu'ils retrouvèrent Esther un peu plus tard, et la remercièrent avec chaleur de son accueil. La vieille femme écrasa une larme discrète, se doutant bien qu'elle ne les reverrait sans doute plus de son vivant.

En longeant le versant sud des deux monticules, ils purent admirer les équipements qui assuraient au site son autonomie : un pressoir à huile, un moulin à eau, plusieurs *mikveh*, des silos de pierre pleins à craquer de grains divers, différents ateliers et, surtout, un réseau de chemins pavés parfaitement entretenu. Ajoutés à l'implantation si particulière du village, tous les atouts semblaient réunis pour tenir, le cas échéant, un siège interminable.

À mi-hauteur de la première colline, presque à la sortie du bourg, ils passèrent devant le *Beth a sefer*, la « maison des livres » de Gamala, où l'on enseignait les Écritures aux jeunes générations. En cela aussi, la « ville chameau » se voulait exemplaire. Avant même que la pratique ne se généralise, on y avait pris l'initiative de scolariser l'ensemble des enfants dès leurs six ans, garçons et filles confondus. De telle sorte que, depuis une quinzaine d'années, aucun marmot n'entrait dans sa vie d'homme ou de femme adulte sans savoir lire, compter et, dans une moindre mesure, écrire. Persuadée que le salut face à l'occupant viendrait d'une meilleure observance des règles de la foi juive, Gamala était précurseur en la matière.

Le *rabbi* qui les reçut semblait aussi âgé que les pierres de l'édifice.

— Je me souviens bien du petit Israël dont tu parles.

— Tu sais ce qu'il est devenu ?

— Pas vraiment. Il est parti juste après sa bar-mitsva.

— Qui l'a emmené ?

— Un homme, mais je ne sais pas qui c'était. En tout cas, ce n'était pas son père... Le pauvre Zacharie était déjà mort.

Une chose au moins était claire : l'enseignant ignorait tout des origines d'Israël. Et ils n'en apprendraient guère plus de lui.

— Et depuis... aucune nouvelle ?

— Non. Il n'est jamais revenu.

Leur descente vers le lac de Tibériade se fit en silence. Parcouru à la fraîche, le chemin était agréable et la marche aisée. Mais trop de questions les hantaient pour s'adonner entièrement à l'allégresse toute printanière de la nature.

— Quel temps perdu ! soupira Sara, qui rompit ainsi ce calme tacite.

— Pourquoi dis-tu ça ?

— On aurait dû venir ici directement.

— À Gamala ? Mais Sara, on était à mille lieues d'imaginer un lien aussi direct entre Jésus et notre famille !

— D'accord, mais reconnais que si on avait suivi notre intuition première concernant Jésus, on aurait foncé à Nazareth, et évité tous ces jeux de pistes inutiles !

— Ah, parce que pour toi, ça y est, on connaît l'identité de nos deux meurtriers ?

— Eh bien, Jésus, c'est Jésus…

— Hum, hum… approuva Jacques sans conviction.

— Et pour le fameux Barrabas, je ne vois qu'une solution : c'est son frère jumeau, Israël.

Le scribe s'arrêta net pour mieux réfléchir, même si lui aussi était parvenu à cette conclusion.

— Bien, très bien. Et maintenant une petite question : Jésus est bien le jumeau qui est né en premier, non ? C'est lui l'aîné des fils de Jean, on est d'accord là-dessus ?

— Oui… enfin, d'après Esther.

— Alors explique-moi pourquoi quand je l'ai vu nu, lors de leur rituel, Jésus n'avait pas un nombril étoilé ? Comme Judas ton grand-père, comme Jean, comme tous les mâles premiers-nés de la famille…

— J'imagine que c'est différent si ce sont des jumeaux. Non ?

— Non, non, non, Sara. La nature ne se trompe jamais. S'ils sont nés dans cet ordre-là c'est que, dès leur conception, Dieu en avait décidé ainsi. Jésus est le premier-né ; il porte forcément cette marque héréditaire. Moi je ne vois qu'une réponse valable à ce problème de nombril…

— Quoi ?

— Ce Jésus qui nous balade depuis plusieurs jours…

— Eh bien, parle ! s'agaça-t-elle.

— Il n'est pas sorti en premier du ventre de ta mère !

La jeune femme resta sans voix. Elle laissa son regard flotter au loin, là où l'on devinait des caravanes qui longeaient le lac. Paser avait raison, il ne serait pas difficile de trouver un convoi pour les ramener en Judée.

— Attends… Si Jésus n'est pas le premier-né de Jean, alors qui est-ce ?

— À ton avis ? Qui peut se faire passer pour lui, trait pour trait, sinon…

— Son frère jumeau ! s'exclama-t-elle d'une voix blanche.

Israël, son cadet, pourvu d'un nombril ordinaire.

Jacques lui remémora alors ce que Pierre et André, les disciples du prophète galiléen, appelaient la « transfiguration » de leur maître. Comment Jésus avait subitement changé d'attitude et de tempérament, juste avant son entrée à Jérusalem. Il lui rappela aussi le contenu des papyrus dérobés aux deux meurtriers : « Il avait un nom écrit, que personne ne connaît, si ce n'est lui-même. » Jésus, Barrabas… ces noms étaient des noms d'emprunt, des pseudonymes. Mais voilà que pour l'un des deux, ils venaient de percer le mystère.

Jésus = Israël.

— Dans quel but ? « Je te remplace, tu me remplaces… » c'est ridicule !

— Une circonstance, et une seule, justifierait ce tour de passe-passe : Jésus est mort.

— Mort ! Mais quand ? Où ?

Sara aurait voulu entrer dans la tête de Jacques et recomposer aussi vite que lui la mosaïque de la vérité. Pourtant, elle avait toujours deux ou trois petits carreaux de retard sur son oncle, qui lui glissa un indice :

— Un homme mort. Au nombril en étoile. Que ses assassins ont pris soin d'exhiber à notre intention... Ça ne te dit rien ?

— Mais c'était Jean, dans la grange ! Vous l'avez tous reconnu !

— Enfin... on a reconnu son nombril, car son visage était en partie brûlé. Et nous ne savions pas que Jean avait eu un fils. Et encore moins deux !

— C'est juste, reconnut Sara.

— Tu sais, au moment de toute cette affaire avec notre père, Jean était encore très jeune... Quand il est parti, il devait avoir quoi, à peine seize ans ?

Vingt-trois années sans voir Jean, un souvenir figé sur son visage de jeunesse et beaucoup de confusion. Il n'en avait pas fallu plus pour que tous voient dans ce cadavre ce qu'ils avaient envie d'y voir : leur frère disparu depuis si longtemps.

Mais pourquoi une telle mise en scène ? songea le scribe. *Pourquoi nous avoir fait croire que Jean était mort ?* Si ce n'est pour semer la zizanie entre ses frères. Si ce n'est pour les attirer dans cette quête éperdue de la vérité...

— Ça ne nous explique toujours pas pourquoi on a tué Jésus, puis Philippe ? Pour qu'Israël prenne la place de son frère ?

— Là, ma belle, tu touches au point le plus sensible : le mobile de ces crimes. Tu dirais quoi, toi ?

— Je ne sais pas… Une dispute qui a dégénéré entre les jumeaux ?

— C'est une possibilité, mais je n'y crois pas. On sait très bien, toi et moi, que ces crimes n'ont rien d'improvisé. Depuis le début, tout est organisé avec une extrême minutie. Et rappelle-toi les propos de Pierre sur le changement de Jésus. C'était un ou deux jours avant l'incendie dans notre grange. Si c'était un accident, Israël n'aurait pris la place de son frère qu'après. Afin de donner le change aux disciples. Pas avant !

L'argumentation, solide, ébranla Sara.

— Si tu dis vrai… c'est encore pire que ce que je pensais, souffla-t-elle.

— Que veux-tu dire ?

— Ça signifie que Jésus n'est pas une victime passive. Il a accepté de céder sa place de prophète ! Il savait très bien ce qui l'attendait à Béthanie !

Ce qui les attendait, eux, au bout de ce chemin, c'était un vaste convoi chamelier qui contournait le lac en direction du sud. La silhouette ondulante d'un chameau s'en détacha et fonça à leur rencontre. L'homme perché sur l'animal leur adressait de grands signes.

Qu'est-ce qu'il nous veut ?

La bête souleva un nuage de poussière qui se dissipa lentement, révélant l'identité de celui qui les accostait.

— Hereb ! crièrent-ils de concert.

Sa présence n'était pas un heureux hasard : le marchand égyptien avait croisé Paser qui lui avait parlé de ces deux étranges passagers déposés en Galilée. Hereb avait reconnu ceux qu'il avait sauvés à Ein Rogel, et décidé de ralentir sa folle course vers Jérusalem, dans l'espoir de les croiser en chemin. La providence avait fait le reste.

Aussi amical que lors de leur première rencontre, il proposa de les reconduire aussitôt dans la Ville sainte. La question du tarif fut évacuée d'un geste presque vexé. Ils étaient ses invités, un point c'est tout.

Juchée sur un chameau de taille moyenne, Sara se félicitait de ce sort soudain favorable. Grâce à leur ami égyptien, aux premières heures du lendemain, le Temple serait en vue.

— La chance n'a rien à voir là-dedans, si tu veux mon avis… Pas plus que le hasard n'a allongé le véritable Jésus dans notre mangeoire.

Le scepticisme chronique de son compagnon la fit sourire.

— Tu ne le soupçonnes quand même pas d'être leur complice ?

— Pas Hereb, non…

Jacques pensait juste que certaines routes étaient faites pour se croiser. Et que si le destin avait placé leur ami égyptien sur leur chemin, c'est qu'ils devaient sans doute être attendus au plus vite à Jérusalem. C'est que l'Éternel en avait décidé ainsi.

Quant aux hommes qui s'agitaient et les manipulaient dans l'ombre, Israël et son odieux compagnon, il ne tarderait plus à contempler leur visage. En face. Et sans masque.

68

Jérusalem

Même vieilli, même diminué, pour rien au monde Isaac le potier n'aurait failli à l'obligation faite aux hommes juifs de se rendre au Temple la veille de la Pâque. Il aurait pu faire valoir son âge, ou son dénuement, vu le prix des offrandes et des animaux de sacrifice. Mais il n'opposait aucun de ces prétextes aux exigences de sa foi et de sa conscience.

Magda avait revêtu une robe propre, dissimulé son beau visage inquiet sous un voile et, comme chaque année au jour dit, pris son père par le bras pour le mener jusqu'au Sanctuaire. Depuis la veille, Magda et Isaac séjournaient chez Ezra, à la demande de Jacques.

Cette Pâque... cette Pâque sera la dernière que je passerai sans Jacques ! se promit-elle en avançant vers le lieu saint.

Il était à peine midi quand ils atteignirent la double porte sud, celle qui était susceptible de laisser passer le plus de monde à la fois à l'intérieur de l'enceinte sacrée. Mais le jour du sacrifice pascal n'avait rien d'un jour ordinaire. Certains pèlerins étaient là depuis des jours, à piétiner autour des murailles, à réserver une hypothétique place dans une queue impressionnante, aux contours aussi flous que la multitude qui se massait là. Depuis le milieu de la nuit, ils étaient des centaines, voire des milliers, à s'agglutiner à proximité des principaux accès. Et tous étouffaient là, en plein soleil, à attendre. Attendre d'accéder aux parvis successifs puis, munis d'un agneau acheté à prix d'or aux escrocs du portique royal, attendre l'un des innombrables prêtres qui se relayaient autour des autels pour les assister au cours du sacrifice.

Ezra les rejoignit enfin. Le jeune bibliothécaire prit le vieil homme par le bras, et le conduisit à travers la foule jusqu'à une petite porte latérale, réservée au personnel du Temple.

— Venez avec moi. On n'échappera pas à la foule à l'intérieur, mais au moins on passera ce poste-là plus vite.

De fait, la presse qui obstruait les couloirs souterrains était indescriptible. À ne plus pouvoir bouger, ni regarder ailleurs qu'à la pointe de ses pieds. Les contrôles renforcés que le commandant du Temple avait imposés, suite au vol perpétré la veille dans le Trésor, ne contribuaient pas vraiment à la fluidité des déplacements dans l'enceinte.

— Je suis allé frapper à la porte de Joseph d'Arimathie, ce matin, finit par confier Ezra.

— Il t'a ouvert ?

— Non.

— Jacques avait donc raison à son propos.

— C'est plus surprenant que ça. Joseph m'a fait dire qu'il le recevrait demain midi.

— Tu lui as expliqué que Jacques était en voyage ?

— L'esclave n'avait pas l'air surpris. Il m'a répondu que le rendez-vous tenait malgré tout. Comme s'il était sûr que Jacques serait de retour en temps voulu.

Devant les étals pris d'assaut, où les cris des bêtes couvraient à peine ceux des transactions, ils se séparèrent. À l'instar de tous ses pairs, Ezra était réquisitionné en ce jour, saint par-dessus tous. Il fendit la cohue aussi vite que possible en direction de la cour des sacrifices. Son cœur se souleva à la vue des rivières de sang qui s'en écoulaient de manière continue. Une cinquantaine de prêtres avaient beau laver le sol en permanence, à grand renfort de seaux d'eau jetés sur les pieds de marbre, l'hémorragie semblait ne jamais vouloir cesser.

Contrairement à ce qui se pratiquait au cours de l'année, les sacrifices de la Pâque étaient réalisés par les fidèles eux-mêmes – et non par les prêtres –, chaque chef de famille découpant la bête qu'il venait d'acquérir. Les animaux n'y gagnaient pas au change : les sacrificateurs amateurs fermaient les yeux au moment de trancher la gorge tendue par la peur, et enfonçaient çà et là un couteau tremblant.

L'un des surveillants du Temple, un petit homme sec et peu sympathique, lui fit signe de s'approcher de la rampe qui menait à l'*Altar*. Les fidèles s'alignaient sagement, une coupe du sang par eux versé à la main, attendant qu'un prêtre vienne en vider le contenu dans le gigantesque foyer, offrande ultime à l'Éternel. Ezra remplaça l'un de ses collègues, et à son tour eut la charge d'accomplir la part la plus sainte du rituel pascal. Un honneur qu'il recevait pour la première fois.

Un homme à la barbe grisonnante, vêtu d'une robe écrue d'une élégante sobriété, vint à lui, son vase sanguinolent à la main.

Joseph d'Arimathie !

C'était la neuvième heure du jour, au soleil. L'heure voulue par le Très-Haut pour recevoir les signes de l'Alliance renouvelée. L'heure où quelques privilégiés avaient un accès prioritaire à l'autel.

Le membre du Sanhédrin en faisait partie.

— N'oublie pas de dire à Jacques que je le recevrai demain. Et vous devez bien comprendre qu'on ne s'oppose pas au sacrifice de l'Agneau. Ni un scribe tel que lui ni un prêtre comme toi.

— Que voulez-vous ?

— « Il » mourra demain… Telle est sa volonté ! Retiens bien ça, mon jeune ami. C'est sa Pâque, tu comprends ?

Il avait dit ça comme on donne un coup de poing.

Et il lâcha brusquement la poterie dont le contenu gicla sur la robe immaculée de son vis-à-vis. De longues traînées rouges cinglaient le lin blanc, semblables aux marques d'une flagellation.

Il ne reste plus que quelques heures avant le Seder. Le repas le plus important de l'année. Celui où personne ne doit rester seul, où personne ne doit manquer des nourritures et des boissons nécessaires. Celui où chacun se doit de partager le peu qu'il a, avec celui qui n'a rien.

Alors on prépare, on s'affaire, on chante des airs dont la mélodie ne retentit qu'une fois l'an. On sort assez de jarres de vin pour tous les convives. Quatre verres minimum pour chacun d'entre eux, c'est ce que veut la Loi. Pour une fois qu'elle incite à un excès, on ne va pas la contredire !

À Béthanie, Marie et Marthe préparent le *Karpass*. Elles rincent le persil, le céleri et les fanes de radis. Juste à côté, un grand bol d'eau salée pour les tremper. Aussi salée que les larmes de leurs Pères en Égypte.

Le *Maror*, herbes amères auxquelles on touchera à peine, mais qui rappellent l'amertume de l'esclavage en Égypte, et l'*Hassoret*, préparation de pommes, de noix, de vin et de cannelle, demandent plus de temps et d'application. Le reste est facile. Il suffira de faire cuire un œuf dur, dont la coque brisée symbolise le Temple de Salomon, détruit en son temps, et de rôtir l'agneau que les hommes…

Mais non. Cette année, ce sera sans le *Zeroa* ni les savoureuses côtes grillées sur le feu. Il n'y a pas d'hommes à la ferme pour rapporter la viande. Et, de toute façon, ces hommes-là ne rêvent que de brûler la maison de Dieu. On se contentera de l'essentiel, des mazots sèches et sans goût. On se nourrira l'âme du souvenir des Seder passés.

Magda, elle, a tout préparé selon la coutume, prêtant main-forte à son hôtesse, la mère d'Ezra. Elle sait bien que ce qui compte le plus pour son père, c'est moins d'apaiser les gargouillis de son ventre que les appels de sa foi. Il répète en cachette les six psaumes du *Hallel* qu'il récitera au moment d'avaler la quatrième coupe de vin, et que sa mémoire défaillante efface un peu plus chaque année. Quant à la *Haggada*, le récit de la sortie d'Égypte, il ne saurait dire pourquoi mais il n'a jamais besoin de la réviser. Elle coule comme le vin coule ce soir-là. Sans effort.

Chacun rentre chez soi. Même l'aubergiste de Chémouel. Même le commandant du Temple. Même Caïphe. Même l'ivrogne qui ne sait plus où il habite.

Il n'y en a que quelques-uns, dans tout le pays, pour être loin de leur famille, en cette veillée sainte. Comme Jacques, comme Sara grelottant autour d'un feu au bord du Jourdain, avec pour unique réconfort le sourire d'Hereb et les fruits juteux qu'il transporte.

Il n'y en a que quelques-uns, ce soir-là, à Jérusalem, pour s'éclipser de leur foyer.

Marie qui file à travers la campagne, dans le jour finissant, déjà ivre de ce qui l'attend.

Joseph d'Arimathie qui n'a pas jugé utile de prévenir ses domestiques qu'ils festoieraient sans lui.

Et d'autres encore, qui s'apprêtent à vivre leur dernier repas.

69

Ils auraient rampé depuis la mer Morte qu'ils n'auraient pas mis plus de temps. Ni plus souffert, d'ailleurs. La croûte de sel qui couvrait Judas et ses frères avait non seulement durci, séchée par le vent et le soleil, mais elle s'était aussi collée à leur peau, si bien qu'elle agissait désormais comme une râpe qui rognait leur épiderme à chaque mouvement. Par endroits, par moments, la douleur était intolérable.

Cette marche était la plus insidieuse des tortures imaginables puisque, pas après pas, tout le long de la route qui serpentait entre les collines nues, ils se l'infligeaient à eux-mêmes. À leurs côtés, Jonah et les autres gardes étouffaient par leur simple présence toute velléité de fuite ou de rébellion. Aucun des captifs ne serait en mesure de s'échapper. Le sel le leur garantissait.

À la toute fin du jour, la pente se fit plus douce. De vallée en vallée, ils étaient remontés au-dessus du niveau de la mer. Ils respiraient mieux, malgré le corset de sel qui comprimait leur poitrine. Un semblant de végétation apparaissait ici ou là sur les reliefs dont la couleur était passée d'un ocre délavé à des teintes plus soutenues, rouges et orangées.

Ce n'est pas la route de Jérusalem... Où nous emmènent-ils ? s'inquiéta Judas.

Les esséniens leur firent emprunter un étroit sentier bordé d'épineux ras et très piquants, guidés dans la nuit tombante par l'un des leurs qui semblait connaître le chemin les yeux fermés. L'ombre d'un gros cabanon de torchis, couvert de palmes et de paille, se dessinait dans l'obscurité. Une lumière faible s'en échappait. Aucun bruit alentour. À quelques foulées de la maisonnette, leurs cerbères leur firent enjamber un petit talus sombre. *Un ruisseau ?*

— Va chercher les seaux ! ordonna Jonah à l'un des gardes.

Il n'avait pas prononcé vingt mots depuis leur départ de Qumran. On ne disait pas les esséniens taciturnes pour rien. L'autre revint presque aussitôt avec quatre grands baquets qu'ils remplirent à la rigole. Ils en balancèrent le contenu sur leurs prisonniers, sans préavis. Le fouet de l'eau douce était presque une caresse en comparaison de leur supplice. Le sel se dissolvait progressivement, tombant à terre en rigoles saumâtres ou par plaques entières. Bientôt, ils furent libérés. Couverts de plaies vives. Sonnés d'épuisement.

À leur grande surprise, on distribua ensuite à chacun d'entre eux une tunique blanche et propre, et le contact du lin frais sur leurs blessures apaisa un peu leur souffrance. D'otages, Judas et ses compagnons passaient presque au statut d'invités. Une impression bizarre qui se confirma quand Jonah ouvrit la porte de la masure, et leur intima d'entrer dans la pièce unique.

Il n'y avait personne. Mais une longue table avait été dressée d'un bout à l'autre de l'espace plutôt réduit. Une nappe immaculée, constellée d'un alignement parfait d'assiettes et d'autant de verres.

Ils ne nous ont quand même pas infligé tout ça pour fêter le Seder avec nous !

Quand tous les compagnons de Judas furent à l'intérieur de la cahute, les deux esséniens refermèrent la porte sur eux. Le clac d'un verrou. Voilà qu'ils étaient enfermés-là, à attendre une réjouissance dont ils ne voulaient pas. Pas dans ces conditions.

Thomas sortit le premier de sa sidération.

— Vous avez vu, il y a treize couverts.

— Ce ne sont pas les Chaldéens qui prétendent que ça porte malheur d'être treize à table ? demanda Menahem.

— Je me demande bien qui seront les sept autres…

De son côté, Judas constatait que les deux fenêtres opposées, une à chaque extrémité de la salle, étaient trop étroites pour laisser passer un corps adulte. Il n'y avait décidément aucun moyen de s'enfuir. Pourtant, il secoua rageusement la porte, en vain.

Le verrou céda tout à coup. Deux visages apeurés surgirent de la nuit. Les esséniens propulsèrent deux inconnus dans la pièce avant de refermer à double tour.

Judas s'approcha des nouveaux venus, menaçant.

— Qui êtes-vous ? Qu'est-ce que vous faites là, tous les deux ?

— Je suis Pierre, et lui c'est mon frère André. Nous venons de Capharnaüm.

— Ce n'est pas vous, les disciples du Galiléen ?

— Non ! nia Pierre. Qui t'a dit ça ?

André, lui, n'eut pas le temps d'ouvrir la bouche : l'huis s'ouvrit à nouveau et plusieurs silhouettes se profilèrent dans la pénombre. Celles-ci, on ne les poussa pas. Elles semblaient être venues jusqu'ici par choix. Il y eut d'abord une Romaine belle et très élégante, dans sa robe au fin liseré d'or, grande brune aux seins généreux. Faute de l'avoir jamais vue d'aussi près, aucun d'entre eux ne reconnut Claudia Procula, femme de Pilate. Leur pire ennemi. Elle était suivie d'un gaillard de haute stature, le visage enfoui sous une large capuche. Puis un autre, jeune, la figure découverte, l'air exalté, visage étrangement familier.

À l'entrée du prochain convive, les frères et partisans de Judas se redressèrent comme un seul homme. Lui, ils le connaissaient…

— Joseph !

Judas s'était figé à la vue du protecteur de sa famille, partagé entre le soulagement et la stupéfaction.

— Qu'est-ce que c'est que cette mascarade, Joseph ? demanda-t-il. Ils t'ont contraint à venir ici ? Explique-nous !

— Calme-toi, Judas. Je suis ici parce que je le veux.

Mais il restait encore une invitée, juste derrière Joseph d'Arimathie. C'était Marie, leur sœur.

— Marie… Ne me dis pas que tu es venue ici de ton plein gré ! supplia Judas.

— Si, Judas, ne sois pas inquiet.

L'homme à la capuche s'était glissé dans le dos de Judas et lui souffla à l'oreille d'un ton menaçant :

— Tu les as entendus ? Ta sœur et ton protecteur te demandent de te calmer. Alors assieds-toi, maintenant.

— Jamais ! Je…

— Montre-toi courtois, Judas, intervint le jeune homme. Nous t'invitons à un repas comme tu n'en as jamais connu. Tu verras, ton heure de gloire viendra.

— Qui es-tu ?

— Qui je suis ? répondit-il avec un sourire.

— Tu ressembles... tu ressembles à notre frère Jean...

— C'est toi qui le dis. Mais je suis sûr que tu as entendu parler de moi à bien d'autres égards, ces derniers temps.

— Jésus ! s'exclamèrent alors Pierre et André, sidérés de retrouver leur maître dans de telles circonstances.

Jésus les remercia d'un regard et reprit la parole d'une voix plus douce, désignant à tous les tabourets vacants disposés autour de la table.

— Et maintenant, mes amis... Il est temps de vous joindre à nous. L'heure est venue !

70

Sara ne tarda pas à s'assoupir.

Aidé par l'un des chameliers, Jacques l'avait étendue entre deux épaisseurs de couverture, près d'un feu de camp. Comme lors du voyage aller, la caravane ne s'autoriserait qu'une brève halte avant de reprendre la route, sous un ciel brillamment étoilé. Conditions idéales pour un trajet de nuit.

Le scribe, lui, ne trouvait pas le sommeil. La barbe qu'avait rasée Magda repoussait par endroits sur ses joues, aussi grise qu'elle avait teint ses cheveux de brun. C'est moins la mélancolie qui l'habitait, ou la culpabilité d'avoir manqué au rituel de Seder, qu'une envie d'en découdre avec la vérité. Tant que tout ne serait pas limpide, il n'obtiendrait pas cette paix à laquelle il aspirait.

Sur le sol sablonneux, il traça une nouvelle fois la Tétractys de Pythagore. Toute la journée, il avait retourné dans sa tête les conclusions de Sara. Comme à chaque fois qu'ils progressaient dans leur enquête, un point aveugle, un trou se creusait dans l'hypothèse qu'ils venaient d'échafauder. Le sable de la cohérence et de l'exactitude lui filait entre les doigts…

Car si c'était bien Jésus, le « vrai » Jésus, sacrifié dans notre grange de Béthanie... Jean peut être encore vivant !

Et dans ce cas, où se cachait-il ?

Jean... Jean... Jean… Les images et les formes se chevauchaient en lui, jusqu'à se fondre.

Le visage calciné de Jésus.

Celui d'Israël, son jumeau usurpateur, celui qui avait pris sa place depuis une semaine.

L'ombre impénétrable qui cachait le visage de l'homme à la capuche.

Le masque de Seth.

La Tétractys et ses dix points, clé ésotérique, sésame universel.

L'impératif pythagoricien *« Tout est nombre. »*

Il laissa son regard se perdre sur les corps assoupis des chameliers égyptiens.

Des Égyptiens... Lors de son supplice, Seth s'était exprimé en dialecte sahidique, cette langue prisée par les gnostiques égyptiens.

Alors tout devint évident. *« Tout est nombre. » Son nom est un nombre !*

Dans les innombrables dialectes que l'on parle en basse Égypte, autour du delta du Nil, Seth désigne aussi le chiffre six. Maintenant, si on ajoutait la valeur secrète de Seth, six, à la valeur gématrique de Jean, quatre, on obtenait : 6 + 4 = 10 ! Un nom public – Jean – un nom caché – Seth – mais au final une seule et même personne, synthétisée dans une figure parfaite à dix points, de Jean et Seth réunis.

Jacques avait vu juste depuis le début. La Tétractys était plus qu'un jeu stérile pour érudits désœuvrés. En son cœur vibrait le dix, palpitait l'âme de leur roi : Jean !

« *Mon roi* », avait soufflé Marie à l'oreille de son amant. Et quel homme aurait pu déchaîner tant de passion chez sa sœur… si ce n'était Jean ?

Jean l'héritier déchu pour avoir fauté avec sa sœur Marie. Jean qui, toutes ces années, s'était caché tour à tour sous les habits du Baptiste, de Barrabas le bandit et sous le masque de Seth. Jean qui avait instrumentalisé ses propres fils, Jésus et Israël, jusqu'à leur donner des prénoms aussi signifiants qu'indissociables : Yeshoua Israel. Littéralement, « Dieu sauve Israël ».

Jean, avide de vengeance, qui durant son long exil, à Maréotis puis à Qumran, avait conçu cette effrayante mystique : tuer pour libérer. Initier dans la mort. Diviniser par le meurtre.

Jean qui avait prémédité le meurtre de ses frères.

Jacques se précipita vers la figure qu'il avait dessinée au sol.

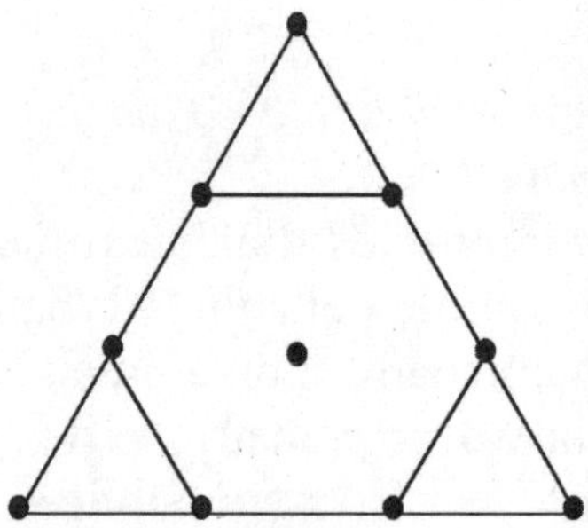

Ezra avait vu juste dès leur première analyse du schéma : il fallait envisager la Tétractys au-delà des points.

L'inscrire dans un objet géométrique plus vaste. Dès lors, il n'y avait plus qu'à prolonger chacun de ces segments, dans un geste réflexe et laisser éclore l'évidence.

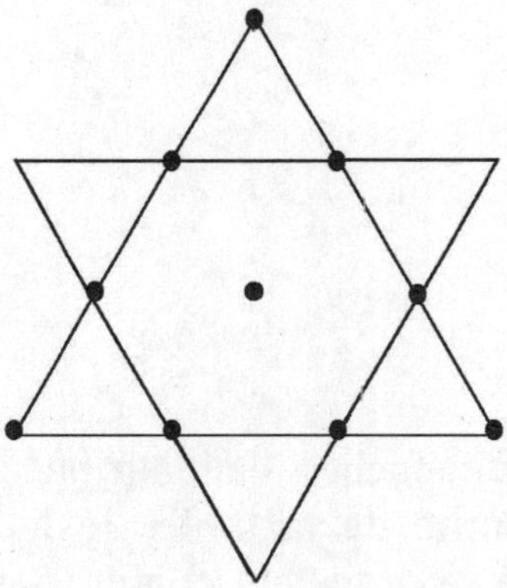

Le sceau de Salomon !

Et dire qu'il avait failli succomber au poison portant ce nom ! Jean n'avait pourtant pas ménagé sa peine pour l'aiguiller : il n'avait pas été avare en indices.

Le sceau de Salomon, symbole royal par excellence. Mais aussi l'étoile d'Horus ressuscité. La fusion miraculeuse du masculin et du féminin, du ciel et de la terre, du Messie royal – le *mishpat*, triangle dressé – et du Messie sacerdotal – le *tsedeq*, triangle pointé vers le bas.

Tous réunis en lui.

71

L'homme à la capuche s'était attribué la place d'honneur, à l'extrémité de la table. Jésus siégeait à sa gauche, Marie à sa droite, Joseph et Claudia de part et d'autre, et le reste des convives avait investi au hasard les tabourets vacants.

C'est alors qu'il abaissa la capuche qui couvrait constamment son visage.

« Jean ! »

Le cri de Judas était parti comme une flèche. Mais c'est lui qui paraissait l'avoir reçu en pleine poitrine.

Et si des doutes pouvaient encore habiter ses autres frères, Jean retira complètement sa robe, dénudant son buste tout entier. Chacun put constater de ses yeux qu'il arborait un nombril étoilé… Cinq branches creusées dans sa chair.

— Que fais-tu là ? Et qui est mort dans notre grange ? hurla Judas.

Jean le réprimanda comme un enfant, en posant un index sur sa bouche.

— Chut ! Judas, vraiment, ce n'est pas le plus important ce soir.

— Ah vraiment ? Soit tu nous donnes des explications, soit nous quittons cette maison immédiatement.

— J'ai bien peur que ça ne fasse pas partie des options disponibles, répliqua son frère aîné, d'un ton plus dur.

Aussitôt, Simon sortit une *sica* d'on ne sait où et la plaqua sous la gorge de Judas, stupéfait. *Simon, complice de ce fou ?*

Jean reprit la parole.

— Et maintenant, mes frères, mes amis, je vous demande de m'écouter avec la plus grande des attentions.

Judas impuissant, Simon ayant manifestement choisi son camp, les compagnons d'armes de Béthanie ne voyaient d'autre issue que d'obtempérer.

— Cette Pâque… cette Pâque sera la dernière que je partagerai avec vous. Mais je vous promets que nous en fêterons ensemble des milliers et des milliers d'autres, auprès de notre Père, quand celle-ci sera accomplie.

— Amen ! approuva Joseph.

— Amen ! ponctuèrent Marie et Claudia.

— Si vous ne la connaissez pas, voici un extrait de la confession d'Hermès à son fils Tat[1]. Entendez bien ces mots. Je n'en dirai plus beaucoup d'autres.

Il éleva alors la voix, et ouvrit les mains devant lui :

« Vois, mon fils, ce qui te guide
sur le chemin de la liberté :
tu dois d'abord, avant de mourir, renoncer à ton corps

1. Extrait du Cinquième livre du *Corpus Hermeticum* d'Hermès Trismégiste.

et vaincre la vie engagée dans la lutte, puis,
ayant remporté cette victoire, retourner vers l'en haut
(...) »

Tout en déclamant, il attrapa son long couteau d'or, dont le manche formait une boucle creuse. Jacques aurait reconnu sans peine l'Ankh, symbole égyptien du renouveau et de la vie éternelle. Judas n'y vit qu'une menace supplémentaire.

— Le stratagème de nos amis esséniens, poursuivit Jean, vous a donné un petit aperçu de ce que pèsent nos corps, et de la prison intolérable qu'est notre peau. Mais ce n'est rien en comparaison de la souffrance que nous infligeons à notre âme en la retenant ici-bas.

Lentement, il approcha la lame effilée de son bras gauche, qu'il caressa du plat froid et luisant.

— C'est pourquoi je me dois de donner l'exemple, devant vous, cette nuit. Comprenez-moi bien : l'Alliance avec l'Éternel ne peut reposer seulement sur un bout de prépuce coupé à la va-vite. Moi je vous propose une nouvelle Alliance !

Judas bouillait en silence. *Il est complètement fou !*

— Une Alliance qui vous engage complètement. Sans votre corps, et avec toute votre âme ! Je veux que vous vous rappeliez mes gestes, que vous gardiez en vous le souvenir de ce repas. N'oubliez jamais que ce « tissu » que nous portons est la cause de tous nos maux.

Et, de la pointe de son arme, il commença à entailler son avant-bras, sans un cri.

— Je vous le dis ! Ceci est mon corps ! Prenez et mangez-le !

Joseph, Marie, Claudia, Simon et Jésus répondirent en chœur, l'air grave et concerné :

— Amen !

Les autres étaient trop effarés pour exprimer l'effroi que leur inspirait cette scène.

— Bientôt, vous rejoindrez tous mon alliance ! C'est votre corps que vous serez heureux de sacrifier !

72

Le sommeil de Sara fut bref et agité. Elle rêva qu'un homme la chargeait sur un cheval noir, paquet inerte et impuissant, et l'emportait avec lui jusqu'à une étrange chapelle à ciel ouvert. Là, il la ligotait à une sorte de colonne sculptée, et se lançait dans une série d'incantations à laquelle elle ne comprit rien. La seule chose dont elle était certaine, c'est que cet homme…

— Tu crois que Jean pourrait être mon père ? demanda-t-elle en s'éveillant tout d'un coup, prenant son oncle par surprise.

— Je… non, non, protesta-t-il avec véhémence.

— Ma mère savait qu'il était en vie, ils auraient pu se revoir… Et rappelle-toi ce que nous a dit le *rabbi* de Gamala : Jean est revenu en Palestine, au moins une fois !

— J'ai pensé la même chose que toi, au début, reconnut Jacques après un soupir. Mais les dates ne correspondent pas. Quand Jean est venu chercher ses fils après leur bar-mitsva, tu avais déjà deux ans…

Pour changer de sujet, il lui livra ses réflexions sur la Tétractys. C'était si surprenant qu'elle en oublia un temps ses sourdes préoccupations.

— Les trois pointes du second triangle indiqueraient l'emplacement des trois autres meurtres ? interrogea-t-elle.

— Je ne le crois pas. Maintenant que nous avons compris le rôle de Jean et de ses deux fils, je ne vois pas l'intérêt de nous mener de cadavre en cadavre.

Hereb signala le départ du convoi. Il fallait replier les couvertures, les rouler et les attacher derrière les grandes selles de cuir des chameaux.

En se levant, Sara pointa le sceau éphémère d'un coup de menton.

— Alors, si ce n'est pas qu'une carte, c'est quoi ?

— Je ne suis pas formel, mais je dirais quelque chose comme une « porte ». Un passage vers l'au-delà, un accès vers un état supérieur de l'âme. Le sceau de Salomon symbolise l'univers tout entier, le pouvoir du Créateur. Les gnostiques croient qu'une fois qu'on est en possession de la bonne clé ésotérique, on est en mesure de trouver la porte qui conduira notre âme vers l'Éternel.

— Une porte qui permettrait de monter au ciel ?

À ces mots, Jacques leva les yeux vers les étoiles qui brillaient cette nuit-là d'une lueur intense. Aux cieux brumeux d'Adar avaient succédé les nuits parfaitement dégagées du printemps. Chaque astre y scintillait si fort qu'il était possible d'en distinguer des centaines et des centaines à l'œil nu.

« Ce qui est en bas est comme ce qui est en haut, et ce qui est en haut est comme ce qui est en bas », murmura-t-il avec extase. Sans une explication, il se rua vers

Hereb, qui organisait le départ de la caravane avec ses chameliers, et s'agrippa à la tunique du marchand.

— Hereb ! Tout à l'heure, tu m'as bien dit que tu transportais un autre voyageur ?

— Oui, un mage syrien.

— Où est-il ?

Quelques minutes de tractations avec le vieil homme, encore à moitié endormi, suffirent. L'oncle et la nièce ne disposaient plus du moindre sou en poche, mais Jacques finit par lui souffler à l'oreille des mots qui devaient être convaincants, car l'astrologue déroula aussitôt une carte du ciel. Il sortit ensuite son compas et ses tables de calcul, l'œil brillant.

— Si tu veux être à Jérusalem demain matin, il faut que nous partions maintenant, intervint Hereb.

— Je sais, je sais, Jacques semblait au comble de l'agitation. Il n'en a pas pour longtemps…

— Tu vas me dire ce qui se passe ?

Jacques tressaillit, découvrant la présence de Sara à ses côtés. Quand il s'abîmait ainsi dans ses élucubrations, il était dans un autre monde.

— Notre ami est en train d'établir la carte du ciel de naissance de Jean.

— À quoi ça va nous servir ?

— À chaque fois que nous avons considéré le problème d'un point de vue égyptien, nous avons trouvé la solution. Les poteries, le nom secret, le mot pour le chiffre 6… Après plus de vingt années passées là-bas, Jean ne fait pas que parler la langue du pays : il pense « égyptien ».

Sa nièce afficha une moue dubitative.

— Admettons… mais encore ?

— Eh bien, la religion égyptienne a pour principal objet la mort et le voyage vers l'éternité.

— Les pyramides, c'est ça ?

Sara se remémora leurs échanges à ce sujet, quelques jours plus tôt. Jacques avait défini ces immenses tombeaux comme des « lieux de passage » pour les rois défunts.

— En effet. C'est là qu'interviennent les astres ! exulta Jacques. Certains de mes maîtres à Thèbes disaient que l'Égypte est faite à l'image du ciel ; que ce qui existe sur terre n'est qu'une projection de ce qu'il y a dans le ciel. Pour que l'ascension du défunt soit possible, il faut que la pyramide soit parfaitement alignée sur un décan au moment de sa construction, qu'il y ait une exacte « conjonction » terre-ciel…

— Attends, attends ! coupa Sara. C'est quoi, un « décan » ?

— Les Égyptiens découpent l'année en trente-six périodes de dix jours, trente-six décans. Chacun de ces décans correspond au lever d'une étoile. Et à un événement important.

— Si je comprends bien, c'est une étoile qui détermine quand le roi va monter au ciel ?

— C'est là que je voulais en venir : l'étoile indique non seulement le moment du passage, mais aussi depuis quel point sur terre !

— Et notre pyramide à nous, elle est où ?

— C'est là que Jean redevient ce qu'il est censé être depuis sa naissance : le roi des Juifs. Sa pyramide, c'est ce sceau. Cette étoile dont il a marqué notre famille et notre terre. Le bouclier du roi David.

73

— Mangez ! Ceci est mon corps !

Jean répéta son ordre dément.

Claudia, Marie, Joseph, Jésus ou encore Simon, ses adeptes, s'exécutèrent, mais les autres affichaient des yeux exorbités de terreur.

Pierre se pencha vers celui qu'il appelait encore Jésus et le prit à partie, éploré :

— Ce n'est pas ce que tu nous a enseigné, *rabbi*. Cette folie, ça ne peut pas être toi !

Comme Jésus restait coi, Jean entreprit d'entailler une veine de sa main gauche avec le couteau platiné. Le sang jaillit aussitôt, à flots. Il lâcha son poignard pour saisir une coupe, et la placer sous la cascade d'un grenat aussi éclatant que les vins de Galilée. Quand le récipient fut plein à demi, il banda sommairement sa blessure avec une serviette, et brandit le calice.

— Ceci est mon sang, mes frères ! Comme nous l'a appris Le *Poïmandrès*, la lignée n'est rien, le sang des pères n'est rien ! Le sang et ses dynasties sont un leurre. Une prison ! Je vous ai choisis vous, vous mes frères et mes sœurs, pour libérer votre âme en premier, afin que tous comprennent que les liens du sang n'existent pas ! Que dans le royaume du Père, il n'y a ni victimes ni privilégiés ! Ni premiers ni derniers ! Il n'y a que des âmes, enfin libres, et qui auront suivi ce chemin sur lequel vous allez vous engager ce soir, après moi.

Il va nous tuer... comprit Judas avec épouvante. *Ce dingue va tous nous tuer après son repas infernal !*

— Alors en vérité, je vous le dis : ceci est mon sang, le sang de la nouvelle Alliance. Le vin de la nouvelle vie. Et je vous le demande : buvez-en tous ! Car si je le répands pour vous ce soir, ce n'est pas pour que vous l'adoriez pour ce qu'il est, non ! C'est pour que vous n'ayez de cesse désormais de boire le vin de la vie éternelle. N'ayez pas peur !

Jean tendit la coupe à Jésus, qui y trempa les lèvres. Elle passa alors de main en main, avec plus ou moins d'enthousiasme, jusqu'à celle de Judas. Le chef zélote fit mince de sacrifier à son tour au rituel puis, dans un revif inattendu, asséna un coup violent sur la tête de Simon. Celui-ci vacilla, mais Jésus avait bondi lui aussi, sur le dos de Judas dont il étrangla la gorge d'un bras ferme. Ce dernier se débattait comme un fauve, mais la pression sur sa trachée le privait peu à peu d'air. Écarlate, il étouffait.

— Lâche-le ! ordonna Jean.

Encore haletant, le cou marqué par la strangulation, son frère l'interrogea du regard. Surpris par ce sursis.

— J'ai encore besoin de toi, Judas.

Besoin de moi ? Le soldat qu'il était ne comprenait rien aux décisions stratégiques de son aîné. Desserrer l'étreinte sur un ennemi à sa merci, ça n'entrait dans aucune logique de lutte, la seule logique qu'il connaissait.

— Libérer son âme de son corps doit être un choix réfléchi, mon frère. Tes compagnons et toi n'allez pas mourir ce soir. À moins que vous le souhaitiez.

— Dans ce cas, à quoi rime tout ceci ?

— Nous n'avons pas encore saisi le sens, Judas.

Marie et Joseph approuvèrent ses propos d'un hochement de tête discret. Judas haussa les épaules, méfiant.

— Qu'attends-tu de moi ?

— Tu connais le jardin de Gethsémani, de l'autre côté du mont ?

— Oui…

— Très bien. Jésus, ici présent, le connaît bien lui aussi. Il y a dormi plusieurs nuits, avec ses disciples… André… et Pierre.

Il désigna tour à tour les deux hommes pétrifiés de peur et esquissa un sourire.

— Tu vas voir, je ne te demande ni de te battre, ni de faire preuve d'un courage extraordinaire. Dans exactement une heure, tu retrouveras Jésus à Gethsémani.

— Et ensuite ?

— Tu marcheras vers lui, et tu l'embrasseras sur la joue, comme on le fait avec quelqu'un de sa famille.

— Encore un de tes délires !

— Ça suffira à le désigner.

— Le désigner ? Mais le désigner à qui ?

Jean affichait un air de joie et de triomphe. Cette heure-là, il l'espérait depuis si longtemps…

— À la patrouille romaine qui te suivra, mon frère. Ils n'attendent qu'un mouchard comme toi pour l'arrêter.

74

Le mage syrien arborait une moue d'insatisfaction.

— Évidemment, comme tu ne connais pas l'heure exacte de la naissance de cet homme, il peut y avoir des erreurs dans son thème astral.

— La configuration serait radicalement différente de ce que tu me montres là ?

Jacques était déçu, lui aussi. La figure dessinée n'était qu'un banal triangle aplati. Pas même un triangle isocèle ou rectangle.

— À vue d'œil, on obtiendrait peu ou prou la même chose. Mais l'interprétation, elle, pourrait…

— Je me fiche de l'interprétation ! Tout ce que je veux savoir, c'est quelle forme géométrique sa configuration compose dans le ciel.

Comme un gosse frustré, il tourna les talons et botta quelques petits pâtés de sable pour contenir sa colère.

— À quelle heure l'agneau de la Pâque est-il censé être sacrifié ? intervint Sara.

— La neuvième heure du jour, répondit son oncle. Pourquoi ?

— Tu ne crois pas que ça vaudrait la peine d'essayer ?

Jacques se souvint alors de la prophétie sur l'un des papyrus chapardés aux deux tueurs : « Car l'agneau qui est au milieu du trône les fera paître et les conduira aux sources des eaux de la vie. » Et il félicita sa nièce d'un sourire éclatant. Elle avait raison : ce n'est pas l'heure de naissance de Jean qui les mettrait sur la voie… mais celle de sa mort !

Quelques minutes plus tard, l'astrologue dévoila sa nouvelle œuvre.

— Un rectangle, soupira Jacques, dépité.

La neuvième heure du jour précédant la Pâque.

C'est à ce moment-là, une bonne demi-journée après l'incursion d'Amitaï dans la cabane du mourant, qu'Eléazar en était sorti. Debout sur ses jambes. Et aussi vivant que tout ce qui bougeait et courait dans la ferme de Béthanie.

Marthe, qui la première l'avait aperçu traversant la cour, avait perdu connaissance. Les autres enfants avaient hurlé au fantôme et s'étaient enfuis comme une volée de passereaux.

Seuls deux observateurs ne semblaient ni effrayés ni même vraiment surpris du spectacle surnaturel qui s'offrait à eux : Amitaï, le jeune fils de Judas, et pour cause ; et Marie, la femme du ressuscité.

Muet, le vieillard revenu d'entre les morts ne remarqua même pas, au début de la soirée, son épouse qui filait hors de la ferme. Il participa néanmoins comme les autres à la préparation du Seder, ainsi qu'au repas proprement dit. On fit « comme si de rien n'était », la consigne étant de ne surtout pas ébruiter l'événement au-delà des limites de la propriété. La famille des enfants de Judas avait déjà bien assez de soucis comme ça.

75

— Et si je refuse ton marché ? lança Judas à son frère aîné avec un regard provocant.

— Si tu refuses, ou que tu ne respectes pas à la lettre le plan que je viens de t'exposer, la mort ne sera plus une simple question de libre arbitre pour tes amis.

Bien sûr... Du chantage. Retour aux bonnes vieilles méthodes d'influence et de manipulation. Après tout, était-ce surprenant de la part d'un homme qui se faisait passer pour mort depuis si longtemps ?

— Juste une question : si tu tiens absolument à ce que ton Jésus soit livré aux Romains, pourquoi ne le fais-tu pas toi-même ? Pourquoi ne se rend-il pas seul aux autorités ? À quoi te sert cette mise en scène ?

— Décidément, il faut tout t'expliquer deux fois, Judas. Qu'auras-tu appris de cette nuit, toi, mon frère, si tu ne participes pas à ce qui a été prévu là-haut ?

À ce mot, Jean pointa un index vers le ciel.

Judas considéra ses frères et ses compagnons captifs, leurs mines défaites, et il capitula sans plus argumenter.

Autant chercher à convaincre un fou qu'il l'est pour de bon...

Jésus l'accompagna et ils disparurent bientôt dans la nuit, chacun appelé par sa mission.

Dans la masure, l'ambiance était lourde et personne n'osait plus proférer un mot. Une attente pesante commençait pour les compagnons de Judas. Thomas aurait bien questionné Jean. Menahem demandé des comptes à Simon, le traître, ou à Marie et Joseph, les complices. Et pourtant, ils se contentaient de mesurer le désastre.

Après les avoir étreints avec chaleur, Jean laissa filer ceux qui étaient venus là de leur plein gré, et resta avec Simon pour garder les autres : Thomas, Menahem, Theudas, Jaïrus, ainsi que les deux pêcheurs de Capharnaüm, Pierre et André.

Gethsémani s'était en partie vidé de ses pèlerins. Les alignements d'oliviers avaient été désertés pour un emplacement plus proche du Temple. Çà et là, on pouvait encore y trouver les reliefs des feux et des repas qu'ils avaient partagés. Mais plus âme qui vive, ou presque, pour hanter la brume qui flottait d'arbre en arbre. Une atmosphère étrange de calme avant la tempête habitait le silence.

Juste un murmure.

Adossé à un arbre, les yeux fermés, Jésus psalmodiait ce qui devait être une prière. Il attendait son heure avec une étonnante sérénité.

Le cliquetis des armures ne troubla pas son recueillement. Judas ouvrait la marche à quatre gardes, l'œil aux aguets.

— J'espère pour toi que ce n'est pas un piège, lança l'un d'entre eux.

— Je te le jure, tu ne seras pas déçu. Jésus est là, je le sais.

Jean s'était trompé sur un point : pas une seule patrouille romaine dans les rues de la cité, livrées aux ivrognes. De guerre lasse, Judas s'était rendu au poste de garde du Temple, où il avait eu du mal à persuader l'officier qui l'avait finalement reçu. Le rebelle s'était fait passer pour un simple pèlerin qui, par chance, s'était retrouvé à Gethsémani avec le prophète galiléen. La nouvelle du *contumax* s'était répandue comme une traînée de poudre parmi les fidèles. Et Caïphe comptait bien sur le zèle de l'un d'entre eux pour dénoncer Jésus. Judas avait joué ce rôle avec assez de conviction.

Deux des soldats balayaient l'espace autour d'eux de leurs flambeaux. Un souffle rauque s'échappait des flammes qui fouillaient l'obscurité.

— C'est lui ! s'exclama Judas à voix basse. Contre cet arbre, là, regardez !

— Son visage blême apparut dans un faisceau de lumière, tel un spectre.

— *Rabbi* !

Judas marcha vers lui, les bras grands ouverts. L'homme se leva, et l'accueillit comme un ami.

— Tu es revenu…

— Comme je te l'avais promis, Jésus.

Il lui donna une accolade et, selon le signe convenu, il l'embrassa sur la joue avec une chaleur qui aurait pu faire illusion.

Les soldats les considéraient à distance. Mais, au signal annoncé, deux d'entre eux se jetèrent sur Jésus, repoussant Judas sans ménagement.

— C'est bien toi, Jésus de Nazareth ?

— C'est moi confirma Israël.

— Par ordre de Caïphe et du Sanhédrin, tu dois nous suivre.

— Je vous suis. Faites de moi ce que vous devez.

Judas l'observait de loin, déchiré entre le soulagement et la honte. Lui le zélote, lui l'insoumis, il venait de livrer un Juif… *L'un des miens !*

Puis il songea à ses frères et amis retenus en otages, et il se ressaisit.

— Attendez, cria-t-il aux gardes. Ce n'est pas tout ! Jésus n'est pas seul.

Les soldats avaient lié les poignets de leur prisonnier, et ne l'écoutaient déjà plus. Ils poussaient Jésus sur le chemin, en direction de la ville. Un souffle de vent avait dégagé une lune pleine, qui éclairait désormais la route.

— Restez, je vous dis ! insista Judas. Il a des complices ! Je sais où ils sont !

— On a un mandat pour Jésus, et personne d'autre.

Judas les vit s'éloigner un moment, puis il fila dans la direction opposée, à travers les buissons piquants, au secours de ses compagnons et de ses frères.

Encore sonnés par le rituel atroce auquel ils venaient d'assister, les six otages restèrent calmes longtemps après le départ de Jésus et de Judas. Les yeux se fuyaient plus qu'ils ne se cherchaient, mais en regardant par l'une des étroites fenêtres, Menahem constata que leurs gardes esséniens avaient eux aussi disparu.

Jean rappela le plus jeune de ses frères à l'ordre d'un ton sec, et sortant alors des cordes d'un petit coffre, agitant l'une d'entre elles, il ordonna à Simon d'attacher leurs prisonniers. Pierre, André, Thomas et Jaïrus n'opposèrent aucune résistance.

Quand à Theudas, il se démena tant et si bien que ses ravisseurs durent se mettre à deux sur lui pour le maîtriser.

Quelques secondes dont Menahem tira profit. Il se jeta tête baissée sur Jean, usant de son crâne comme d'un bélier, et le plaqua au sol. D'un coup de coude violent, Theudas repoussa Simon. L'attaque simultanée les avait surpris et les deux zélotes reprirent espoir.

— Thomas ! Viens nous aider. Trouve-moi son couteau.

Trop tard. Simon avait récupéré l'arme et l'avait plantée dans la cuisse de Theudas. Thomas écrasa du pied la main de son frère félon, interdisant à celui-ci de porter un deuxième coup. Fou de rage, il lui arracha la *sica* de la main et, sans même prendre le temps de trancher la corde qui entravait ses gestes, enfonça la lame dorée dans la poitrine de Simon.

— Non !

Tous avaient hurlé de concert.

La lame glissa des mains tremblantes de Thomas, et tinta d'un son clair sur les lattes de bois disjointes.

— Qu'est-ce qui t'a pris ? s'enquit Theudas.

— C'est bien ce qu'il voulait, non ? lança Thomas d'une voix blanche. Mourir ?

À terre, Simon lâcha son dernier soupir.

Jean le considérait avec calme, presque absent. Puis, avant que quiconque ne puisse réagir, il ramassa l'arme ensanglantée, déverrouilla la porte et se précipita hors de la maison. Aucun des rescapés ne fit mine de le retenir. Figés dans la stupeur et le sang qui s'écoulait du cadavre de Simon.

À quoi bon, maintenant…

Pierre et André, rendus à leur douloureuse liberté, s'enfuirent à leur tour dans la nuit. Ils couraient à perdre haleine. Ils ne savaient pas s'ils devaient remercier le Très-Haut de les avoir épargnés, ou le maudire de les avoir plongés dans ce cauchemar. Eux qui avaient tout abandonné pour Jésus. Tout quitté… pour ça !

Ils bousculèrent plusieurs groupes de fêtards qui, sous l'alibi de Seder, avaient plus arrosé la Pâque que la Loi ne le prescrivait. Les yeux baignés de larmes, la vue et le souffle courts, ils heurtèrent soudain deux hommes dont les corps offrirent plus de résistance.

Une patrouille.

— Arrêtez-vous ! Pourquoi courez-vous comme ça ?

Pierre désigna un groupe titubant.

— Tu vois ces hommes, là-bas ? Ils ont trop bu…

— Ils ont voulu voler le peu qu'il y a dans notre bourse, appuya André.

— Vous habitez où ?

— Chez des amis, mentit Pierre.

— Ah, vous êtes des pèlerins. Mais vous vivez où, habituellement ?

— À Capharnaüm, répondit naïvement André.

Son frère lui décocha un regard noir.

— Capharnaüm ? Ce n'est pas vous ces deux pêcheurs qui font la route avec Jésus ?

— Qui t'a dit ça ? se braqua Pierre. Nous venons bien de Capharnaüm. Mais nous ne sommes pas pêcheurs… nous sommes charpentiers. Et nous ne connaissons pas ton Jésus.

— Charpentiers ? Tu as entendu ça ?

Le chef de la patrouille s'était retourné vers son adjoint.

— C'est Jupiter qui vous envoie ! On en cherche justement pour demain.

— Oui, pourquoi pas…

— Attends, l'ami, reprit le Romain en posant une main lourde sur son épaule. Ce n'est pas une offre que je te fais. C'est un ordre.

Pierre tâcha de cacher sa peur.

— Et que veux-tu construire ?

— Oh, ça ne devrait pas vous poser de problème. C'est un travail simple, l'affaire de quelques heures.

— Quel genre de travail simple ? demanda André, paniqué lui aussi.

— Un bête assemblage de poutres. Juste deux ou trois croix.

76

La patience d'Hereb avait des limites, et la caravane avait fini par reprendre sa route en direction du sud. Dans la nuit claire, les plantations de cédrats et de dattiers longeant le Jourdain les guidaient aussi sûrement que les étoiles. Ce n'était pas le plus sûr des chemins, car les richesses naturelles de la région attiraient tous les brigands du pays. Mais la voie toute tracée pour un retour rapide à Jérusalem.

Avachi sur le dos de sa monture, Jacques roulait et déroulait la deuxième carte établie par le Syrien.

Un rectangle...

Il n'arrivait pas à se résoudre à cet échec. Une fois revenu dans la Ville sainte, mettre la main sur Jean et sur celui qui se faisait passer pour Jésus serait mission impossible, dans la foule immense de la Pâque. S'ils ne déterminaient pas où mais aussi quand chercher, jamais ils ne les arrêteraient avant que les deux gnostiques perpètrent leur ultime massacre. Et, en l'état, la porte céleste qui leur résistait était la seule piste tangible pour les retrouver. Elle seule pourrait leur signaler le rendez-vous que Jean avait pris avec les étoiles, et son destin.

Jacques en était convaincu.

Le chameau de Sara s'était approché du sien sans qu'il s'en rende compte. Elle n'était plus l'enfant capricieuse qui avait quitté Béthanie quelques jours plus tôt. Il la trouvait grandie. Pas seulement une femme asservie à son ventre, non. Un être humain capable de diriger son esprit et sa raison de par le vaste monde. Il se sentait fier d'elle. Comme un père.

Elle tenta de l'encourager.

— Est-ce que tu as pensé le problème « en égyptien » ?

— Oui, et je dois reconnaître qu'en l'espèce, ça ne m'apporte rien de plus…

— Jacques… À propos de l'agneau, je me suis toujours demandé : pourquoi le sacrifie-t-on la veille de la Pâque, et pas le jour même ? Le jour du passage, le jour du renouvellement de l'Alliance, c'est bien le jour de la Pâque, pas la veille, non ?

— Parce que verser le sang un jour saint n'est pas concevable pour les juifs que nous sommes, Sara.

— Ah… Donc un juif observant ne tuerait jamais un être vivant un jour de fête, c'est bien ça ?

— Tout à fait. C'est d'ailleurs la raison pour laquelle j'avais fait promettre à Judas qu'il n'y aurait pas de sang versé, l'autre jour, pendant sa petite équipée à Jérusalem. Nous étions encore en plein shabbat.

— Pourtant ça n'a pas empêché Jean et Israël de tuer Jésus, cette nuit-là.

Il la considéra sans mot dire.

Cette petite est géniale !

— S'ils enfreignent sciemment des règles aussi élémentaires… rien ne peut les retenir d'organiser leur « grand passage » dans l'au-delà ce jour-là !

Précisément le jour de la Pâque.

En quelques coups de talon bien placés, il avait rejoint le mage syrien qui trottinait en tête du convoi. Le vieux barbon rechigna à exercer son art juché au sommet d'un chameau. Mais l'exaltation de Jacques était si contagieuse qu'il finit par accéder à sa requête.

Pendant ce temps, le scribe se souvint d'un *midrash* appris il y a longtemps – mais où était-ce, déjà ? Dans quel livre ? – qui prétendait que David, le roi David en personne, était mort un jour de Pâque, à la neuvième heure très exactement.

Quand bien même ce ne serait qu'une légende, il était impossible que Jean l'ignorât. Sa folle ambition était plus claire que jamais : en se faisant tuer, il n'aspirait pas seulement à l'ascension de son âme. Il comptait égaler aux yeux de l'histoire le plus grand roi que les Juifs avaient jamais connu. Il n'envisageait pas de laisser une trace moins forte que celle imprimée par l'auteur des Psaumes.

La voix aigre de l'astrologue dissipa ses pensées.

— Je ne vois pas bien l'intérêt d'établir le thème d'une date et d'une heure si on ne les associe pas à un individu précis…

Il tenait fermement son papyrus, que Jacques, au supplice, finit par lui arracher des mains.

— …mais voilà ce que tu m'as demandé : le ciel de cette Pâque, demain, 16 Nisan 3790, à la neuvième heure du jour, tel qu'on pourra l'observer à Jérusalem.

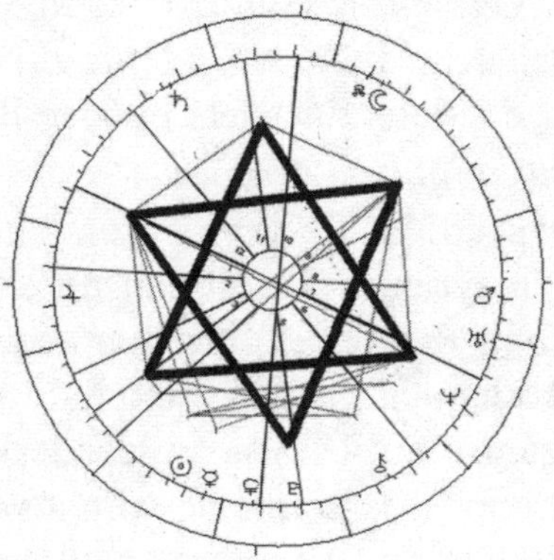

Le schéma céleste avait beau combler ses espoirs, il avait du mal à y croire. Il en restait bouche bée. Un sentiment que partagea Sara quand elle arriva à sa hauteur. Elle parvint cependant à sortir de cette transe.

— Si tu devais interpréter ce ciel, tu en tirerais quelles conclusions ? demanda-t-elle au mage.

— Je n'ai pas eu souvent l'occasion d'observer une telle configuration. Et comme tu peux le voir, je ne suis plus tout jeune… La dernière fois, et la seule autre fois d'ailleurs, ça devait être au moment de ce recensement, il y a plus de vingt ans.

Pas vingt ans, corrigea Sara en pensée. *Il y a vingt-quatre ans ! Le jour de la naissance d'Israël et Jésus, les jumeaux de Jean ! Et de ma mère…*

— C'est le signe d'un événement exceptionnel, s'enthousiasmait le mage, quelque chose qui vous tombe dessus et…

— Et ?

— …et contre lequel on ne peut rien faire. Si ce n'est l'accepter.

Jacques plissa les yeux. Comme si un détail le chagrinait encore.

— Cette étoile est penchée vers l'occident... remarqua-t-il.

— Et alors ?

— Toutes les prophéties concernant l'avènement d'un Messie évoquent une étoile du matin, qui se lève à l'orient. Pas une étoile du couchant.

Que disait la prophétie de Balaam, déjà, dans *Le Livre des Nombres ? « Je le vois, mais non maintenant, je le contemple, mais non de près. Un astre sort de Jacob, un sceptre s'élève d'Israël. »*

Mais, au vu de ce qu'ils avaient découvert ces derniers jours, la suite était plus troublante encore : *« Il perce les flancs de Moab, et il abat tous les enfants de Seth. »*

— Les enfants de Seth ? s'écria Sara.

Jacques et Sara se tournèrent à nouveau vers le Syrien.

— Cette figure, elle est orientée vers une étoile quelconque, je suppose ?

— Pas quelconque ! s'insurgea le mage. Elle regarde la Grande Ourse. Ce qui est surtout remarquable, ce jour-là, c'est la manière dont les sept étoiles qui la composent s'étirent dans le ciel. Du 7° au 67° ouest, soit 60°.

— En quoi est-ce remarquable ?

— Si on superpose cette carte du ciel avec le thème que vous m'avez demandé... cette amplitude couvre exactement l'angle entre le sommet du triangle supérieur du sceau et celui du triangle inférieur. Qui est de 60°, si je ne me trompe pas.

C'est l'astrologue qui donnait une leçon de géométrie au mathématicien émérite.

Le monde à l'envers !

— Et cette Grande Ourse, elle a un sens ?

— Pour les Égyptiens, elle symbolise la mort. La constellation de l'initiation, du dieu qui offre son voyage dans l'au-delà à son frère Osiris, et aussi à son neveu Horus.

— La constellation de Seth !

77

Jérusalem

— Avance !

À l'approche de la salle de pierre taillée, les gardes du Temple vilipendaient Jésus pour la forme. Mais, au fond, ils ne comprenaient pas bien pourquoi on leur avait fait arrêter ce petit prophète, sorti de sa lointaine Galilée. Sur le chemin, ils avaient enchaîné ses mains, mais pas ses pieds, pour le laisser marcher sans entrave.

C'était à la fois le meilleur moment pour une arrestation, et le pire. Les groupes avinés qui venaient d'arroser le Seder étaient trop ivres pour offrir une quelconque opposition. En contrepartie, c'était la seule nuit de l'année à voir les rues de Jérusalem si encombrées. Difficile d'être discret, dans ces conditions.

Quand ils parvinrent enfin à l'assemblée du Sanhédrin, les abords grouillaient d'une populace plus ou moins grise, qui hurla sur leur passage. Ils entendirent autant de « À mort ! » que de « Laissez-le, il n'a rien fait ! ».

D'autres soldats empêchèrent une minorité d'agités d'entrer à la suite du prisonnier. On referma aussi vite que possible les hautes portes du congrès, que de longues barres de bois vinrent renforcer.

Il faisait frais dans la haute salle, et trois immenses braseros avaient été allumés pour réchauffer les corps transis des vieux sages du Conseil. Ces derniers n'étaient guère plus calmes que la foule au-dehors. Un brouhaha orageux grondait dans leurs rangs.

Pourtant, la moitié d'entre eux avait refusé de siéger. L'urgence et l'importance de cette séance exceptionnelle n'avaient pas suffi à les décider. Ils n'enfreindraient pas la règle, *a fortiori* la nuit de la Pâque. Parmi les absences notables, celle d'Hanne, l'ancien grand prêtre et beau-père de Caïphe, mais aussi celle de Gamaliel, le plus ardent défenseur du Galiléen lors des deux précédentes assemblées, furent remarquées de tous.

Caïphe n'en arborait pas moins sa satisfaction. Il tenait Jésus. Il tenait sa condamnation. Les gardes poussèrent le prisonnier au centre de la pièce, juste devant lui.

— Mes frères ! Du calme, je vous en prie ! S'il vous plaît…

Peu à peu, sa voix l'emporta sur le vacarme.

— Croyez-moi, ce n'est pas de gaieté de cœur que je vous ai arrachés à votre famille et à votre célébration. Nous préférerions tous fêter le Seder l'esprit léger.

Quelques têtes lourdes approuvèrent d'un dodelinement muet.

— Mais cet homme, cet homme présent devant vous, Jésus de Nazareth, a été capturé cette nuit. Étant donné la gravité des accusations qui pèsent sur lui, et la condamnation par contumace dont il a déjà fait l'objet, j'ai pris l'initiative de vous réunir aussitôt.

Il fit alors quelques pas en direction de Jésus et lui tourna autour comme un rapace envisage sa proie.

— C'est donc toi, ce prophète dont on parle tant, Jésus de Nazareth ?

— C'est moi, répondit le prisonnier d'une voix neutre, le front bas.

— Tu sais pourquoi tu comparais devant nous ce soir, n'est-ce pas ?

— Non.

Un murmure d'indignation se répandit comme une onde parmi l'assemblée.

— C'est bien toi qui as voulu chasser les changeurs et les marchands du portique royal ?

— C'est bien moi.

— C'est bien toi, Jésus, qui as prétendu pouvoir reconstruire le Temple en trois jours s'il était détruit ?

— Oui, c'est moi.

— Certains disent que tu es le nouvel Élie, d'autres que tu es le nouveau David, le roi des Juifs… le Messie ! Et toi, qui penses-tu être ?

L'homme enchaîné se mura dans le silence.

— Dis-le-nous ! s'exaspéra Caïphe. Tu as devant toi les plus grands sages d'Israël. Alors parle ! C'est une occasion unique.

Jésus semblait absent de son propre procès. Comme si tout était déjà joué depuis longtemps. Aux quelques ecchymoses qui marbraient son cou et son visage, on devinait que les gardes n'avaient pas été tendres avec lui. Ses yeux fatigués flottaient quelque part sur les dalles immenses du sol.

— Réponds, à la fin ! Tout le Conseil t'écoute. Es-tu le Messie que nous attendons ? Es-tu le roi des Juifs, envoyé par l'Éternel ?

Alors Jésus le fixa droit dans les yeux et, le plus sereinement du monde, dans un souffle apaisé, il confirma :

— Je le suis.

— Cette fois vous l'avez entendu ! Que vous faut-il de plus ?

La voix de Joseph d'Arimathie avait couvert les cris scandalisés. Revêtu d'une nouvelle robe aux reflets étincelants, le marchand prit la liberté de se poster à son tour face au condamné, à côté de Caïphe.

— Est-il vrai que, durant tes prêches, tu as prétendu être le fils de Dieu ? interrogea Joseph.

— C'est vrai.

— Comment expliques-tu par exemple que l'Éternel abandonne son fils à la justice humaine, comme n'importe quel voleur ?

— Parce que je suis comme vous.

— Comme nous ? intervint Caïphe. Tu viens de nous dire le contraire !

— Nous sommes tous des fils de Dieu.

— Ah vraiment ? Et par quel prodige ?

— Parce que…

Jésus reprit une large inspiration.

— Parce que nous sommes tous des dieux.

Les hurlements dépassèrent ce qu'on n'avait jamais pu entendre en ce lieu. Au blasphème il ajoutait l'infamie ! L'affront n'avait plus rien d'anecdotique. Il était majeur. Les plus vifs des membres du Sanhédrin se jetèrent sur lui, contenus avec peine par le cordon de soldats. Les injures et les crachats fusèrent à travers cet écran protecteur, dont certains atteignirent leur cible.

Impassible. Il désigna du regard la majesté de la salle dans laquelle ils étaient tous réunis, signe de la grandeur du Temple.

— Et vous le sauriez, vous aussi, si vous n'étiez pas si attachés à tout cela…

Joseph interrogea ses pairs à voix haute, en regagnant sa place.

— Est-il nécessaire d'ajouter quoi que ce soit ?

En s'asseyant, il contempla l'échine de Jésus qui ployait peu à peu sous le poids des heures à venir. Ils savaient tous deux comme elles allaient être longues, et douloureuses. Mais aussi pleines de lumière. Chacun jouait sa partition et la jouerait bien, jusqu'au bout.

Caïphe semblait lui aussi écrasé par la solennité de l'instant.

— Maintenant, souhaitez-vous confirmer le verdict qui pèse sur ce *contumax*, Jésus de Nazareth ?

— *Olmota !* vociférèrent les sages d'une seule voix. À mort !

— Je vous entends, je vous entends mes frères… Mais avant de prononcer la sentence, laissez-moi juste vous relire ces quelques lignes du *Devarim.*

Un prêtre auxiliaire accourut, ouvrit devant lui un rouleau, et lui indiqua le passage recherché.

— « S'il s'élève au milieu de toi un prophète ou un songeur qui t'annonce un signe ou un prodige, et qu'il y ait accomplissement du signe ou du prodige dont il t'a parlé en disant : “Allons après d'autres dieux – des dieux que tu ne connais point – et servons-les !”, tu n'écouteras pas les paroles de ce prophète ou de ce songeur, car c'est l'Éternel, votre Dieu, qui vous met à l'épreuve pour savoir si vous aimez l'Éternel, votre Dieu, de tout votre cœur et de toute votre âme. Vous irez auprès de l'Éternel, votre Dieu, et vous le craindrez ; vous observerez ses commandements, vous obéirez à sa voix, vous le servirez, et vous vous attacherez à lui. Ce prophète ou ce songeur sera puni de mort, car il a parlé de révolte contre l'Éternel, votre Dieu. »

— À mort ! *Olmota !* À mort ! fut la réponse unanime du Conseil.

La bousculade était telle que l'un des gigantesques braseros fut renversé. Des charbons enflammés roulèrent sur le sol. Deux gardes usèrent de leur cape pour étouffer au plus vite le feu naissant.

Fébrile, presque tremblant, Caïphe s'approcha encore de Jésus, tout au plus à un pas.

— Moi, Caïphe, *Nassir* de ce Conseil, au vu des chefs d'inculpation retenus contre toi, Jésus de Nazareth, je te condamne… à la mort.

— Crucifie-le ! cria une voix.

— Étant entendu, reprit le grand prêtre, que nous ne saurions exécuter nous-mêmes la sentence, tu seras dépêché immédiatement auprès de Ponce Pilate, préfet de Judée, qui décidera du châtiment qu'il souhaite te réserver.

Jésus releva la tête et, sur ses lèvres, Caïphe aurait juré lire un mot muet, un mot non seulement de soumission mais aussi de pleine acceptation du sort qui lui était maintenant promis : « Amen. »

78

Ils faillirent en tomber tous deux à bas de leur chameau.

Pour Jean, le grand avènement, l'accomplissement de toutes les prophéties messianiques n'était pas le lever d'un astre, et encore moins une naissance… mais un coucher, et une mort. Dans son délire, il libérait son peuple non pas du joug de l'occupation, mais de son corps. Il ne se posait pas en guerrier, mais en victime consentante. Le chemin d'espérance qu'il ouvrait aux siens était celui de son propre trépas ; et d'autres l'emprunteraient à sa suite. Enfin, c'est ce qu'il espérait…

Jacques pressa le mage.

— As-tu une carte de Judée ?

— Non, je ne crois pas.

— Peut-être Hereb, suggéra Sara.

Hereb n'en possédait pas non plus. Il pratiquait ces routes depuis si longtemps qu'il connaissait le moindre recoin, le plus petit dénivelé, bien mieux que les cartographes romains. Sa mémoire, le soleil et les étoiles, voilà tout ce qu'il lui fallait pour arriver à bon port.

Jacques pesta et grommela. Il n'arrivait pas à admettre qu'ils puissent trébucher sur un détail matériel aussi infime. Sans carte, il était impossible de situer où Jean et Israël, alias « Jésus », joueraient leur sinistre épilogue. Comme ça, au jugé, si l'on considérait que l'épicentre du sceau était cette maisonnette à l'est du mont des Oliviers, le lieu en question devait se situer au nord-ouest de Jérusalem, pas très loin de la ville. Mais la marge demeurait importante. En somme, ça pouvait être n'importe où au-delà de ce quartier qu'on appelait communément la « nouvelle ville ».

Si on ne sait pas où les chercher à la neuvième heure demain, cette étoile ne sera pas celle de leur passage dans l'au-delà, mais celle de leur fuite ! Et jamais Jean et son fils ne seraient punis pour les crimes commis.

Encore une autre heure à se torturer. Comme il s'en voulait de ne pas avoir pris avec lui ce plan griffonné avec Ezra, ce plan qui lui avait sauvé la vie... On était déjà presque au milieu de la nuit. Malgré la chevauchée et le mouvement continu de l'animal, le froid se faisait mordant. Soudain des cris retentirent en avant du convoi.

— Qu'est-ce qui se passe ? s'inquiéta Sara.

Dans le noir, en amont, des hommes s'expliquaient vivement, usant d'une langue inconnue. Hereb apparut enfin.

— Ce n'est rien, les hommes de tête se sont endormis et ils ont heurté une autre caravane.

— Une autre caravane ? Ce genre de choses-là arrive ?

— Dans le désert, c'est très rare. Mais la voie qui longe le Jourdain n'est pas le désert.

— Hereb ! apostropha Jacques. Peux-tu demander à l'autre caravanier s'il a une carte de Judée ? Lui, ou quelqu'un dans son convoi ?

Le marchand revint quelques instants plus tard, porteur d'une bonne nouvelle.

— Il ne s'en sert jamais, mais il me dit qu'il en a une vieille.

— Ça ira très bien, voyons ça.

Le chamelier semblait contrarié de ce nouveau retard. Hereb dut user de tout son charme, et aussi de quelques cadeaux ponctionnés sur son chargement, pour le retenir durant de précieuses minutes. Jacques, lui, reporta rapidement sur la carte le triangle de la Tétractys, partant des référents géographiques qu'il connaissait déjà : Béthanie, Siloé, sa « tombe » au nord de Jérusalem. Il ne fut pas très compliqué, ensuite, d'apposer le second triangle, tête en bas, pour reconstituer le sceau de Salomon. Comme il s'y attendait, la figure étoilée penchait elle aussi vers le nord-ouest, d'un nombre de degrés comparable à celle qu'avait dessinée le mage syrien. Les deux sceaux, celui de la terre et celui du ciel, coïncidaient parfaitement. À l'heure dite, la « porte » s'ouvrirait et l'ascension du roi sur son trône céleste serait possible.

Jacques examina particulièrement la zone désignée par l'astrologue : 67° au nord-ouest. À cet endroit, sur la carte, il n'y avait aucun centre d'intérêt particulier mentionné, si ce n'étaient trois petits ronds concentriques qui indiquaient un relief notable, et une mention manuscrite.

— Demande-lui ce qu'est cet endroit… C'est tout près de la cité.

— Il ne connaît pas cet endroit, traduisit Hereb après un bref aparté avec le chamelier. Il n'est jamais passé par là. Les autres convoyeurs disent que c'est un lieu maudit.

— Qu'est-ce qui est inscrit là ?

Jacques martela les caractères inconnus d'un index nerveux.

— Il n'est pas très sûr…

— C'est écrit dans sa langue, oui ou non ?

Hereb et l'autre marchand parlementèrent encore une longue minute, avant que ce dernier ne lâche enfin le morceau.

— Il dit que c'est là que les Romains effectuent leurs exécutions publiques. C'est pour ça qu'aucun caravanier n'y transite jamais.

Non ! Pas ça !

— Sur sa carte, c'est nommé le « crâne ». Dans ta langue, je crois qu'on l'appelle le Golgotha.

79

Jérusalem

Des gardes du Temple aux légionnaires de l'Antonia, le passage de témoin s'était fait dans une confusion totale. Une partie des badauds qui s'époumonaient à l'extérieur de la salle de pierre taillée avait suivi l'escorte – pourtant renforcée – jusqu'à la porte de la forteresse. Là, certains avaient essayé de se saisir du prisonnier, afin de le lapider et de le pendre sur place. Comme cela se pratiquait souvent sur la canaille ordinaire, quand on la prenait en flagrant délit.

Soldats juifs et romains réunis, une fois n'est pas coutume, avaient bataillé de concert pour protéger leur précieux captif. Des condamnés à mort, ils en voyaient presque chaque jour. Mais ceux-ci provoquaient rarement une telle ferveur populaire, que ce soit pour prendre leur défense ou réclamer leur supplice. Ce qui était particulier, avec ce client-là, c'est qu'il avait d'abord suscité l'engouement, et que ceux-là même qui l'encensaient il y a quelques heures encore le vouaient maintenant à la géhenne.

D'un ton sans appel, Démétrius ordonna à l'un de ses hommes :

— Va prévenir Pilate !

« Pourquoi s'acharner sur une quantité aussi négligeable que lui ? » Les doutes du préfet trouvaient un nouvel écho en lui, maintenant qu'il pouvait voir le prophète de ses yeux.

S'il s'était écouté, il aurait volontiers engagé la conversation avec ce Jésus. Le décurion Démétrius aimait comprendre à qui il avait affaire. Et, dans cette cour sombre, à bien regarder ce pauvre hère, il ne comprenait pas ce qui avait pu enflammer à ce point les esprits.

— Le seigneur l'attend dans son bureau.

— Bien, tu vas lui enchaîner aussi les chevilles. On ne sait jamais, il paraît qu'il fait des miracles.

Le légionnaire obtempéra. Il enroula quelques maillons de fer autour de chaque pied, avant de fixer l'extrémité de la chaîne au dispositif qui contrariait déjà les mouvements de ses mains. Désormais, chacun de ses gestes, chacun de ses pas, faisait tinter l'ensemble d'une façon lugubre, tel un lépreux.

Quand il n'avançait pas assez vite dans les interminables couloirs de la citadelle, les deux soldats qui l'accompagnaient le poussaient. Il s'écroula à plusieurs reprises, et la dernière chute, en haut d'un escalier, ouvrit son arcade sourcilière. Un flot de sang gicla. La moitié de son visage et tout le haut de sa tunique en furent barbouillés.

C'est un Jésus qui avait déjà l'apparence d'un torturé qu'on présenta à Ponce Pilate, le seul homme en ce monde à avoir sur lui droit de vie ou de mort. Excepté Tibère, bien sûr. D'un signe, le procurateur demanda qu'on le laisse seul avec le condamné.

— Tes juges t'ont condamné à mort, annonça-t-il. Et, comme tu le sais peut-être, ils attendent de moi que j'exécute leur sentence.

— Ce ne sont pas mes juges. Je n'ai rien à faire avec leur justice.

— Ce sont pourtant les seuls que l'empereur reconnaisse dans ce pays, à part moi. Et ils ont décidé de ton sort.

— Je sais. Je ne cherche pas à m'y soustraire.

Bien au contraire ! songea Pilate, en scrutant l'homme couvert de sang.

— C'est fou, d'ailleurs, le nombre de personnes dans ce pays qui exigent ta mort. J'ai rarement vu quelqu'un d'aussi inoffensif inspirer autant de haine !

— Tu sais ce que l'on dit : ce n'est pas le message que l'on blâme, c'est le messager.

— Ce serait donc ça, ce qu'ils te reprochent : d'être un messager ?

Jésus ne répondit pas. Son œil tuméfié gonflait et se fermait peu à peu. Pilate insista.

— Qu'a donc de si terrifiant ton fameux message, pour qu'ils t'en veuillent à ce point ?

— Pour moi, ce n'est pas terrifiant. Simplement, ils ne sont pas prêts à l'écouter.

— On dit que tu es une sorte de roi… Ils devraient donc t'acclamer, pas te livrer à moi. Tu ne penses pas ?

— Mon royaume… leur royaume, se reprit Jésus, n'est pas de ce monde.

— Hum, hum… Et c'est avec ce genre d'arguments que tu cherches à séduire ton peuple ?

— Je ne cherche à convaincre personne. Je suis venu montrer la voie à quelques-uns. Tant pis si les autres ne comprennent pas. Je peux te garantir qu'un jour prochain, tous comprendront. Ils y viendront, tôt ou tard.

Les énigmes du Galiléen inspiraient au préfet plus d'ennui qu'autre chose. Il l'avait imaginé plus spectaculaire, plus combatif. Il espérait une vraie distraction pour occuper son insomnie. Et voilà que Jésus se contentait de phrases pompeuses et plus ou moins vides de sens, résolu à attendre son heure. Résigné.

— Alors, Jésus le messager, que dois-je faire de toi ? Dois-je écouter les enragés du Sanhédrin qui rêvent de te voir accroché à une croix ?

— Ce que tu dois faire, tu le sais, Pilate. Ce n'est pas à moi de te dicter ta décision.

— Ce que je dois faire ? C'est protéger ce pays des agitateurs. C'est maintenir la paix.

— Si tu penses que la paix sera sauvegardée par ma mort, surtout n'hésite pas une seconde, seigneur : crucifie-moi !

Cet homme était décidément bien différent de tous ceux qui avaient défilé devant lui, s'étonna Pilate.

— Sache juste une chose, ajouta Jésus. Tu auras seulement éliminé le messager.

Et pas le message... songea Pilate parcouru d'un frisson irrépressible.

VII

LE JOUR DE LA PÂQUE

80

Béthanie

Menahem et Thomas portaient le corps sans vie de Simon. Il pesait lourd. Le poids de la trahison. Dans la nuit finissante, la petite troupe eut du mal à retrouver le chemin de Béthanie. Toutes les collines se ressemblaient, à cette heure-ci.

Ils avaient décidé de lui offrir des obsèques ordinaires, malgré tout. Ce qui torturait Judas, c'était moins la trahison de Simon que le fait de n'être pas revenu à temps dans cette maudite cabane afin d'interroger son frère. Jamais il ne saurait pourquoi Simon avait pris le parti de Jean. Ni depuis quand il entretenait cette relation secrète avec leur frère disparu. Jamais il n'aurait le fin mot de l'histoire sur cette vingtaine d'années durant lesquelles Jean avait dû mener une vie clandestine, loin d'eux.

Perdu dans ses pensées, c'est à peine si Judas s'était réjoui de retrouver ses compagnons vivants, ou s'il s'était soucié de la blessure de Theudas. Celui-ci traînait la patte, tant bien que mal, quelques pas derrière les autres.

L'aube peignait déjà le relief de teintes chaudes quand ils parvinrent au *daqbory,* le caveau familial situé à proximité de la ferme. Grâce aux deux inhumations récentes, celle de l'homme qu'ils croyaient être Jean puis celle de Philippe, l'entrée était ceinte d'une couche de chaux éclatante. C'est sur ce fond blanc que Judas vit se profiler une ombre. Qui disparut aussitôt.

— Chut ! souffla-t-il. Arrêtez-vous ! Il y a quelqu'un...

— Tu as peur des spectres, maintenant ? ironisa Thomas.

— Tais-toi, je te dis, ordonna Judas.

À leur tour, ses compagnons aperçurent deux silhouettes qui tentaient de pousser l'énorme pierre ronde scellant l'entrée du tombeau. Mais les intrus ne semblaient pas assez forts. Ils avaient beau s'arc-bouter contre la gigantesque roue, rien n'y faisait.

En silence, Judas fit signe de déposer le corps de Simon au sol, et désigna à chacun des hommes un côté, pour encercler les pillards. Theudas et Menahem à gauche. Jaïrus et Thomas à droite. Lui, Judas, au milieu. Ce n'était pas la première fois que des voleurs tentaient leur chance à la ferme. Mais c'était la première fois qu'ils les prenaient sur le fait. Ils progressèrent à pas de velours vers les deux inconnus, usant du moindre buisson ou du moindre trou dans le paysage pour se cacher.

Au signal de Judas, un cri de rapace nocturne qu'il imitait à la perfection, ils fondirent sur les voleurs. Menahem et Simon plaquèrent au sol le plus grand, et Judas, lui, n'eut aucune peine à se saisir du plus petit, le visage couvert d'un foulard bleu, qui se débattait comme un animal.

— Lâche-moi ! Lâche-moi, je te dis !

Une voix aiguë. Plus une voix de fille que de garçon. D'une main, le balafré découvrit son visage.

— Sara ?

Si cette petite furie était la fille de Marie, alors l'homme que ses frères maîtrisait ne pouvait être que…

— Jacques ! Qu'est-ce que vous faites là ?

Ses compagnons relâchèrent leur étreinte, et Jacques se redressa dignement.

— Ce serait un peu long à résumer, mais disons que l'homme que nous avons enseveli ici, l'homme de la grange… ce n'est pas Jean.

— Je sais, approuva Judas, avide d'entendre la suite. Mais pourquoi veux-tu ouvrir la tombe de nos frères ?

Jacques adressa un regard embarrassé à sa nièce. Manifestement, Judas avait lui aussi appris certaines choses, en leur absence. Mais sans doute pas tout.

— Si ce que nous avons découvert Sara et moi est exact, l'homme que nous avons pris pour Jean est plutôt un fils, dit-il après un moment.

— Un fils ? Le fils de qui ?

Répondre si vite à cette question, cela lui semblait abrupt. Prématuré. Impossible sans en expliquer l'incroyable contexte.

— Aidez-nous à pousser cette pierre, et nous aurons notre réponse à cette question. Je veux vérifier le corps du brûlé.

Judas accepta le marché sans discuter, et ordonna à ses compagnons de dégager l'ouverture du caveau.

Dès l'entrée, l'odeur était suffocante. Deux corps pourrissaient sur des tables de pierre depuis moins d'une semaine, et la décomposition était encore loin d'avoir achevé son ouvrage. Boucher son nez ne servait à rien contre la puanteur qui s'engouffrait par les bouches ouvertes et y faisait entrer la mort.

Jacques dépassa la dépouille de Philippe, et vint se camper devant le corps du faux Jean. Le spectacle était épouvantable. Le peu de chair qui avait été épargné par les flammes présentait maintenant une teinte verdâtre.

Il prit une pleine bouffée d'air vicié puis retint sa respiration. Enveloppant chacune de ses mains dans son foulard, il inspecta la cheville du cadavre le plus proche de lui. Il se mit à palper la matière infecte et, d'un coup, ses doigts la traversèrent jusqu'à l'os.

Après avoir surmonté son dégoût, il reconnut la rigidité du tibia. Il suivit l'os longiligne vers le bas.

Rien... Pas la moindre trace de facture !

— Alors, tu trouves ce que tu voulais ? lui lança Judas, depuis l'extérieur du tombeau.

Bouche close, le scribe ne répondit pas, et reprit son abominable examen. Le second tibia était tout aussi intact que le premier.

Esther a parlé de ses chevilles. C'est vague...

Alors il pressa ce qui restait du pied gauche de la victime. Tarse ? En parfait état. Métatarse ? Rien non plus. Par acquit de conscience, il glissa deux doigts sous le talon et balaya la zone.

Là ! Le talus du tarse, l'articulation entre le pied et l'ensemble tibia-péroné... il est fendu. Un os discret, le talus. Inconnu de la plupart des charlatans qui se prétendaient guérisseurs, il assurait pourtant à lui seul la jonction entre le pied et la jambe. Sans le talus, l'homme n'aurait jamais pu se tenir debout et marcher. Sans le talus, l'homme serait resté un animal comme les autres !

Le second pied présentait la même anomalie. Pas grand-chose, d'ailleurs. À peine un trait de fracture à la surface de l'os arrondi. Peut-être n'avait-il subi qu'un arrachement osseux superficiel. Mais cela suffisait pour immobiliser un enfant pendant des semaines. Esther avait dit vrai.

Son inspection achevée, il ressortit et avala enfin l'air qui lui manquait, à grand bruit. Judas lui laissa à peine le temps de reprendre son souffle.

— C'est concluant ?

— Très concluant…

— Alors, assez de petits secrets. Qui est cet homme ?

Jacques hocha la tête en guise de réponse.

— Qui ? insista son frère.

— Tu veux que moi, moi que tu as dénoncé aux Romains pour le meurtre de cet homme… Tu veux que je te dise qui il est ?

— Jacques, voyons… Tu sais que je n'avais pas le choix. Si je n'avais pas détourné leurs soupçons, ce n'est pas juste la grange que les *kittims* auraient fait brûler. C'est toute la ferme ! C'est nous tous !

Le scribe plongea ses mains dans le sable, et les frotta jusqu'à les rougir, pour tenter d'effacer la pestilence dont elles s'étaient imprégnées.

— Judas, crois-tu que Jésus a vraiment accompli des miracles ?

— Des miracles ? Bien sûr que non ! Pourquoi ?

— Eh bien tu as raison. Jésus n'a accompli aucun miracle.

— Quel rapport avec…

— Parce qu'il n'a même pas été capable d'en faire un pour se sauver lui-même !

La chaleur sur la route de Damas était déjà suffocante. Plus on poussait vers l'est, et moins la brise marine se faisait sentir.

Comme convenu, le petit prêtre avait offert à Saül l'accès au trésor du Temple, dans le Saint des Saints. Mais les indications qu'il lui avait données pour se glisser hors de l'édifice étaient fausses. C'était un piège ! L'espion avait échappé de peu au retour de la garde. Et il ne doutait pas qu'Ezra le dénoncerait dans les prochaines heures. Quitter Jérusalem était la seule option possible.

Il avait joué, et il avait perdu. Les quelques pièces d'or qu'il conservait en poche ne seraient pas de trop pour financer sa retraite. À Damas, il avait assez de relations pour tenir quelques semaines, peut-être quelques mois.

Mais après ?

Dans l'immédiat, il faudrait renoncer à son métier d'espion. Sa réputation le suivrait sans doute jusqu'à la capitale syrienne. Plus aucun prince ne donnerait de crédit aux informations de Saül de Tarse. « Les paroles d'un voleur », dirait-on.

Au détour d'un monticule sablonneux, la lumière aveuglante du levant l'éblouit un instant. Il mit plusieurs minutes à recouvrer une vision correcte. Contraint à l'arrêt sous un arbre mort, il contempla deux oiseaux noirs se donnant la conversation dans des croassements sinistres.

L'idée le frappa soudain, comme un coup de massue. Aussi simple qu'évidente. C'était le seul moyen de s'enrichir sans plus jamais avoir à quémander auprès des puissants. C'était mieux qu'un commerce.

C'était une manne.

Et, dans les rires lugubres des rapaces, Caïphe en personne venait de lui souffler la solution !

81

Jérusalem

— Qui es-tu ?

Le légionnaire au guichet de l'Antonia n'inspirait ni la sympathie ni l'envie de jouer aux devinettes. Il ne devait pas s'amuser tous les jours, et ça ne semblait pas lui manquer.

— Je ne donnerai mon nom qu'à ton maître. À Pilate et à lui seul.

— Mais tu veux te livrer ?

— C'est ça.

— Comment veux-tu que j'explique ça à mes supérieurs, moi ?

Le soldat poussa un profond soupir, et considéra l'homme à la capuche devant lui : il paraissait sûr de son fait, droit sur ses jambes. Manifestement, il ne bougerait pas tant qu'il n'aurait pas obtenu gain de cause.

— Reste là. Je vais voir ce que je peux faire…

Après plusieurs minutes de tractations derrière l'épais panneau de bois, on l'admit à l'intérieur, non sans avoir palpé le moindre pouce de son corps à la recherche d'une arme éventuelle. Enfin, trois soldats l'escortèrent à travers la bâtisse. Contrairement à la plupart des invités ordinaires, il ne fut pas conduit dans les salons ou le bureau du préfet, mais dans une salle en sous-sol, dévolue habituellement aux fouilles ou aux interrogatoires.

Devant le décurion qui se présenta, l'homme à la capuche réitéra sa demande avec la même obstination. Ce qui fit dire à Démétrius :

— Tu commences sérieusement à nous agacer. Jusqu'ici on n'a rien contre toi, mais si tu insistes autant, on va bien finir par trouver, crois-moi !

Le décurion réfléchit un long moment. Pilate s'était couché très tard, presque au matin, et il était hors de question qu'on le réveille, qui plus est pour un cas aussi loufoque que celui de ce prisonnier volontaire.

— Si tu ne veux pas dire ton nom, tu peux au moins nous dire pourquoi tu es là. Tu désires te livrer, fort bien, on a compris. Mais quels sont tes crimes ? insista Démétrius.

— Je ne dévoilerai mes crimes qu'à Pilate.

— Es-tu seulement certain que cela relève de notre autorité ? Ne devrais-tu pas plutôt consulter l'un de vos juges, ou l'un de vos scribes ?

— Je ne suis pas juif.

Le Romain parut interloqué.

— Tu n'es pas juif ?

— Enfin… je ne le suis plus.

— Tu veux dire que tu as renié ta foi ! Alors quel est ton Dieu ? Tu crois bien en un dieu ?

— Moi, répondit l'inconnu avec aplomb.

La réponse était si étrange, si dérangeante, que personne ne se piqua plus de l'interroger durant l'heure qui suivit. Il voulait voir Pilate ? Eh bien, soit, il attendrait Pilate.

Au milieu de la matinée, le procurateur fit enfin irruption dans la petite salle voûtée. Il avait revêtu un habit blanc d'apparat, en l'honneur de la fête juive.

— Cette nuit, j'ai eu droit à un messager sans message, et maintenant c'est un homme sans nom ! Quelle drôle de Pâque… Tu me diras, je préfère encore les fous aux rebelles. Et toi, de quel genre es-tu ?

— J'ai bien peur pour toi d'appartenir aux deux à la fois, seigneur.

Pilate partit d'un rire nerveux.

— Toi, au moins, tu dis les choses franchement. Pas comme ce bouffon qu'on m'a amené tout à l'heure.

Pendant ce temps, l'inconnu avait abaissé sa capuche. Le regard scrutateur du Préfet ne le reconnaissait pas, et pourtant quelque chose dans ce visage lui était familier. Comme s'il l'avait déjà vu, sans pour autant y accrocher un nom ou une identité précise.

— Mes hommes prétendent que tu as des choses à me dire. À moi seul…

— C'est exact. Je suis l'homme que tu recherches.

Pilate congédia ses soldats d'un geste impérieux.

— Tu veux dire Jésus ? Tu arrives trop tard, l'ami, j'en ai déjà un spécimen dans mes cachots depuis plusieurs heures !

— Je ne te parle pas de Jésus, seigneur. Mais d'un voleur, un rebelle que tes légionnaires traquent depuis longtemps…

— Barrabas ?

La bouche de Pilate fut parcourue d'un spasme.

— En personne.

— Et tu viens te livrer à moi ! Comme ça… Après des années de poursuites ! Un cadeau de la Pâque !

— Je comprends que ça puisse te surprendre, mais c'est pourtant la vérité.

— Ridicule ! Je ne sais pas qui tu es, mais ta tentative pour sauver ton complice, ou peut-être est-ce ton chef, est ridicule ! Tôt ou tard, nous arrêterons le véritable Barrabas. Et il finira sur une croix, tu m'entends ?

— Je le sais. Je suis prêt, confirma son vis-à-vis d'une voix ferme.

Le Romain n'avait plus du tout le cœur à s'amuser.

— Prouve-le-moi ! Révèle-moi des choses que seuls mes espions et le véritable Barrabas peuvent savoir !

— Tes espions ? Saül, par exemple ?

— Tu connais cette vermine ?

— Je le connais, oui. N'est-ce pas lui qui t'a parlé de Jésus comme d'un prêcheur inoffensif, pour venir ensuite te réclamer sa tête ?

— Comment sais-tu cela ? s'effraya Pilate.

— D'où penses-tu que Saül tenait ses informations ?

— De toi ? De toi, c'est ce que tu veux me faire croire ? C'est grotesque ! Toi… tu n'es rien !

À défaut de le convaincre, ce prétendu Barrabas l'avait passablement énervé.

— T'es-tu jamais interrogé sur la signification de mon nom ? *Bar-abas*, le fils du père dans ma langue…

— Tu me donnes des cours d'araméen, maintenant ?

— Pourquoi crois-tu que j'ai choisi un tel surnom, quand je suis entré en clandestinité ? Le fils du père. Fils de quel père, à ton avis ?

— Qu'est-ce que j'en sais, moi ?

— Réfléchis : un rebelle comme moi, originaire de Galilée comme moi…

— Attends… tu m'annonces que tu es le fils de Judas de Gamala, c'est ça ? Celui qui a disparu ?

— C'est bien moi.

— Alors là… là, on atteint des sommets. Tu es complètement dément !

Jean se ne démonta pas. Il avait encore plusieurs heures pour amener Pilate là où il voulait.

— Puisque tu disposes de si bons informateurs, persifla-t-il, tu n'ignores pas que mon père avait une particularité physique ?

Le Préfet évacua l'argument d'un revers de la main.

— Cette histoire de nombril ? Bah, encore une de vos légendes !

Jean releva alors sa tunique, d'un geste impatient. Son ombilic étoilé, composé de cinq courtes branches, s'affichait, triomphant. Pilate remarqua aussi, sur son avant-bras gauche, une large plaie couverte d'un bandage sommaire.

Il n'en croyait pas ses yeux. Pour un peu, il aurait touché la difformité, juste pour être bien sûr.

— Admettons, dit-il enfin, la voix blanche. Pourquoi toi, Barrabas ou quel que soit ton nom, fils de Judas, viendrais-tu te livrer ? Tu sais ce qui t'attend ?

— Je le sais, oui.

— Qu'est-ce que tu cherches ? À prendre le même chemin que ton père ? À jouer les martyrs de votre cause ?

— Non. Depuis la mort de mon père, notre cause est perdue. Je suis fatigué de me battre. Je veux juste le rejoindre…

C'était un peu court comme explication, et pourtant Pilate se sentit emporté par une sorte d'euphorie. Peu importaient les circonstances de la capture : Barrabas, le plus dangereux des brigands juifs, était son prisonnier ! Voilà ce qu'il pourrait agiter sous le nez de Flaccus. Le gouverneur ne pourrait plus le prendre de haut. Tibère lui-même serait obligé de complimenter ce coup de maître. Un signe magistral de sa divine autorité sur tous les territoires de l'empire. Et c'est lui, Pilate, qui en tirerait tous les honneurs ! Il ne serait plus le Pilate des enseignes et de l'aqueduc, mais le préfet qui avait crucifié Barrabas.

Le pacificateur de la Palestine !

— Soit, sourit-il. Comme tu le sais sans doute, tes forfaits tombent sous le régime des crimes contre l'empereur. De fait, ils dépendent de ma seule autorité. Je n'ai besoin du Sanhédrin ni pour te condamner ni pour te faire exécuter. Tu en es bien conscient ?

— J'en suis conscient.

La facilité déconcertante qui accompagnait l'arrestation de Barrabas laissa le préfet pantois. Presque sonné.

— Dans ce cas, poursuivit-il, tu vas être conduit dans une cellule. Tu seras informé du jour et de l'heure de ton exécution.

— Aujourd'hui ?

— Non, pas aujourd'hui. Tu n'es peut-être plus juif, mais tu dois te souvenir que c'est la Pâque. On ne tue personne ce jour-là. À moins de vouloir provoquer une émeute… Et ce n'est pas ce que tu veux, n'est-ce pas ?

Jean réprima un rictus de colère.

Il faut que ce soit aujourd'hui ! Pour nous deux !

À Jérusalem, les nouvelles se propageaient parfois à la vitesse d'un vol de colombe. Il suffisait qu'une bouche trouve une première oreille, et la mécanique s'enclenchait, imparable. D'aucuns prétendaient que la rapidité de diffusion des rumeurs était due au nombre important de lieux de culte dans la ville. Quatre cent quatre-vingts, soit presque une synagogue à chaque coin de rue. Qu'un *rabbi* ou un scribe s'empare du bruit, et ses collègues en étaient informés aussitôt.

L'arrestation de Jésus fut connue de tous dès le petit matin. Celle de Barrabas mit encore moins de temps à se répandre. Quand Pilate regagna le palais d'Hérode autour de la cinquième heure du jour, il vit Claudia Procula qui l'attendait devant la porte principale, visiblement bouleversée. Le préfet fronça les sourcils.

— Qu'est-ce qui t'arrive ?

— Tu as fait enfermer un homme, ces dernières heures…

— Jésus ? C'est ce mendiant qui te met dans cet état ?

— Je ne te parle pas de Jésus, admit-elle en baissant les yeux.

Pilate tendit une main vers sa joue, mais elle se détourna avec une moue.

— De qui d'autre ? demanda-t-il doucement.

— Tu sais très bien ! Barrabas… !

Il marqua à son tour un mouvement de recul, puis s'engouffra dans le bâtiment. Claudia le suivit sans hésiter.

— Je ne te demande jamais rien, seigneur. Mais je te demande d'épargner cet homme.

— Ne me dis pas que c'est lui que tu as choisi pour amant ?

Il poursuivait son chemin, sans un regard pour elle.

— Si tu exécutes Barrabas, le peuple entier va se soulever !

— Alors que je les débarrasse d'un brigand qui les dépouille depuis des années ? Tu divagues complètement, femme ! Je ne me mêle pas de tes petites soirées fines, alors s'il te plaît, ne te mêle pas de politique !

— Que crois-tu ? gémit-elle, au bord des larmes. Qu'on va t'acclamer pour ça ? Que tu vas devenir le roi de Jérusalem ?

Pilate s'arrêta net.

— Claudia, je suis déjà le roi de Jérusalem. En crucifiant Barrabas, le nom de Ponce Pilate va s'entendre bien au-delà de ces collines, crois-moi.

— Jusqu'à Rome ? C'est ça ce que tu espères ? Tu veux tuer un homme dont tu ne sais rien afin que Tibère te remarque ? C'est méprisable…

— Peut-être, mais c'est ainsi que fonctionne l'empire. Et ni toi ni moi n'allons le changer.

— Ce n'est pas ce qu'Auguste a voulu…

Il leva les yeux au ciel.

— Auguste… Auguste est loin, maintenant.

Claudia prit les mains rugueuses de son époux dans les siennes.

— Ne tue pas cet homme, je t'en supplie. Laisse-lui la vie sauve et…

— Et quoi ?

— Il n'y aura plus de ces soirées.

— La belle affaire…

— Je serai à toi et à toi seul, Pilate !

Il se dégagea de la douce emprise, et repartit d'un pas sans appel. Sa voix ricocha sur les murs du couloir interminable, dans un écho sinistre.

— Je ne peux plus rien faire. Ton Barrabas est déjà mort.

82

Béthanie

Dans la cuisine de Béthanie, là même où Judas avait décidé de livrer Jacques à la patrouille romaine, six jours auparavant, les deux frères parlèrent pendant plus de deux heures. Il fallut bien ça pour que Jacques lui résumât les grandes lignes de ce qu'il avait découvert à Nazareth, puis à Gamala. Fallait-il appeler ça des lignes, ou plutôt des saignées, tant ce qu'il exposait là taillait profond dans ses convictions, et l'histoire de leur famille ?

L'histoire de Jean et de Marie. Les jumeaux, Jésus et Israël. Les enfants cachés, puis élevés en Égypte. Les Thérapeutae. Les esséniens. La mystique délirante façonnée par Jean : initier les siens par le meurtre. La figure de Jean le Baptiste inventée de toutes pièces pour légitimer celle de Jésus. La vie publique du prophète, enfin, pour mieux maquiller ce qui se tramait en secret. Et Joseph qui, tout ce temps, avait financé leurs plans…

Ça faisait beaucoup. Ça faisait trop à assimiler en une seule fois, pour un homme tel que Judas. À chaque nouvelle révélation, il grondait, il pestait, il tapait du poing sur la table. Mais, au bout du compte, ce qui le mortifiait le plus, c'était son impuissance. Tout chef qu'il était, il ne savait pas comment combattre cette pluie nauséabonde, si ce n'est courber l'échine et attendre. Comme si Dieu en personne leur imposait une nouvelle plaie.

— Tu proposes quoi ? finit-il par lâcher.

— Ils ont tué Philippe. Je ne peux pas accepter que Jean et Israël échappent à la justice.

— Mais encore ?

— Il faut mettre la main sur eux avant que les Romains ne les exécutent.

— On ne sait même pas où est Jean !

— Je sais où il sera tout à l'heure, à la neuvième heure.

— Au Golgotha, c'est ça ? Tu crois vraiment à tous ces messages codés, ces signes dans le ciel ? Tu es encore plus fou que lui !

— Nous devons les châtier. Toi, Menahem, Thomas et moi. Ils n'ont pas le droit de choisir leur mort, d'aller impunément au bout de leur délire !

— Tu veux quoi ? Entrer dans l'Antonia et récupérer Jésus ? Ou encore mieux, prendre d'assaut la colline des exécutions et le décrocher de sa croix ?

— Israël, pas Jésus, corrigea Jacques.

— C'est ça, ton plan ? Foncer droit dans les troupes de Pilate ?

Judas se leva, furieux, et repoussa d'un coup de pied rageur le tabouret sur lequel il venait de passer tout ce temps.

— Tu préfères attaquer le Temple avec moins d'une dizaine d'hommes ? répliqua Jacques. Utiliser les tuyaux condamnés de Simon ?

— Il y a certainement d'autres accès. Ton petit prêtre doit en connaître, lui…

— Il en connaît, ce n'est pas la question. La question c'est de savoir ce qui compte le plus pour nous maintenant : châtier notre frère devenu fou, et comprendre pourquoi il en est arrivé là…

— Ou redonner un espoir à notre peuple, coupa Judas. Tu choisis la rancœur et les explications, je choisis l'action et l'espoir. Chacun sa manière de voir les choses, mon frère. Chacun son ambition ! Moi, je ne trahirai pas celle de notre père !

Sur ce, Judas sortit de la pièce. Il ne restait plus que quelques heures avant les exécutions.

Depuis son retour à Béthanie, Sara avait soigneusement évité sa mère. Marie comprenait. Elle se tenait à distance. De toute manière, elle n'aurait pas trouvé les bons mots pour lui expliquer, ni pour se faire pardonner.

La jeune fille, taraudée par la question de ses origines, s'interdisait pourtant d'y penser dans un tel climat de tension. Soudain, une voix familière s'éleva dans son dos.

— Sara ?

Mais qu'est-ce qu'il fait ici ?

— Ezra !

Ils se jetèrent dans les bras l'un de l'autre, Sara baisant chaque pouce de son visage glabre, tous deux ignorants des regards qui quadrillaient la cour. Amitaï, un rien jaloux, détailla leur effusion avec insistance.

« C'est qui, celui-là ? » s'étonna-t-il, formulant à haute voix ce que chacun se demandait en silence.

Sara fit des présentations en bonne et due forme aux femmes et aux enfants de la ferme. Tous accueillirent le jeune prêtre avec chaleur. Alerté par le bruit, Jacques les rejoignit et donna au nouveau venu une accolade.

— J'ai un message pour toi, de la part de Joseph, lui dit aussitôt ce dernier.

— Joseph d'Arimathie ? Tu l'as vu ?

— Oui. Il t'attend chez lui. Dans une heure. Il a beaucoup insisté.

— Tu sais pourquoi ?

— Il a parlé d'un agneau, qui mourrait aujourd'hui. Il a dit que c'était *sa* Pâque, et qu'on ne pourrait rien contre ça.

C'est ce qu'on va voir !

— Je te remercie, Ezra.

— Tu vas y aller ?

— Non. Je ne tomberai pas dans un piège aussi grossier. Plus maintenant !

— Qu'est-ce que tu risques ? Joseph est membre du Sanhédrin. Il ne touchera pas à un de tes cheveux. Surtout pas aujourd'hui.

— Il ne me tuera pas. Mais il peut me retenir assez longtemps avec lui pour m'empêcher d'être là où je dois être.

— Où ça… ?

— Viens, je t'expliquerai en route.

Sara les suivit illico, sans demander si elle était ou non la bienvenue. Elle venait de retrouver Ezra, et elle ne le quitterait plus.

— Attends ! s'exclama soudain Jacques. J'aimerais que tu parles à mon frère, Judas.

— Pour lui dire quoi ?

— Hum… disons qu'il a besoin de tes lumières pour le guider dans le Temple.

83

Jérusalem

— Eh bien, je dois m'incliner devant ton efficacité, Pilate, je suis sincèrement impressionné !

La rumeur publique avait informé le gouverneur Flaccus avant que le préfet ne puisse le faire lui-même. Elle lui avait volé la primeur de son annonce, si bien qu'il trouva un goût amer à son triomphe.

— Tes compliments m'honorent, Flaccus.

— Vraiment, capturer la même nuit Jésus et Barrabas, les deux hommes les plus recherchés de ce pays ! Les dieux sont avec toi !

— Je ne sais pas s'ils sont avec moi... mais ils ne sont plus avec ces deux-là.

Il resservit à son supérieur une pleine coupe d'un vin au rouge aussi profond que le sang. Flaccus engloutissait à grandes bouchées la collation que son hôte avait fait servir de manière impromptue.

— Alors, rien ne s'oppose à ce que tu les exécutes !

— Aujourd'hui ? s'indigna Pilate.

— Quoi de mieux qu'un jour chômé pour attirer la foule au spectacle ?

— C'est la Pâque, seigneur ! Un jour sacré pour les juifs. On ne tue pas un jour comme celui-ci. Même pas une mouche.

— Allons, ne joue pas les modestes, Pilate. Tu viens d'arrêter les deux rebelles que le peuple et le Sanhédrin réunis détestent le plus. Tu crois franchement qu'ils ne vont pas délaisser leurs petites règles ordinaires devant une telle aubaine ? Deux crucifiés pour le prix d'un !

— C'est délicat. Personne ne sait comment les pèlerins peuvent réagir…

— Tu veux faire oublier cette fâcheuse histoire des enseignes ? Frappe un grand coup ! Exécute Barrabas et Jésus le même jour. Et, tu peux me croire, on verra l'ombre de leurs croix jusqu'à Rome !

Il cherche à me pousser à la faute, s'affola Pilate.

— Et l'*indulgentia* ? proposa-t-il pour contrer son supérieur.

— Que veux-tu dire ? se raidit le gouverneur.

— N'es-tu pas habilité à gracier un justiciable au nom de l'empereur, une fois l'an ?

— En effet, mais uniquement dans mes colonies.

— La Palestine tout entière est l'une de tes colonies. Je dépends de toi, tu le sais bien, seigneur.

— Où veux-tu en venir ? Qui veux-tu gracier ?

— Je me disais juste que nous pourrions faire mieux qu'un simple coup d'éclat. Et ménager les différentes obédiences qui s'affrontent ici.

— Que suggères-tu, exactement ?

— À travers moi, fais valoir ton *indulgentia*. Soumettons le coupable au vote de la foule : Barrabas… ou Jésus. Ils adorent ce genre de consultations populaires, ici.

Flaccus avait perdu sa bonne humeur. Pilate l'avait pris à son propre piège.

— Tu ne crains pas les débordements ? tenta-t-il.

— Pas si on organise ça sur l'esplanade du Temple. Entre mes hommes et ceux de Caïphe, il y aura plus de soldats que de badauds.

— Et s'ils choisissent de gracier Barrabas ?

— Aucun risque ! C'est un brigand dangereux, qui tue femmes et enfants, tout le monde le sait.

Le gouverneur fit plusieurs pas dans le petit salon envahi par le soleil. Sa gêne était visible.

— Et Caïphe ? Comment lui expliqueras-tu que tu n'as pas exécuté la sentence du Sanhédrin ?

— Ce n'est que partie remise. Jésus n'est pas un oiseau bien difficile à attraper. La nuit dernière, il a même été dénoncé par l'un des siens ! Laissons-le prêcher quelques jours encore, quelques semaines au plus... Il ne fera qu'aggraver son cas aux yeux des sages du Sanhédrin. Il sera toujours temps de l'exécuter. Qu'en dis-tu ?

Flaccus ouvrit les mains en signe d'assentiment.

— Eh bien... Comment disent les juifs, déjà : « Amen » ?

Les cris ébranlaient jusqu'aux sous-sols de l'Antonia. Jean pouvait les entendre de son cachot, et il n'avait pas de doutes sur celui qui les poussait. Il écoutait chaque hurlement, le visage posé au creux de ses mains.

L'homme était enchaîné à un pilori haut de trois coudées. Il ne portait plus qu'un pagne qui lui tombait à mi-cuisses, et tout le reste de son corps était dénudé. Le dos, les bras, et même les jambes étaient constellés de petites plaies et marbrés de longues zébrures. De partout suintait un sang écarlate, qui giclait à chaque nouvelle volée, propulsant des gouttelettes qui luisaient dans les rayons égarés.

Deux soldats le fouettaient tour à tour.

— Il paraît que tu sais changer l'eau en vin, Jésus…

Zzzap !

— Et le sang ? Tu saurais faire du vin avec ton sang ?

Zzzap ! La pointe qui prolongeait la lanière se planta dans la chair, et arracha un lambeau de peau quand le légionnaire retira le fléau d'un geste sec.

— Allez, ne te fais pas prier ! Juste un dernier petit miracle !

Zzzap !

— *Idiotae !* Arrêtez ça tout de suite !

Démétrius était en rage. Il empoigna le bras du soldat le plus proche, et le pressa jusqu'à ce que l'homme lâche son fouet à terre.

— Tu entends ce que je te dis ? Qui vous a demandé de le fouetter ?

— C'est un condamné à mort, décurion, on pensait…

— Vous n'avez rien à penser ! hurla leur supérieur. Vous n'avez qu'à respecter mes ordres. Mes ordres ! Rhabillez-le-moi et reconduisez-le à sa cellule. Tout de suite !

— Sa tunique, Démétrius…

— Eh bien quoi ?

— On l'a jetée.

— Elle était dégoûtante, se défendit l'autre.

— Alors prenez ça !

Il leur expédia sa cape au visage, presque aussi rouge que le sang du supplicié.

— Et donnez-lui à boire ! Cet homme sera mort de soif avant qu'on ait levé sa croix.

S'il y arrive jamais, songea-t-il, alors qu'ils traînaient son corps inanimé vers la sortie, dessinant un sillon rouge sur le sol carrelé.

84

Depuis la route qui contournait le mont des Oliviers, on devinait que la foule autour des murailles était immense. Les pèlerins ne cessaient d'affluer. Certains avaient préféré fêter le Seder en famille, et ne se rendre dans la Ville sainte que le jour même de la Pâque. Le soleil ardent qui illuminait les remparts leur donnait raison. C'était un jour magnifique, un jour béni entre tous.

Entrer dans Jérusalem ne serait pas facile mais cette affluence serait leur meilleur sauf-conduit. Qui repérerait Jacques, Sara et Ezra parmi tout ce monde ?

Mais au moment où ils longeaient le mur méridional du grand cimetière juif, un cheval surgit d'entre les tombes, leur coupant la route. Le cavalier portait une longue robe blanche, bordée d'un liseré brodé, et un foulard pour protéger son visage de la poussière que soulevait chaque claquement de sabot de sa monture.

Comme ils se retournaient, un autre jaillit dans leur dos, plus massif, monté par un homme à visage découvert, à la peau noire.

— Tu ne m'en voudras pas d'avancer l'heure de notre rendez-vous, Jacques ?

Le premier homme retira son foulard et tous l'identifièrent, même Sara qui ne l'avait presque jamais vu : Joseph d'Arimathie.

— Que nous veux-tu ?

— Rien qui ne contrariera tes plans… en tout cas pas tant que tu respectes les miens. J'aimerais juste parler avec toi un moment.

— Jusqu'à la neuvième heure ? le provoqua Jacques.

— Je vois que tu as parcouru tout le chemin. Mais rassure-toi, je ne te retiendrai pas contre ton gré. Au contraire, je suis là pour te raconter des choses qui te seront utiles.

— Utiles ? La folie de Jean peut nous apporter quoi que ce soit d'utile ?

Le cheval de Joseph piaffa, et son maître mit pied à terre, la bride tenue aussi serrée que possible.

— Ne restons pas là, tu veux bien ? Allons plutôt dans le cimetière. Nous serons au calme. Jacques, si tu veux vraiment comprendre pourquoi tu portes cette marque, dit-il en désignant le triangle sur le front du scribe, tu dois m'écouter.

Comme Jacques hésitait, le sage du Sanhédrin lui tendit une main engageante.

— Je te le promets. Tes amis et toi pourrez repartir quand vous le voudrez.

— Vraiment ?

— Vraiment. Accorde-moi juste quelques instants. De toute façon, c'est déjà trop tard. Il n'y a plus rien que vous puissiez faire pour les détourner de ce qu'ils ont prévu.

— Pourquoi dis-tu « les » détourner ? remarqua Sara.

— Jean s'est rendu cette nuit. Les Romains tiennent « Barrabas », et, tu peux en être sûre, ils ne sont pas prêts de le relâcher.

Assis à l'abri d'une tombe monumentale, invisibles depuis la route où le Nubien gardait les chevaux, Jacques, Sara et Ezra se sentaient déchirés entre l'envie farouche de savoir et la peur de ce qui leur serait révélé. Comme s'ils devinaient qu'il y avait pire encore…

— Tu es allé à Nazareth, n'est-ce pas ? commença Joseph en regardant son filleul dans les yeux.

— Je m'y suis rendu, oui. À Gamala, aussi.

— Je n'en doutais pas. Tu dois comprendre que tout ce que tu as découvert là-bas ne veut rien dire si tu t'en tiens à ce que tu sais sur Jean. À tes vieux souvenirs.

Jacques secoua la tête.

— Je ne suis pas bien sûr de vouloir connaître d'autres détails.

— Tu as toujours été son préféré.

— Moi ? Son préféré ? Il a voulu m'enterrer vivant !

— Il a toujours su que tu étais le plus brillant de tous ses frères. Il savait que toi seul pourrais accomplir une telle démarche. Sans l'ampleur de tes connaissances, tu n'aurais pas compris. Tu ne serais pas l'un des nôtres.

— Je ne suis pas l'un des vôtres ! se rebella Jacques avec fureur.

Le sage pharisien laissa échapper un instant son regard sur les toits de la ville, si proche. Jérusalem était une pure splendeur, sous cette lumière à son zénith.

— Bien sûr que si, Jacques. Et depuis bien plus longtemps que tu ne le crois…

— Qu'est-ce que tu insinues ?

— Le triangle sur ton front a été la dernière étape de ton initiation.

— Mon initiation, comme tu dis, a bien failli s'achever dans un trou ! C'est ça, votre conception de la spiritualité ? Tuer ses frères ?

— Jean savait que tu t'en sortirais. Il a tout fait pour t'aider.

— Quoi ? La *Table d'Émeraude ?* La Tétractys ? Tout son petit jeu de piste tordu, tu appelles ça une initiation ?

— Réfléchis… Tu crois vraiment que tu aurais surmonté les épreuves de ces derniers jours sans ton éducation ?

Le scribe sentait un trouble étrange le gagner. Une émotion immense qui submergeait aussi Sara et Ezra, à ses côtés.

— Pourquoi crois-tu que tu as été le seul de ta fratrie à bénéficier de ces années d'apprentissage en Grèce ? poursuivit Joseph.

— Parce que j'en ai fait la demande !

— Non. C'est Jean qui l'a décidé. C'est lui qui a choisi Anaxilaos et son enseignement inspiré de Pythagore. C'est lui qui t'a guidé vers un savoir réconciliant la science grecque, la foi juive et la magie égyptienne.

— Tu divagues ! Jean avait déjà disparu depuis des années, quand je suis parti à Thèbes.

— Disparu pour toi et tes frères. Mais il n'a jamais été très loin. Il revenait régulièrement.

« Il revenait régulièrement. » Sara frémit à ces mots.

En dépit de la chaleur, Jacques tremblait lui aussi comme un cyprès sous le vent.

— C'est lui qui a payé mes études ?

— Non, les finances, c'est moi. Depuis la mort de ton père, j'ai tout pris en charge. Tes études, la ferme de Béthanie, l'entretien de Jésus et d'Israël…

— C'est du pur délire ! explosa Jacques. Mon frère banni me manipulerait depuis plus de vingt ans ? Et ça uniquement pour résoudre deux ou trois petites énigmes aujourd'hui ?

— Jean ne t'a pas manipulé, poursuivit Joseph sur un ton égal. Il t'a accompagné, Jacques. Depuis tout ce temps, il te guide. Il est Seth et tu es Osiris : tu devrais l'avoir compris, maintenant. Il est le démon qui t'inflige les épreuves qui te conduiront à la vérité ultime.

— Foutaises ! Cette crapule a tué Philippe ! Alors ne me parle pas d'initiation, par pitié !

— Philippe était consentant.

— Quoi !

Jacques secouait la tête, incrédule.

— Jean ne lui a jamais caché que, comparé à toi, il tenait un rôle secondaire dans son dispositif. Mais Philippe a tenu à jouer sa partie, même mineure.

— Et moi, alors… quel est mon « rôle » ? Pour quel grand dessein aurais-je été formé tout ce temps ? défia-t-il Joseph, d'un ton acerbe.

— Tu es celui qui révèle, celui qui perce le mystère. Il ne peut pas y avoir de nouveau dogme sans secret. Mais il n'y a pas non plus de secret digne de ce nom sans un homme, un seul homme, pour le mettre au jour. Après leur « départ », tu en seras le dépositaire. Toi, et seulement toi.

Toute religion se construit sur un mythe fondateur, se rappela Jacques. Mythra, Isis, Gazi... Jean n'avait rien fait d'autre que de façonner patiemment le sien, celui dont il était le héros. Et lui, son frère, avait été l'agent de sa révélation, l'ange de son Apocalypse. Celui qui, par sa création démente, passerait à la postérité.

Sara sortit alors de sa réserve, soucieuse de comprendre la source de cette gigantesque mystification.

— Que s'est-il passé exactement, quand Jean est parti de Gamala ?

— Il a passé plusieurs mois en Égypte, chez des amis que j'avais près d'Alexandrie.

— À Maréotis ?

— Oui, à Maréotis. Chez les Therapeutae. C'est là qu'il a commencé à comprendre certaines choses.

Jacques parvint à dominer sa colère, et sa raison reprit le dessus. Banni pour avoir trop aimé sa sœur, Jean avait découvert en Égypte un pays où les dieux eux-mêmes s'unissaient à leurs sœurs. Où les amours d'Isis et de son frère Osiris n'étaient pas honnies, mais sacralisées.

Conscient de son statut d'héritier royal, le fils aîné de Judas s'était vite identifié à Seth. Au point de vouloir en revivre la légende. Au point d'imaginer que, à l'instar de ce dernier, il pourrait devenir celui qui tue pour libérer, celui qui révèle la part divine en chacun de nous. Fût-ce par la mort...

Sa rage s'était muée peu à peu en quelque chose de bien plus grand, de plus fou : la fondation d'une nouvelle Alliance. S'il rêvait encore de sacrifier les siens, ce n'était plus par vengeance, mais pour en faire des dieux, à son image.

— Mais toi, Joseph, intervint Ezra, pourquoi l'as-tu soutenu dans sa folie ?

— Judas, votre père, me l'a demandé. Sur sa croix, Judas m'a ordonné de faire tout ce que Jean exigerait de moi. Il était persuadé…

— Que Jean était le Messie ? compléta Sara, abasourdie.

— Exactement. Quand le Messie vous donne des ordres, même s'ils vous semblent absurdes, ou cruels… on obéit. Moi, je ne suis rien. Je n'ai fait que préparer le chemin du Seigneur.

« Préparer le chemin du Seigneur », les termes employés par Jean le Baptiste.

— Mais pourquoi toute cette mise en scène ? insista Sara. Endosser l'identité de Jean le Baptiste ? Faire connaître Jésus en tant que prophète ?

— Jean a toujours su que son message était trop radical pour être entendu par la multitude. « Débarrassez-vous de votre corps », « Purifiez votre âme de son enveloppe terrestre »… Qui serait capable d'y adhérer sans sourciller ? Qui lâcherait le peu qu'il possède sur terre pour laisser éclore le dieu en lui ? Alors, il a proposé un versant acceptable par tous. Une version édulcorée, attrayante.

— Jésus…

— Oui. Et pour que Jésus, un jeune inconnu de Nazareth, trouve son public, il fallait faire du bruit. Il fallait qu'on prépare sa venue. Le Baptiste lui a donné une forme de légitimité, une aura.

— Alors pourquoi Jean nous a fait croire à sa mort, dans la grange ? insista Sara. Pourquoi tous ces masques, toutes ces tromperies ?

— Si vous n'aviez pas cru que c'était Jean dans ce feu, jamais vous n'auriez cherché à en savoir plus.

Jacques revit Simon se précipitant sur le corps du brûlé, validant le premier son identité. Et eux tous, ses frères, acceptant son verdict sur la foi du nombril étoilé.

Sans mystère, pas de quête, songea le scribe.

D'une main hésitante, il jouait avec sa canule. Son outil universel. La seule chose en ce monde sur laquelle il avait toujours pu compter. Joseph sourit en apercevant l'objet.

— Tu l'as encore ?

— Oui...

— Tu sais ce qu'elle représente ?

— Évidemment, c'est le caducée d'Hermès. Les deux serpents de la connaissance.

— Le savoir officiel et le savoir occulte qui s'entremêlent, et aussi le symbole des Therapeutae, compléta Joseph.

— Où veux-tu en venir ?

— Quand je te l'ai remise ce jour-là, à Thèbes, je n'étais que le porteur. C'est Jean qui t'a offert ton caducée.

C'en était trop pour Jacques. Sa vie entière, tout ce en quoi il croyait le plus ardemment, tout était illusion. Son existence avait été programmée, à son insu, par l'esprit malade de son frère. La terre se serait ouverte sous ses pieds, l'une des sépultures l'aurait englouti, que son désespoir n'aurait pas été plus grand.

Il ne prononça plus un seul mot, mais écouta Joseph jusqu'au bout, buvant la coupe de vérité jusqu'à la lie.

Il dévoila à Jacques, Sara et Ezra comment Jean avait transmis à ses fils sa mystique nouvelle, mais aussi sa science des textes, de la magie et des plantes. Comment Jésus s'en était servi pour faire croire à des miracles. Comment tous avaient attendu, patiemment, le signal des astres afin d'accomplir leur œuvre sinistre. Comment le père et ses deux fils, Jésus le premier, et bientôt Jean et Israël, seraient bientôt morts tous les trois, sous de fausses identités, leur grand secret à jamais protégé.

Un secret connu seulement de Jacques et des assistants qu'il s'était choisis.

Seul Ezra osa secouer leur effroi pour poser une dernière question, une question de pur bon sens.

— Comment peux-tu être si sûr que Jean et Jésus seront sur la croix à la neuvième heure ?

— Certaines faveurs sont assez faciles à obtenir, dans ce pays.

— Tu as soudoyé des légionnaires ?

— Mieux que ça : Flaccus. Il ordonne, Pilate exécute.

Joseph en avait fait la promesse, il ne les retiendrait pas. Alors Jacques partit sans un mot, son front portant la marque de son anéantissement, mais aussi de sa détermination.

Rien n'est encore joué !

85

Franchir la porte de Siloé fut un jeu d'enfant, tant la bousculade submergeait les quelques soldats en faction. Suivi de près par ses deux jeunes compagnons, Jacques se fondit dans les groupes de pèlerins qui sillonnaient joyeusement le Tyropéon. La presse était grande, la chaleur intense, et la remontée vers le Temple prit bien plus de temps qu'à l'accoutumée. L'occasion d'écouter les conversations autour d'eux, de sonder les rumeurs, de prendre la température du peuple en liesse.

— Depuis le temps qu'on en parle, je ne suis pas mécontent de mettre un visage sur ce Barrabas, devisait un homme aux cheveux gris.

— Et moi donc ! Il a détroussé deux de mes cousins, tout leur chargement de soie ! surenchérit son compagnon de marche.

— Tu crois qu'il peut se faire acquitter ?

— Aucune chance. Jamais les gens d'ici ne le préféreront à Jésus.

Jacques s'immisça dans leur conversation.

— De quoi parlez-vous ?

— Tu n'es pas au courant ? Pilate a décidé de gracier l'un des deux condamnés.

— Certains prétendent que c'est pour justifier une exécution un jour saint. Et leur sort dépendra du vote de la foule.

— C'est une mauvaise plaisanterie !

— Pourquoi penses-tu qu'il y a tant de monde ? Tous veulent participer ! Tous veulent lever la main ! Pour une fois que les Romains nous consultent…

Sans attendre la suite, les trois compères traversèrent l'esplanade, aussi vite qu'ils le pouvaient, se glissant entre les attroupements, évitant les prêtres chargés d'encens et d'offrandes, se faufilant entre les animaux et les charrettes des marchands. L'homme aux cheveux gris n'avait pas menti : une cohue sans nom s'agglutinait au pied de l'Antonia. Les curieux étaient venus en masse.

Ezra, Jacques et Sara tentèrent de se faufiler jusqu'aux premiers rangs. Au passage, ils reconnurent Magda qui tomba dans leurs bras. Un peu plus longtemps, sans doute, dans ceux de Jacques.

Sur le toit du péristyle, coincé entre la citadelle et le parvis, des légionnaires en armes avaient été postés. Plusieurs archers tenaient la foule en joue, prêts à décocher leurs flèches au premier mouvement suspect.

Flavius, l'aide de camp de Pilate, s'avança sur le gigantesque balcon et imposa le silence à la foule frémissante. Solennel.

— Peuple de Jérusalem ! En ce jour de la Pâque, Pilate, préfet de Judée, a décidé de t'accorder une faveur. Dans quelques instants, il va présenter deux détenus, tous deux condamnés à mort, et te demander de choisir celui que tu veux voir libérer.

Les cris de haine et les injures fusèrent.

— Voulez-vous gracier Barrabas, le voleur… ou bien Jésus de Nazareth, le prophète blasphémateur, que votre Sanhédrin a déjà condamné à mort ?

Pilate apparut à son tour sur le balcon, sous des huées maudissant l'occupant. Il fit un geste aux soldats, qui poussèrent les deux prisonniers en avant. Barrabas avait l'air grave, mais son visage ne portait aucune trace de coups.

Jésus offrait, en revanche, une bien triste figure, sa tunique imbibée de son sang, le dos encore courbé par la morsure du fouet. Il fallut le soutenir pour l'exhiber auprès du procurateur romain. Ses traits disparaissaient presque sous le masque de peur, de poussière et de sang coagulé qui couvrait son visage. Si bien que nul ne remarqua la ressemblance qui unissait les deux prisonniers.

— Voici donc le choix qui vous est proposé aujourd'hui, tonna Pilate. Voulez-vous libérer Barrabas…

Il tendit la main à sa droite.

— …ou Jésus ?

Il fit de même à sa gauche.

Jean... ou Israël. Le père, ou son fils ? Jacques songea que les badauds présents n'auraient pas pris un tel vote à la légère, s'ils avaient su l'abominable dilemme qui se jouait là. Car le tapage qui emplit la cour en guise de réponse ne désignait pas de vainqueur. À voir l'air hilare qu'affichaient certains, on devinait qu'ils avaient crié « Barrabas » non par conviction, mais afin de contrarier l'autorité romaine. L'occasion de défier le préfet était trop belle. À Jérusalem, personne n'avait vraiment oublié l'affaire des enseignes.

— Ce n'est pas possible, pesta Magda. Ils vont l'acquitter juste pour tenir tête à Pilate ? Ça ne rime à rien !

À tout prendre, c'était le choix de Jacques. Barrabas, alias Jean, l'homme qui avait volé sa vie avant de chercher à lui donner la mort. Celui qui avait déshonoré leur sœur avant de les trahir tous. Jean, la source de tous leurs maux. Cet homme-là… *un Messie ?*

— C'est pourtant lui que nous devons soustraire à la croix, indiqua-t-il sèchement à ses amis.

Ezra s'était penché à l'oreille de Sara.

— J'ai peut-être une solution. Mais il faut faire vite. Suis-moi !

Les deux jeunes gens s'évanouirent dans la foule.

86

— Prenez leur uniforme !

Menahem et Jacob ne se firent pas prier. Ils délestèrent les gardes de leurs effets, aussi prestement que l'exiguïté du tunnel le permettait. Mais les hommes inconscients étaient petits et peu corpulents. Seul Jacob put endosser sa tenue.

Judas avait opté pour un commando réduit au minimum. Son fils aîné, le plus jeune de ses frères, et lui. Trois hommes vifs, courageux, déterminés. Après avoir déniché la trappe indiquée par Ezra, entre deux échoppes adossées aux arcades extérieures du Temple, ils avaient remonté le conduit à la lueur d'une torche.

Pendant plusieurs dizaines de coudées, si étroites et si basses qu'il fallait presque ramper, ils n'avaient croisé que quelques rats. Puis, après un dédale de couloirs que seules les indications du petit prêtre leur permirent de traverser sans se perdre, la galerie filait en pente raide vers la surface. Elle débouchait juste sous le *mikveh* du grand prêtre, dans la chambre du sel.

L'itinéraire fourni par Ezra était parfait. La chambre du sel était la plus proche de l'*Altar*, l'autel monumental où brûlait un feu perpétuel. Et, comme la cour était à peu près déserte en ce lendemain des grands holocaustes de la Pâque, personne ne les empêcherait d'y accéder. Dans quelques instants, le Temple tout entier ne serait qu'un brasier géant. Mille fois plus grand que la grange de Béthanie.

Mille fois plus meurtrier, aussi. Judas s'élança le premier, une outre de bitume à la main.

Allongée sur son lit, Claudia avait congédié toutes ses servantes. La fenêtre était ouverte et un vent léger circulait dans la pièce. Il faisait danser les voilages qui entouraient sa couche. Il lui apportait aussi des parfums de printemps où les notes d'orangers se mariaient à des odeurs plus vulgaires d'oignons et de galettes. En tendant l'oreille, elle pouvait capter les échos qui provenaient du Temple.

Des cris étouffés en partie par la distance et les bruits de la rue, mais qui lui parlaient de lui. De « l'homme qui touche votre âme », avait deviné Agabus dans sa prédiction.

La main guidée par son image, elle se dévêtit lentement. Puis se redressa pour verser un peu d'eau dans un gobelet d'argent. Trois petites graines jouaient à cache-cache dans une soucoupe. Elle les avala sans se précipiter. Une à une.

Couchée à nouveau, elle laissa ses doigts explorer sa peau comme il l'aurait fait, lui. Ses seins dans lesquels il mordait à pleines dents. Ses mamelons qu'il croquait comme des dattes mûres et sucrées. La pulpe de son majeur effleura la naissance de son sexe. S'y attarda. Et plongea au-delà, dans des régions que lui seul savait coloniser.

87

Pilate avait blêmi. À entendre la populace scander le nom du brigand, il envisagea soudain que le pire était possible. Barrabas gracié !

Et c'est moi qui ai lancé cette idée brillante ! se lamenta-t-il en silence.

Barrabas semblait lui aussi terrifié par la tournure que prenaient les événements. L'un des deux, libéré ? Cela faisait près d'un quart de siècle qu'il préparait son apothéose, et un petit préfet romain de rien du tout allait tout gâcher ! Son destin de Messie allait être ruiné par un caprice politique ?

Il fit mine de se dégager de l'emprise de ses gardiens, ce qui retarda d'autant le jugement final.

Quelques instants précieux qu'Ezra et Sara mirent à profit. Sillonnant la foule, ils distribuaient aux quidams les pièces d'or et d'argent qu'ils avaient fourrées dans les poches de leur tunique, soufflant leur consigne.

— Barrabas ! Libérez Barrabas !

Durant leur escapade, le jeune prêtre lui avait raconté brièvement comment, deux jours plus tôt, il avait surpris Saül dans le Saint des Saints, au pied du Trésor. Une lutte s'était engagée entre les deux hommes. Pour préserver les richesses du Temple, mais aussi pour sauver sa peau, Ezra avait fui, les bras chargés d'un sac d'or, trop lourd pour lui. Depuis, il n'avait su que faire de ce butin embarrassant. Jamais le commandant du Temple, qu'il évitait soigneusement depuis l'épisode du *mikveh* du grand prêtre, ne croirait sa version des faits.

Alors, autant que toutes ces pièces servent à quelque chose !

— C'est pour toi, prends ! Et vote Barrabas !

Les heureux bénéficiaires n'en revenaient pas. Ils croquaient les pièces brillantes pour vérifier leur authenticité. Le troupeau humain fut pris d'étranges remous. La rumeur se répandit comme une traînée de poudre. On distribuait de l'argent, comme ça, juste contre une promesse.

— Tiens ! Crie « Barrabas » ! Tu entends ? Barrabas !

Sur la terrasse où se tenaient les Romains, la confusion était visible.

— Que se passe-t-il, Flavius ?

— Je ne sais pas, seigneur. Mais finissons-en avant que ça ne tourne mal.

Pilate s'avança à nouveau, faisant retentir sa voix par-dessus le vacarme.

– Je vous le demande pour la dernière fois. Et j'attends de vous une réponse claire et sans appel. Voulez-vous que je libère le prophète galiléen, ce Jésus… Ou lui préférez-vous le voleur qu'on appelle Barrabas ?

La clameur fut cette fois sans ambiguïté, gonflant et résonnant sous les arches du portique : « Barrabas ! », « Barrabas ! », « Libère Barrabas ! ».

Depuis la cour des sacrifices, toute proche, les hurlements s'entendaient très distinctement. Mais les trois rebelles déguisés en gardes étaient trop concentrés sur leur mission pour leur prêter une réelle attention. Sous l'œil indifférent des lévites qui nettoyaient les tables engluées d'une épaisse couche de sang séché, Judas s'avança jusqu'à l'escalier monumental. Là, d'un geste discret, il libéra le bouchon de son outre et gravit les marches menant à l'autel, l'air de rien. Un fin sillon de bitume le suivit. Au pied de l'*Altar*, il versa le reliquat de liquide visqueux et noirâtre, le dos tourné aux prêtres pour dissimuler son forfait.

Menahem, à son tour, effectua la même opération de l'autre côté de la cour. Sa partie était plus périlleuse puisqu'il s'agissait d'épandre le produit inflammable depuis la chambre de l'eau jusqu'au sommet de la rampe. Il gravit celle-ci le dos courbé, aussi furtivement que possible.

Quand l'un des lévites revint du réservoir, les bras chargés de deux baquets d'eau claire, il aperçut la silhouette perchée.

— Eh toi ! Qu'est-ce que tu fais là ? Viens aux tables de sacrifices avec nous.

Comme Menahem ne répondait pas, il répéta son ordre avec force.

— Oh ! Tu es sourd ? Descends de là tout de suite ! Et viens nous aider !

Judas glissa dans le dos du lévite et passa la lanière de cuir de son outre autour du cou de l'homme. Il serra la gorge avec toute la poigne dont il était capable.

— Retourne à tes maudites tables et laisse-nous nettoyer à notre manière, tu entends ?

L'homme suffoquait de surprise et de terreur.

— D'accord, d'accord… mais lâche-moi !

D'autres lévites avaient compris qu'il se passait quelque chose d'anormal, et ils accouraient maintenant à la rescousse. Au moins une dizaine d'entre eux. Menaçants.

Je ne ferai pas le poids seul !

Judas cria un ordre de retraite à Menahem. De là où il était, il ne pouvait pas voir Jacob, tremblant de terreur dans sa planque. Incapable de savoir s'il devait ou nous s'élancer à son tour, faute d'un signal explicite.

Cette agitation suspecte n'avait pas échappé aux légionnaires en faction sur le toit du portique, tout autour du parvis. Une première flèche vint ricocher sur le dallage, à quelques pouces du balafré.

— Jacob ! hurla Judas.

L'adolescent prit cet appel pour un commandement, et bondit à découvert, en direction de l'autel. Tout en courant, il se mit à faire tournoyer son outre, comme une fronde. C'était le plan prévu : surtout ne pas jeter la dernière outre trop près du foyer, par crainte d'une explosion. Mais la lancer depuis la cour pour embraser les deux pistes de bitume, et fuir aussitôt après.

Juste avant que Jacob ne libère son projectile, une flèche vint se planter dans sa poitrine. Claquement sec d'un côte brisée par le choc. Son déguisement n'avait pas suffi à le protéger. Une main sur le cœur, il s'effondra d'un coup, la lanière de cuir encore prisonnière au creux de sa main. Une flaque de bitume et de sang mêlés se répandit aussitôt autour de lui. L'outre gisait contre son flanc, et se vidait dans un long glouglou.

— Jacob ! Non !

Judas et Menahem se défirent sans peine de leurs assaillants qui s'étaient mis à couvert, terrifiés par la pluie de flèches qui s'abattait maintenant sur l'*Azarah*. Ils se ruèrent sur le corps inanimé du jeune homme.

Ainsi exposés, ils composaient tous les trois des cibles idéales pour les archers romains. Et la giboulée mortelle reprit de plus belle. Une pointe de fer vint se ficher dans la cuisse de Judas, qui refusa pourtant de se mettre à l'abri.

— Tu ne peux plus rien pour lui ! Viens ! ordonna son frère.

Menahem le tira de toutes ses forces vers l'accès par lequel ils avaient débouché à l'aller. Avec un peu de chance, l'alerte ne serait pas encore donnée dans tout l'édifice, et le passage qu'ils avaient emprunté serait libre. Judas, le visage crispé par la douleur, adressa un dernier regard à son fils. Sacrifié en vain. Cette masse sans vie, tombée pile là où les prêtres sacrifiaient les animaux, ce cadavre était encore son fils.

Il avait tout perdu, aujourd'hui. Ses rêves de gloire et sa descendance.

Son jeune frère prit Judas entre ses bras, comme un enfant, et l'engouffra dans le tunnel. La trappe refermée sur eux, les deux hommes avaient disparu quand les premières sandales romaines se posèrent sur le sol grêlé de sel.

Le Temple ne brûlerait pas. Pas aujourd'hui. Pas encore…

Était-ce l'effet de ces graines qu'il lui avait données ? Chaque fibre de son corps semblait plus réelle, chaque caresse plus vive qu'à l'accoutumée. Le moindre effleurement provoquait une décharge, presque une douleur. Son bas-ventre vibrait comme la peau d'un tambour. Des spasmes de plus en plus rapprochés, de plus en plus forts, cognaient depuis le creux de ses reins jusqu'au plus profond de son intimité.

Au-dehors, Claudia n'entendait plus de cris. Tout semblait figé. Comme suspendu à un fil. Pareil à son plaisir qui grondait et ne voulait pas venir. Il menaçait comme un orage, et elle en redoutait le premier éclair autant qu'elle l'espérait.

Sa petite et sa grande morts, réunies.

Une lumière blanche la foudroya. Une pointe traversa son corps de part en part. Voilà, le moment était venu. Son départ se confondit avec la plus intense des jouissances qu'elle avait jamais connue.

Je t'attends... Sa toute dernière pensée fut pour l'homme qu'elle aimait, et qui passerait bientôt de l'autre côté, lui aussi.

88

— Non ! Non ! Non ! Non ! Noooon !

Il fallut au moins cinq légionnaires, et des plus robustes, pour maîtriser Barrabas. L'homme se débattait comme un lion. Il avait même mis deux gardes à terre, avant qu'on parvînt à le ceinturer et à le pousser jusqu'à la petite porte de l'Antonia. Il criait à tout rompre.

— On n'a jamais vu ça ! On ne libère pas un criminel comme moi, juste parce qu'une bande de pèlerins avinés le veut ! Tu dois me crucifier Pilate, tu m'entends ?

Ce qu'on n'avait jamais vu, de mémoire de préfet comme de soldat romain, c'était un condamné qui réclamât à cor et à cri l'application de sa sentence. Encore moins s'agissant du plus odieux des supplices, la crucifixion.

— Sortez-moi ce dingue de là ! Et vite ! ordonna Pilate.

Cette décision le choquait, lui aussi. Mais impossible de contredire la sentence de la foule.

— Que dira Tibère, quand il saura que tu m'as fait relâcher ? Hein ? Crucifie-moi, Pilate ! Comme mon père ! C'est ce qui est écrit depuis le début !

Le condamné avait disparu dans l'escalier sombre, mais ses hurlements se faisaient encore entendre sur la plate-forme. Mais le bruit était si grand, sur le parvis, qu'aucun de ceux qui étaient venus au spectacle n'en capta le moindre mot.

« Barrabas ! Barrabas ! Barrabas ! »

Ils célébraient en chœur la victoire de leur nouveau champion, admirant le destin d'un homme capable d'échapper *in extremis* à la mort qui lui était promise. Ce rebondissement l'auréolait d'un prestige inédit.

Jésus, en revanche, avait tout perdu. Il semblait égaré, cherchant désespérément un soutien dans la foule qui le conspuait sans retenue.

Au loin, il reconnut enfin un regard ami. Un regard éperdu. Celui de Marie, éplorée, qui fendait la cohue à grand-peine, et que Marthe soutenait. Elle qui avait souscrit au rituel et à la folie de Jean, elle qui avait tout accepté par amour de son frère… c'était autre chose de voir ainsi son fils, sa propre chair, livré à la souffrance et la vindicte de tout un peuple.

Israël…

Les bras de Jacques se tendirent pour la recevoir. Elle y chuta avec un abandon aussi lourd que sa culpabilité. Elle n'arrivait pas à regarder Israël, le jumeau survivant, dans ses habits d'agneau sacrifié. C'était plus qu'elle n'en pouvait supporter. Elle brama sa douleur et sa honte dans un long cri qui s'éteignit peu à peu, comme une flamme.

Le scribe la berça doucement contre son épaule, contraint de consoler celle qui avait pourtant tant péché, envers lui et envers toute sa famille. Contraint de rester sur la place, alors qu'il souhaitait si fort la quitter.

Car, dans quelques instants, Barrabas gracié serait redevenu Jean. Et il courrait par les rues de Jérusalem, libre, rendu à son ombre insaisissable et à son dessein abject.

— Comment trouver quelque chose dans ce bazar ? s'exaspéra Sara, un rouleau dans chaque main.

Le verdict de Pilate tout juste rendu, le jeune bibliothécaire escorta sa compagne dans la salle des archives. Comme le voulait l'usage, on y conservait les registres du pays, toutes provinces confondues, mais sur une seule génération. Soit environ vingt-cinq années de naissances, de mariages et de décès. Au-delà, les archives étaient détruites, et les vies et les morts livrées à la mémoire des seuls proches. Un moyen de laisser la place aux suivants, et de libérer l'esprit des enfants et des petits-enfants du poids de leur histoire familiale, si souvent source de larmes et de conflits.

À la grande déception de la jeune fille, tous les nouveau-nés n'y étaient pas consignés.

— Aucun enfant de sexe féminin n'est inscrit dans toute cette paperasse ?

— Aucun. Tu sais ce que disent nos lois. Seuls les hommes sont considérés comme des fidèles aux yeux du Temple. Mais il y a un autre moyen de te retrouver dans ce fouillis.

— Lequel ?

— Les femmes qui ont enfanté ont quarante jours pour venir se purifier ici. Au moment du rituel, on note le nom de la nouvelle mère, la commune dans laquelle

elle a accouché, et le sexe de son enfant. Pas son nom, mais au moins son sexe.

— Et si la mère refuse de venir ?

— C'est un devoir qui ne souffre pas vraiment de dérogation.

— Sauf si l'enfant est illégitime, suggéra Sara.

— C'est l'un des cas, en effet, où l'on peut imaginer que la mère cherche à se soustraire à l'obligation.

Et ils consultèrent minutieusement toutes les purifications postnatales des années 3770 à 3780. La lecture de l'année 3776, l'année supposée de sa naissance, fut plus appliquée encore.

— Là, j'ai bien une Marie ayant donné naissance à une fille le même mois que toi, mais c'était à Jéricho.

Non, rien… Aucune ligne n'évoquait, même de loin, sa naissance à elle, Sara, fille de Marie. Aux yeux du Temple et de la Loi juive, elle n'existait pas.

— On peut regarder le rouleau de 3766 ? demanda-t-elle tout de même.

— Si tu veux, répondit Ezra après un silence.

Car il savait bien ce que cela signifiait : 3766. L'année de la naissance des jumeaux cachés, deux garçons, Jésus et Israël. Ses frères, qu'elle le veuille ou non. Illégitimes, *eux aussi*.

Or, pas plus qu'il ne conservait sa trace à elle, l'an 3766 ne mentionnait de Marie, mère de jumeaux de sexe mâle.

Le jeune prêtre proposa une explication pour la rasséréner.

— À l'époque, ta mère vivait à Gamala. C'est très loin du Temple…

À l'époque, oui. Mais pas en 3776. Au moment de sa naissance à elle, Marie habitait déjà Béthanie, autant dire aux portes de Jérusalem. Rien ne justifiait qu'elle ait ainsi enfreint la Loi. Rien sauf…

Ezra tenta vainement de la rassurer. De la prendre dans ses bras. Mais elle se dégagea dans un frisson irrépressible. Il l'aurait imaginé abattue, écrasée par la révélation, et pourtant c'est une Sara toute de colère qui le repoussa.

Enragée, elle se mit à asséner des coups violents, tout autour d'elle. Sur les papyrus, leurs étuis, sur les pupitres de consultation…

Ezra ne savait comment l'arrêter. Il n'était même pas sûr d'en avoir envie. Il comprenait si bien son sentiment d'horreur et d'impuissance mêlées. Il aurait tant aimé connaître le remède pour arracher cela de sa tête, et de son cœur. Un jour, lui avait soutenu Raziel, il existerait de véritables médecins de l'âme, capables non pas de poser sur elle des emplâtres et des onguents, mais de la purger pour de bon de ses souffrances. Et ce jour-là, c'en serait fini de toutes les religions, pensait le vieil érudit.

Alors, sans se soucier des dommages encourus, ni de sa réputation dans le Temple, Ezra la laissa saccager tout ce qui pouvait l'être dans la pièce, tout ce qui était à portée de sa fureur.

Jean était son père.

89

— Voici l'homme.

Face à la masse hurlante, Pilate avait volontairement prononcé ces mots en latin. *Ecce homo*. Peut-être pour signifier que lui, le Romain, tout préfet de Judée qu'il fût, n'était pour rien dans ce choix. C'était leur volonté. Leur homme. Celui qu'ils avaient décidé de crucifier. Même s'il savait, au fond, quelle part de faiblesse et de responsabilité il portait dans toute cette affaire.

Sur son ordre, on embarqua le pauvre bougre ensanglanté, grelottant presque sous sa cape rouge, malgré la chaleur, et on l'emmena jusqu'à la cour nord de l'Antonia.

Là, un groupe de légionnaires s'affairait autour de deux hommes agenouillés. Deux charpentiers qui, sous leur surveillance, tentaient d'assembler de grosses poutres d'un bois dense et pesant. Ils fabriquaient une croix, haute d'au moins six ou sept coudées, et presque large d'autant.

Un soldat se moquait d'eux, encouragé par les rires gras de ses hommes.

— Si les charpentiers de votre pays sont aussi doués que vous, je comprends mieux pourquoi il n'y a que des cabanes de paille en Galilée !

Pierre ! André !

Israël les reconnut au premier coup d'œil, même si les deux hommes s'efforçaient d'éviter le regard de celui qu'ils appelaient Jésus.

Il ne les dénonça pas. Il se laissa houspiller et pousser jusqu'à ses anciens disciples, afin qu'ils puissent tous deux relever leur assemblage. Quand ils posèrent la croix sur son épaule, il faillit s'écrouler sous le poids.

Comme Pierre retenait difficilement ses larmes, un légionnaire, l'un des deux qui l'avaient interpellé durant la nuit, l'apostropha, le gratifiant au passage d'une bourrade dans le dos.

— Eh bien, toi, qu'est-ce que tu as ? Je croyais que tu ne connaissais pas Jésus ?

— Non… bredouilla-t-il. C'est juste que je n'ai jamais participé à « ça ».

— Oh, tu n'as encore rien vu. Le meilleur est à venir, fais-moi confiance !

Joignant le geste à la parole, il saisit du bout des doigts la couronne d'épines que l'un d'entre eux avait confectionnée, et la plaça sur le crâne du condamné. S'aidant du manche d'un fouet pour ne pas blesser ses mains, le soldat enfonça le couvre-chef aussi profond qu'il le put. Chaque pointe créait une nouvelle rigole de sang, baignant le visage hagard. Il prit les deux anciens disciples à témoin.

— Franchement, n'est-il pas beau, le roi des Juifs ?

Pierre se jeta aux pieds de Jésus, oubliant l'homme distant, colérique et fuyant des derniers jours, pour rendre hommage à ce maître bon et doux, qui leur avait fait jeter leurs filets au meilleur endroit du lac.

— *Rabbi ! Rabbi*, pardonne-moi !

Le Romain le rabroua d'un coup de pied dans les côtes.

— Allez ! Dégage de là, si tu ne veux pas connaître le même sort !

— La fête n'est pas finie ! appuya un autre soldat.

Deux gardes ouvrirent la porte septentrionale de l'Antonia, assez étroite, et les légionnaires intimèrent au supplicié de se mettre en route, à grands coups de fouet. Il n'y avait pas grand monde sur le petit sentier qui passait entre la piscine et les douves bordant la forteresse. Ce même chemin sur lequel on avait jeté Barrabas quelques minutes auparavant, hurlant comme un possédé. Les jets de pierres et les lances de la garde avaient fini par le convaincre de battre en retraite, dans une petite rue attenante, d'où il observait le triste spectacle.

Le convoi de Jésus s'engagea à gauche, dans la rue qui descendait vers l'est, en pente très douce. Ils progressaient lentement. Il était clair que l'homme à la croix ne parviendrait jamais, avec un tel fardeau, jusqu'au lieu de sa crucifixion. Ses forces déclinaient à vue d'œil. Et on ne distinguait plus, sur son manteau, le rouge de la teinture du rouge de son sang.

À chaque pas, la foule se faisait plus nombreuse, plus hostile aussi. Les injures et les crachats jaillissaient de toutes parts. Malheur au perdant. Et, bien sûr, les soldats qui l'accompagnaient ne faisaient rien pour les contenir.

Au premier croisement, plutôt que de tourner à droite, directement vers l'extérieur de la ville, le décurion décida de prendre en face, en plein cœur de la cité nouvelle et de ses rues populaires. Il devait estimer que la punition n'était pas assez lourde, si on abrégeait cette humiliation publique.

Jean avait rabattu son éternelle capuche et, emporté par le mouvement, il suivait incognito le convoi de son fils, l'air égaré. Quelques pas derrière lui.

Trop occupés à outrager le roi sanglant, aucun des badauds ne reconnut à sa tunique le Barrabas qu'ils venaient de sauver.

— Il est tombé !

Une voix de femme, naturellement compatissante, l'avertit de ce qui s'était passé en avant. Jésus avait trébuché et il gisait là, à même les pierres, écrasé par la croix qui le pressait face contre terre.

Sans réfléchir, Jean se précipita au secours de son fils et, tandis que les légionnaires peinaient à contenir la cohue autour de Jésus, il dégagea la structure de bois et la chargea sur son dos. La facilité avec laquelle il s'en était saisi provoqua une vague de murmures admiratifs.

— Toi ! Qui t'a demandé de faire ça ? l'interpella un Romain. Comment t'appelles-tu ?

— Je suis… Simon.

Le nom de son frère, laissé pour mort derrière lui, fidèle parmi les fidèles, était venu spontanément. Face à lui, sur l'autre versant de la rue, une boutique d'apothicaire vantait les vertus médicinales du silphium, une spécialité de Cyrène.

— Simon de Cyrène, précisa-t-il.

— Hum, grogna l'autre. Tu te sens capable de porter ça sur un demi-stade ?

— Oui.

— Dans ce cas, elle est à toi.

Jean s'exécuta et, s'interdisant tout regard vers son fils qui haletait à ses côtés, il s'engagea dans la ruelle étroite, sous les cris et les quolibets. Il eut à peine le temps de parcourir la distance indiquée qu'un aboiement en latin retentit dans son dos. Le soldat en charge du convoi accourait vers lui à grands pas.

— Repose ça tout de suite !

— Mais ton homme m'a…

— Je me fiche de ce qu'il t'a dit. Le crucifié doit porter sa croix seul. C'est la règle ! Elle s'applique à tous.

À regret, il reposa le gibet sur le sol, quand un autre appel le glaça.

— Jean !

Depuis combien de temps ne l'avait-on pas interpellé par ce nom ? Depuis combien de temps l'un de ses frères ne l'avait pas appelé ainsi ? Jean, Yohanan en hébreu, soit « Dieu fait grâce », le nom choisi par leur père pour qu'il devienne le Messie d'Israël.

Le temps de se retourner et de filer dans le dédale des rues, il songea que le Père de toutes choses lui avait bien fait grâce aujourd'hui. Il pensait devenir un dieu, lui aussi, cloué sur sa croix.

Mais le Dieu des juifs en avait décidé autrement.

— Jean ! Arrête-toi !

90

À la huitième heure

Jacques fonçait vers lui.

Quelques foulées derrière, Jean devina Marie et Marthe, enlacées, toutes deux en pleurs. Il adressa un dernier regard à ses sœurs et s'enfuit à toutes jambes, aussi vite que le lui permettait la presse à cet endroit. Au premier croisement, il bifurqua sur la gauche pour se dégager de la foule, dans une ruelle couverte et sombre.

Jacques le marquait de près. Il gagnait même du terrain. Jamais Jean n'aurait cru son frère capable de courir à une telle vitesse, lui qu'on disait si fort pour les exercices de l'esprit, et si peu conformé pour ceux du corps. Le boyau étroit débouchait sur une petite place déserte, inondée de soleil. L'endroit était paisible, seulement traversé par une volée d'oiseaux et leurs chants enamourés.

Un cul-de-sac !

Son frère n'était plus qu'à quelques pas.

Il n'y avait que quatre portes, toutes closes, sur les maisons basses qui formaient un cercle imparfait.

Aucun interstice entre les bâtisses, pas même un passage assez large pour un chat. Et pourtant, deux félins tigrés poursuivaient les oiseaux. L'un d'eux sauta sur un petit abreuvoir puis, d'un bond assuré, il grimpa sur le toit de palmes du bâtiment le plus bas.

Une seconde d'hésitation, puis Jean posa un pied sur le bac en pierre, les mains tendues vers le haut. Il fut sur le toit en un instant, lui aussi. Aussitôt juché, il progressa sur les poutres, de charpente en charpente, funambule. Bientôt, il serait hors de portée.

Jacques tenta de monter à sa suite, mais il n'avait ni la puissance ni la souplesse de son aîné. À la deuxième tentative, il retomba lourdement et son genou droit heurta le rebord de granit.

Non ! Il ne va pas m'échapper comme ça !

Alors Jacques palpa la canule dans sa poche, geste réflexe, vieille habitude. Son caducée. Le symbole de ces années où il avait été le jouet de Jean, un pion dans son plan. Il sortit néanmoins l'objet pointu, le considéra avec tristesse, et remonta une dernière fois sur l'abreuvoir. Là, il planta la canule de toutes ses forces dans le chambranle d'une porte, à mi-hauteur, et s'en servit comme support pour se hisser jusqu'à la couverture de larges feuilles sèches.

Sous son poids, la canule avait cédé et tomba sur le sol dallé dans un tintement cristallin. Le scribe eut un dernier regard pour son outil, lavé de tout regret, et se redressa enfin. Jean avait pris une sérieuse avance. Encore quelques maisons et il redescendrait certainement sur la terre ferme, où il s'évanouirait dans le dédale des rues et des minuscules venelles qui criblaient la ville. Ce serait trop tard…

Mais soudain la silhouette de Jean disparut du paysage, presque trop vite. Comme aspirée par la maison sous ses pas.

Le toit a cédé !

Lesté de sa croix, Jésus avait chu, lui aussi. Plusieurs fois, même. Et à chaque nouvel incident, le Romain en charge du convoi lui avait fait donner le fouet, pour l'inciter à reprendre la route et son fardeau. C'est tout juste s'il avait autorisé un vieil homme à tendre une louche d'eau au condamné, et une femme affligée à essuyer son visage d'un linge humide.

La marche était de plus en plus lente. Chaque pas pesait des tonnes. Des siècles. Maintenant qu'il fallait vivre sa mort pour de bon, seul qui plus est, sans Jean à ses côtés, il se sentait ployer sous la charge, trop grande pour lui. Il était convaincu qu'il n'arriverait jamais au bout. Qu'il mourrait sans gloire, sous le faix d'une charpente mal assemblée, le visage écrasé contre les pavés de la vieille ville, dans les huées et les crachats.

Et pourtant, il se redressait à chaque fois. Il devait bien ça à son père. Pour Jean, pour Jésus, pour toutes ces années, tous ces efforts consentis au cours de leur initiation.

Au moment de passer la muraille, il fut contraint de s'arrêter. La porte choisie pour sortir de la ville était trop étroite, et il fallut l'assistance de plusieurs soldats pour glisser la croix dans une aussi petite ouverture. La colline des exécutions était en vue, à moins d'un stade des remparts. Pourquoi choisir un lieu si proche de la cité ? Justement pour que chacun, à Jérusalem, puisse jouir du spectacle des crucifixions. Que nul ne puisse ignorer ce qu'il advenait, dans un territoire administré par Rome, aux voleurs, criminels, rebelles et fauteurs de troubles en tous genres.

Le Golgotha n'était pas qu'un lieu de supplices. C'était le manifeste de l'autorité de Tibère sur ce pays. Un crâne qu'il tenait fermement dans sa main, prêt à le broyer s'il le fallait.

L'ultime ascension n'en finissait pas. Sous les coups de fouet, le dos de Jésus n'était plus qu'un amas de chairs ouvertes. Une nuée de charognards patrouillait déjà le périmètre, prête à fondre sur cette manne que lui promettait chaque exécution. Le ciel, si clair il y a quelques minutes encore, s'était brusquement couvert. De lourds nuages venus de la mer s'amoncelaient au-dessus du Golgotha.

Jésus s'écroula une nouvelle fois, à mi-chemin de la pente. Cette fois, aucun coup, aucune menace, ne parvint à le remettre sur pieds. Allongé sur le flanc, il ne bougeait plus.

Tant de sang coulait sur son visage qu'il était contraint de fermer les yeux. La couronne d'épines s'enfonçait si bas sur son front que les pointes les plus longues transperçaient ses paupières. Sa bouche était grande ouverte. Et la poussière chassée par le vent de l'orage s'y engouffrait.

Il cherchait un air neuf qui ne venait pas.

Le soldat interpella André et Pierre.

— Vous deux ! Les charpentiers ! Montez-moi cette croix là-haut !

Les deux frères s'exécutèrent sans un mot. Ils se saisirent de leur ouvrage en bois dur, un de chaque côté, et le traînèrent au sommet de la colline. Ce ne fut pas long. En apercevant les deux croix vides qui étaient déjà plantées dans le sol, de part et d'autre de l'emplacement vacant, ils furent saisis d'un frisson d'effroi et de honte.

S'ils n'avaient pas menti à trois reprises, ces croix auraient été les leurs.

En contrebas, deux hommes furent réquisitionnés pour porter Jésus, qui n'était plus qu'un paquet sanglant. Ils le déposèrent à côté des poutres assemblées, couchées sur le sol. Car il appartenait aux Romains et aux Romains seuls de procéder à la crucifixion. Eux seuls en avaient le droit. Eux seuls en avaient le savoir-faire.

Un légionnaire chauve et trapu, au regard absent, sortit un maillet et plusieurs clous de fer d'un étui en cuir qu'il portait à la ceinture. Il fit signe à ses camarades de placer le corps sur la croix. Il disposa lui-même les bras de Jésus sur les montants horizontaux. Là, il appliqua une petite tablette en bois d'olivier au niveau du poignet, et piqua la pointe d'un clou en son centre. Le premier coup de marteau ne fit que planter la pointe métallique dans le bois. Mais dès le suivant, le clou pénétra la chair et tira au condamné un cri déchirant. Preuve pour la foule qui s'amassait qu'il était encore vivant. Au second clou, sa douleur était telle qu'il n'exhalait plus qu'un souffle muet, les yeux révulsés.

C'est ce dernier regard que Marie reçut de son fils, quand elle parvint au sommet de la colline, soutenue par Marthe. Les deux femmes tombèrent à genoux et frappèrent la poussière, aussi blanche et volatile que de la farine, de leurs poings meurtris et impuissants.

Le soldat connaissait son métier. Pour éviter que les tissus ne se déchirent, il avait ciblé non pas le creux de la paume, mais l'espace à l'extrémité de l'avant-bras, pile entre l'ulna et le radius. Ainsi, il était impossible que le poids du crucifié l'entraînât à bas de la croix. « C'est comme ça que ça tient », les experts en la matière se refilaient le tuyau, de bourreau à bourreau. De croix en croix.

Quand il eut cloué les deux mains, il s'attaqua aux pieds. La manœuvre était plus délicate car il fallait non seulement fixer les chevilles ensemble sur l'axe vertical, mais aussi faire reposer le tout sur une cale en bois, afin que le corps tout entier puisse y prendre appui. Sans cela, l'asphyxie était presque immédiate, alors que le supplice se devait de durer, pour être exemplaire.

Il était temps maintenant de lever la croix. Que tous puissent la voir, et que l'œuvre de mort commence enfin.

Quand Sara eut assouvi sa colère, elle se réfugia dans les bras d'Ezra. Elle était fiévreuse. À travers l'étoffe de leur tunique, il sentait son corps brûler.

À la rage avaient succédé les pleurs. Elle ne s'arrêtait plus. Elle pleurait sur elle-même ; sur sa mère coupable de tant de péchés ; sur ce père monstrueux, qu'elle avait contribué à libérer. Elle n'aurait su dire si elle le préférait mort ou vivant.

Ezra resserra son étreinte. Il la comprima dans ses bras, rêvant d'étouffer la peine, de la forcer de quitter à jamais cette femme. Offrir à Sara un peu d'oubli et de repos, il n'en espérait pas plus.

C'est elle la première qui chercha ses lèvres. Après un mouvement de recul, il céda au plaisir de sentir la pulpe carmin presser sa bouche. Il l'attira à lui. Il croqua dans ce fruit qui se donnait désormais sans réserve. Pour l'un comme pour l'autre les saveurs qui en émanaient étaient nouvelles. Suaves. Enivrantes. Elle effleurait son visage encore juvénile du bout des doigts. Elle n'y croyait pas vraiment. Elle ne comprenait pas bien comment le désir pouvait naître de la souffrance. Mais c'était pourtant bien là, tout autour d'elle. En elle. Une onde douce et chaude qui gagnait tout son corps.

Le ballet des mains suivit celui des lèvres. Elles s'invitaient partout, là où la peau frémissait, là où le moindre contact gémissait et en réclamait plus. Leurs deux tuniques tombèrent en quelques gestes rapides. Ils étaient nus, simplement nus l'un face à l'autre.

Il l'allongea sur la paillasse où il s'effondrait après ses nuits d'étude. Il n'osait presque plus la toucher, maintenant. Elle dépassait en douceur et en éclat les papyrus les plus précieux sur lesquels il eut jamais posé la main. Si cela avait été possible, il aurait aimé la ranger dans un étui, la conserver jalousement dans un compartiment secret des immenses rayonnages. Là où Raziel cachait ses manuscrits rares. Rien que pour lui. Nouveau trésor de sa bibliothèque interdite.

Mais il fallait la lire, d'abord. D'une paume frémissante il déchiffra la longueur de ses cuisses, le rebond discret de son ventre, le relief idéal de ses seins, la ravissante vallée de sa gorge, où il n'aurait de cesse de se ressourcer, dorénavant.

D'une main ferme, elle le fit se poser sur elle. On ne lit qu'avec ses yeux ; mais on s'aime avec tout son corps. Elle lui enseignait des rudiments qu'elle découvrait en même temps que lui. Elle fermait les yeux puis les rouvrait aussitôt, juste pour le plaisir de le retrouver sur elle, beau, intact.

Quand il entra enfin en elle, elle ne ressentit aucune douleur. Elle le fixa sans ciller. La vague qui l'avait emplie allait et venait en elle, repoussant tout sur son passage. Les peurs et les craintes. Elle se sentait neuve, lavée, étrangement pure.

Comment son père, comment ses frères, avaient-il pu concevoir un projet aussi absurde : se débarrasser de leur corps ?

91

Un arbre…

Voilà ce qu'il fallait à Judas. Juste un arbre assez haut. Et assez résistant.

En fuyant le Temple par la trappe indiquée par Ezra, ils n'avaient croisé aucune patrouille. Pas même un garde isolé. Toutes les forces étaient concentrées sur l'Esplanade. Ainsi qu'au versant nord de l'Antonia, là où le convoi des condamnés était supposé sortir de la forteresse. D'un cri sans appel, il avait renvoyé Ménahem chez eux, à Béthanie.

Seul, une main sur sa blessure, il attira bien l'attention de quelques passants mais personne n'osa s'interposer. Le front zébré, la jambe en sang, l'air hagard, il ressemblait plus que jamais à une bête fauve.

Aucun arbre dans cette ville maudite. Pas même un arbuste ! Un jour, Jérusalem mourrait de toutes ces pierres, tout ce marbre, tout cet or, et de cette absence criante de verdure. Après avoir erré dans les rues autour du Tyropéon, Judas finit par atteindre une porte. Dans les fossés au pied de la muraille, il n'y avait que ça. Des arbres de toutes les essences. Toutes les tailles. L'embarras du choix.

Il élut un acacia, réputé pour sa robustesse. L'arbre était plus haut qu'une maison et la plus basse des branches perchée à six ou sept coudées. C'était suffisant.

Comme il n'avait rien sur lui, et surtout pas de corde, il retira sa tunique. Il ne portait plus désormais qu'une sorte de culotte courte, emmaillotée sur son bas-ventre et ses fesses. Déchirant des bandes de tissu sur toute la longueur, il les noua les unes aux autres.

Voilà une corde !

De belle longueur, même. Il grimpa sur le talus proche et réussit tant bien que mal à en attacher l'extrémité à ladite branche. Il tira un coup sec pour s'assurer que le lien résisterait, puis noua l'autre bout autour de son cou. Il n'y avait plus qu'à sauter.

C'était simple : un pas dans le vide et tout serait fini. Ce fou de Jean avait peut-être raison après tout. Les seules choses qui méritaient d'être vécues devaient l'être dans l'autre monde. Pas ici. Pas sur cette terre ingrate, qui ne produisait pour ses enfants que des fruits bien amers.

Autant mourir tout de suite. Autant rejoindre Judas, leur père, dès maintenant.

Et Jacob aussi... Et Jacob.

Il se jeta sous l'arbre, de tout son poids. Les nœuds étaient bons et ils résistèrent à l'extrême tension qui s'exerçait sur eux. Sa gorge commençait à bleuir. Ses yeux à s'exorbiter, sa langue, énorme, gonflée par l'afflux de sang à la tête, sortit de sa bouche dans un râle épouvantable. Le temps de voir sa mort l'emporter, il perdit connaissance.

Judas n'avait jamais été doué pour reconnaître les arbres. Ce n'était pas un acacia auquel il s'était pendu. Et la branche céda soudain.

En quelques sauts d'une étonnante agilité, Jacques rejoignit Jean. Un grand trou dans la toiture de palmes et de branchages. Et son frère qui gisait sur le sol de la pièce en dessous. Avec prudence, le scribe descendit à son tour et se pencha sur son aîné. Il respirait.

Jacques appliqua une rotation des pouces sur les tempes du fuyard et, presque aussitôt, Jean entrouvrit les yeux, cligna plusieurs fois des paupières, puis dévisagea son frère au-dessus de lui, une longue minute.

— Tue-moi, Jacques, implora-t-il d'une voix presque douce.

— Je ne veux pas te tuer. Je veux juste arrêter cette folie.

— Libère-moi ! Libère-toi ! Je n'ai jamais souhaité autre chose.

— Ce n'est pas vrai.

— Bien sûr que si ! Et toi aussi, tu ne veux que ça, de toute ton âme ! Tout ton savoir, toute ta belle philosophie, ça n'a pas d'autre but, mon frère. Nous débarrasser de cette peau, de ce sang… de cette boue ! Je ne t'ai pas offert le plus parfait des esprits pour qu'il reste prisonnier d'un corps !

L'érudit s'était relevé, interdit.

Jean aperçut un couteau qui traînait sur une table. La maison était vide. Toute la famille devait être au Temple. Ou au spectacle de la crucifixion. Il plaça la pointe sur son ventre, et tendit le manche à Jacques.

— Tue-moi !

— Si tu y tiens tant que ça, débrouille-toi !

— Je ne peux pas le faire seul. C'est une initiation, tu comprends. Pas un suicide. J'ai besoin de toi. Depuis le début, j'ai besoin de toi. Sans Osiris… pas de Seth.

Jacques se précipita dans la rue.

Je ne dois pas le faire !

La tentation était là, vrombissante, tournant autour de lui comme une grosse mouche. Elle lui soufflait que tout serait plus simple s'il se défaisait de Jean une bonne fois pour toutes. Que ses frères survivants seraient définitivement sauvés. Que sa famille retrouverait une forme de paix, si elle parvenait à oublier tout ce qu'elle avait traversé. Et que lui, qui sait, reprendrait peut-être une vie plus normale au côté de Magda, une vie modeste, simple, avec certes moins d'intelligence, mais juste un peu plus d'amour. Et la chaleur de leurs corps vaudrait bien les froides sphères de la connaissance.

Jean sortit à sa suite. Mais il était encore faible. Il posa un genou à terre, incapable de retenir Jacques qui fuyait dans la ruelle.

— Tue-moi tant que tu le peux, Jacques !

La voix du forcené résonnait entre les murs si proches, qui agissaient comme les parois d'une trompe. Elle poursuivait la silhouette qui s'estompait au loin.

— Tu aurais vraiment dû me tuer… avant que je ne vous tue tous ! Tu m'entends ? Vous tous !

Quand Jacques parvint sur la colline du Golgotha, tout était comme dans son rêve, le soir de l'incendie à Béthanie. Le ciel était aussi chargé. Vraiment, on était en plein jour et on aurait dit la nuit. Un grondement sourd semblait naître à l'horizon et s'approcher de la ville au galop. Pas la course d'un cavalier seul, non. Celle d'une armée tout entière.

C'était donc ça ! À bien y regarder, il y avait une petite différence avec la crucifixion de son cauchemar. Les deux croix de part et d'autre de la potence centrale étaient vides.

L'homme qu'il avait vu mourir en songe c'était Jésus, ou plutôt son double, la copie conforme de celui qui avait été sacrifié dans la grange, cette nuit-là.

Un vent furieux le tira de ses songes.

L'air... Après le feu, l'eau et la terre, le quatrième élément accompagnerait cet ultime sacrifice.

Tout en haut de la poutre verticale, un fonctionnaire de Pilate avait cloué un panneau, un *titulum*, à la demande expresse du préfet, afin que toute confusion soit levée : *Iesus Nazarenus Rex Iudæorum*, « Jésus le Nazaréen, le roi des Juifs. » Bien sûr, il ne s'agissait pas de lui conférer un quelconque titre *post mortem*, mais bien de rappeler à tous celui que l'homme avait revendiqué de son vivant, et qui lui avait valu ce châtiment suprême.

Jacques remarqua aussi que les trois croix étaient orientées exactement dans l'axe défini par le vieux mage syrien : au nord-nord-ouest, face à la Grande Ourse. Mais Jean avait manqué le rendez-vous royal, unique, que lui donnaient en ce jour les astres. Plus jamais son âme de « Messie » ne pourrait rejoindre le Père par ce passage exceptionnel.

Ce privilège revenait au seul Israël. Jésus, aux yeux des spectateurs qui s'étaient retrouvés si nombreux au pied de son gibet. Lui seul s'apprêtait à franchir la porte divine. Lui seul régnerait bientôt, depuis la nue.

— *Abba !*

Il n'était pas mort. Voilà qu'il trouvait encore assez de force pour appeler son père. Un père absent.

— *Abba ! Lama sabachtani ?*

« Père ! Pourquoi m'as-tu abandonné ? »

Personne ne répondit à son cri misérable. La souffrance du crucifié était insoutenable à contempler. Même parmi les soldats qui le raillaient quelques minutes auparavant, ils étaient peu nombreux à supporter le spectacle de sa mort. Il n'y eut que Caïphe, entouré de sa garde et des éminences du Temple, pour s'approcher de la croix. Levant la main vers Jésus, il prit la foule à témoin.

— Regardez-le ! Est-ce là le Messie d'Israël ? Est-ce qu'il mourra comme un bandit sur la croix, notre Sauveur ? Devra-t-il tous nous couvrir de sa honte pour nous libérer ?

Puis il cracha sur le sol, et abandonna le site, drapé dans ce qui lui restait d'honneur et de dignité.

C'est alors que Jacques aperçut Joseph d'Arimathie. Il parlementait avec deux décurions et, en dépit de la distance, le scribe aurait pu jurer qu'il fourrait une bourse dans la main de chacun d'entre eux.

Le soleil avait complètement disparu. Mais Joseph ne semblait pas avoir de doute : c'était l'heure, la neuvième heure.

L'un des deux officiers soudoyés tendit une masse à un légionnaire, et lui murmura un ordre que l'autre exécuta aussitôt, sans discuter. Le soldat prit tout le recul et l'élan nécessaire et, de plusieurs coups secs, il brisa chacun des tibias du crucifié à coups de marteau.

Faute d'un appui, Jésus s'affaissa d'un coup, comme la bête sacrifiée s'écroule dès que la lame pénètre sa gorge. Il inspira à grand bruit, mais il ne pouvait plus expirer. Sa poitrine était prête à exploser. Il étouffait. Marie et Marthe s'étreignaient à se faire mal, pour ne plus rien voir et ne plus rien entendre de tout cela.

Mais comme cela ne semblait pas aller encore assez vite au goût de Joseph, il adressa un nouveau signe au Romain, qui tendit cette fois une lance à son homme de main. La longue pointe de fer pénétra le torse gonflé comme une outre.

Jésus ouvrit une bouche immense et muette. Assez grande pour avaler le ciel et tous ceux qui assistaient à son agonie. Un murmure à peine audible sortit de sa gorge étreinte.

— Tout… tout est accompli.

Sa tête retomba enfin.

Un soupir partagé par toute l'assistance salua son trépas. C'en était fait.

Entre ceux qui le redoutaient et ceux qui l'espéraient, chacun avait de bonnes raisons d'être soulagé. Jésus devait mourir. Jésus allait mourir. Jésus était mort, devant eux, pour eux en quelque sorte. Pour garantir cette paix si fragile qui régnait dans le pays.

La paix de Rome, certes, mais la paix malgré tout.

Sara n'aurait jamais cru que devenir femme fût aussi simple, ni aussi bon. Et dire qu'elle avait repoussé l'échéance le plus tard possible ! Évidemment, Ezra n'était pas le vieux barbon qu'elle avait éconduit. Ses baisers sur elle étaient aussi doux qu'un souffle. Son sexe en elle prenait une juste place, une exacte proportion, comme l'œuvre d'un charpentier de génie.

Soudain, elle se surprit à gémir. Ces sons nouveaux, ils sortaient bien de sa gorge. Ils partaient bien de son ventre. Elle sentit une tension inédite naître au creux de ses reins, quelque chose de diffus tout d'abord, puis qui vrilla peu à peu ses entrailles, comme s'il s'agissait de les essorer. Elle se vit un instant comme un linge entre les mains des lavandières d'Ein Rogel. Après tout, c'est là que la femme avait éclos en elle. Là que son tout premier sang avait coulé.

Des spasmes lents gagnèrent son bas-ventre, qui se projetait en avant sans qu'elle puisse en contrôler les soubresauts. La cadence se fit plus rapide et une sorte de pic, aux limites de la douleur, la transperça.

Son amant ne faisait plus qu'un avec elle. Ils flottaient tous deux dans une bulle électrique, traversés de part en part par les décharges de la foudre. Une lumière bleue, intense, les enveloppait, chargée d'une agitation aux vertus singulièrement apaisantes. Et quand, au-dessus d'eux, il n'y eut plus un seul éclair pour vider le ciel de sa colère, ils retombèrent d'un coup sur terre, parmi les vivants. Épuisés et souriants.

Calmes et unis.

92

La neuvième heure… et après

Descendre un crucifié n'est pas chose facile. Il n'était pas question d'abattre la potence avec l'homme cloué dessus. Il fallut donc le concours de deux soldats, équipés de grosses pinces de menuisier, chacun perché sur une échelle de part et d'autre des bras écartés, pour arracher les clous de la chair et du bois. L'un des deux hommes supportait le corps avachi sur ses épaules, puis seulement on retira la fixation des pieds, et le cadavre s'affala alors à bas du gibet, dans un mouvement coulé, sans retomber comme un vulgaire paquet.

Marie était là, au pied de la croix, prête à recevoir son fils. Ses larmes ne coulaient plus. Les légionnaires, assistés par Pierre, déposèrent la dépouille, gluante de sang, dans les bras de sa mère, réunis en berceau. Sous la couche écarlate, sa peau était livide, et sa tête, renversée sur le sein maternel, semblait attendre le lait qui assurerait sa survie. Mais chacun savait qu'il ne viendrait plus jamais jusqu'à ses lèvres entrouvertes.

— J'ai parlé aux décurions, Marie.

Joseph d'Arimathie s'était approché. Avec les frères de Capharnaüm, les deux légionnaires de faction et une poignée de curieux, il était le seul à ne pas avoir été chassé par l'orage, qui laissait maintenant éclater toute sa fureur. De grosses gouttes salées, presque amères, commençaient à tomber tout autour d'eux. Des billes de grêle se mêlaient à l'eau et cinglaient les peaux et les visages découverts.

Elle le regarda comme s'il avait parlé depuis l'autre monde.

— Je leur ai donné de quoi éteindre leurs scrupules, reprit le membre du Sanhédrin. Ils sont d'accord pour que nous emportions le corps, et que nous l'inhumions dans le lieu de notre choix.

Elle approuva d'un hochement de tête distrait.

Elle se sentait déjà partie, elle aussi. Entrée avec son fils dans une autre histoire, jusqu'à la fin des temps.

Jean déambula longtemps sous la pluie.

Il allait au hasard, par les rues transformées en torrents par les trombes de l'orage. Il titubait comme s'il avait bu à lui seul toutes les coupes du Seder. Il ne voyait nulle part où s'arrêter ; nul point saillant où accrocher son regard affolé. Nul espoir.

Le rendez-vous avec l'étoile était manqué et, comme le Seth de la Bible, il serait condamné à errer ainsi éternellement, pour avoir voulu goûter lui aussi à l'arbre de la suprême connaissance. Il s'était cru dieu, il se découvrait homme. Juste un homme…

Les venelles détrempées qu'il empruntait étaient désertes. Chacun avait trouvé un refuge. Contre la pluie, mais aussi contre les patrouilles, que Pilate avait envoyées en nombre, par crainte des débordements, dans les principales artères de la ville.

Drôle de Pâque, décidément. Si c'était bien un passage que l'on fêtait, alors ce ne devait pas être vers un autre pays, une hypothétique Terre promise, mais plutôt vers une nouvelle ère. Fini le temps des secrets et des conspirations. Les jours à venir seraient ceux des actions au grand jour. Des éclats publics. Voilà ce qu'il devinait au-delà de ce ciel déchaîné, dans les faisceaux divins qui perçaient çà et là les nuages.

Après la pluie, le beau temps. Après l'obscurité, la lumière…

— Qu'est-ce que tu as à me regarder comme ça, hein ?

Le petit homme bedonnant, couvert d'un manteau de pluie brodé, s'était figé à l'approche de ce géant halluciné.

— Rien, rien… protesta-t-il.

Jean le saisit au col

— Qui es-tu ? Que fais-tu là ?

— Je… je suis Agabus, le mage Agabus.

— Agabus !

Jean relâcha son étreinte brusquement et fixa l'homme comme s'il s'agissait d'un spectre.

— C'est toi qui as annoncé ma mort à Claudia !

— Je ne sais pas de…

— Si ! Je suis Barrabas ! Tu lui as dit que j'allais mourir aujourd'hui… que Pilate allait me crucifier, et regarde-moi ! Je suis vivant !

Il hurlait, et frappait sa poitrine à coups de poing, pour prouver au devin à quel point celui-ci s'était fourvoyé dans son présage.

— Tu es fou ! Laisse-moi…

Agabus tenta de s'échapper, mais Jean le plaqua contre un mur, une patte crispée autour de sa gorge. Tout au bout de la rue qui remontait vers le nord, en pente raide, on devinait l'ombre sinistre des trois croix du Golgotha. À nouveau nues.

— Si je suis vivant malgré tes prédictions, malgré les étoiles… ce n'est pas un hasard, tu m'entends ?

— Lâche-moi ! s'effraya le mage.

— Maintenant j'ai compris : aujourd'hui n'était pas le jour de ma mort, mais d'une nouvelle vie ! Ce n'était pas la fin de ma mission. C'était seulement son début !

— Si tu le dis… Mais laisse-moi partir, je ne te serai d'aucune utilité.

— Au contraire ! Je suis le Messie ! Tu comprends ça ? Le Roi ! Pas seulement de quelques initiés, pas juste de mes frères et de mes sœurs…

Jean tira sa *sica* dorée d'un repli de sa tunique. Il se trouva bien inspiré de l'avoir récupérée dans sa cache, après la fuite de Jacques.

— Ce n'est pas la vie éternelle qui m'attendait… c'est une éternité de crimes et de sang !

— Je suis riche, je te donnerai ce que tu veux !

— Je suis l'ange libérateur ! Je suis le Messie qui montre le chemin. À vous tous !

— Non !

L'œil de Jean exultait de démence. La pointe de sa lame n'était plus qu'à quelques pouces du mage affolé.

— Tu m'attendais, toi aussi ! Tu attendais que je te libère, n'est-ce pas ? Dis-le !

Et à ces mots, d'un mouvement net, il planta la lame d'or dans la poitrine rebondie d'Agabus. Celui-ci eut à peine le temps de pousser une plainte. Il expira dans l'instant, un rictus de terreur sur les lèvres. Une grimace effroyable que son meurtrier prit pour un sourire de reconnaissance.

Un sang épais s'écoulait sur le sol et se mêlait aux rivières de pluie, qui emportaient les traces pourpres plus loin dans la ville. Jérusalem saignait, et n'avait pas fini de saigner.

Jean ne parvenait pas à détacher ses yeux du cadavre qui gisait dans la rigole, barrage dérisoire contre le flot rouge. Plusieurs rayons de soleil le frappèrent par surprise. Il fut bientôt baigné d'une lumière irréelle.

Puis, dans un rire épouvantable, fait de douleur et d'ivresse, il brandit son arme au-dessus de sa tête. Un couteau en forme d'Ankh, la clé de vie des Égyptiens. Le symbole de la renaissance. La lame et la barre perpendiculaire s'alignaient parfaitement, dans son dos, sur les montants de la croix qui se profilait au loin. La croix de son fils.

La boucle du manche coiffait la potence. On aurait dit la tête d'un homme.

Celle de tous les crucifiés à venir.

ANNEXES

1 – Plans et cartes

— Carte de la Palestine (au Ier siècle après J.-C.)

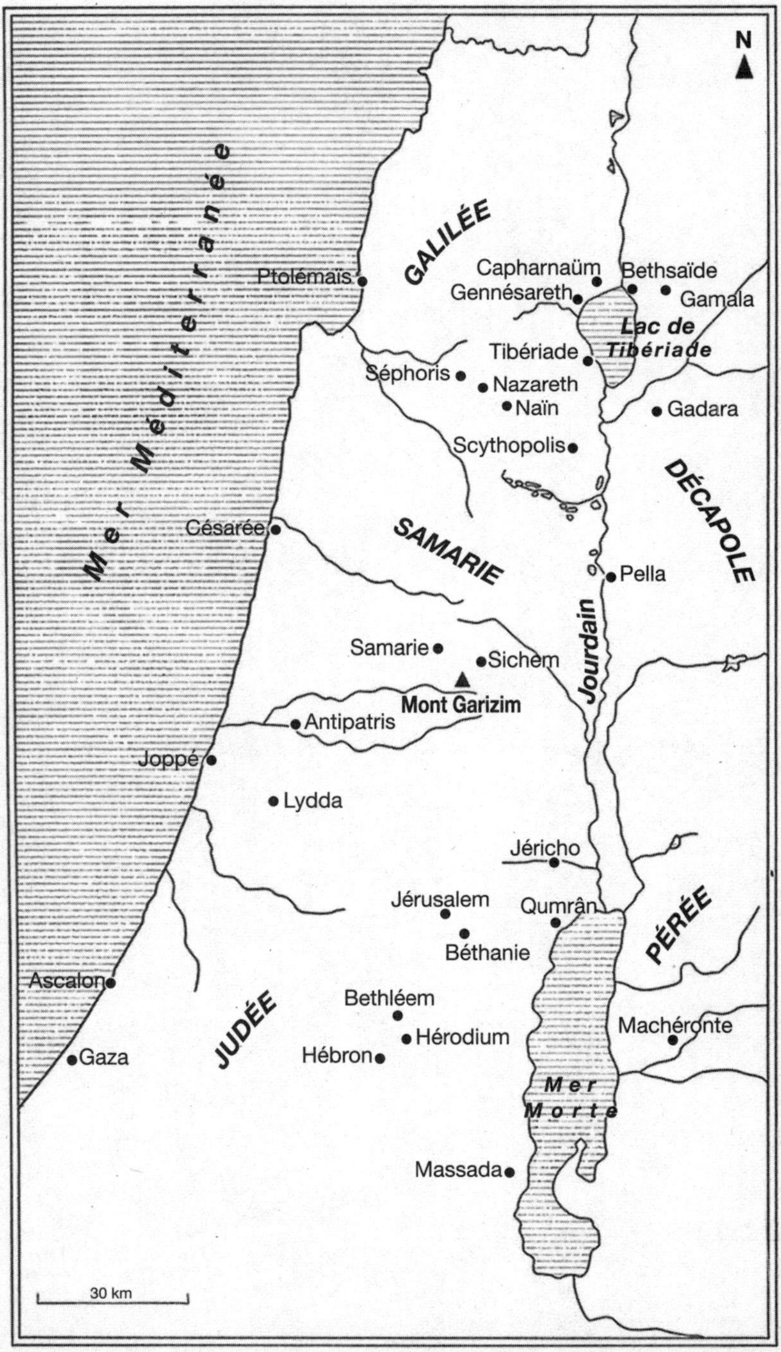

— Plan de Jérusalem et du Second Temple (au Ier siècle après J.-C.)

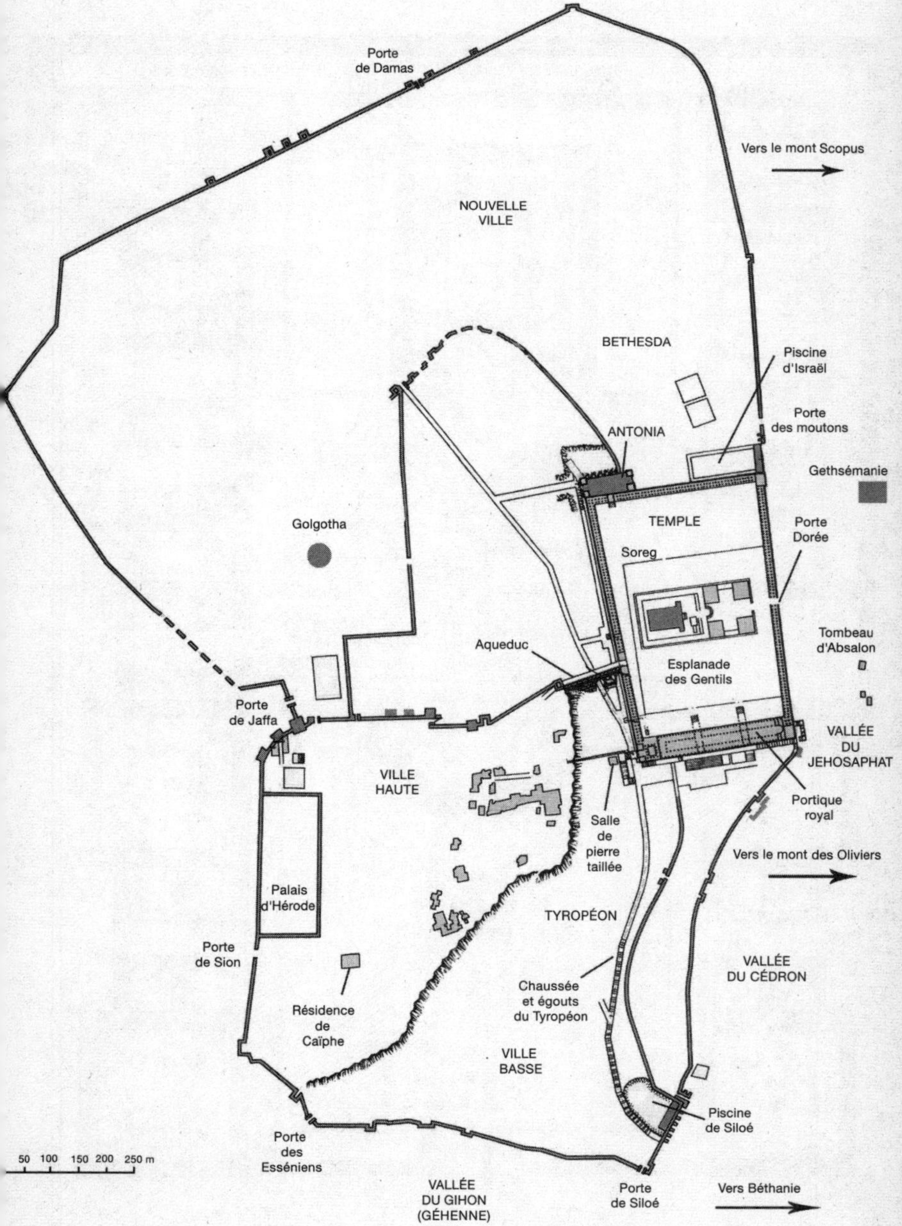

— Plan du Second Temple de Jérusalem (avant 70 après J.-C.) – détails du Sanctuaire

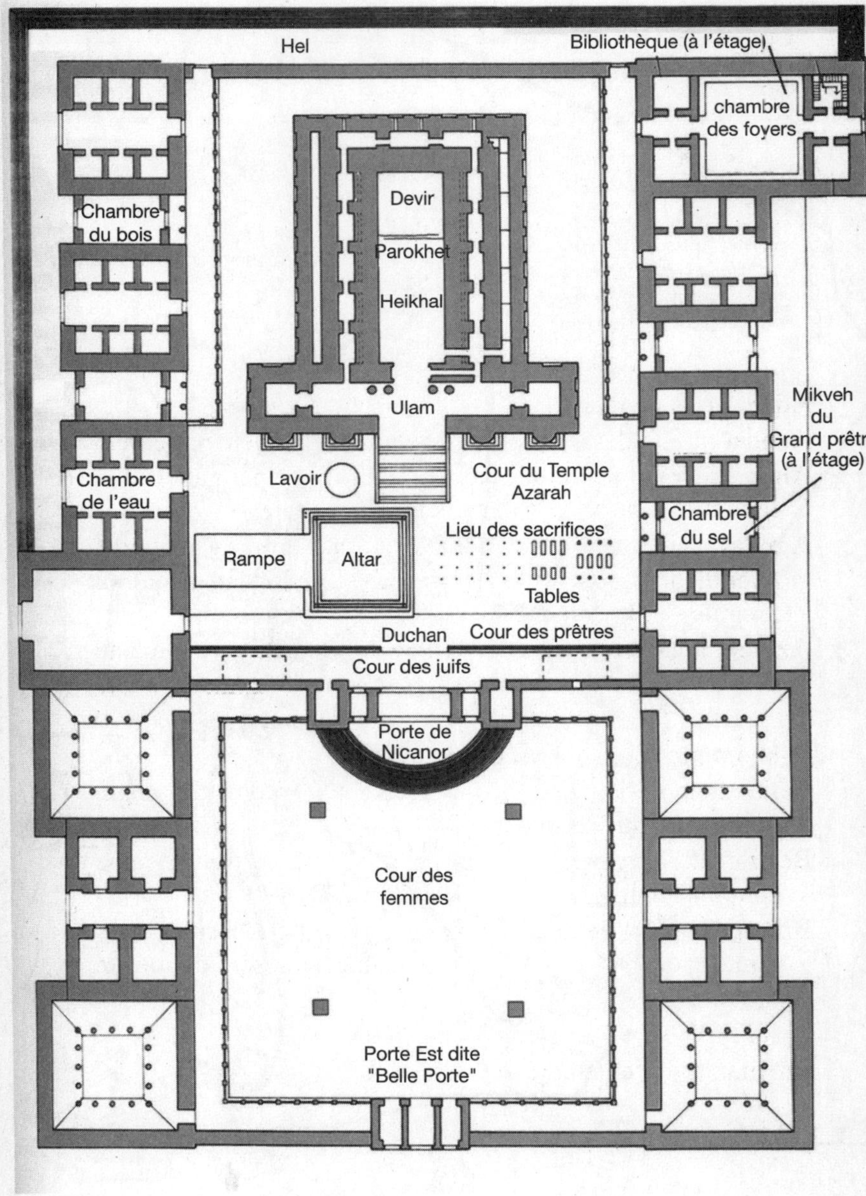

2 – Glossaire

Adar : mois de mars dans le calendrier hébraïque.

Adonaï : l'une des multiples appellations de Dieu en hébreu.

Altar : le grand autel du Temple, où brûle en permanence le feu qui consume les animaux sacrifiés.

Amida : prière des dix-huit bénédictions. Lors des prières quotidiennes, les fidèles ne récitent généralement que la première et la dernière.

Azazel : bouc émissaire chargé des péchés de la communauté des juifs, envoyé dans le désert au jour de Yom Kippour.

Bakhora : trou, en araméen.

Baris : nom de la citadelle qui précédait l'Antonia, à l'angle nord-ouest du Temple de Jérusalem.

Bekhor : fils premier-né d'une famille, et à ce titre désigné comme Nazir, c'est-à-dire consacré à Dieu.

Birkat David : demande à Dieu pour que « fleurisse le rameau de David », c'est-à-dire que leur soit donné un Messie.

Brata : fillette, en araméen.

Breyna : idiot, en araméen.

Caliges : ou *caligae*, sandales ordinaires chez les Romains.
Chema : ou *Chema Israël*, prière très populaire, dévolue en principe aux célébrations matinales et vespérales

Dadeh : cousin en araméen.
Daqbory : tombeau troglodytique, en araméen.
Devarim : livre de la Bible hébraïque qui correspond au livre du Deutéronome dans la Bible chrétienne.
Devir : Saint des Saints du Temple, partie la plus sacrée du Sanctuaire, où seul le grand prêtre est autorisé à pénétrer, une fois l'an, à l'occasion de Yom Kipour.
Didrachme : taxe que tout mâle juif de plus de vingt ans est supposé payer chaque année au Temple, source de l'immense richesse de ce dernier.

Ein : source, en hébreu.

Ganaba : voleur, en araméen.
Géhenne : la vallée du Gehinnom, ou Géhenne, au sud-ouest de Jérusalem, était alors réputée pour être l'opposé du jardin d'Éden. Une réputation due à la pratique des Cananéens, avant la prise de la ville par David, qui y sacrifiaient leurs enfants premiers-nés.
Gentils : voir Goïms.
Goïms : les païens selon les juifs de l'époque, appelés aussi les « gentils » dans une traduction gréco-latine plus tardive.
Goumla : ou *gamla*, chameau, en araméen.

Heikhal : Saint du Temple de Jérusalem, zone la plus sacrée après le *Debir*, ou Saint des Saints. Contrairement à ce dernier, cette partie du Temple est fréquentée quotidiennement par le grand prêtre et certains autres officiants, dont les prêtres chargés de la collecte des offrandes et du trésor.

Hel : vaste terrasse à l'intérieur du Temple, surélevée par rapport à l'esplanade principale, qui ceint le sanctuaire proprement dit.

Heure : les Juifs du Ier siècle comptent les heures de la journée sur la base du lever et du coucher du soleil. Sont ainsi définies, par période de vingt-quatre heures, douze heures du jour et douze heures de la nuit. La première heure du jour équivaut à 7 heures du matin ; la neuvième heure du jour à 15 heures ; la première heure de la nuit correspond à 19 heures.

Hin : unité de mesure égyptienne du volume, la plus couramment utilisée à l'époque : 1 hin = 3,5 litres.

Historiola : ce sont de brèves histoires mettant en scène les dieux dans des épisodes mythiques, reportées sur de petits papyrus, et que les magiciens égyptiens placent dans les poteries rituelles lors de leurs cérémonies.

Iorica : cuirasse en métal souple portée par les légionnaires romains.

Jus gladii : littéralement, en latin, « le droit de l'épée », c'est-à-dire le droit de condamner à mort un homme, réservé au représentant de l'empereur dans les colonies romaines.

Kaddish : prière fondamentale du culte juif, équivalent du *Notre Père* chrétien, qu'il a indirectement inspiré.

Kittims : les Romains, en araméen péjoratif.

Kulanasha : tous, tout le monde, en araméen.

Loi mosaïque : préceptes fondamentaux de l'observance juive, tels que définis pour l'essentiel par Moïse dans le Livre de l'Exode.

Maître de justice : fondateur de la secte des esséniens, un siècle et demi avant les faits rapportés dans cet ouvrage.

Matsoth : pains azymes, mangés en particulier lors du repas du Seder, la veille de la Pâque.

Mezouzah : petite décoration rectangulaire clouée au linteau de la porte des maisons juives, et contenant deux passages bibliques. Elle est généralement fixée en biais, et il est de coutume de la toucher ou de l'embrasser en passant le seuil.

Mikveh : bain de purification rituelle, intégré aux maisons cossues ou aux lieux de culte.

Mishnah : transcription des lois issues de la tradition orale juive, répartie en 6 ordres et comprenant 63 traités distincts.

Modé ani : prière du matin, dans le culte juif.

Nassi : terme hébreu signifiant « prince » et désignant le président du Sanhédrin.

Nazir : voir *Bekhor*.

Nissan : mois d'avril dans le calendrier hébraïque.

Noun : le fleuve originel dans la religion égyptienne.

Ouggôth : gâteaux ou galettes azymes sucrées.

Olmota : la mort, en araméen.

Parokhet : paravent monumental qui sépare le Saint du Saint des Saints, au cœur du Temple de Jérusalem.

Pessah : la Pâque juive, qui célèbre la sortie d'Égypte du peuple juif, où il était retenu en esclavage, conduit par Moïse.

Pilum : lance du légionnaire.

Pouce : unité de mesure, environ douze centimètres.

Pugio : poignard court des légionnaires romains.

Rabbi : sage juif qui a étudié la Loi et les textes sacrés. À ne pas confondre avec le rabbin, dont le rôle sacerdotal n'a pas encore été institué au moment des faits.

Roguel (ou *regel*) : pieds, en hébreu.

Saducéens : secte juive majoritaire au Temple.

Sahidique : dialecte issu de l'égyptien ancien, forme primitive de la langue copte.

Sanhédrin : conseil des sages du Temple, comptant 71 membres, plus le grand prêtre lui-même.

Schlama : salut, en araméen, au revoir familier.

Sica : long poignard courbé des rebelles et des brigands juifs. On appelle ceux qui l'emploient pour perpétrer leurs crimes des « sicaires ».

Soreg : barrière sur le parvis du Temple, qui désigne la limite entre la zone ouverte à tous, et les espaces consacrés du Sanctuaire réservés aux seuls juifs.

Soukkot : fête du Tabernacle ou dite « des tentes », l'autre grande célébration du calendrier juif avec la Pâque. Se déroule au début du mois de septembre.

Stade : unité de mesure de distance utilisée par les Romains, huitième du mille, soit environ 625 pieds, ou 185 mètres.

Tanakh : la Bible hébraïque, qui comprend notamment les 5 livres de référence, la Torah.

Titulum : sorte de pancarte de bois accrochée au sommet des potences ou des croix, qui désigne l'identité ou la qualité du condamné à mort.

Tributum : impôt direct perçu par Rome auprès de tous les hommes libres de l'empire, hormis les citoyens romains de plein droit. À ce titre, les Juifs de Palestine sont assujettis à cet impôt.

Temurah : dons faits au Temple par les pèlerins qui s'y rendent.

Ulam : porte monumentale d'accès au sanctuaire du Temple, c'est à dire au Saint puis au Saint des Saints. Elle est réputée pour être l'une des plus richement décorées de tout le Temple.

Wadi : cours d'eau irrégulier dans une région semi-désertique. Le wadi de Qumran traverse un massif montagneux, creusant une sorte de défilé encaissé.

Yaloda : jeune enfant ou bébé, en araméen.

Yom Kippour : ou Kippour, la fête du pardon dans la tradition juive.

3 – Bibliographie indicative

Note de l'auteur : pour information, les citations du chapitre 4 (partie I) sont toutes extraites de l'*Apocalypse de Jean*. Par ordre d'apparition dans le texte : chapitre 1, verset 18 ; chapitre 21, verset 6 ; chapitre 22, verset 13 ; chapitre 22, verset 16.

— À propos de Judas et Jean de Gamala

• *L'Énigme de Jésus* – Daniel Massé – Éd. du Siècle

— À propos de la figure historique de Jésus

• *Le Problème de Jésus* – Prosper Alfaric – Éd. Les œuvres représentatives
• *Les Années obscures de Jésus* – Robert Aron – Éd. Grasset
• *Une invention nommée Jésus* – Nicolas Bourgeois – Éd. Aden
• *L'Énigme Jésus* – Michael Baigent – Éd. du Cherche Midi
• *Enquête sur Jésus* – Corrado Augias & Mauro Pesce – Éd. du Rocher
• *Un certain juif Jésus* – John P. Meier – Éd. du Cerf
• *Le Thème astral de Jésus* – Robert Jourda – Éd. Ediru

- *Jésus, illustre inconnu* – Jérôme Prieur et Gérard Mordillat – Éd. Albin Michel
- *Jésus après Jésus* – Jérôme Prieur et Gérard Mordillat – Éd. du Seuil

— À propos des therapeutae et des esséniens

- *Le Rouleau de la guerre* – Manuscrits de la mer Morte
- *Les Manuscrits de la mer Morte* – Farah Mébarki et Émile Puech – Éd. du Rouergue
- *La Vie contemplative* – Philon d'Alexandrie

— À propos de l'Égypte, des dieux et de la magie égyptienne

- *Seth le maudit* – Jean Robin – Éd. Guy Trédaniel
- *L'Égypte ésotérique des pharaons* – René Lachaud – Éd. Trajectoire
- *Les Fabuleux Pouvoirs de la croix de vie égyptienne* – Marie Declos – Éd. Trajectoire
- *La Magie égyptienne* – Laura Tuan – Éd. De Vecchi
- *Livre des morts des anciens Égyptiens* – Grégoire Kolpatchy – Éd. Dervy

— À propos de la Palestine antique

- *Cahiers Évangile n° 27, « La Palestine au temps de Jésus »* – Éd. du Cerf
- *Cahiers Évangile n° 144, « Des fils d'Hérode à la 2e guerre juive »* – Éd. du Cerf
- *Terre sainte* – Éd. Gallimard
- *Guide du voyage en Terre sainte* – Jacques et Jean Potin – Éd. Bayard
- *La Vie quotidienne en Palestine au temps de Jésus* – Hachette

• *La Guerre des Juifs contre les Romains – Flavius Josèphe*
• *Les Antiquités judaïques* – Flavius Josèphe

— À propos de Jérusalem et du Temple

• *The Quest* – Leen Ritmeyer – Éd. Carta
• *Legends of Jerusalem* – Zev Vilnay – Éd. Sefer Ve Sefel

— À propos de la Gnose hermétique et du pouvoir des nombres

• *La Gnose originelle égyptienne* – J. Van Rijckenborgh – Éd. Rozekruis Pers
• *Livre de la création relatif aux propriétés des nombres* – Philon d'Alexandrie
• *Mystères des chiffres* – Marc-Alain Ouakin – Éd. Assouline

— Textes apocryphes

• *L'Évangile de Judas* – Flammarion – National Geographic
• *Le Cinquième Évangile* – Bernard-Marie – Presses de la Renaissance
• *L'Évangile de Thomas* – Éd. Albin Michel
• *Apocalypse des allogènes*
• *Apocalypse de Jacques*
• *Le Livre des secrets de Jean*
• *Le Lévitikon*
• *Lettre d'Isis la prophétesse à son fils*

— Autres textes

• *La Sainte Bible* – traduction de Louis Segond – Société biblique de Genève
• *Le Timée* – Platon – Éd. Garnier-Flammarion
• *La République* – Platon – Éd. Garnier-Flammarion

• *La Révélation des templiers* – Lynn Picknett et Clive Prince – Éd. du Rocher
• *La Clé d'Hiram* – Christopher Knight et Robert Lomas – Éd. Dervy
• *L'Énigme sacrée* – Michael Baigent et Richard Leigh – Éd. Pygmalion
• *La Bible dévoilée* – Israël Finkelstein et Neil Asher Silberman – Éd. Bayard

— Romans

• *La Dernière Tentation du Christ* – Nikkos Kazantzaki – Éd. Plon
• *L'Assassin et le prophète* – Guillaume Prévost – Éd. Nil
• *Le Testament des siècles* – Henri Loevenbruck – Éd. Flammarion
• *Le Baiser de Qumran* – Frédérique Jourdaa – Éd. X.O
• *Marie* – Marek Halter – Éd. Robert Laffont
• *Qumran* – Éliette Abécassis – Éd. Albin Michel
• *L'Évangile selon Pilate* – Éric-Emmanuel Schmitt – Éd. Albin Michel
• *Quo Vadis ?* – Henyk Sienkiewicz – Éd. Livre de Poche
• *Ben Hur* – Lewis Wallace – Éd. Livre de Poche
• *L'Homme qui devint Dieu* – Gérald Messadié – Éd. Robert Laffont

Parvenu au terme de ce voyage imaginaire qui aura occupé plus de quatre années de ma vie, je tiens à remercier tout particulièrement les personnes suivantes :

Michel Lafon, bien sûr, pour sa confiance, son enthousiasme et sa curiosité inextinguible pour l'univers de la Bible.

Laetitia Amar, mon éditrice, pour sa patience infinie, son travail d'orfèvre et sa bonne humeur contagieuse.

Celles qui ont contribué à l'éclosion de ce texte et que je n'oublie pas : Huguette Maure, Elsa Lafon, Sophie Renoul, Sophie Charnavel et Deborah Kaufmann.

Toute les personnes qui ont soutenu cet ouvrage dès sa genèse, au premier rang desquelles Silvana Bergonzi, Anna Pavlowitch et Florence Lottin.

Toutes les personnes qui m'ont hébergé, guidé et renseigné lors de mon séjour en Israël, principalement à Jérusalem et Gamla.

Ma famille, enfin, qui a accepté que je me consacre tant à ce « monstre » dévoreur de temps, en particulier Juliette et Joseph.

Encore merci à tous.

Photocomposition Nord Compo
59650 Villeneuve-d'Ascq

Achevé d'imprimer par GGP Media GmbH, Pößneck
en juin 2011
pour le compte de France Loisirs,
Paris

N° d'éditeur : 64487
Dépôt légal : décembre 2010

Imprimé en Allemagne